Gerd Ammelburg

Organismus Unternehmen

Dir, liebe Simon, mit herzlichen Wünschen zugeeignet!

Gerd

Felsenmeer, den 1. November 1993

Gerd Ammelburg

Organismus Unternehmen

ECON Verlag
Düsseldorf · Wien · New York · Moskau

Meinen Enkelkindern –
auf daß sie in eine menschlichere
und bessere Zukunft
hineinwachsen mögen!

Inhalt

Vorwort des Verfassers

Ego appassionato

Lieber Leser, seien Sie bitte so lieb und lesen Sie wenigstens das Vorwort! Denn darin sind einige Aussagen enthalten, die den Gebrauch und das Verständnis des gesamten Buches wesentlich erleichtern. Dieses Buchwerk hat nämlich eine etwas ungewöhnliche Einteilung: Es ist gegliedert wie ein großes Orchesterkonzert. Weil ich nämlich mit ganzem Herzen davon überzeugt bin, daß es möglich sein wird, auf dieser Welt mit allen Menschen guten Willens in Harmonie zu leben. Musik kann dazu ein Mittel sein, denn beispielsweise bietet ein Konzert ein harmonisches Zusammenfinden von Komponist, Dirigent, Musikern und Zuhörern – warum sollten wir also Betrachtungen zu unserem Zusammenleben, die dieses Buch aufzeigt, nicht eben in solch äußere Form eines Konzertes einbinden?

Meinem Streben nach Harmonie entspricht es daher auch, wenn ich die Anrede »lieber« Leser wähle – sicherlich nicht deshalb, weil ich mich etwa anbiedern möchte. Den Mut zu dieser vertraulichen Anrede nehme ich aus dem Echo meines vor sieben Jahren erschienenen Erfolgsbuches »Die Unternehmens-Zukunft – Strukturen und Führungsstil im Wandel zum 3. Jahrtausend«, aufgrund dessen ich eine so unvorstellbare Zahl von Reaktionen erhielt und heute noch erhalte, wie sie mir bislang – es war mein zwölftes Buch – außergewöhnlich war. Und aus diesen Zuschriften, Telefonanrufen und persönlichen Kontakten ist eine große Anzahl menschlicher Beziehungen entstanden, für die ich dankbar und über die ich glücklich sein darf.

Nicht zuletzt durch diese Kontakte mußte ich nach nunmehr

sieben Jahren – wohl nicht von ungefähr gerade sieben(!) – feststellen, daß sich die damals beschriebenen Dinge weiterentwikkelt haben mit einer Rasanz, die demjenigen, der sie aufmerksam beobachtet, den Atem stocken lassen könnte. Entwicklungen, die noch vor einem knappen Jahrzehnt Visionen waren, sind heute schon echte Realitäten.

So ergab sich zwangsläufig, daß dies nun Ihnen vorliegende Werk eine Fortsetzung und Vertiefung meines vorherigen Buches darstellt, woraus die Trends deutlich werden, in und mit denen unsere Zukunft sich entwickeln wird. Sie werden daher, lieber Leser, vielfach im Text Hinweise finden in der Form »(s. UZ, S. . . .)«, durch die auf konvergente Inhalte verwiesen ist, die dort in anderen Zusammenhängen teilweise ausführlicher behandelt worden sind. Die nunmehr vierte aktualisierte Auflage von UZ erscheint gleichzeitig mit diesem vorliegenden Buch.

Damit Sie, lieber Leser, aber nun wissen, mit wem Sie es als dem Verfasser zu tun haben, darf ich Ihnen kurz schildern, wie ich dazu gekommen bin und was ich in meinem Leben als entscheidende Aufgaben verstanden habe. Es sind im wesentlichen drei Faktoren:

1. *Idealismus und Begeisterungsfähigkeit* haben mich mein Leben lang begleitet. Auch wenn mich andere darum oft ausgelacht oder abgewertet haben, so habe ich mir nie meine positive Einstellung zu den Dingen des Lebens nehmen lassen. Und ich habe sie mir auch bewahrt, wenn ich Hartes und Schweres durchmachen mußte – und bin gut damit gefahren. Jetzt – im Herbst meines Lebens stehend – kann ich rückblickend mit Befriedigung sagen, daß gerade dieses positive Engagement, das ich immer wieder praktizierte, mir mein Leben lebenswert und auch erfolgreich gemacht hat. Und in jüngster Zeit erhielt ich auch dafür die Bestätigung, als ich eine tödliche Erkrankung meistern konnte und ein neues Leben geschenkt bekommen habe.
2. *Unternehmerisches Denken und Handeln* hat mich mein Leben

lang begleitet und meinen Lebenslauf bestimmt. In dem Sinne, daß ich stets etwas tun und nicht fremdbestimmt Dinge über mich ergehen lassen wollte. Dies hat zu meiner unternehmerischen Tätigkeit geführt – und später für mehr als drei Jahrzehnte lang zu meiner Arbeit als Unternehmensberater, die mir Befriedigung brachte, weil ich bei vielen Unternehmen Positives bewirken konnte. Aus den jahrzehntelangen Erfahrungen als Berater sind dann meine Bücher entstanden, mit denen ich auch – wie ich hoffe – viel Nutzen stiften konnte und kann.

3. *Terrible simplificateur* – so bezeichnen mich meine Freunde als einen »schrecklichen Vereinfacher«, weil ich mir Mühe gebe, alle Dinge einfach und leicht begreiflich darzustellen. Gerade deshalb schreibe ich auch Bücher und habe damit Erfolg, weil ich etwas gegen die vielen Veröffentlichungen tun will, die hochgeistig und mit komplizierten Begriffen Dinge darstellen, so daß der Leser eher abgeschreckt wird, als Freude am Lesen und Lernen zu haben. Es ist eine Krankheit unserer Zeit, zu glauben, etwas sei nur dann richtig und gut, wenn es möglichst schwerverständlich ist – manche Autoren tun sich direkt gütlich daran, Unverständliches mit komplizierten Fremdwörtern darzustellen, um in Hochgeistigkeit zu glänzen. Ich versuche im Gegensatz hierzu alles so zu formulieren, daß der Leser nicht unbedingt einen Hochschulabschluß braucht, um das Buch verstehen zu können. Denn Praktiker der Unternehmensführung und Manager brauchen praktische Hilfen für die tägliche Praxis im Unternehmen, kein akademisch-theoretisches Geschwätz.

Noch etwas ganz Allgemeines, das heute leider noch nicht überall selbstverständlich ist, gehört zu meiner Grundauffassung: Ich achte Frauen als völlig gleichwertigen Teil der Schöpfung, ohne die alles nichts wäre in unserem Leben. Deshalb könnten wir eigentlich auch auf dumme Emanzensprüche wie etwa »Als Gott den Mann schuf, übte sie bloß« verzichten, wenn wir es nur fertigbrächten, die vielfach noch verflixt arrogante Männerwelt dahin zu bringen, endlich einmal zu begreifen: Unsere Schöpfung ist nicht denkbar ohne das Eine *und* das Andere! Untrennbar wirken sie beide gemeinsam in der Evolution und zur Erhaltung des Menschentums – einem von beiden den Vorrang zu geben, ist idiotisch. Und in diesem Sinne habe ich mir auch in den folgenden Ausführungen dieses Buches erspart, solch gequälte Formulierungen wie »Unternehmer/in« oder »der/die gehobene(n) Manager/-innen« zu gebrauchen, sondern jeder mag in allen diesbezüglichen Wörtern das Männliche und das Weibliche enthalten sehen – es ist eine Frage seines eigenen Verständnisses.

Was die eingangs erwähnte Gliederung betrifft, so möchte ich noch folgendes erläutern: Außer der Einleitung und dem Schluß des harmonischen Orchesterkonzertes ist dieses in Sätze eingeteilt, die auch noch italienische Satzbezeichnungen tragen; also beispielsweise hat der IV. Satz – mit der Überschrift »Gruppen, Teams, Zirkel . . . als Organe« – die Satzbezeichnung »Andante« (gehend). Damit soll angedeutet sein, daß dessen Inhalt einen Entwicklungsprozeß darstellt und keine Umstellung ad hoc zuläßt. Die einzelnen Sätze sind dann noch durch sogenannte »Intermezzi« (Zwischenspiele) getrennt, mit allgemeinen Themen, die sich im wesentlichen auf die epochalen Veränderungen beziehen, in denen wir in der Gegenwart leben. Und schließlich sind in jedem Satz noch sogenannte Kadenzen eingefügt. Im Konzert ist die Kadenz eine eigene Einlage des Solisten (Pianist, Violinkünstler o. ä.), der an einer geeigneten Stelle eigene Variationen, die der Komponist nicht vorgeschrieben hat, einfügt und die seine Virtuosität demonstrieren. Ohne mich deshalb als Virtuosen bezeichnen zu wollen, habe ich in den jeweiligen Kadenzen der Sätze eigene persönliche Überlegungen eingebaut, mit denen ich Denkanstöße für den Leser geben möchte. Dem Schlußwort habe ich wohlbedacht die Bezeichnung »Finale con brio« (Schluß mit Herzenswärme) gegeben, weil es mir tatsächlich ein Anliegen ist, verständlich zu machen, wie sehr es mir dabei um das eigene Engagement geht. Ohne dieses wird nichts werden, heute nicht und in der Zukunft auch nicht!

Und nun – ausnahmsweise: liebe Leserin und lieber Leser! – setzen Sie sich bequem in Ihren Parkettsessel oder Ihre Orchesterloge und öffnen Sie Ihr aufgeschlossenes Herz den heranfließenden Wellen eines Meeres der Harmonie – ich wünsche Ihnen dazu viel Freude und persönliche Bereicherung.

Gerd Ammelburg

Frankfurt am Main, Weihnachten 1992

* Mein 1985 zuerst erschienenes Werk »Die Unternehmens-Zukunft – *Strukturen und Führungsstil im Wandel zum 3. Jahrtausend*« (Haufe, Freiburg, 4. Auflage 1993) ist – wie bereits im Vorwort erwähnt – ein Vorläufer dieses nun vorliegenden Buches. Ich möchte um Verständnis dafür bitten, daß eine ganze Anzahl hier vorgetragener Gedanken auch bereits in dem früheren Werk behandelt wurden – wo dies der Fall ist, findet sich in der betreffenden Textstelle der Hinweis: »(s. UZ, S. ...)«, UZ = »Unternehmens-Zukunft«. Es ist dem Leser überlassen, auch in der nunmehr neu bearbeiteten Auflage dieses früheren Werkes Inhalte nachzuschlagen, die dort vielfach aus anderer Sicht und in anderem Umfange abgehandelt worden sind. (Der Verfasser.)

A) Einleitung

Präludium
= Vorspiel

Turbulenzen in einer sich wandelnden Welt

Immer strebe zum Ganzen, und kannst du selber kein Ganzes werden, als dienendes Glied schließ an ein Ganzes dich an! (Schiller)

»Ganzheitlichkeit« – nur ein Modewort?

Von »Ganzheit« oder von »Ganzheitlichkeit« zu sprechen ist heute geradezu eine Modeerscheinung geworden. Viele Menschen führen die Begriffe im Munde und dünken sich, damit besonders modern – »up to date« – zu sein. Dagegen sind sich die wenigsten dessen bewußt, daß Ganzheitlichkeit ein Prinzip der Schöpfung und damit so alt ist wie diese selbst.

Unser heutiges Denken und ebenso unsere Verhaltens- und Handlungsweisen sind allerorten im wesentlichen von der Polarität bestimmt. Wir ergreifen Partei für dies oder jenes – und betrachten so die gegensätzliche Position als Gegner, den wir zu bekämpfen haben. Nicht das Gemeinsame und Verbindende bemühen wir uns beim Umgang mit Menschen, Dingen oder Situationen zu erkennen, sondern die Unterschiede, die einander gegenüberstehen und das Trennende verdeutlichen. Die Weisheit der altgriechischen Philosophen, wonach die Polarität zwischen These und Antithese durch die Synthese überwunden werden kann, ist nicht mehr geläufig – oft sogar wird ein Nachgeben oder Entgegenkommen als Schwäche ausgelegt.

Wieviel Leid, Unglück, Streit, Mord und Krieg hätten vermieden werden können im Verlauf der Menschheitsgeschichte, wenn sich die handelnden Menschen nicht starrköpfig an ihre eigene Meinung geklammert und diese als die einzig richtige verfochten hätten? Am deutlichsten mag dies erkennbar werden an den sogenannten Glaubenskriegen, die es immer und überall in der Geschichte der Menschheit gegeben hat (und heute noch gibt) – seien sie auch nur von Herrschenden als solche erklärt bzw. angezettelt worden. Denn sehr oft mußten Menschen sich für ihren Glauben einsetzen und sterben, nur weil ihnen die Mächtigen dies entsprechend »verkauft« hatten. »Süß und ehrenvoll ist es, für das Vaterland zu sterben!« – diese lateinische Losung mag als Exempel dafür dienen, mit welcher Kontradiktion man die »Patrioten« in die Schlacht trieb gegen einen Feind, der das Entgegengesetzte, also das Böse, personifizierte.

In diesem Zusammenhang mag die Meinung der Astrologen interessant sein, die – über die Tageshoroskope und deren anzweifelbaren Aussagen hinaus – vielfach die Ansicht vertreten, daß unser Sonnensystem sich zur Zeit in einem epochalen Übergang befindet, der etwa alle 2000 Jahre stattfindet. Wir erleben – so erklären ernstzunehmende Astrologen – zur Zeit den Wechsel vom Fische-Zeitalter, das etwa mit der Zeit um Christi Leben begann, in das Wassermann-Zeitalter, das die nächsten 2000 Jahre beherrschen soll. Dabei ist bemerkenswert, daß das astrologische Fische-Zeichen zwei gegenläufig dargestellte Fische zeigt, die einander in den Schwanz zu beißen scheinen. Dies wird gedeutet als Symbol diametraler Auseinandersetzung – und tatsächlich hat es wohl in der Menschheitsgeschichte kaum jemals soviel Kriege gegeben wie in den letzten 2000 Jahren. Das Wassermann-Zeitalter hingegen hat – so erklären die Astrologen – das Zeichen parallel geschwungener Wellen als Symbol für Gemeinsamkeit und nicht mehr für gegenseitige Vernichtung. Und in dieses »Äon« (Weltalter) führt uns der derzeitige Übergang vom Fische-Zeitalter, der als epochal betrachtet wird.

Auch wer der Ansicht der – ernstzunehmenden – Astrologen zu folgen bereit wäre, könnte wohl nicht so blauäugig sein, zu erwarten, daß nunmehr keinerlei Kriege mehr stattfinden werden und sich alles in Frieden und Freuden entwickeln wird. Aber die Meinung der Astrologen mag hinweisen auf ein neues Verständnis von Gegensätzen, auch wenn es diese immer geben wird, solange Menschen leben. Solch neuer Sinn mag sein, uns zurückzufinden auf die zuvor erwähnte griechische Weisheit der Verschmelzung von »These« und »Antithese« zur höheren Ebene der »Synthese« – also eine Überbrückung von Gegensätzen und dadurch ein »ganzheitlicher« Konsens. Merkwürdigerweise gibt es in der deutschen Sprache ein solch vermittelndes Wort zwischen »Satz« und »Gegensatz« nicht – auch der Begriff »Zusammensetzung« trifft unsere Vorstellung von dem, was »Synthese« meint, nicht.

Statt dessen wird im heutigen Sprachgebrauch gerne von der Bipolarität gesprochen, wenn Gegensätze offensichtlich gemacht werden sollen. Dabei wird übersehen, daß gerade unsere Mutter Erde mit ihren beiden Polen uns Ganzheitlichkeit demonstriert. Denn was wäre unsere Erdkugel ohne die beiden Pole und die sie verbindende Erdachse, um die die Rotation für den Erhalt der Lebensrhythmen wirkt? Wenn wir daraus erkennen mögen, daß Bipolarität Voraussetzung schafft für Gemeinschaft und Ganzheit, haben wir ein Prinzip der Schöpfung erfahren.

Auch eine andere Betrachtungsweise ist im Zusammenhang mit dem Begriff der Ganzheit bemerkenswert: das chinesische Symbol

des Yin-Yang. Man mag dem Verfasser nicht unterstellen, daß er jener neuen Richtung anhänge, die vor allem östliche Weisheit alleine gelten lassen will. Aber das Yin-Yang-Zeichen – übrigens auch in der Staatsflagge von Südkorea enthalten – ist ein altes Symbol für ein Prinzip im Zusammenhang mit dem Begriff der Ganzheit: Es demonstriert, daß in einem Ganzen zwei polar gegensätzliche Positionen miteinander bestehen können, ohne daß für die eine oder die andere die Notwendigkeit der Selbstaufgabe oder der Vernichtung erforderlich ist.

Unser westliches Denken, das man in einem solchen Kreis mit einer schwarzen und einer weißen Hälfte darstellen könnte, drückt sich aus durch das Prinzip des »Entweder-Oder«. Das östliche Yin-Yang-Zeichen symbolisiert mit dem »Sowohl-als-auch« die tiefe Lebensweisheit, die eigentlich jeder von uns akzeptieren kann: »In jedem Negativen ist auch ein Positives – in jedem Positiven auch ein Negatives enthalten.« Diese Betrachtungsweise ist nicht nur der Kern jeder Ganzheitlichkeit, sondern führt schließlich auch zur Toleranz, einer Fähigkeit, deren wir alle in der heutigen Zeit mehr bedürfen denn je. Und einen Schritt hin zur Gemeinsamkeit, die uns das Wassermann-Zeitalter bringen soll.

Zusammenfassend sei festgestellt, daß Ganzheitlichkeit kein Modewort ist, sondern die Bezeichnung eines Lebensprinzips, das wir in unserer Zeit erst wieder neu entdecken und bewußt praktizieren sollten. Denn ohne die damit verbundene Toleranz werden wir die Zukunft nicht meistern können.

Was ist unter »Bewußtseinswandel« zu verstehen?

Die Verfechter des sogenannten »Neuen Denkens« haben eine ganze Anzahl von Begriffen, mit denen sie umgehen und die – wie sie behaupten – eine neue Ära bezeichnen. Neben den Wörtern »Wendezeit« und »Zeitenwende« gebrauchen sie den Begriff »Paradigmenwechsel«, der ausdrücken soll, daß grundsätzliche Voraussetzungen oder Maßstäbe für Vorgänge und Geschehnisse aller Art sich verändern. Der Übergang vom »Informationszeitalter« (in dem wir uns gegenwärtig befinden) zum »Bewußtseinszeitalter« wird mit einem »Wertewandel« verbunden sein, der – so sagt man – entscheidende Veränderungen (= »Transformationen«) für den Einzelnen und die Gesellschaft bringen wird. Und dieser letzte Gedankengang ist auch sehr folgerichtig, denn wenn Menschen durch zusätzliche Informationen eine Erweiterung ihres

Bewußtseins erfahren, dann kann es durchaus geschehen, daß sie viele Dinge in völlig anderem Lichte sehen als bisher und demgemäß auch andere Wertmaßstäbe setzen. In diesem Zusammenhang sei auf das Werk von Maturana/Varela, »Der Baum der Erkenntnis«, hingewiesen, das in der Darstellung neuer Sichtweisen für die Biologie durchaus »nobelpreisverdächtig« sein könnte.

Gerade in bezug auf ganzheitliche Betrachtungsweise sind auf vielen Gebieten menschlicher Wirkung grundsätzliche Veränderungen im Gange, deren zeitliche Parallelität gegen Ende unseres Jahrhunderts unsere Aufmerksamkeit verdient. Von den vielen Bereichen, in denen sich solche entscheidenden Wandlungen abspielen, seien hier im folgenden nur einige – ohne Anspruch auf Vollständigkeit und ohne die Möglichkeit, mit Details zu argumentieren – genannt:

Das *Verhältnis* zwischen den *Geschlechtern* scheint sich – nach langen Zeiten des Patriarchats bzw. (in früheren Zeiten) des Matriarchats – nunmehr einzupendeln auf die Form der echten Gleichberechtigung, auch wenn man in manchen Teilen der Welt und bei manchen Religionen noch sehr weit davon entfernt zu sein scheint. Aber gerade die Gleichberechtigung wird dann auch Ursache wie Folge echten ganzheitlichen Denkens sein.

Die *gesellschaftlichen Gegensätze* haben sich durch den Bankrott des klassenkämpferischen Marxismus/Kommunismus nur zum Teil bereinigt. Der Kapitalismus treibt noch seine Blüten, ebenso wie das Wohlstandgefälle zwischen den Staaten und Völkern noch keineswegs abgebaut ist. Aber beispielsweise mit der sogenannten sozialen Marktwirtschaft, die sicherlich nicht der Weisheit letzter Schluß ist, wird schon der Versuch gemacht, einen dritten Weg – den einer Ganzheitlichkeit – anzusteuern.

Die *Umweltprobleme*, die in lokalen Fällen oftmals echte Schocks hervorgerufen haben, werden in zunehmendem Maße global gesehen, auch wenn die Umweltkonferenz in Rio de Janeiro 1992 hinsichtlich ihrer greifbaren Ergebnisse noch geradezu beschämend ausging.

Die Frage der *Weltbevölkerung* sowie die damit zusammenhängenden Probleme der *Welternährung* sind zwar erkannt, aber noch weit davon entfernt, daß eine einvernehmliche ganzheitliche Lösung in Sicht sein könnte. Wenn man erst einmal begriffen haben wird, daß es sich hier eigentlich nur um ein Verteilungsproblem handelt, dann werden weltweite – also ganzheitliche – Lösungsversuche auch eine Chance haben können.

In engem Zusammenhang mit der Ernährung stehen die *Gesundheit* sowie die *medizinische Forschung* und ihre Auswirkungen bis hin zur Gentechnik. Aber auch hier zeigt sich bereits ganzheitliches Denken im Ansatz: Die *Psychosomatik* ist dabei, immer weitere Beachtung zu finden und dem schulmedizinischen Denken der »Ersatzteilwerkstatt« neue Impulse zu geben. Rüdiger Müller schildert dies in seinem grundlegenden Werk »Wandlung zur Ganzheit« exemplarisch und auch für Nichtmediziner verständlich.

Das *Informationszeitalter*, in dem wir uns gegenwärtig befinden, beschert uns zwar weltweit ungeahnte und derzeit noch nicht absehbare Kommunikationsmöglichkeiten, birgt jedoch die Gefahr, daß der einzelne einen Mangel an menschlicher Kommunikation, an Wärme und Zuwendung erfährt. Diesem Faktor ist bislang in der Entwicklungseuphorie der Informationstechniken kaum Aufmerksamkeit zuteil geworden. Er wird jedoch – wie im ersten Intermezzo dargelegt – für die Zukunft des auf Kommunikation angelegten Geschöpfes Mensch in ganzheitlichem Verständnis ein wichtiger Faktor sein.

Übergeordnete Ganzheitlichkeit für differenzierte Entwicklungen könnten die *Religionen* bieten, die jedoch weltweit in tiefen, manchmal existenzbedrohenden Sinnkrisen stecken, verursacht durch das in den letzten zweihundert Jahren entscheidend veränderte Weltbild. Eine weltweit verbindliche Ethik und daraus zu folgernde Moral, aufbauend auf den jüngsten Erkenntnissen globaler Zusammenhänge unserer Mutter Erde, sind die Religionen weder bereit noch in der Lage, zu vertreten und zu vermitteln.

Ein Zeichen dessen sind auch die sich überall unterschiedlich demonstrierenden *Friedensbewegungen.* Neben der gemeinsamen Sehnsucht der Menschen nach friedvollem Leben bekunden sie das mangelnde Vertrauen in Religionen und Politiker und deren Fähigkeit, dauerhaften Frieden zu schaffen. Gleichzeitig sind sie aber auch Ausdruck dessen, daß die Menschen allerorten nicht mehr bereit sind, sich dem Machtstreben anderer unterzuordnen, sondern daß sie glauben, ein vernünftiges Miteinander sei auf unserer Erde zu verwirklichen – wenn alle guten Willens seien.

Durch die zuvor erwähnten breiteren Möglichkeiten der Information werden sich die Menschen – in den einzelnen Regionen natürlich unterschiedlich schnell – ihres *Persönlichkeitswertes* mehr bewußt. Sie werden immer weniger bereit, einem Führenden (Herrschenden) kritiklos etwas abzunehmen bzw. ihm zu folgen, sondern wollen mitreden und mitbestimmen.

Prämisse: 1 **Die Menschen unserer Zeit sind breiter, technisch besser und schneller informiert als früher und sich daher ihres Persönlichkeitswertes mehr bewußt.**

Diese selbstbewußteren Menschen verlangen auch in zunehmendem Maße Möglichkeiten zur eigenen Selbstentfaltung sowie zur Selbstbestimmung – was auch jeweils darunter verstanden werden mag. Aber der Trend geht eindeutig dahin, aus dem »Haben« ein »Sein« des Lebens werden zu lassen, wie es Erich Fromm in seinem Jahrhundertwerk »Haben oder Sein« beschreibt.

In diesem Zusammenhang ist auch der *Wandel des Autoritätsverständnisses* zu sehen, der sich vornehmlich dort zeigt, wo Menschen anderen Menschen »vorgesetzt« sind und wo Unterdrückung und Ausbeutung praktiziert werden oder zumindest drohen. Daraus ergibt sich zwangsläufig für Führende aller Bereiche und Ebenen in Wirtschaft, Politik, Religion und Gesellschaft, daß sie ihren *Führungsstil*, also ihr Verhalten und ihren Umgang mit den ihnen »untergeordneten« Menschen, grundsätzlich überprüfen müssen. Denn überkommene hierarchisch-patriarchalische Praktiken greifen zukünftig nicht mehr, wie noch im folgenden mehrfach ausführlich dargelegt werden wird.

Ganzheitliches Verständnis in allen Bereichen des Lebens führt auch dazu, daß die Menschen – über das Materielle des »Habens« hinaus – Elemente, Kräfte oder Energien zu erkennen suchen, die zwar nicht meßbar, jedoch in ihren Wirkungen spürbar sind. In diesem Zusammenhang entwickelt sich Interesse an *Parapsychologie, Esoterik, Astrologie, Kabbala* u. v. a. m. Diese Bereiche gehören – auch wenn sie dem naturwissenschaftlich erzogenen Menschen als nicht quantifizierbar und daher nicht existent erscheinen – zu unserem Leben. Und sie dürfen nicht schlechthin abgelehnt werden, weil ihr Wissen nicht Allgemeingut ist oder gar weil schräge Geschäftemacher sie mißbrauchen und durch ihren unqualifizierten Umgang mit ebendiesem Wissen das Ganze in Mißkredit bringen.

Nicht zuletzt auch durch die Erkenntnisse in den vorgenannten Bereichen mehren sich die Kritiken an den *Naturwissenschaften* dergestalt, daß man deren Prinzip, nur das gelten zu lassen, was quantifizierbar ist, offen anzweifelt. Denn auch größte Vertreter der Naturwissenschaft wie z. B. Max Planck oder Albert Einstein haben zugestanden, daß naturwissenschaftliche Disziplinen vielfach an die Grenzen ihrer Möglichkeiten vorgestoßen sind – d. h. Bereiche erreichten, in denen Messungen mit unseren bisherigen Mitteln nicht mehr möglich sind.

Der Ganzheitlichkeit entspricht es auch, daß durch die *Wissensexplosion* der letzten Jahrzehnte zwischen vielen Wissenschaftsbereichen interdisziplinäre Zusammenhänge erkannt wurden, die man bislang für unmöglich gehalten hatte. Solche offensichtlich gewordenen Vernetzungen erscheinen dem Fachmann zwar vielfach unglaublich, werden aber demjenigen, der ganzheitlichen Zusammenhängen sich aufschließt, als Bestätigungen für sein Verständnis dienen.

Einen entscheidenden Beitrag, das sogenannte »kartesianische Weltbild« – also die Allgemeingültigkeit des logisch-linearen Denkens in seiner Kausalität – ad absurdum zu führen, bietet die *Gehirnforschung*. Fachleute behaupten, daß gegen die Jahrtausendwende wohl bis zu 80 Prozent unserer gesamten medizinischen Forschung der Erforschung unseres menschlichen Gehirns gewidmet sein werden. Aber schon die bisherigen Erkenntnisse zeigen ganz klar, daß unsere beiden Gehirnhälften zwar – wie zunächst festgestellt worden ist – unterschiedliche Aufgaben zu bewältigen haben und demgemäß auch unterschiedliche Funktionen wahrnehmen. Aber über den Balken (Corpus callosum), der die beiden Hemisphären verbindet, werden Vorgänge abgewickelt bzw. gespeichert in der Gesamtheit der Großhirnrinde. Wahrhaft ein Modell dafür, wie Polarität überwunden und zur Ganzheitlichkeit umfunktioniert werden kann. Und auch nur durch diese Funktionalität unseres Gehirns sind wir Menschen in der Lage, unser Denken in den Griff zu bekommen und dementsprechend auch – wenn als notwendig erkannt – umdenken zu können. Unser Gehirn ist also gewissermaßen ebenso wie unser Globus – s. S. 17 – ein Modell dafür, wie trotz Spezialisierung dann Polaritäten überwunden und Gegensätze integriert werden können.

Der soeben erwähnte Begriff »Umdenken« gibt auch das Stichwort, noch die *New-Age-Bewegung* zu erwähnen, in deren Vorstellungen gerade das »Um-Denken« eine bedeutsame Rolle spielt. Zur Ehrenrettung dieser – in den sechziger Jahren zuerst in Kalifornien entstandenen – Bewegung muß im Zusammenhang mit der Ganzheitlichkeit einmal Grundsätzliches gesagt werden. Denn viele Zeitgenossen tun die ganze Richtung als »absolut weltfremde Spinnerei« ab oder sehen schon rot, wenn die Rede darauf kommt. Und andere behaupten gar, längst über dieses »Laiengefasel« hinweg zu sein. Dies ändert jedoch nichts an der Tatsache, daß diese Bewegung sich in ihrer Anfangszeit den Namen »New Age« gab – die wörtliche Übersetzung lautet für uns »Neues Zeitalter«. Und dies ist genau die Bezeichnung für die

Thematik, mit der wir uns befassen: Durch den Bewußtseinswandel, mit dem wir uns augenblicklich auseinandersetzen – im Sinne ganzheitlichen Verständnisses –, stehen wir an der Schwelle eines neuen Zeitalters der Menschheit.

Mögen auch sektenähnliche Vereinigungen, zweifelhafte Gurus und clevere Geschäftemacher mit Gutgläubigen ihr Spiel getrieben und die New-Age-Bewegung in Mißkredit gebracht haben, so daß kein ernstzunehmender Mensch mehr auf bestimmte Aktivitäten hereinfallen konnte – dies ändert nichts an dem Verdienst von New Age, den bedeutendsten Anstoß zu Neuem Denken, mit dem wir uns heute auseinandersetzen, gegeben zu haben.

Michael Birkenbihl gibt eine sehr zutreffende Kurzbeschreibung über die Anhänger der New-Age-Bewegung; er sagt von ihnen, sie

- *haben erkannt, daß dem einzelnen eine Verbindung mit dem Kosmos nur über den »inneren Weg« gelingen kann – daher ihr Interesse für Meditationstechniken;*
- *wissen, daß der menschliche Wille auf jede einzelne Körperzelle verändernd einwirken kann – daher ihr Interesse für Suggestionsmethoden;*
- *sind überzeugt, daß der Geist die Materie beherrscht und daß »Gesundheit« in erster Linie eine Geisteshaltung ist; daher ihre Abneigung gegen übertechnisierte Medizin und übertriebenen Tabletteneinsatz;*
- *haben entdeckt, daß sie nicht darauf warten können, daß sich die »äußere« Welt verändert; sie vertrauen darauf, daß sich ihr Leben und ihre Umwelt in dem Maße umgestalten, wie sich ihr eigener Geist transformiert.*

»Wendezeit« – auch in der Wirtschaft?

Es ist durchaus angemessen, wenn viele Menschen angesichts des grundlegenden Bewußtseinswandels von einer »Zeitenwende«

sprechen, ein Begriff, den Fritjof Capra umgekehrt hat zum Titel seines Bestsellers »Wendezeit« – in deutscher Sprache erstmals aufgelegt 1982. In diesem Werk demonstriert der Autor den Paradigmenwechsel und stellt die Forderung auf: »Weiterleben kann die Menschheit nur, wenn sie von Grund auf anders denken lernt!« Inzwischen ist die Zahl der Buchveröffentlichungen zur gesamten Thematik beinahe unübersehbar geworden. Allerdings ist es interessant, festzustellen, daß es nur wenige Bücher gibt, die sich mit den Aufgaben und der Rolle der Wirtschaft und der Unternehmen in einer solchen Zeit des Umdenkens und des Wertewandels befassen.

Sicherlich wird es wohl jedem Leser der bisherigen Darlegungen unwahrscheinlich erscheinen, daß die Wirtschaft in ihrer Gesamtheit von einem solch grundlegenden Wandel, der die ganze Menschheit betreffen wird, nicht ebenfalls erfaßt werden sollte. Denn es kann einfach nicht sein, daß Weltwirtschaft, Volkswirtschaften, wirtschaftliche Institutionen sowie Unternehmen – also die gesamte materielle Struktur der menschlichen Existenz – von diesem größten Umbruch in der Menschheitsgeschichte nicht berührt und beeinflußt werden sollten. Dies muß wohl jedem einleuchten – trotzdem gibt es weltweit wohl Millionen von Managern und Unternehmern, die das ganze »Geschwätz vom Wertewandel etc.« für ausgesprochenen Humbug halten. Sie stecken gewissermaßen den Kopf in den Sand und wursteln so weiter wie bisher, überzeugt davon, daß eben der wirtschaftliche Bereich seine eigenen Gesetzmäßigkeiten habe, die nach wie vor gültig bleiben werden.

Wer aber ein offenes Auge für die Dinge hat, die sich weltweit auch im wirtschaftlichen Bereich ereignen und die eben nicht mit den konventionellen Maßstäben der Volks- und Betriebswirtschaft bewältigt werden können, der wird die Spitze des Eisberges erkennen. Er wird – schon aus Gründen der Selbsterhaltung – sich mit seinem Denken öffnen für neue Dinge, die bisher im Wirtschaftsbereich ungewohnt oder gar indiskutabel waren.

Einige Beispiele seien im folgenden hierzu erwähnt, die als Signale bevorstehender Veränderungen verstanden werden könnten, obwohl heute noch kein Mensch wissen kann, wie global und differenziert diese Wandlungen werden können und was von ihnen alles einbezogen werden wird. Gewisse Trends jedoch lassen sich bereits erkennen – nicht von ungefähr tragen die beiden bekanntesten deutschsprachigen Periodika (John Naisbitt/Ziegler, »Megatrends«, und Gerd Gerken, »Radar für Trends«) entsprechende Titel.

Sponsoren-Aktivitäten, wie sie bereits heute im sportlichen und kulturellen Bereich üblich sind, wären noch vor einem guten Jahrzehnt in dieser offenen Form undenkbar gewesen. Doch die Unternehmen praktizieren diese Form der Öffentlichkeitsarbeit, die man ohne Hemmung nunmehr als knallharte Werbung bezeichnen darf, keineswegs mehr für ein bestimmtes Anliegen oder eine Gruppe von Menschen, sondern scharf kalkulierend mit der Wirkung auf die bei den betreffenden Veranstaltungen anzusprechenden Teilnehmer. Hier geschieht – mit einem gewissen Vorlauf bei den USA, die solches schon länger praktizieren – für europäische Verhältnisse etwas völlig Neuartiges, das tief in unsere gesellschaftlichen Zustände eingreift.

Der Slogan »*Kooperation statt gnadenloser Konkurrenz*« ist längst schon über den Status des Aushängeschildes einer Zukunftsvision hinaus bereits in die Praxis vieler Unternehmen eingebunden. Die meisten Firmen, die in dieser Hinsicht aktiv sind, beziehen solche Praktiken in ihr Marketingkonzept ein – kaum wissend, daß sie damit Neues Denken, Überwindung der Polarität, praktizieren. Die beiden Neurobiologen Maturana und Varela haben bereits 1984 aus ihren biologischen Einsichten heraus als Gesetz erkannt, daß »... Kooperation und Toleranz, nicht Konkurrenz und das ›Gesetz des Dschungels‹ die Grundlage aller Lebensvorgänge sind ...«

Ebenfalls bislang ungewohnt im Marketing ist das *partnerschaftliche Verhältnis zum Kunden,* das in zunehmendem Umfange über die sonst üblichen Weihnachtswerbegeschenke hinaus bewußt entwickelt und gepflegt wird. Man kann diesen Komplex sowohl von der menschlich-persönlichen Seite als auch von den Unternehmensgrundsätzen her angehen – entscheidend wird hierbei sein, daß die klassischen Frontstellungen zwischen Kunden und Lieferant sich aufweichen und der Erkenntnis gemeinsamer gegenseitiger Nutzen/Leistung Platz machen.

Auch das Verständnis der sogenannten *Dienstleistung* hat – nicht zuletzt durch die immense Ausweitung dieses Geschäftsbereiches – einen gänzlich anderen Stellenwert erhalten. Dienen wird nicht mehr als eine Art entwürdigender Lakaienleistung empfunden, sondern findet seine Definition durch den Begriff »dienlich sein«, was soviel bedeutet, wie dem Anderen Nutzen zu bieten. Die Großmannmethode, heute vom HelfRecht-Institut gelehrt, propagiert dieses Verständnis schon seit vielen Jahren.

Im innerbetrieblichen Bereich wird in zunehmendem Maße das *Menschliche* – Verhältnis und Umgang miteinander – einen gänzlich anderen Stellenwert erhalten. Aus der zuvor erwähnten Erkenntnis heraus, daß die Menschen ganz allgemein und somit auch die Mitarbeiter im Unternehmen sich ihres Persönlichkeitswertes mehr bewußt werden, entwickelt sich ein völlig anderer Ton des Umgehens miteinander. Und allgemein wird sich die Einstellung der Mitarbeiter entwickeln, daß man überkommene »Sklaventreiber-Methoden« nicht mehr hinzunehmen bereit ist.

Dementsprechend ändert sich, auch dies ist vielfach bereits festzustellen, der *Führungsstil*, weil die Vorgesetzten fast schon überall erkennen, daß mit patriarchalischen Verhaltensweisen kein Erfolg mehr bei den Mitarbeitern zu erzielen ist. Daß dies in engem Zusammenhang steht mit dem Wandel des Autoritätsverständnisses, wurde bereits erwähnt: Dienstgrad, Titel und Statussymbole werden zukünftig weniger Anerkennung bei den Mitarbeitern finden als offensichtliche persönliche Ausstrahlung und menschliches Verständnis – also die Wirkung der Persönlichkeit.

Daß mit solchen Entwicklungen auch die Zweckbestimmung

der *Gewerkschaften* zumindest teilweise in Frage gestellt werden wird, ist verständlich – in dem Maße, in dem Ausbeutung, Unmenschlichkeit, Unterdrückung, Ungerechtigkeit u. v. a. m. durch mehr Menschlichkeit und Sinnerfüllung ersetzt werden könnten, wären auch klassenkämpferische Aktivitäten nicht mehr notwendig.

Und dies steht in engem Zusammenhang mit der Frage der wirtschaftlich-finanziellen *Beteiligung der Mitarbeiter*. Allein in Deutschland werden heute bereits mehr als 2000 verschiedene Modelle von finanzieller Partnerschaft in Unternehmen praktiziert – und es werden fast täglich mehr. Hier wird eine Quelle der Motivation erschlossen, die – wie an anderer Stelle dieses Buches noch ausführlich dargelegt werden soll – einfach in der Zukunft zum Wohle der Menschen nicht mehr ungenutzt bleiben darf. Auch hier wird sich ein völlig anderes Verhältnis zwischen Kapital und Arbeit entwickeln.

Gleichzeitig mit dieser Entwicklung auf der Kapitalseite der Unternehmen, deren Gewichtung und Umfang heute noch gar nicht zu ahnen ist, wird sich auch das gesamte *Finanzwesen* – nicht nur für die Unternehmen – grundlegend verändern. Kapitalausstattung der Unternehmen ebenso wie die gesamte Kreditwirtschaft und das Zinswesen sowie Devisenmärkte stehen alle vor grundliegenden Problemen und demgemäß Veränderungen, die zwar der Lösungen harren, aber von denen noch kein Mensch weiß, wie sie aussehen könnten. Und dies nicht nur im Zusammenhang mit den heute schon nicht mehr lösbar erscheinenden Finanzsituationen der sogenannten Drittländer. Andeutungen hierüber finden sich in den hochinteressanten Ausführungen von Frhr. von Bethmann, der zumindest ein interessanter Querdenker für diesen Bereich ist.

Allein diese wenigen hier aufgeführten Beispiele sollten für den in der Wirtschaft Tätigen als Signale verstanden werden. Erkenntnisse die eindeutig auf grundlegende Veränderungen hinweisen und deren Gewichtigkeit in nichts den auf anderen Gebieten bevorstehenden Wandlungen nachsteht. Solche Zeichen nicht ernst nehmen zu wollen oder gar als »neumodisches Geschwafel« abzutun, wird mit Sicherheit für den Betreffenden zum wirtschaftlichen Exitus führen.

Aus dem zuvor erwähnten »Radar für Trends« ist der Ausgabe 2/92 die folgende Übersicht entnommen, die den Übergang zu völlig neuem Verständnis auch für die Wirtschaft aufzeigt, so wie ihn ein Trendforscher sieht:

Bürokratie-Kultur/bisher	Evolutions-Kultur/neu
Stabilität Optimierung Klare Strukturen Fixierte Ziele Hard Factors Kausalität – Ablauffolge	Instabilität Wandel Fluktuationen/Umbrüche Werdende Ziele Hard und Soft Factors Spontaneität – Trial & Error (Versuch & Irrtum)
Zentraler Faktor: Sicherung & Sicherheit	Zentraler Faktor: Entwicklung & Spontaneität

Auch wenn die einzelnen Begriffe jeweils noch ausgiebiger Erläuterung bedürften, so ist doch generell ersichtlich, welch grundsätzlicher Wandel auf die Unternehmen in ihrem Selbstverständnis und ihrer Kultur zukommen wird. Daß solche epochalen Veränderungen nicht ohne beträchtliche Turbulenzen vor sich gehen werden, dürfte jedem verständlich sein.

Turbulenzen als positives Signal

Das Lexikon beschreibt das Stichwort »Turbulenzen« als »stürmische Bewegung; ungeordnete, teilweise wirbelartige Bewegung von Gas- oder Flüssigkeitsteilchen« und gibt damit eine bildhafte Beschreibung dessen, was vor allem die Naturwissenschaft unter diesem Begriff versteht. Inzwischen ist das Wort in den allgemeinen Sprachgebrauch übernommen worden: Man stellt sich dabei eine Bewegung vor, die festgefügte Normen, Formen und Strukturen verändert und zur Unordnung oder gar zum Chaos führt.

Im täglichen Leben begegnen wir diesem Vorgang häufig – im Kleinen wie im Großen. Denn wenn Fritz einen Rendezvoustermin – Verzeihung, neudeutsch: »Date« – mit seiner Freundin hat, dann gerät er bereits in Turbulenzen, wenn sie ihm telefonisch mitteilt, daß eine andere Uhrzeit für das Treffen gewählt werden müsse. Und Herr Huber sieht sich von Turbulenzen erfaßt, wenn er seinen Schreibtisch räumen soll, um in ein anderes Büro umzuziehen. Ganz zu schweigen von den Turbulenzen, die entstehen, wenn in einem Unternehmen eine Abteilung auf zwei andere Bereiche aufgeteilt werden soll oder gar eine ganze Firma umziehen muß. Eines Beispiels aus der Politik bedarf es wohl keiner Erwähnung; dazu braucht man nur eine Tageszeitung aufzuschlagen, um Dutzende beschrieben zu bekommen.

Warum aber haben denn eigentlich Turbulenzen und die aus ihnen gegebenenfalls entstehenden Nachwirkungen einen so negativen Beigeschmack, daß bei ihrer Erwähnung fast jeder zusammenschreckt. Dies könnte mit der menschlichen Trägheit zusammenhängen – ein Mensch, der aus seiner gewohnten Ordnung herausgerissen wird, hat meist eine negative Erwartungshaltung gegenüber dem Unbekannten, das auf ihn zukommen wird. Nichts wird mehr so sein wie bisher, auf alles muß man sich neu einstellen – und manches wird man überhaupt nicht mehr finden, also gezwungen sein, Neues zu entwickeln ... So oder ähnlich werden die Überlegungen eines von einer Veränderung und damit zusammenhängenden Turbulenzen Betroffenen lauten. »Wenn ich daran denke, was da auf mich zukommen wird, dann graut mir jetzt schon davor!« ist eine gängige Redewendung in solchen Situationen. Und wer es nicht so deutlich ausspricht, hat doch zumindest eine innere negative Einstellung vor dem bevorstehenden Wechsel und belastet sich selbst damit, ohne daß ihm dies bewußt ist.

Meistens ist ihm auch nicht bewußt, daß er sich selbst durch diese negative Erwartungshaltung am meisten daran hindert, die Turbulenzen – die auf jeden Fall eintreten werden – nicht nur durchzustehen, sondern auch das folgende Neue richtig und gut anzupacken und etwa eine Ordnung zu schaffen, die der bisherigen sogar überlegen werden kann.

Auch an dieser Stelle sei nochmals ein Ausflug in östliches Denken erlaubt: Das chinesische Schriftzeichen

危機

hat eine doppelte Bedeutung – es steht für den Begriff »Krise«, kann aber auch ebenso gelesen werden als »Chance – Gelegenheit zum Neubeginn«. Auch so könnten wir den Begriff der Turbulenzen verstehen: nicht als Zerstörung von bisher Gewohntem und eingefahrener Ordnung, sondern als Gelegenheit, Überkommenes über Bord zu werfen und durch Neustrukturierung vielleicht zu verbesserten Situationen und Verhaltensweisen zu gelangen.

Denn Turbulenzen entstehen ja – wie wir anfangs festgestellt haben –, wenn vorhandene Strukturen bröckeln, sich verändern oder sonstwie unbrauchbar werden. Sie sind also nicht Störungen, die uns behindern, sondern Warnsignale für Veränderungen. Und dies kann man doch durchaus als positiv ansehen, denn ohne diese Zeichen könnte einen Negatives unvorbereitet überraschen und Nachteile oder Verluste bringen. Falls wir also die Turbulenzen, die uns begegnen, als positive Signale betrachten, dann können wir die Chancen nutzen, bevorstehende Krisen zu überwinden und einen Neubeginn zu versuchen.

Wenn wir das bislang Festgestellte nun nicht als theoretische

Betrachtung verstehen wollen, dann brauchen wir uns nur die derzeitigen Zustände in unserer Welt zu betrachten: Überall sind Turbulenzen erkennbar, die den Pessimisten an den Rand der Verzweiflung zu treiben durchaus geeignet sind. Aber vielfach haben wir auch erlebt oder schon Anzeichen dafür, daß aus beinahe hoffnunslos turbulenten Situationen plötzlich und unerwartet positive Entwicklungen entstehen, mit denen kaum jemand zuvor gerechnet haben konnte.

Einige Beispiele mögen uns dies in Erinnerung bringen: Der Zusammenbruch der Sowjetunion und damit des Weltkommunismus ist eine Chance zum Neubeginn bei den betroffenen Völkern, aber wir wissen noch nicht, wie viele Turbulenzen diese noch zu überstehen haben. Die Turbulenzen in der ehemaligen DDR sind uns allen noch gut in Erinnerung, aber wir haben die Chance zum Neubeginn genutzt. Daß wir nunmehr nach dem Zusammenschluß wiederum hausgemachte Turbulenzen haben, ist nicht verwunderlich – es bleibt zu hoffen, daß unsere Politiker und Wirtschaftsführer, die teilweise bereits wieder kleinmütig die Zukunft verunken, doch noch in absehbarer Zeit auch Chancen zu wahren in der Lage sein werden.

Ebensolche Entwicklungen könnten sich im zweigeteilten Korea abspielen, auch das Milliardenvolk der Chinesen wird noch einiges auf sich zukommen sehen, das es durchstehen wird müssen.

In Afrika – vor allem im südlichen Teil – sind die Umwälzungen noch lange nicht ausgestanden, in Indien wie in Südamerika brodelt es schon lange vor sich hin. Ähnliches gilt für den Nahen Osten, wo allerdings zwischen Phasen der Hoffnungslosigkeit immer wieder positive Signale erscheinen. Europa hat auf seinem Balkan einen Unruheherd, der sich mit den bereits vielen Zehntausenden von Toten noch nicht auf dem Wege zur Ruhe befindet. Und schließlich scheint die Weltmacht Nummer eins – die USA – auf dem besten Wege zu sein, ihre bisherigen Turbulenzen noch zu vergrößern, was sich negativ auf die weltweite Praktizierung des Kapitalismus auswirken könnte.

Es wäre ebenfalls ein Fehler, die Turbulenzen nicht wahrnehmen zu wollen, die der fundamentalistische Islam in vielen Teilen seines Einflußgebietes entwickelt. Aber gerade der Rückschritt in teilweise mittelalterliche Denkweisen läßt die Hoffnung aufkommen, daß Neues Denkes hier Möglichkeiten bieten wird, der Gefahr für die Menschlichkeit Einhalt zu tun. Ob dies beim Einhaltversuch gegen die von einer aggressiven Kaste entwickelten Unmenschlichkeiten von innen heraus – also durch die unterdrückten Menschen – oder von außen geschehen wird, mag dahingestellt bleiben. Auch hier ist die Chance zu sehen, daß nach den wohl noch bevorstehenden Turbulenzen eine Wendung zum Guten – zum Menschlichen – sich entwickeln wird. Militantes Christentum hingegen gibt es kaum mehr auf der Welt – trotzdem besteht zumindest für die katholische Kirche eine ernsthafte Gefährdung, wenn sie sich weiterhin in überkommenen Glaubensordnungen aktiviert und neuen Gedanken kalte Ablehnung bietet. Weltweit können wir auch außerhalb des Politischen noch viele Bereiche finden, die von Turbulenzen betroffen sind: Beispielsweise im Sport waren die 1992 durchgeführten Olympischen Spiele wohl diejenigen, die größte Widersprüche gegen neuartige Entwicklungen – man denke nur an die Vermarktung sowie an die Dopingstreitigkeiten – ausgelöst haben. Turbulenzen in der Weltwirtschaft und in den Finanzmärkten haben wir zwar immer wieder, aber grundlegende stehen uns wahrscheinlich noch bevor. Dies wurde im vorangegangenen Abschnitt bereits angedeutet. Kultur ist allgemein ein Bereich, der auch von Widersprüchen lebt, weil sie befruchtend wirken. Aber auch hier zeigen sich vielfach Auswüchse als Turbulenzen, aus denen noch niemand ersehen kann, wohin sie führen werden. Vielleicht entwickelt sich neben dem Trend zum Multikulturellen auch eine Tendenz zum Überschaubaren durch Ethnisches oder Regionales.

Wenn Ganzheitlichkeit Grundlage und Ausdruck Neuen Denkens ist, dann können wir sicher sein, daß vielerorts in den vorgenannten und anderen Lebensbereichen positive Lösungen gefunden werden können. Der letztendlich auf Lebensharmonie ausgerichtete Mensch wird mit diesem Denken lernen, polare Gegensätze zu überbrücken, wie wir schon eingangs festgestellt haben. Daß dies in jedem Falle und in jeder Situation reibungslos sich abspielen wird, kann nur ein Narr glauben. Aber daß die Chance zur positiven Entwicklung durchaus überall vorhanden ist, sollten wir alle aus innerer Überzeugung hoffen.

Damit kommen wir zum Abschluß dieser einleitenden Betrachtungen und der erarbeiteten Erkenntnisse zum wirtschaftlichen Bereich: Auch hier wird fast jeder, der in irgendeiner wie auch immer gearteten Position verantwortlich in einem Wirtschaftsunternehmen steht, längst erkannt haben, daß sich einiges bewegt. Überkommene Strukturen der Hierarchie lösen sich auf, überholte Denkweisen tayloristischer Prägung werden in zunehmendem Maße unpraktikabel. Techniken verändern sich, Informationspraktiken sind in einem rasanten Wachstum begriffen, Kommunikationen werden komplexer, und Märkte fordern zunehmende Flexibilität – dies sind nur einige der derzeitigen Entwicklungen, die man getrost ebenfalls bereits als Turbulenzen bezeichnen kann. Turbulenzen also im wirtschaftlichen Bereich zumindest ebenso wie im übrigen Weltgeschehen (s. Abb. S. 35).

Wie wird dies alles werden – wie werden sich die Dinge entwikkeln – und wie soll sich der Unternehmer, der Manager, der Verantwortliche verhalten? Kein Mensch ist in der Lage, die Zukunft vorauszusehen und uns verbindlich zu sagen, was alles auf uns zukommen wird. Aber daß schon in absehbarer Zeit einiges eintreten wird, dies ist an den bereits überall erkennbaren Turbulenzen – die manchmal auch nur in Verunsicherungen sich bemerkbar machen – deutlich festzustellen. Es werden grundsätzliche Entwicklungen sein, für die bislang noch keine Vorbilder, Muster oder Modelle bestanden haben. Wenn wir jedoch die allgemeine Tendenz, den Trend zur Ganzheitlichkeit, als eine

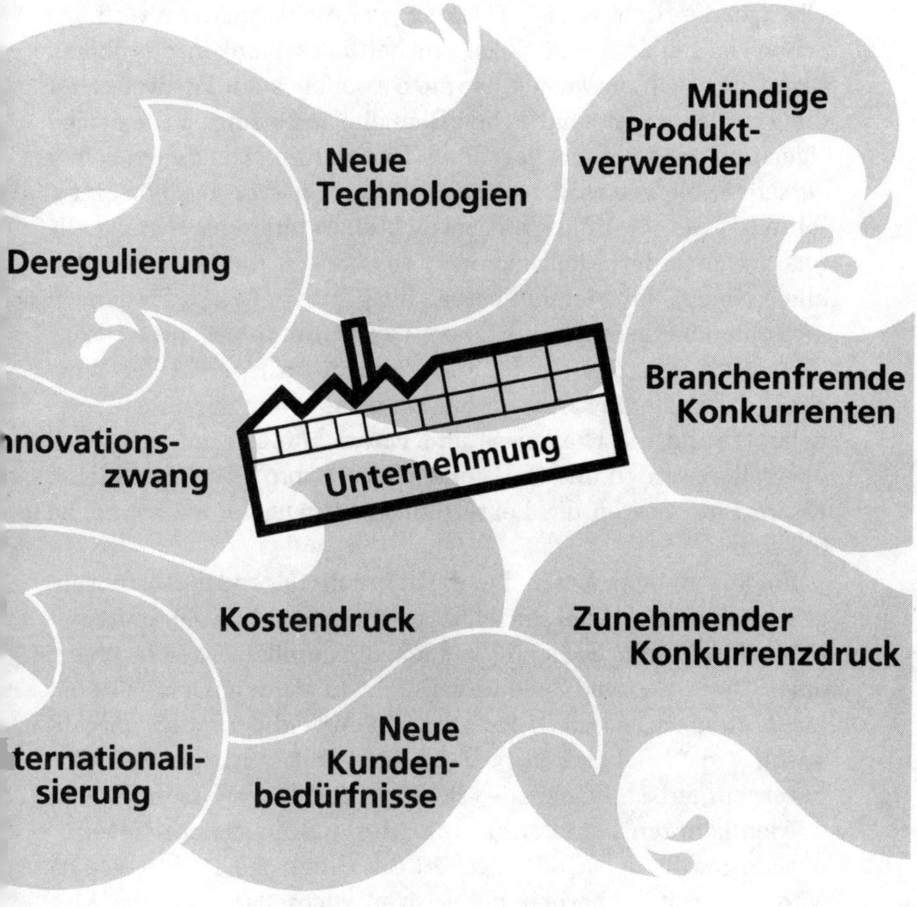

Abbildung aus »Unternehmens-Dynamik« von Prof. Dr. Cuno Pümpin und Dr. Carlo Imboden – Schweizer. Volksbank Bern, 1991

Chance, die Richtung zu erkennen, wahrnehmen, dann wird uns schon viel geholfen sein. Solch ganzheitliches Denken, das überall keimt und sich entwickelt, ist auch zweifellos ein Wegweiser für die Trends im wirtschaftlichen Bereich. Und wenn wir die derzeitigen und noch vor uns liegenden Turbulenzen, von denen keiner verschont bleiben wird, nicht als Störung unserer so schön eingefahrenen Geschäftstätigkeit betrachten, sondern als Signale, die uns herausfordern, hellwach und sensibel zu werden gegenüber allem Neuen, dann ist dies bereits ein positiver Effekt, für den wir nicht dankbar genug sein können. Vogel-Strauß-Verhalten ist das Widersinnigste, das ein Führungsverantwortlicher in der Wirtschaft praktizieren kann – er hat auf diese Weise nur eine Sicherheit: daß ihn die Ereignisse und Entwicklungen auf jeden Fall überrollen werden und ihm keine Chance zum Überleben bleibt. Er wird am besten die Lektüre dieses Buches an dieser Stelle beenden.

Für alle anderen Leser sind die nunmehr folgenden Ausführungen keineswegs Allheilmittel, mit denen man alle Zukunftsprobleme lösen kann. Sie sind Visionen, die durchaus in sich bergen, eines Tages als reale Ziele verwirklicht zu werden. Denn sie sind nicht utopisch, sondern lediglich im Augenblick noch unrealistisch – in manchen Fällen. In anderen Fällen dagegen wird der unternehmerisch Denkende erkennen, daß sie bereits umgesetzt werden könnten, wenn er nur mit Mut und Zuversicht sie anzupacken gewillt ist. Zu allem gehört das Glück des Tüchtigen – es wird sich mit Sicherheit demjenigen zugesellen, der den Mut aufbringt, mit Veränderungen den Anfang bei sich und in seinem Unternehmen zu machen. Die Chancen sind da!

Zu den holistischen Abbildungen auf den folgenden drei Tafeln: In unseren Zeichnungen ist dargestellt, wie sich innerhalb der größeren Organismen kleinere einbinden – bei der Tafel I sind dies innerhalb unserer Erde in bezug auf den Menschen die gesellschaftlich relevanten Gruppierungen, die durchaus auch Organismusstruktur haben können – wie eben auch das Unternehmen. Dieses wiederum – Tafel II – erhält seine Funktionalität durch die Aufgliederung in Organe, als die man die Gruppen bezeichnen kann. Und diese Organe haben ihre Funktionalität wiederum durch die kleinsten lebenden Glieder, die menschlichen Individuen, deren Zusammenwirken – Tafel III – die Lebensfähigkeit des Ganzen erhält.

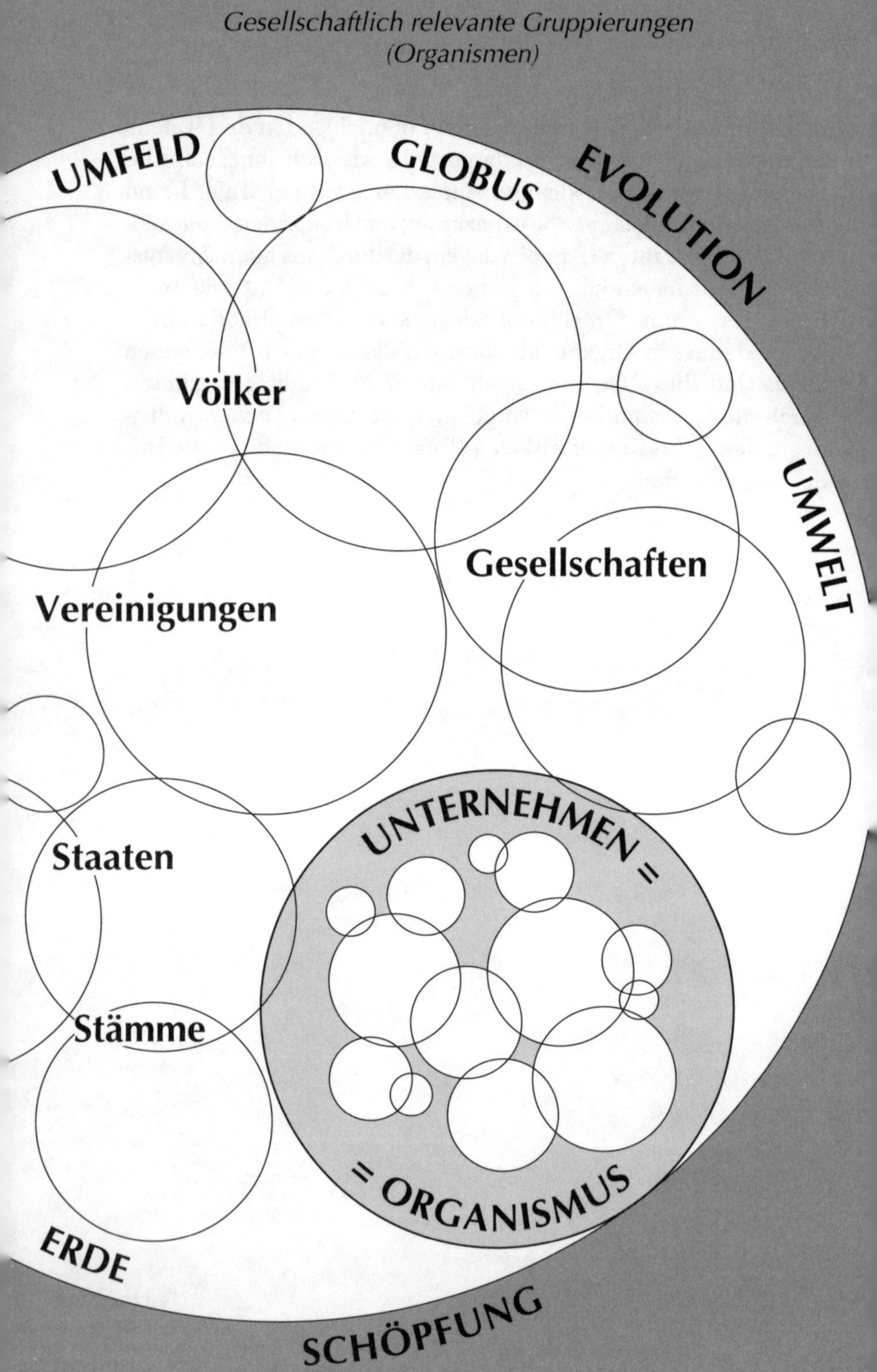
Gesellschaftlich relevante Gruppierungen
(Organismen)
UMFELD
GLOBUS
EVOLUTION
UMWELT
Völker
Gesellschaften
Vereinigungen
Staaten
Stämme
UNTERNEHMEN =
= ORGANISMUS
ERDE
SCHÖPFUNG

Unternehmensaufgliederung (Funktionalität)

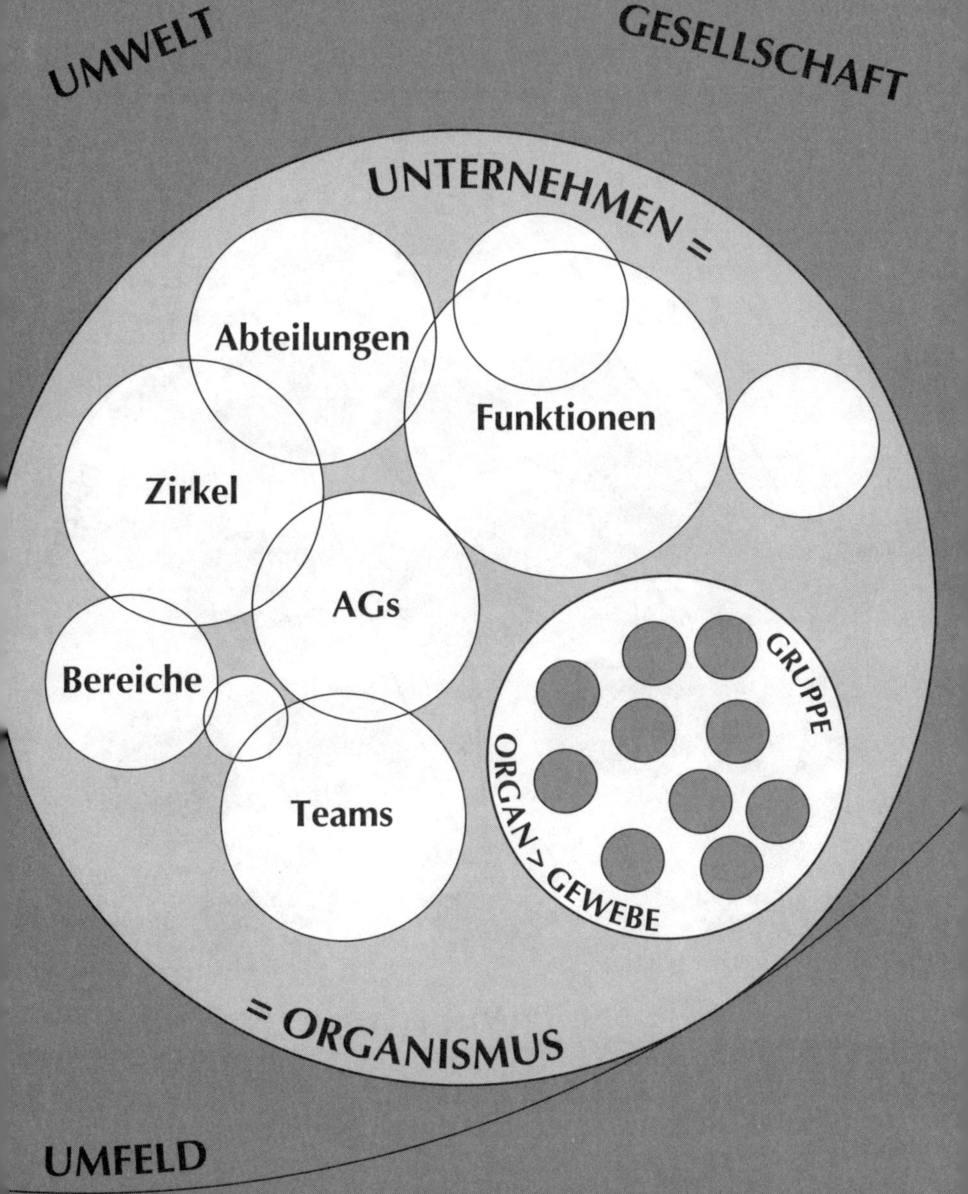

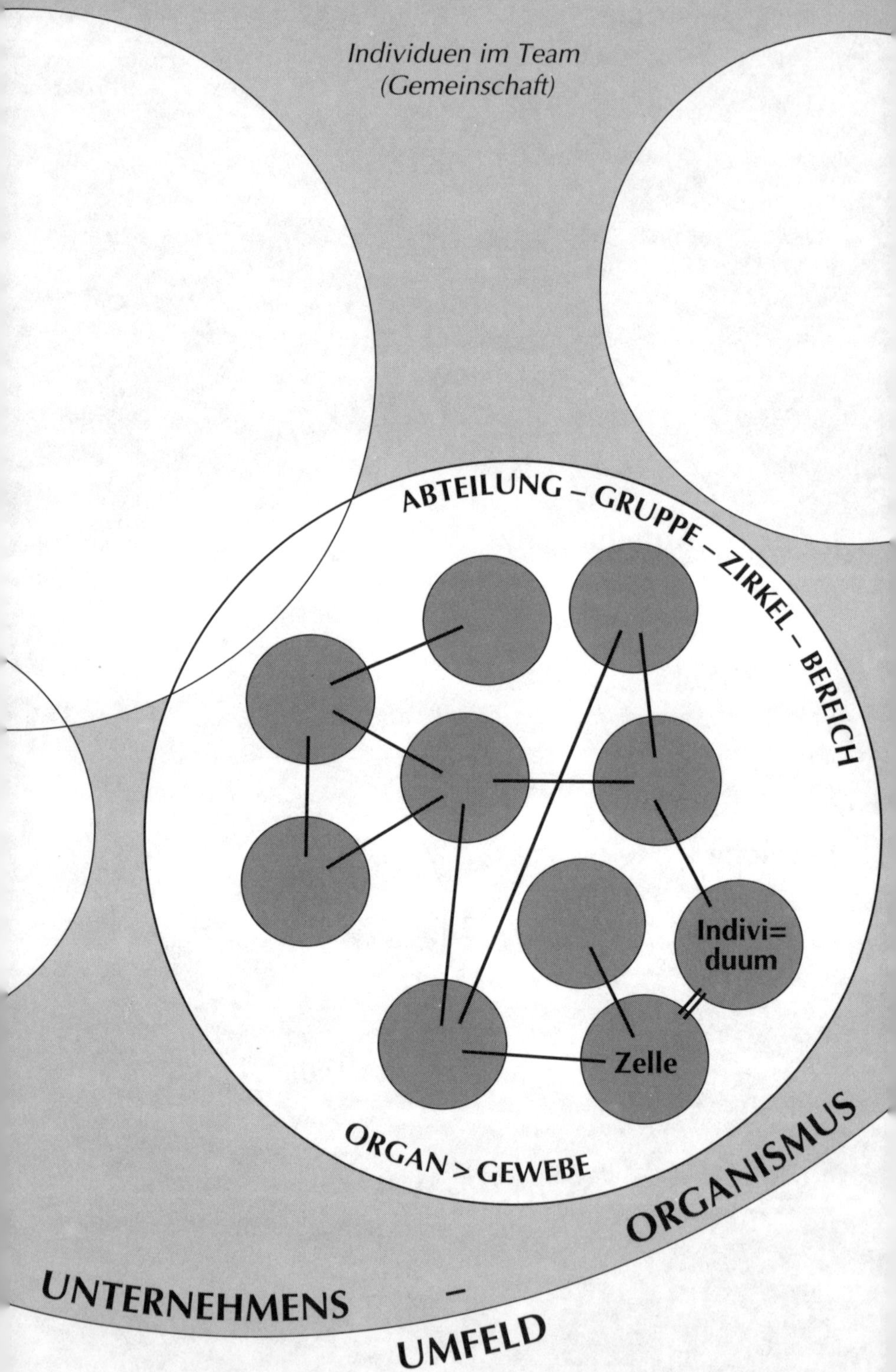

Individuen im Team
(Gemeinschaft)
ABTEILUNG – GRUPPE – ZIRKEL – BEREICH
Indivi=
duum
Zelle
ORGAN > GEWEBE
ORGANISMUS
UNTERNEHMENS
–
UMFELD

B) Hauptteil

Organismus Unternehmen

> *»... Den Wert eines Unternehmens machen nicht Gebäude und Maschinen und auch nicht seine Bankkonten aus. Wertvoll an einem Unternehmen sind nur die Menschen, die dafür arbeiten, und der Geist, in dem sie es tun. Maschinen kann man nach Katalog kaufen, so schön und so teuer, wie man sie bezahlen kann; aber den Geist, den Stil, das Unwägbare eines Unternehmens kann man für kein Geld der Welt kaufen – das muß man selber schaffen. Und da fehlt es allerdings nicht an Verzweiflungen und Beglückungen ..., aber das ist eine Aufgabe, die wahrhaft des Schweißes der Edlen wert ist.«*
>
> (Heinrich Nordhoff)

Dies sind die Schlußworte einer berühmten Rede, die Heinrich Nordhoff, der legendäre Chef der Volkswagenwerke, im Jahre 1966 vor der Versammlung der Industrie- und Handelskammer Braunschweig gehalten hat. Sie beziehen sich auf die Ganzheitlichkeit des lebendigen Organismus ebenso wie auf den Wert des Menschlichen in diesem. Eine seherische Weisheit (vor mehr als einem Vierteljahrhundert!), deren Bedeutung wir uns heute bewußt machen und – in Erkenntnis der Zeitenwende – auch die Chance haben werden, in die Unternehmenswirklichkeit umzusetzen. In den folgenden Sätzen wird der Versuch unternommen, die Möglichkeiten zu einem veränderten Verständnis des Unternehmens aufzuzeigen.

I. Satz

Largo
= breit

Evolution und Organismen sind das Leben in der Schöpfung

Wenn der Titel dieses Buches aus zwei unterschiedlichen und – wie manche meinen mögen – auch gegensätzlichen Begriffen besteht, von denen jeder sehr differenzierte Auslegungen ermöglicht, so ist es zunächst einmal notwendig, diese Begriffe exakt zu definieren. Nicht nur sie selbst, sondern auch die mit ihnen zusammenhängenden Begriffe und Wörter, die zwangsläufig ebenfalls behandelt und in ihrem Verständnis deshalb eindeutig geklärt sein sollten. Wobei sich die Auslegungen weniger auf exakte wissenschaftliche Definitionen beziehen, sondern auf das allgemeine Verständnis und den Sprachgebrauch, der den meisten Praktikern eher geläufig ist als hochwissenschaftliche Differenziertheit. Die Definition des Unternehmens wird auf den II. Satz zurückgestellt – zunächst geht es hier jetzt um die Evolution und die Organismen.

Evolution wird allgemein verstanden als die Entwicklungsgeschichte des Lebens auf unserer Erde, wobei im Lexikon vorsorglich auch auf den Begriff »Abstammungslehre« hingewiesen wird. Wenn wir aber von der Entwicklung des Lebens sprechen, dann müssen wir auch erwähnen, was die Wissenschaft darunter versteht: von der sogenannten »Urzeugung« bis zu heutigen höchst komplizierten Gestaltformen von Organismen ist ein viele Millionen Jahre langer Weg der ständigen Veränderung und Weiterentwicklung beschritten worden, den nachzuvollziehen hier nicht erforderlich ist. Nur das Ergebnis ist für uns evident: Aus den ersten Urformen des Lebens – das Stoffwechsel und Energiegewinnung als Kriterium hat – sind durch immer stärkere Spezialisierung und Differenzierung schließlich im Verlaufe der Evolution jene komplexen Organismen entstanden, denen wir heute auf der Erde begegnen und deren komplizierteste Erscheinungsform wahrscheinlich der Mensch ist. Die zunehmende Kompliziertheit hat sich nicht nur in der Formenmannigfaltigkeit gezeigt, sondern auch in der Funktionsfähigkeit und differenzierten Spezialentwicklung, der wir in manchen Lebewesen – Organismen – begegnen.

Jetzt wurde also für das Lebewesen der Begriff *Organismus* gebraucht, mit dem wir uns nun auseinandersetzen wollen: Zurückbesinnend auf den Biologieunterricht der Schulzeit, wird sich jeder noch daran erinnern, was er gelernt hat: Ein Organismus ist ein selbständiges Lebewesen (gleich, welcher Art, Größe und Gestalt), das sich zusammensetzt aus verschiedenen Organen, die mit unterschiedlichen Aufgaben und Funktionen zum Lebenserhalt des gesamten Organismus beizutragen haben. Diese *Organe* wiederum setzen sich zusammen aus den verschiedenartigsten *Geweben*, Zellverbänden und -strukturen, die je nach Aufgabe gänzlich unterschiedliche Erscheinungsbilder haben. – Um am Beispiel des menschlichen Organismus dies verständlich zu machen: Das Organ Leber sieht morphologisch – also im Erscheinungsbild – völlig anders aus als der Knochenbau, die Muskulatur, die Haut oder das Herz. Alle aber sind Organe, die zum Lebenserhalt des Gesamtorganismus in ihrer Funktion mitwirken.

Trotz ihres differenzierten Aussehens sind aber alle diese Teile – Organe und Gewebe – zusammengesetzt letztendlich aus *Zellen*, die zwar unterschiedliche Erscheinungsbilder, Formen und Aufgaben haben, aber auf jeden Fall den kleinsten, selbständig lebensfähigen Teil eines Organismus darstellen.

Biologen werden bei dem letzten Satz den berechtigten Einwand bringen, daß eine Zelle im Organismus nicht allein lebensfähig ist. Dies stimmt – tatsächlich gehen die Zellen, die in der Evolution ihre Existenz als »selbständig lebensfähige Einzeller«

1. Kadenz

Homo integrans

Viele kennen das Bild, in dem die Entwicklung unserer Schöpfung aus dem Urknall vor etwa fünfzehn Milliarden Jahren bis heute auf einen Film von der Dauer eines Jahres zusammengeschnitten ist. Wenn der Urknall, der heute auch schon wieder von einigen Wissenschaftlern angezweifelt wird, am 1. Januar dieses Filmjahres im Zeitraffer-Tempo stattgefunden hätte, dann hätten sich erst im November die ersten Zellen mit festen Kernen entwickelt, von Weihnachten bis zum 30. Dezember hätten die Dinosaurier geherrscht. Unsere affenähnlichen Vorfahren wären gegen Mittag des Silvestertages aufgetreten – und ab 23 Uhr begannen sie mit dem aufrechten Gang. Viereinhalb Sekunden vor Mitternacht wäre Jesus Christus erschienen – und der Zweite Weltkrieg wäre in einer Zehntelsekunde vor Mitternacht abgelaufen.

Diese Darstellung macht uns bewußt, welche unbedeutende Rolle der Mensch in der Entwicklung unserer Schöpfung gespielt hat – die Evolution hat den Menschen sicher nicht zur »Krone der Schöpfung« werden lassen, damit er sich diese untertan macht. Auch wenn es so in der Bibel steht, ist dies vielleicht ganz anderes gemeint – nämlich im Sinne des Nutzens dieser geschaffenen Erde. In der Entwicklung des Menschen mit dem Beginn des aufrechten Ganges spricht die Wissenschaft heute vom »Homo erectus« – dem aufgerichteten Menschen. Und später kommen auch andere Beifügungen hinzu, bis dann der schwedische Naturforscher und Arzt Carl von Linné den Begriff des »Homo sapiens« (= der wissende Mensch) schuf, mit dem wir heute noch als Gattungsbezeichnung uns be-

nennen dürfen. Es haben sich zwar auch noch andere Begriffe in den letzten beiden Jahrhunderten gebildet – Karl Marx sprach vom »Homo faber« = der technische Mensch (vom lat. »faber« = Handwerker, Schmied, Zimmermann) –, und auch der »Homo oeconomicus« – der wirtschaftlich (denkende) Mensch – war im Gespräch, eine Begriffsbildung der klassischen Nationalökonomie.

Ich habe mit meinem Werk UZ einen großen Erfolg seit nunmehr sieben Jahren und viele positive Kritiken erhalten. Eines aber hat mich enttäuscht: Nicht eine einzige der Buchbesprechungen durch vielfach sehr qualifizierte Rezensenten ging auf den von mir erstmals gebrauchten Begriff des »Homo integrans« ein, den gefunden zu haben ich sehr glücklich war. Haben diese Buchkritiker diesen Begriff übersehen oder haben sie nicht begriffen, was dadurch Entscheidendes in unserem menschlichen Selbstverständnis beim Wandel zu einem neuen Menschen ausgedrückt sein soll? Das lateinische Wort »integrare« wird übersetzt mit »wiederbeginnen«, »erneuern« und auch »wiedereinfügen«. »Homo integrans« ist also nach meinem Verständnis genau der neue Mensch, wie wir ihn in unserer Zeit brauchen. Ein Mensch, der nicht mehr danach trachtet, die Welt auszunutzen zu seinem alleinigen Vorteil und auszubeuten, sondern der – bei allem Recht auf eigene Lebenserhaltung – bereit ist, sich wieder demütig in die Schöpfung einzufügen als Teil derselben, aus der er geboren ist.

Dies ist keine wissenschaftliche Gattungsbezeichnung mehr, sondern ein Programm – ja, mehr noch: eine notwendige Pflicht in einer Situation, in der der Mensch kurz davor steht, die ihn tragende Erde durch sein Handeln zu vernichten. In meinen Seminargruppen ließ ich vielfach über diesen Gedanken diskutieren, aber manche Teilnehmer störten sich an dem Wort »demütig«, wie sich nach meiner Auffassung der Mensch wieder in die Schöpfung einfügen solle. Sie meinten, der Mensch habe doch wirklich Großartiges geschaffen und zur Entwicklung beigetragen – da sei nun zwar Vernunft, aber doch beileibe keine Demut am Platze.

Dies ist altes – auch kartesianisches Denken: die Vernunft als die wichtigste Fähigkeit des Menschen gegenüber den anderen »unvernünftigen« Geschöpfen. Kommen wir doch herunter von unserem hohen Roß! Gestehen wir doch zu, daß mit Vernunft, die wir anstelle der Instinkte entwickelt haben, nicht alles zu verstehen und zu bewältigen ist. Und daß vielleicht die zugunsten des Vernünftigen verlorengegangenen Instinkte uns besser den Weg weisen könnten, wie wir die Schöpfung erhalten könnten. Warum nicht dies in ehrfürchtiger Demut tun, die aus dem erweiterten Bewußtsein entsteht, daß die Großartigkeit der Schöpfung nicht auf uns Menschen angewiesen ist, sondern sicherlich eher wir Menschen auf unsere Mutter Erde, die wir auf dem besten Wege sind zu zerstören.

Verstehen wir also das Wort vom »Homo integrans« nicht als einen neuen wissenschaftlichen Gattungsbegriff, sondern als eine Verpflichtung, der wir uns nicht entziehen können. Gerade weil wir angeblich so vernunftbegabt sind, haben wir die Aufgabe, die gesamte Kraft unseres Geistes dafür einzusetzen, daß das Leben auf unserer Erde erhalten bleibt. Ozonloch, Verschmutzung der Meere, Mord an den Regenwäldern, Aids und verhungernde Kinder sind nur einige Stichwörter, die uns daran erinnern sollten, daß wir etwas zu tun aufgerufen sind. Und da wir selbst an all diesen Übeln die Schuld tragen, steht es uns gut an, unsere ganze Kraft dafür einzusetzen, diese Entwicklungen aufzuhalten. Dann – aber nur dann – werden wir uns wieder demütig in die Schöpfung einfügen und uns als Teil derselben verstehen können. Und überleben!

Prämisse: 0

Der Mensch wird sich vom »Homo sapiens« wandeln müssen zum »Homo integrans«, der sich wieder demütig in die Schöpfung eingebunden verstehen muß, wenn er überleben will.

durchlaufen haben, dann in Zellverbänden, Geweben und Organen auf und wären, aus diesen herausgenommen, nicht mehr einzeln lebensfähig. Aber wir kommen später beim Vergleich der Menschen in einem Unternehmen noch darauf zu sprechen, warum dies hier so vergröbert dargestellt wurde.

Abschließend zum Begriff des Organismus sei noch ein wesentlicher Faktor erwähnt, der ebenfalls für unsere späteren Betrachtungen von entscheidender Bedeutung ist: Ein Organismus ist stets ein *Ganzes* – diese Ganzheitlichkeit besteht nicht nur aus seinem äußeren Erscheinungsbild, sondern auch in verschiedenen damit zusammenhängenden Eigenschaften. Dazu gehören nicht nur die Überschaubarkeit sowie das Zusammenwirken der einzelnen Organe – einschließlich der gegenseitig mehr oder weniger großen Abhängigkeit –, sondern auch die bei höherentwikkelten Organismen geistige Bindung, die mit Sinnesorganen und Nerven sowie mit dem Gehirn ihre Realisierung findet. Auch dies wird später noch ausführlicher zu behandeln sein. – Fest steht jedoch eines: Ein Organismus ist ein ganzheitliches Gebilde und verdient daher in unserer Zeit – die der Ganzheitlichkeit der Dinge auf der Spur ist, wie wir einleitend erwähnt haben – unsere besondere Beachtung. Wenn wir ganzheitliches Denken als ein wesentliches Kriterium Neuen Denkens verstehen, dann wird auch unsere Betrachtung des ganzheitlichen Organismus von besonderer Gewichtigkeit sein.

Die Erde – ein Organismus?

Peter Russell hat mit seinem Buch »Die erwachende Erde – Unser nächster Evolutionssprung« einen sehr wertvollen Beitrag dazu geleistet, wie sich die Menschen unserer Zeit mit der Schöpfung auseinandersetzen können. Er schildert darin u. a. die Evolution als einen progressiven Zusammenschluß von Einheiten zu größeren Systemen, wie er auf der Zeichnung von S. 50 dargestellt ist. Jeweils dann – so die Argumentation von Russell –, wenn bestimmte Einheiten eine gewisse Menge erreicht haben (Russell spricht von zehn Milliarden), bilden sie die nächste Einheit, ein komplexes System.

Für unsere Betrachtung bedeutsam ist Russells Finalschluß, daß auch das menschliche Bewußtsein, verkörpert im Gehirn, nunmehr bald die Zahl von zehn Milliarden (Weltbevölkerung) erreicht haben wird und sich daraus ein globales Bewußtsein entwickelt. Er nennt dies »The Global Brain«, also das weltumspannende Gehirn, und meint damit, daß sich auch eine Art gemeinsamen Bewußtseins in der gesamten Menschheit bildet, das dann zu einem völlig anderen Verständnis der Schöpfung und unseres Lebens führen wird.

Man kann dem zustimmen oder seine Zweifel hegen – Tatsache ist, daß sich unsere Erde, seit Milliarden von Jahren, wie ein selbständig lebender Organismus verhält. Dies haben unterschiedliche Forschungsmessungen ergeben wie z. B. die Untersuchungen über den Wärmehaushalt der Erde. Er ist seit mindestens drei Milliarden Jahren so völlig konstant, obwohl er durch äußere Einflüsse hätte zunehmen oder auch abnehmen können. Dies ist nur erklärbar dadurch, daß alle Faktoren, die auf unsere Temperatur Einfluß nahmen, als Regulative zusammenwirken, um dadurch die Konstanz des Lebens zu erhalten.

Ähnlich verhält es sich mit dem Salzgehalt des Wassers: Die chemischen Entwicklungen auf der ganzen Erde müßten eigentlich dazu führen, daß alle zirka achtzig Millionen Jahre der Salzgehalt der Meere sich verdoppelt – und damit organisches Leben von Fischen, Pflanzen, Tieren und Menschen unmöglich geworden wäre. Nichts dergleichen ist geschehen: Seit Jahrmilliarden erhält ein Regulativ diesen Salzgehalt des Wassers auf zirka 3 bis 4 Prozent konstant, so daß das Weiterleben der Organismen gewährleistet ist.

Peter Russell schildert, daß Jim Lovelock, Berater am »California Institute of Technology«, insgesamt 24 derartige Untersuchungen vornehmen ließ in den verschiedensten Bereichen mit

Elementarteilchen
Zusammenschluß bildet

Atome
Zusammenschluß bildet

Moleküle
Zusammenschluß bildet

Makromoleküle
Zusammenschluß bildet

einfache Zellen
Zusammenschluß bildet

komplexe Zellen
Zusammenschluß bildet

Gewebe und Organe
Zusammenschluß bildet

selbstbewußte
Organismen

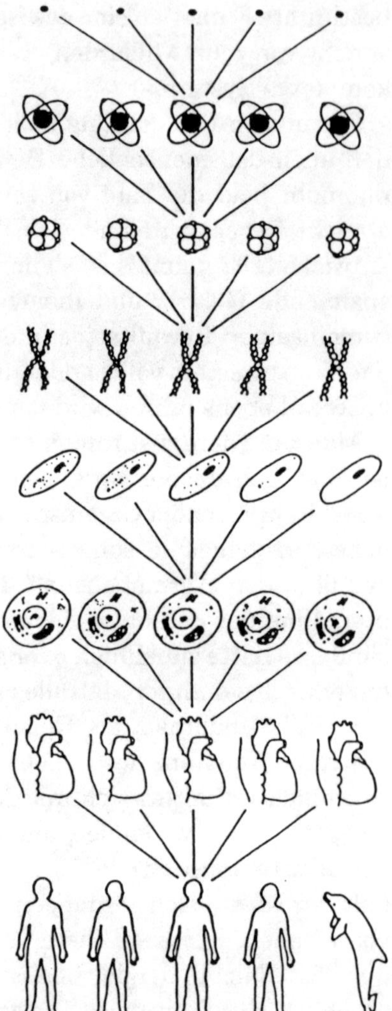

Quelle: Russell

Darstellung der evolutionären Entwicklung nach Peter Russell, der für die letzte Stufe dann schließt, daß auch das Bewußtsein der Organismen – menschliche Gehirne – sich noch zu einer größeren Einheit zusammenschließen könnte. Der Titel seines Buches »The Global Brain« wird übersetzt mit »Das weltumspannende Gehirn«.

dem Ergebnis, daß die Homöostase, also die Fähigkeit eines Organismus, sich durch selbstregelnde Vorgänge und Anpassungen zu seinen Lebensbedingungen am Leben zu erhalten, für unsere gesamte Erde genauso gilt wie für jeden anderen kleineren Organismus, der darauf lebt. Seine Schlußfolgerung also, daß die Erde ein einziger lebendiger Organismus sei, ist deshalb einleuchtend.*

Wenn wir einmal nun von der magischen Russellschen Zahl von zehn Milliarden, die für einen Evolutionssprung notwendig ist, absehen, so ist doch der Gedanke naheliegend, andere Einheiten von Organismen zu erkennen, die sich ebenso wie ein lebendiges Wesen verhalten und mit einer entsprechenden Homöostase ihre Existenz sichern, also am Leben bleiben.

* Da das Buch von Peter Russell vergriffen ist, kann an seiner Stelle die Arbeit von Rudolf A. Schnappauf empfohlen werden, der mit seinen Ausführungen sich auf Russells Darlegungen stützt, sie jedoch noch weiter entwickelt zu hochinteressanten Schlußfolgerungen.

Intermezzo zum Trend der »schrumpfenden Räume«

Karl Haushofer (1869–1946), bei dem ich noch vor dem Kriege an der Münchener Universität »Geopolitik« hörte, hat seinerzeit den Begriff vom »Gesetz der wachsenden Räume« geprägt. Dieses Gesetz – sofern es denn wirklich eines sein sollte – drückte aus, daß weltweit der Trend herrsche, sich zu größeren Einheiten zusammenzuschließen in dem Glauben, auf diese Weise mehr Macht und damit Existenzsicherung zu erhalten.

Verständlich, daß auch die Nationalsozialisten diese Auffassung sich aneigneten und sie zu einer Grundthese ihrer Machtpolitik werden ließen. Haushofer brachte für sein Gesetz genügend Beispiele: von den USA bis zu Indien, von der sowjetischen Föderation bis zum britischen Weltreich. Und im Ansatz wurde auch ein Europa, natürlich unter deutscher Hegemonie, in diese Theorie mit einbezogen.

Dieser gleiche Trend der Entwicklung zu größeren Einheiten zeigt sich seit Jahrzehnten in der Wirtschaft – bei Unternehmen, Konzernen, Wirtschaftsblöcken –, eine Art Gigantomanie, wie ich sie bezeichne und gegen die das deutsche Kartellgesetz nur eine partielle Aufgabe, nämlich die Unterbindung von Marktbeherrschung, aufgreift.

Aus den USA erreichte uns – nunmehr auch bereits vor eineinhalb Jahrzehnten – der Begriff des »Small is beautiful«. *Abgeleitet vom »Black is beautiful« der Farbigen, hat ihn Egon Schumacher wohl zuerst gebraucht. Er steht in direktem Bezug zu dem Henry Ford I. nachgesagten Ausspruch: »Ein Großunternehmen ist zu groß, um menschlich sein zu können.« Sollte hier etwa eine andere Denkweise, vielleicht sogar ein »Wertewandel«, erkennbar sein? Ich möchte dazu einige Überlegungen beisteuern.*

Wachstum nähert sich seinem epochalen Ende – dies wurde bereits 1972 durch Dennis Meadows und die Untersuchungen des »Club of Rome« dargelegt. Aber obwohl vielfach die sogenannte Wachstumsgläubigkeit persifliert wurde, wird allüberall – vor allem in der Wirtschaft – fleißig weiter aufgekauft, zusammengeschlossen und werden Elefantenhochzeiten begangen.

Demgegenüber beobachte ich jedoch seit Jahren auch, daß tatsächlich entgegen dem Gesetz der »wachsenden« Räume sich überall eine Entwicklung andeutet, die man als konträr bezeichnen könnte – ich will sie nicht Gesetz, sondern lediglich »Trend der schrumpfenden Räume« nennen. Dazu muß zunächst allerdings festgestellt werden, daß der Begriff »Räume« weit über das rein Physisch-Geographische hinaus verstanden werden soll. »Raum« in meinem Verständnis kann Lebensraum ebenso wie ethischer Freiraum sein, Arbeitswelt und -umfeld ebenso wie geistige und soziale Beziehungen, sprachliche und ethnische Bindungen gleichermaßen wie landschaftlich oder verkehrskommunikativ bedingte Infrastrukturen. Und vieles anderes mehr.

Die sich durch die Bevölkerungsexplosion auf unserem Planeten entwickelnde Massensituation mit all ihren Problemen ökonomischer und ökologischer Auswirkungen verstärkt das, was wir schon seit Le Bon, Freud und Maslow wissen: Der Mensch befindet sich in einer Bipolarität seines Wollens. Zum einen stellt er – nicht zuletzt durch die in den letzten Jahrzehnten rasant entwickelte Informationsstruktur – fest, daß er als Einzelner gegen die Masse nichts ausrichten kann; er fürchtet, in ihr unterzugehen. Daher strebt er in verstärktem Maße zur Individualität, zur Selbstidentifizierung und Selbstverwirklichung, um dem Machtanspruch der ihm suspekten Masse entgegenwirken zu können. Denn sogar auch in wohlpraktizierter Demokratie empfindet er sich als machtloses Stimmvieh, das nichts zu bewegen in der Lage ist.

Und hieraus entsteht andererseits die Bestrebung, sich mit anderen Gleichgesinnten oder ihm sonstwie Verbundenen zusammenzufinden, um so Dinge gegen die allmächtige Masse und ihre Organe durchzusetzen, die er allein nie erreichen könnte. Es entwickelt sich ein Trend zu kleineren, überschaubaren Einheiten – zu Zusammenschlüs-

sen, die dem Kontakttrieb oder, wie Maslow es nennt, dem Streben nach Gemeinschaft entsprechen (UZ – Kardinaltriebe). In solchen Gruppen findet das Individuum das, was ihm die Masse mit der Anonymität des Einzelnen niemals wird bieten können. Wahllos und sicherlich noch nicht wissenschaftlich belegt, will ich im folgenden einige Beispiele aufzählen, die ich seit Jahren beobachte.

Volksgruppen wie einige Indianerstämme Nordamerikas und neuerdings auch in Südamerika besinnen sich auf ihre Identität und werden aufsässig gegen die »Demokratur« der Herrschenden. Basken und Bretonen, Nordiren und Sikhs (in diesen Fällen religiös bedingt), Pfaffenwinkler, Balten, Aserbeidschaner oder Palästinenser (die es ethnisch-politisch nie als Einheit gegeben hat), afrikanische Stammesvölker und Einwohner von Sri Lanka wie viele andere auch wollen sich aus größeren Einheiten herauslösen und verselbständigen. Und einer eigenen Betrachtung allein wäre es wert, die Entwicklung zu beobachten, die sich aus dem Zerfall der Sowjetunion ergibt und noch ergeben wird. Selbst bei uns ist der Freistaat Bayern immer noch – zumindest in Stammtischgesprächen – an einer wie auch gearteten Unabhängigkeit interessiert; entsprechende Äußerungen von Politikern finden stets wieder Aufmerksamkeit.

In unserer Parteienlandschaft – auch nach dem Zusammenschluß mit der ehemaligen DDR – scheint es, daß die Epoche der großen Volksparteien zu Ende geht; nur noch die von den Vätern des Grundgesetzes wohlbedachte 5-Prozent-Klausel verhindert es, daß die partiell Unzufriedenen ihre eigenen Wertvorstellungen in eigenen Gruppierungen verwirklichen können. Musterbeispiel hierzu: Der rechte Flügel unseres Parteienspektrums (NPD, DVU und Republikaner) setzt sich aus den Wählergruppen zusammen, die sich in ihrem »Deutschbewußtsein« von den großen Parteien nicht mehr entsprechend vertreten fühlen. Und es ist leicht vorauszusehen, daß sich dieser Trend zu kleineren Gruppierungen noch verstärken wird; man denke nur daran, aus welch unterschiedlichen Zielvorstellungen sich beispielsweise die grüne Bewegung zusammenfand – nur um der parlamentarischen Effektivität willen hat man sich in einer Partei gebunden.

Von hier aus ist es nur noch ein kleiner Schritt, sich die zahllosen Zusammenschlüsse bewußtzumachen, die sich unter den Begriffen wie Volksbegehren, Bürgerinitiativen, Ortsbeiräten, Interessengemeinschaften und anderen Bezeichnungen sporadisch zeitweise oder permanent überall konstituieren. Sie erzielen bereits vielfach den zuvor erwähnten Effekt, gemeinsam mit anderen, gleichgesinnten Menschen jener Macht der anonymen Masse entgegenzuwirken. Und dieses Bestreben wächst immer noch mehr mit der anwachsenden Informationsflut. Ihr schiebt man zwar gerne die Schuld daran zu, daß die Menschen abstumpfen und gewissermaßen immun werden gegen zu viele Informationen – zum anderen entsteht aber mit Sicherheit der Effekt bei vielen, daß sie lernen, besser zu selektieren und somit zu qualifizierterer Meinungsbildung zu gelangen.

Noch vor einem guten Jahrzehnt war bei uns der Begriff eines »Straßenfestes« wohl kaum bekannt. Aber gerade diese Aktivität scheint mir symptomatisch zu sein für die Behauptung, daß Menschen – insbesondere jene in den oft »menschenfeindlichen« Großstädten – sich mit solchen Mitteln Kommunikationen entwickeln und Gemeinsamkeiten dort schaffen, wo man bislang grußlos aneinander vorbeigegangen ist.

Diesen »Trend der schrumpfenden Räume« können wir tatsächlich überall entdecken; er findet sich in Freizeitaktivitäten und Hobbygruppen ebenso wie in den etablierten Kirchen. Und ich behaupte auch, daß viele Jugendbanden und Rockergruppen demselben Bedürfnis unterliegen, in ihrer Gemeinschaft eine kommunikative Heimat zu finden, die ihnen die etablierte Gesellschaft nicht zu bieten bereit ist. So dürfte vielfach auch deren angeblicher Rechtsextremismus mehr als Vorwand dienen denn aus tatsächlicher neonazistischer Weltanschauung stammen – die meisten dieser Typen sind wohl geistig auch zu primitiv, um so etwas wie eine wirklich eigene Ideologie zu entwickeln.

An dieser Stelle sei mir gestattet, zwei Politiker zu zitieren, die meine Gedanken in dieser Richtung des Überschaubaren, nach dem die Menschen sich heutzutage sehnen, bestätigen. Zum einen Helmut

Kohl, der anläßlich der 700-Jahr-Feier der Stadt Haltern 1989 u. a. ausführte:

> ... hier wird noch Nachbarschaft gepflegt. Heimat kann als menschliche Grunderfahrung überhaupt nicht altmodisch werden. Heimatbewußtsein ... ist so wichtig für unser demokratisches Gemeinwesen, weil die Bürger die menschliche Qualität ihres Lebens in erster Linie nach dem beurteilen, was sie in ihrer unmittelbaren Umwelt erleben. Dies gilt auch gerade für die junge Generation ...

Etwa das gleiche meint Oskar Lafontaine, von dem in »Geo« 6/89 ein Artikel über die Nationalstaaten erschien, die er für unfähig erklärte, in einem vereinten Europa die Probleme der Zukunft zu lösen. Er plädierte in diesem Artikel für überstaatliche Organisationen und für ein Rückbesinnen auf überschaubar gewachsene Regionen, denen dann viel mehr Kompetenzen zugesprochen werden sollten. Wörtlich schrieb er dann:

> ... Da unser Selbst- und Heimatbewußtsein aus der Nähe entsteht, erscheint mir die Region als Identitätsstifterin viel eher geeignet ... Region wohlgemerkt nicht als Ideologieersatz, als Blut-und-Boden-Geschwätz oder Biotop-Philosophie, sondern als politische Einheit mit größeren Entscheidungskompetenzen als die heutigen Bezirke, Bundesländer, Distrikte oder Departements ...

Diesen beiden Zitaten ist in Hinsicht auf die »schrumpfenden Räume« nichts mehr hinzuzufügen. Daher sei mir erlaubt, nunmehr diese Gedanken auch in die Richtung der Wirtschaft und der Unternehmen zu lenken, von deren Gigantomanie eingangs die Rede war. Auch im wirtschaftlichen Bereich ist deutlich eine Gegenbewegung hin zum Überschaubaren zu erkennen, wenn auch die Ansätze vorerst noch kärglich und spärlich sind. Peter F. Drucker sprach schon in verschiedenen Veröffentlichungen gegen Ende des vorigen Jahrzehnts vom »Ideal der mittleren Größe« eines Unternehmens, mit dem man wegkommen könne von starren Organisationsriten. Und Tom Peters, Mitautor des Bestsellers »Auf der Suche nach Spitzenleistungen«, nennt zehn Thesen zur »Revolution im Management«, von denen mir einige für unsere augenblicklichen Überlegungen von so grundlegender Bedeutung erscheinen, daß ich sie zum Teil wörtlich zitieren möchte, auch wenn sie aus dem Zusammenhang gerissen scheinen.

In These Nummer fünf seiner Ausführungen schreibt Peters, daß »... Großunternehmen im Prinzip dem Tode geweiht sind, wenn sie keine schnelle Innovation entwickeln ...« *Ich werde dazu im III. und IV. Satz einiges bestätigend zu erläutern haben. Denn Kreativität und Innovation können sich einfach nur in überschaubaren Gruppen entfalten. – Neben dem Abbau der Bürokratie, auf den wir auch noch einzugehen haben, fordert Peters in den Großunternehmen die* »Schaffung autonomer Einheiten mit subjektivem Unternehmertum ...«, *also genau das, von dem ich glaube, daß es im Trend des Schrumpfens liegen sollte.*

These Nummer sechs von Peters befaßt sich mit neuen Organisationsformen, wobei er den konsequenten Aufbau von lokalen Netzen innerhalb der Unternehmen fordert: von der Hierarchie zur Heterarchie. In dem Unternehmensmodell »Zirkel 2000« meines Buches UZ ist dies bereits entwickelt (s. auch S. 80).

Die These Nummer sieben spricht für sich, daher sei sie hier im Auszug zitiert: »... Man kann mit dem Faktor Größe nicht mehr automatisch Märkte dominieren. Im Gegenteil: Es zeichnet sich international der Trend zur ›mittleren Größe‹ ab. Und man erkennt, daß im Rahmen der Weltwirtschaft alle Dominanzstrategien zum Scheitern verurteilt sind. Jedes (große) Unternehmen hat so viele Achillesfersen, daß man sich nicht mehr auf den Macht-Automatismus der Größe verlassen kann ... Größe ersetzt nicht mehr länger Marktleistung ...« *Und abschließend heißt es* »... Abschied nehmen von den liebgewordenen Automatismen der Größe und der brüchig gewordenen Ideologie, daß nur Masse große Rendite bringen kann.« *In These acht spricht Peters dann noch von vernetzter Kooperation sowohl im Einkaufs- als auch im Marktbereich.*

Zu diesen Erkenntnissen amerikanischer Fachleute, die sich zum Teil auch decken mit den Prognosen von Gerd Gerken, kommt noch die Feststellung von John Naisbitt, daß das Makrobusineß in zunehmen-

dem Maße durch sogenannte »Feierabend-Unternehmer« verunsichert wird. In den USA schätzt man (1990), daß über drei Millionen Angestellte nebenbei ein Unternehmen betreiben – deutliches Signal für Innovations- und Verantwortungsbereitschaft. Bestätigt wird dies auch bei uns in Deutschland durch die alljährlich weiter ansteigende Zahl von Unternehmensneugründungen – diesem Trend ist auch nicht abträglich, daß bis zu 50 Prozent dieser Neugründungen wieder binnen zweier Jahre zugrunde gehen.

Zusammenfassen kann ich meine bisherigen Erkenntnisse zu dieser Thematik mit der Feststellung, daß die Entwicklung von mittleren und kleineren Unternehmen zukünftig entscheidend für das Überleben im Wandel sein wird. Große Unternehmen werden dies bei ihren Überlegungen zur eigenen Zukunft unbedingt mit einbeziehen müssen, wollen sie nicht eines Tages ein böses Erwachen haben. Denn die angeblichen Vorteile von Großunternehmen wie z. B. Marktbeherrschung, Kreditwürdigkeit, Finanzkraft, Sicherung der Existenz, Einflußnahme auf Politik und Staat (Lobby), volkswirtschaftliche Verantwortung u. a. sind – wenn man sie unter dem Gesichtspunkt Neuen Denkens und im Hinblick auf den »Trend zur Schrumpfung« betrachtet – oft mehr als zweifelhaft, vor allem auch unter dem Aspekt anonymer Kapitaleigner.

Kleinere Unternehmen hingegen weisen ganz offensichtlich eine Anzahl von Vorteilen auf, die – wenn sie durch eine entsprechende Unternehmensphilosophie gestützt werden (s. weitere Ausführungen in den Sätzen II und VI) – entscheidende Faktoren zur Zukunftssicherung werden können. Hier seien nur wahllos genannt: Überschaubarkeit, bessere Kommunikation (durch direkte Informationswege, jeder kennt jeden), menschlicher Bezug, Flexibilität, schnelleres Reagieren auf Veränderungen oder Strömungen, Erkennbarkeit der Sinnzusammenhänge, Motivation, Menschlichkeit, Vertrauensbildung zum Gefühl der Gemeinsamkeit und Sicherheit, Kooperation und Synergieeffekte u.v.a.m.

Ich möchte diese Betrachtung schließen mit einer persönlichen Aussage: Aus all dem bisher Gesagten und meinen Erkenntnissen stelle ich die Behauptung auf, daß entgegen allen anderen Wirtschaftsprognosen die »Tante-Emma-Läden« auch eine Zukunft haben werden – in welcher Form auch immer und trotz des derzeitigen langsamen Sterbens, der Zahl nach. Denn die unpersönlichen Großmärkte bieten dem Menschen nicht das, was er in zunehmendem Maße in der vertechnisiert-unpersönlichen Welt braucht: die menschliche Kommunikation und die wärmende Nähe des Nachbarn. Das ist die Zukunft der Tante-Emma-Läden, hier etwas zu geben, was der Mensch sucht und in dieser Hinsicht immer seltener findet.

Wohl auch aus dieser Erkenntnis heraus sind die Überlegungen der Deutschen Bundespost im Frühjahr 1993 entstanden, in den Tante-Emma-Läden zukünftig auch Briefmarken verkaufen zu lassen.

Da darf »small« wirklich wieder »beautiful« werden.

II. Satz:

Allegro vivace
= fröhlich lebend

Unternehmen sind lebende Organismen

Wenn wir von einem lebenden Organismus wissen, daß er durch Homöostase – also durch kybernetische Regulierung seiner Funktionen und Lebensvorgänge – (zumeist) mit Automatismen sich seine Existenz erhält ...

- wenn wir wissen, daß das Individuum in seinem Streben zum Zusammenschluß mit anderen die Chancen sieht, nicht in der Masse unterzugehen und dadurch seine Individualität zu verlieren ...
- wenn wir wissen, daß der »Trend zu schrumpfenden Räumen« dem Wunsch des Menschen entspricht, seine eigene Existenz in überschaubarem Rahmen mitgestalten zu können ...
- und wenn wir zugestehen, daß jeder Mensch seine wirtschaftliche Existenz samt seiner Grundbedürfnisse zu sichern bereit ist ...
- dann müssen wir daraus folgern, daß auch ein Unternehmen als Zusammenschluß von mehreren Menschen zu ebendiesem Ziel des wirtschaftlichen Überlebens *ein* entsprechendes Mittel wäre, um alle die vorgenannten Vorstellungen zu realisieren.

Es sei zugestanden, daß es eine ganze Menge anderer Methoden gibt, um sich das Überleben zu sichern – dies ist jedoch abhängig davon, welche Ansprüche der Einzelne an seine Lebensqualität stellt und wieviel er dazu an Energie und Mitteln besitzen muß und entsprechend zu investieren in der Lage ist. Wir sprechen also im folgenden nicht vom Einsiedler in der Klause noch vom Playboy, der sein Erbe vertut, auch nicht von Diogenes im Faß noch vom Betrüger, der auf Kosten anderer sein Leben fristet, sondern vom »normalen« Menschen.

Was ist ein Unternehmen?

Die Zahl der Definitionen für den Begriff »Unternehmen« ist Legion – hier soll versucht werden, die Erklärung so einfach wie möglich zu geben. Wenn ein Mensch irgend etwas unternimmt, könnte man ihn bereits als einen Unternehmer bezeichnen. In diesem Sinne ist auch jeder selbständig Tätige, der mit irgendeiner Beschäftigung wirtschaftlicher Art seinen Lebensunterhalt bestreitet, ein Unternehmer. Im allgemeinen Sprachgebrauch versteht man allerdings unter einem Unternehmer jemanden, der eine wirtschaftliche Tätigkeit ausübt und sich dazu der Hilfe anderer bedient, unabhängig davon, wieviel und welche Arbeit er selbst und wieviel davon andere bestreiten.

Ich habe bereits mehrfach an anderer Stelle (auch UZ) darüber berichtet, daß ich vor einigen Jahren auf der Frankfurter Buchmesse über dem Stand eines »linken« Berliner Verlages die Inschrift fand: »Ein Unternehmer ist einer, der etwas unternimmt. Ein Arbeiter ist einer, der arbeitet. Würden die Arbeiter endlich einmal etwas unternehmen, dann müßten die Unternehmer endlich einmal arbeiten!« – Wenn ich diesen Satz in Seminaren manchmal zitiere, fingen einige der Teilnehmer an zu lachen. Ich kann über dieses Wortspiel überhaupt nicht lachen. Denn es ist die perfideste Diskriminierung, die ich jemals gehört habe. Ich habe in mehr als dreißigjähriger Beratertätigkeit viele Tausende von Unternehmern kennengelernt, aber es waren – mit Ausnahme von einigen Playboytypen – kaum welche dabei, auf die man den oben angeführten Satz hätte anwenden können. Nein, das ist übelste Klassenkampfhetze, die heute noch betrieben wird. Trugen doch die »Stahlkocher« im

Februar 1993 bei ihren Demonstrationen Transparente mit der Aufschrift: »Wer stehlen will, wird entweder Dieb oder Unternehmer!«

In den meisten Fällen entsteht ein Unternehmen dadurch, daß jemand eine Idee für eine wirtschaftliche Tätigkeit hat und dann versucht, dieselbe – vielleicht zunächst allein als Selbständiger – zu realisieren. Das simple Beispiel eines Menschen, der Streichhölzer verkauft, mag – obwohl vielleicht vielen zu abgegriffen – dies erläutern: Dieser Mensch kauft die Streichhölzer, die Schachtel für 50 Pfennige, ein und verkauft sie an der nächsten Straßenecke für 80 Pfennige wieder weiter – an die Passanten. Dies ist seine wirtschaftliche Tätigkeit, mit der er seinen Lebensunterhalt bestreitet. Sollte er nach einiger Zeit feststellen, daß ein größerer Bedarf an Streichhölzern vorhanden ist, den er allein nicht decken kann, dann wird er sich einen Partner suchen, dem er die Schachtel für 60 Pfennige überläßt und der an einer anderen Straßenecke das gleiche Geschäft praktiziert. Wenn der Markt es fordert – also noch mehr Bedarf vorhanden ist –, wird er das Geschäft noch um einige weitere Partner ausdehnen; gleichzeitig wird er bei dem Streichholzfabrikanten, da er nun größere Mengen bezieht, einen günstigeren Einkaufspreis von nur vielleicht 40 Pfennigen auszuhandeln versuchen. Und so geht das weiter – er ist der Einkäufer, Hauptverkäufer und die Seele des Geschäftes, des nunmehrigen Unternehmens. Die Organisationsform ist die der Zentralorganisation – der »Chef« steht in der Mitte und kommuniziert, organisiert und handelt direkt mit seinen Mit»arbeitern«.

Sollte es aber nun geschehen, daß er erfährt, in einem anderen Stadtbezirk seien ähnlich günstige Marktverhältnisse, also Nachfrage vorhanden, dann wird sich dieser neugebackene Unternehmer überlegen, ob er nicht einen seiner bisherigen besten Verkäufer beauftragt, dort mit einigen angeworbenen Mitverkäufern ein ähnliches Geschäft aufzuziehen – unter seiner zentralen Steuerung weiterhin.

Wir können die Story an dieser Stelle abbrechen, ein jeder wird erkannt haben, daß sich nun eine hierarchisch-patriarchalische Organisation ergibt mit allen ihren Folgen der Aufbauorganisation nach der Taylorschen Lehre. Das Organigramm einer solchen Struktur ist jedem geläufig.

Wenn also die anfangs gestellte Frage beantwortet werden soll, dann könnte vorsichtig – ohne Anspruch auf lückenlose Allgemeingültigkeit – formuliert werden: »Ein Unternehmen ist ein Zusammenschluß von Menschen, die gemeinsam mit den Mitteln und Möglichkeiten wirtschaftlicher Aktivitäten ihre Existenz erhalten wollen.«

Wenn ich in Unternehmerseminaren in Gruppenarbeit die Frage beantworten ließ: »Was ist ein Unternehmensziel?«, dann kamen manchmal sehr kuriose Vorstellungen heraus. Am meisten wurde – vor allem von jenen, die einmal Betriebswirtschaft studiert hatten – die Antwort formuliert »Gewinnmaximierung bzw. Gewinnoptimierung«. Und es bedurfte manchmal erst langer Diskussionen, ehe verstanden wurde, daß Gewinne Mittel sind, um ein Ziel, das man sich gesetzt hat, zu erreichen, nicht aber Selbstzweck sein können. Es gelang mir aber dann in den meisten Fällen, in den Seminargruppen Konsens zu finden für folgende Formulierung des Unternehmenszieles:

Prämisse: 2 **Ziel eines Unternehmens sollte es sein, die eigene Existenz sowie die Existenz der dem Unternehmen verbundenen Mitarbeiter zu erhalten, also am Leben zu bleiben – als lebender Organismus in einem lebendigen Umfeld.**

Daß es hierzu noch sehr viel zu diskutieren geben kann, sei eingeräumt; daher sei diese Prämisse auch nur an den Anfang jener Überlegungen gestellt, mit denen wir versuchen wollen, ein Unternehmen tatsächlich als einen lebenden Organismus zu betrachten.

Ein Unternehmen lebt ...

Der Versuch, die Existenz eines Unternehmens mit dem Lebensablauf eines Menschen zu vergleichen, ist schon oft angestellt worden und daher nichts Neues. Die Gründung entspricht der Geburt, die weitere Entwicklung dem Wachstum – vielfach verbunden mit Lernprozessen und Reifung –, und auch die Auflösung (Konkurs, Gewerbeabmeldung) kann man mit dem natürlichen Vorgang des Todes vergleichen. Daß sich auch noch andere Parallelitäten anbieten wie etwa Fusion = Verheiratung, Gründung von »Tochter«unternehmen, Überalterung, Dahinsiechen, Finanzspritze (= Medikament zur Wiederbelebung) u.v.a., ist allgemein geläufig.

Es wird auch oft – etwa im Vergleich mit dem Organismus eines Baumes – von absterbenden Zweigen oder von Verästelung gesprochen oder davon, daß das Ganze schon an der Wurzel krank sei, daß es schon manchen Sturm überlebt habe oder daß das Geschäft gerade eine Blütezeit habe – die Früchte werde man wohl bald ernten können. All diese und noch andere Redewendungen zeigen, daß dem Wirtschaftler die Parallelitäten aus der Biologie, die auf das Unternehmen angewendet werden könnten, durchaus geläufig sind. Um so verwunderlicher mag es daher sein, wenn weitere Konsequenzen bezüglich der Vergleichbarkeit zum Leben so selten getroffen, ja überhaupt nicht gedacht werden. Denn es sollte doch naheliegen, daß man beim Vergleich mit den menschlichen Lebensvorgängen auch geistig-seelische Bezüge heranzieht – dies ist jedoch erst in den letzten Jahren im Ansatz vorhanden. Es wird von Unternehmenskultur, Unternehmensphilosophie und von Corporate Identity gesprochen, aber ernsthafte Vergleiche mit der Psyche eines Menschen und mit seinem Selbstverständnis werden noch kaum angestellt.

Zum Leben eines Unternehmens gehört auch – was vielfach kaum ins Kalkül gezogen wird – das *Umfeld.* Diesen Begriff sollte man eher gebrauchen denn den der Umwelt, weil letzterer im heutigen Sprachgebrauch auf sogenanntes »grünes« Denken fixiert ist. Darauf wird in späterem Zusammenhang noch ausführlich eingegangen werden. Das Umfeld hingegen umfaßt nicht nur den ökologischen Bezug eines Unternehmens, sondern auch noch zahllose andere Beziehungen, beispielsweise der Region, der ethnischen Struktur des Raumes, der verkehrsmäßigen Anbindung und der Infrastruktur, der Marktsituation und auch des Images, das sich das Unternehmen bei der Bevölkerung und der Gesellschaft erwerben kann. So wie beispielsweise ein Eisbär kaum in afrikanischer Wüste und umgekehrt ein Elefant wohl nicht in Grönland überleben wird, so gibt es auch für den Organismus Unternehmen unterschiedliche Umfeldbedingungen, die einen wesentlichen Faktor zum Überleben darstellen.

Eines ganz krassen Falles erinnere ich mich aus der Anfangszeit meiner Beratertätigkeit, bei dem ein Unternehmen daran krankte, daß in der umwohnenden Bevölkerung das Vorurteil bestand, zu dieser Firma »gehe man nicht arbeiten«. Und der akute Mangel an qualifizierten Mitarbeitern hätte beinahe dazu geführt, daß das Unternehmen ernsthaft einen Standortwechsel in Erwägung zog. Mit ein Grund für diese Situation war u. a. auch, daß – so merkwürdig es klingen mag – der Chef des Hauses sich als evangelischer Christ sehr in kirchlichen Dingen engagierte, während der größte Teil der ortsansässigen Bevölkerung katholisch war.

Das Gegenteil eines lebenden Unternehmens ist eine tote *Institution.* Hier Beispiele zu nennen erübrigt sich deshalb, weil wohl jeder solche Strukturen – seien sie nun Unternehmen, öffentlich-rechtliche Organisationen oder Behörden – aus eigener Anschauung zur Genüge kennengelernt hat. Hier steht eben nicht der Mensch bzw. das Menschliche im Mittelpunkt der Tätigkeit, sondern ist alles durch Vorschriften, Verordnungen, Paragraphen u. ä. oftmals bis ins kleinste geordnet. Dadurch hat weder der Klient dieser Institution noch deren Repräsentant – in welcher hierarchischen Ebene auch immer – auch nur die geringste Chance, menschlich zu wirken, falls er sich damit außerhalb der vorgeschriebenen Verhaltensweisen begibt. Wir werden noch bei der Behandlung des Individuums darauf zu sprechen kommen, wie beinahe tödlich unbefriedigend es für den einzelnen Exponenten der Institution oft sein kann, den auch ihm selbst als unmenschlich erscheinenden Vorschriften die Priorität gegenüber dem »gesunden Menschenverstand« zu geben.

Unter dem Stichwort »Behördeneffizienz« brachte »mm« eine Zusammenstellung, die für viele Behörden, Institutionen und auch viele Unternehmen treffend ist und erläutert, woran im wesentlichen es liegt, daß wir von »toter« Institution sprechen. Es heißt da:

- *Wenn in Behörden alles so langsam und ineffizient läuft, liegt dies an beidem: den Menschen und der Organisation. Wer sich z. B. im öffentlichen Dienst bewirbt, bringt meist ein ausgeprägtes Bedürfnis nach Sicherheit und Korrektheit mit. Und statt Eigeninitiative zu fördern, lähmen sich die Bürokraten selbst.*
- *Gesetze und Verordnungen bestimmen alle Abläufe. Änderungen verfügen übergeordnete Stellen, die mit dem Tagesgeschäft nichts mehr zu tun haben. Die Fremdbestimmung reicht bis zu den Amtsleitern, die sich dem Druck der Politik beugen müssen. Simple Verwaltungsvorgänge werden durch praxisfremde Bestimmungen so kompliziert, daß sie für Außenstehende nicht nachvollziehbar sind.*
- *Den Aufstieg in einer Behörde bestimmen Dienstjahre und Stellenpläne – nicht die Leistung* (Anm. d. Verf.: Grundlage für Demotivation). *Die Beamten können der vorbestimmten Laufbahn in Ruhe entgegensehen, solange die geforderten Aufgaben erledigt werden.*
- *An einem Stellenabbau hat das mittlere Management kaum Interesse; damit würde die eigene Stellung demontiert. Und selbst Beamte, die über ihre Fähigkeit aufgestiegen sind, bleiben bis zur Pension in dieser ihrer leitenden Stellung.*

- *Wirtschaftliches Arbeiten lohnt nicht. Im Gegenteil: Wer Kosten senkt, bringt sich in Gefahr, denn das Geld könnte im nächsten Jahresetat fehlen. Die sicherste Regel: keine Änderungen, keine Prüfung.*

Vielen Beamten sind diese Mängel bewußt, aber auch engagierte Mitarbeiter nehmen unsinnige Abläufe resignierend hin. Die Verdrossenheit überträgt sich selbstverständlicherweise auch auf das Behördenpublikum, das man beim Unternehmen – um wieder auf dieses zu sprechen zu kommen – Kunden nennt. Und dies kann tödlich sein für die Firma. So mancher mag sich nun fragen, wo in seinem Unternehmen die oben angedeuteten Mißstände auch vorhanden sind und wie man ihnen begegnen kann.

Wozu ist ein Unternehmen da?

Man könnte statt dieser Frage auch formulieren: »Wozu dient ein Unternehmen?« und hätte damit bereits einen wesentlichen Inhalt beantwortet. Denn ein epochaler Sinneswandel unserer Wendezeit wird es sein, eine ganz andere Einstellung zum Sinn einer Unternehmenstätigkeit zu gewinnen: Das Unternehmen ist nicht Selbstzweck, sondern hat die Aufgabe, einem vorgegebenen Ziele zu dienen – also Nutzen zu bringen. Die kapitalistische Wirtschaftsauffassung sieht dies in erster Linie für den Kapitalgeber, sei es nun ein einzelner, eine Gruppe oder eine Vielzahl von Beteiligten oder Aktionären. Für sie alle ist das Unternehmen nur sinnvoll, wenn es eine entsprechende Rendite erwirtschaftet, die den Geldgebern dann ausgezahlt werden kann und wie jede andere Geldanlage funktioniert.

Auch wenn nun Volks- und Betriebswirtschaftler heftig mit den Köpfen schütteln werden: in Zukunft wird dies im Sinne des uns bevorstehenden Wertewandels voraussichtlich ganz anders sein! Und damit beantwortet sich auch unsere Frage, wozu ein Unternehmen dient. Es dient eben zukünftig in zunehmendem Maße nicht mehr dem Kapitalgeber und seiner Kapitalvermehrung, sondern es muß den mit ihm verbundenen Menschen dienen, die – wie Nordhoff sagte – das wirklich Wertvolle in einem Unternehmen darstellen. Wenn man dieses wertvolle *Menschen»kapital«* tatsächlich in die Lage versetzt, gemeinsam für die Existenz des Unternehmens – seines Unternehmens (!) – zu wirken, dann ist unsere Frage, wem das Unternehmen dient, ganz einfach zu beantworten: Es dient und nützt den Menschen, die darin und daran für die Gemeinschaft und somit für sich selbst arbeiten. Zu ihrer eigenen Existenzerhaltung, die gleichzeitig mit der Existenzerhaltung der »Unternehmensgemeinschaft“« einherläuft bzw. mit dieser unlösbar verbunden ist. Die Zukunft wird uns keine andere Wahl lassen!

Es könnte hier die Frage entstehen, ob ich mit solchen Gedanken mir es nicht etwas zu leicht mache und einfach marxistisch-kommunistisches Gedankengut – in einem anderen Mäntelchen – verkaufen will. Nun, wer mich kennt, weiß, daß ich ein Leben lang gegen diese – glücklicherweise nunmehr bankrotte – Weltanschauung gekämpft habe. Dies ändert nichts daran, daß ich schon in UZ (S. 354) in Verbindung mit der Maslowschen Bedürfnispyramide (s. S. 222) dargelegt habe, wie über die Selbstverwirklichung hinaus noch ein höheres Bedürfnis für den Menschen sich entwickelte: die Suche nach Sinnfindung im Leben durch Einfindung und Einbindung in die Gemeinschaft. Könnte – neben vielen anderen Möglichkeiten – nicht auch ein Unternehmen ein menschlicher Zusammenschluß sein, der dem Einzelnen eine solche Gemeinschaft erlebbar macht? Daß hierzu dann auch bezüglich der Existenzerhaltung des einzelnen andere Wege der Kapitalisierung eines Unternehmens gesucht und gefunden werden, zeigen die bereits mehr als 2000 Modelle in deutschen Unternehmen, wo Eigentum sich in Mitarbeiterhand befindet.

Der Mensch im Mittelpunkt

Diese vielfach in den letzten Jahren gebrauchte Formulierung, die auch oft als Schutzbehauptung von zutiefst reformunwilligen Managern vorgeschoben wird, ist irreführend. Abgesehen von dem – einem Schweizer Unternehmer nachgesagten – Wort »Bei uns steht schon der Mensch im Mittelpunkt, deshalb steht er überall im Wege!« war auch mit der Formulierung meiner bereits vor sieben Jahren niedergeschriebenen Prämisse nicht völlig Klarheit geschaffen:

Prämisse: 3 **Zukünftig wird der Mensch im Mittelpunkt unternehmerischen Wirkens stehen; nicht mehr ist der Mensch für das Unternehmen, sondern das Unternehmen für den Menschen geschaffen (UZ, S. 483).**

Man könnte auch – entsprechend der in vielen Hirnen noch vorhandenen Verteufelung des Unternehmers – hier verstehen, daß der ausbeuterische Kapitalist eben beim Melken sich zunächst an den Menschen hält. Gemeint ist natürlich ein völlig anderes, was auch aus dem zweiten Teil der Prämisse ersichtlich ist: Das Unternehmen wird von den Menschen, die sich mit ihm identifizieren, getragen – und es ist dazu geschaffen, daß die in ihm verbundenen Menschen hier eine Sinngemeinschaft finden, die ihnen noch mehr geben kann als die reine Existenzerhaltung. Auf diesen Bezug wird später im IV. Satz, der sich mit der Individualität und der Persönlichkeitsentwicklung des einzelnen befaßt, noch intensiv eingegangen werden.

Daher ist es vielleicht besser, zukünftig die Formulierung »der Mensch im Mittelpunkt« zu ersetzen durch eine weniger mißverständliche – beispielsweise: »Unternehmen ist eine menschliche Gemeinschaft, die sich wirtschaftlich gestaltet und erhält!«

In einer solchen Gemeinschaft können dann eine ganze Anzahl

2. Kadenz

Humanität als Lebenseinstellung

Als ich Anfang der achtziger Jahre einen großen Vortrag zu halten hatte, der sich mit dem Thema »Vom Humanismus zur Humanität« befaßte, war ich erstmals genötigt, einmal im Großen Brockhaus nachzulesen, was eigentlich die exakte Begriffsdefinition von Humanität sei. Und da stand: Humanität (von lat. humanitas = Menschlichkeit) ist voll entfaltete edle Menschlichkeit, die in der Ausbildung des Geistes und seiner Herrschaft über die eigenen Leidenschaften gründet und sich insbesondere in Teilnahme und Hilfsbereitschaft für den Mitmenschen, in Verständnis und Duldsamkeit für seine Lebensform äußert. *Diesen Gedanken nachhängend, stellte ich fest: Das hat es doch schon immer gegeben. Vom barmherzigen Samariter bis zur Mutter Teresa, von Spartacus und den Gracchen bis zu den Bauernkriegen, von der Französischen Revolution bis zur Genfer Konvention und der KSZE-Schlußakte von Helsinki war immer das Grundbemühen zu erkennen, dem Menschen die Menschlichkeit zukommen zu lassen, deren er durch das Verhalten anderer entbehrte.*

Und im gesamten Verlauf der Menschheitsgeschichte ist es stets – mit differenzierten Unterschieden – so gewesen, daß irgendwelche Menschen die Macht über andere auszuüben versuchten und dazu bei der Wahl ihrer Mittel keineswegs zimperlich waren. In früheren Zeiten stützten sich die Machtstrebenden darauf, daß die Masse, die ihnen hörig war, dumm gehalten wurde und daher kaum erfahren konnte, daß es außer der gewohnten Unterdrückung auch freiheitlichere Lebensformen geben konnte. Heute aber, im Zeitalter der

Information, sollte man meinen, daß – wie unsere Prämisse Nummer eins besagt – die Menschen sich ihres Persönlichkeitswertes besser bewußt sind und Unmenschlichkeit, Unterdrückung, Unfreiheit weltweit als solche gebrandmarkt und geächtet werden.

Nichts dergleichen ist der Fall! Überall auf der Welt ist die Unmenschlichkeit offensichtlich, die in den südafrikanischen Homelands und in der Vernichtung von Indianerstämmen im brasilianischen Urwald genauso ausbricht wie im Irak und Iran, in Bangladesch oder auf Sri Lanka ebenso wie in Nordirland oder in Kurdistan. Und wer vor einigen Jahren vorausgesagt hätte, daß im ehemaligen Jugoslawien vor der Haustüre der Europäischen Gemeinschaft sich ein brutaler Bürgerkrieg abspielen werde, der hätte Kopfschütteln geerntet. So etwas geschieht doch in unserer Zeit nicht mehr!

Meine Überlegungen zur Humanität gehen aber dahin, daß Verstöße gegen sie – also gegen die wahre Menschlichkeit – Verachtung der Schöpfung sind und somit ethischer Betrachtung wert. Denn als Geschöpfe – in der Evolution gewachsen – haben wir Menschen, je mehr sich unser Verstand entwickelt hat, auch immer mehr Verantwortung mitzutragen für diese Schöpfung, deren Kinder wir sind. Menschlichkeit ist also eine ethische Forderung und erschöpft sich nicht nur in gelegentlicher humanitärer Hilfe bei hungernden Kindern in Somalia, sondern muß ein Grundprinzip sein, an dem sich unsere Handlungen im Leben ausrichten. So betrachtet, hat sich der Waffenexporteur, der Saddam Hussein belieferte, nicht des Verstoßes gegen irgendwelche Ausfuhrbestimmungen schuldig gemacht, sondern der Nichtbeachtung menschlich-ethischer Prinzipien.

Was hat dies alles mit unseren Unternehmen zu tun, über deren Lebensfähigkeit als Organismus ich einiges darstellen will in diesem Buch? In einem späteren Zusammenhang möchte ich noch eingehen auf die Frage, ob es eine Unternehmensethik überhaupt geben kann. Hier – beim derzeitigen Stand der Betrachtungen – haben wir nur festzustellen, daß der Mensch »im Mittelpunkt des Unterneh-

mens« steht. Dies ist eine Analogie, die ausdrücken soll, daß das Unternehmen nicht als Selbstzweck oder für die Geldvermehrung eines Kapitalgebers geschaffen ist, sondern um den mit ihm verbundenen Menschen Lebens- und Existenzmöglichkeiten zu gewähren. Und wenn dergestalt der Mensch Mittelpunkt der unternehmerischen Existenz ist, dann muß auch das Wechselspiel zwischen dem Einzelnen und seinem Unternehmen menschlich – also human – vor sich gehen. Vielleicht waren die vorgenannten Beispiele der Unmenschlichkeit zu blutrünstig, aber auch im Unternehmen geht es oft unmenschlich zu. Da wird zwar nicht mit Kalaschnikows geschossen, aber mit bösen Worten. Auch legt man keine Hinterhalte, in denen Menschen umgebracht und verscharrt werden, aber Fallstricke und Hindernisse sind auch üblich. Da sind Neid und Mißgunst an der Tagesordnung, üble Nachrede, Mißtrauen oder Vertrauensmißbrauch, da werden kleine alltägliche Verschwörungen angezettelt, und da wird hier und da ein Treubruch praktiziert, von gelegentlichen Lügen und Verleumdungen ganz abgesehen. In der letzten Zeit ist für all dies der Begriff des »Mobbing« aufgekommen, der die schlechte Behandlung eines Einzelnen durch die Kollegen bezeichnet. Und Therapien dagegen hat man auch schon entwickelt.

Dieses Horrorgemälde entwerfe ich nicht, weil es überall und in allen Unternehmen seine Realität findet – Gott sei Dank nicht! Aber das, was ich eben geschildert habe, gehört leider in vielen Firmen zum betrieblichen Alltag. Als ich am Anfang meiner Beratertätigkeit vor mehr als dreißig Jahren einmal eine Schilderung eines mittleren Managers hörte, war ich schockiert. Er sagte etwa: »Herr Ammelburg, das, was Sie da erzählen vom psychologischen Umgang mit den Mitarbeitern – dazu haben wir ja gar keine Zeit! Mindestens 60 Prozent meines Tagesablaufs bestehen darin, daß ich Intrigen, Querschüsse, Hinterlisten und Bosheiten meiner Kollegen abwehre und selbst wiederum Fußangeln und Fallstricke sowie Netze auslege, in denen sich diese Kollegen verfangen sollen. Die restlichen 40 Prozent meiner Arbeitszeit verbringe ich dann tatsächlich mit effektiver

Arbeit, die der Firma nutzen kann. Und da soll ich auch noch Ihre psychologischen Mätzchen an meinen Mitarbeitern anwenden, damit die sich wohler fühlen? Und wer kümmert sich darum, daß ich mich wohler fühlen sollte? – Sehen Sie, Herr Ammelburg, so ist unser Leben!«

Ich war – wie erwähnt – schockiert von dieser Aussage und habe von diesem Zeitpunkt an mich ununterbrochen dafür eingesetzt, daß es in den Betrieben menschlicher zugeht und Humanität praktiziert wird. Denn der menschliche Umgang miteinander im Unternehmen ist ein ganz entscheidender Faktor für das Zusammenleben oder – wie in unserer Vorstellung – das Zusammenwirken im gemeinsamen Organismus.

Fazit sollte für jeden, der dies gelesen hat, sein: Beim Aufkommen menschlicher Störungen darf es in Zukunft nichts anderes geben als das sofortige Aussprechen und Bereinigen der Situation. Dies ist vor allem Aufgabe der Führungsverantwortlichen, die – zugestandenermaßen – oft gar nicht mitbekommen, was sich zwischen den ihnen Anvertrauten abspielt an menschlichen Reibereien und Querelen. Aber wo sie zum Ausbruch kommen und offensichtlich werden, muß durch sofortiges Eingreifen versucht werden, den vernünftigen menschlichen Umgang miteinander wiederherzustellen. Manchmal ist dies verständlicherweise schwierig wegen vorhandener Vorurteile, aber der Versuch, zu schlichten und einen anderen Umgangston miteinander zu entwickeln, wird sich in den meisten Fällen lohnen.

Wenn einmal der Grundgedanke des zusammenwirkenden Organismus im Unternehmen in den Köpfen der Mitarbeiter sich verfestigt hat, dann wird es einfacher sein, ihnen darzulegen, daß es auch im menschlichen Organismus keinen Streit zwischen Elle und Speiche oder Niere und Leber geben kann. Vielleicht helfen solche Bilder den verstockten Streithammeln zur Einsicht, daß sie streiten mögen, wo sie wollen, doch nicht im Unternehmen, weil sie im Endeffekt sich selbst schaden.

von menschlichen Zielen – neben der rein wirtschaftlichen Existenzsicherung – angestrebt werden, ja – sind sogar bei einem echten Zusammenwirken notwendig. Dazu zählt zunächst einmal die *Vertrauensbindung*, ohne die nichts – aber auch gar nichts – laufen kann. Allein zu diesem Thema könnte ein eigenes Buch geschrieben werden; hier seien nur zwei wichtige Faktoren genannt, die die Grundvoraussetzung zur Entwicklung von Vertrauen bilden: die *Transparenz* aller Vorgänge und das Verstehen der *Sinnzusammenhänge* der gemeinsamen Tätigkeit. Es wird später darauf eingegangen werden, daß es gerade die Aufgabe der Führungskräfte im Unternehmen ist, sich diesen beiden Faktoren unermüdlich zu widmen.

Gerade für die Führungsverantwortlichen, deren zukünftige Aufgaben noch im folgenden Intermezzo dargestellt werden, gilt, sich bewußtzumachen, daß es nur *zwei* Möglichkeiten gibt, im Unternehmen zu führen: entweder durch *Angst* oder durch *Vertrauen.* Und jeder, der Führungsaufgaben wahrnimmt und durchzusetzen hat, ist gefordert, sich jederzeit zu fragen, ob die Mittel, die er dazu wählt, auf Angst oder auf Vertrauen basieren. Eine dritte Möglichkeit gibt es nicht!

Die Führungsfunktion im Unternehmensorganismus

Neben den klassischen sieben betriebswirtschaftlichen Hauptfunktionen im Unternehmen, die man meist schon im zweiten Fachsemester hinter sich bringt, gibt es noch drei *Führungsfunktionen*, die bislang keinen Eingang in die betriebswirtschaftliche Literatur gefunden haben. Vielleicht sind sie zu vage oder zu differentiell auslegbar, vielleicht wollen sich die Fachleute nicht auf ein Glatteis begeben, auf dem schon Trainer und Psychologen ausgerutscht sind – auf jeden Fall ist es an der Zeit, sie hier einmal darzulegen, weil sie die Vorstellung eines Organismus als Modell für ein Unternehmen optimal fördern können. Diese drei Führungsfunktionen sind: *Organisation*, *(Information)Kommunika-*

tion und Motivation und sollen im folgenden wegen ihrer außerordentlichen Bedeutung intensiv abgehandelt werden.

Da gilt zunächst einmal der Grundsatz, daß sich diese drei Funktionen innerhalb eines Unternehmens auf der gleichen Entwicklungsstufe befinden müssen, wenn das Unternehmen überhaupt funktionsfähig sein soll. Ein kleines Beispiel soll dies erläutern:

Ein Unternehmen hat die Absicht, für einen bestimmten Bereich ein neues Computersystem sich einzurichten. Der Verkäufer der anbietenden Firma erkennt anhand der Situation, daß das von ihm Angebotene für das Unternehmen deshalb nicht sinnvoll ist, weil es erst einer entsprechenden Organisationsverbesserung im Unternehmen bedarf, um die Leistung des Computersystems auch sinnvoll ausnutzen zu können. Er bietet daher ein anderes, einfacheres System an mit dem Hinweis, das kompliziertere System sei nur dann rentabel anzuwenden, wenn in dem betreffenden Unternehmensbereich auch die Organisation auf einen höheren Stand gebracht werde. In diesem Fall ist also – durch die Offenheit und Sachkenntnis des Verkäufers – verdeutlicht worden, daß Organisation und Computersystem – also ein Mittel der Kommunikation – sich nicht auf dem gleichen Entwicklungsstand – dem gleichen Niveau bzw. Level – befunden haben.

Die drei Führungsfunktionen lassen sich übrigens einleuchtend mit Funktionen des menschlichen Organismus vergleichen: Die Organisation entspricht dem Körper, Knochenbau, Muskulatur und Organen bis hin zur alles umschließenden Haut – die Kommunikation umfaßt das Nachrichtensystem des Menschen mit den Sinnesfunktionen (als Aufnahmeorgane), dem Gehirn, dem Rückenmark und den Nervensystemen – und die Motivation ist gesteuert vom Denken, Fühlen und Wollen, die das Handeln des Menschen bestimmen. Hier bietet uns also der menschliche Organismus ein vergleichbares Modell, nach dem auch ein Unternehmen geführt werden kann. Im einzelnen sieht dies so aus:

Organisation

Man versteht darunter – um es simplifiziert auszudrücken – alles, was »organisiert« werden kann, also was nach einer entsprechenden Planung und Steuerung einen geregelten Ablauf bewirken und zu einer vorgegebenen Zielsetzung geführt werden kann. Im menschlichen Körper sind dies alle Funktionen der Organe, die vielfach reine Automatismen sind und die bei auftretenden Störungen meist eigene kybernetische Regelungen vornehmen, um ihre Funktionstüchtigkeit zu erhalten oder wiederzugewinnen.

Auch im Unternehmen als Organismus kann fast alles organisiert werden – der Begriff »Organisation« umfaßt also wesentlich mehr als nur die in manchen Betrieben vorhandene »Orga«-Abteilung, die vielfach nur der Name für eine bessere Hausverwaltung und innerbetriebliche Materialwirtschaft ist. Fast alle Unternehmensbereiche – vergleichbar mit den Organen des Organismus – können sich ihre eigene, für ihre Aufgaben optimale Organisation entwickeln und tun dies meist auch. Auch werden sie laufend versuchen, mit organisatorischen Mitteln ihre Aufgaben besser zu bewältigen; in manchen Unternehmen sagt die Belegschaft scherzhaft: »Das einzig Konstante in unserer Firma ist die ständige Reorganisation.« Die Führungsfunktion der Organisation ist auch diejenige, die – insbesondere bei den Deutschen, denen man stets nachgesagt hat, sie seien gute Organisatoren – in den meisten Unternehmen auf einem sehr hoch entwickelten Standard sich befindet. Sie ist aber auch – und dies muß hier deutlich ausgesprochen werden – die Funktion, die am stärksten die Gefahr mit sich bringt, daß das Unternehmen – durch Überorganisation bis ins kleinste – erstarrt und zu einer toten Institution wird, um nicht zu sagen »verkommt«. Hier Beispiele zu nennen erübrigt sich, wie bereits erwähnt worden ist. Aber im Gegensatz hierzu wird es auch zukünftig in zunehmendem Maße Aufgabe der Führungsverantwortlichen in den Unternehmen sein, darauf besonders ihr Augenmerk zu richten, daß nicht durch organisatorische Fixierungen die Reserven der Kreativität und Innovation ungenutzt bleiben.

Denn übersteigerte Organisation führt zur *Bürokratie* und damit zum Erstarren der Lebensäußerungen, also genau das, was im lebendigen Organismus nicht gewünscht ist. Institutionalisierung ist Tod des Unternehmens - er kann bewirkt werden dadurch, daß durch starre Regelung aller Abläufe Faulheit, Unbeweglichkeit, Trägheit oder mangelnde Entschlußkraft der Mitarbeiter echte »Krankheiten« entstehen, die den Exitus zur Folge haben. Dies bedarf wohl keiner weiteren Erläuterung.

Information und Kommunikation

Eine Nachricht besteht aus Zeichen, Lauten oder Signalen - zur Information wird sie erst, wenn bei dem Empfänger eine Bewußtseinsveränderung ausgelöst wird. Um dies an einem alltäglichen Beispiel zu beschreiben: Ein rotes Ampelsignal ist zunächst ein Zeichen - es wird erst dann zur Information, wenn das Bewußtsein des Empfängers darauf reagiert mit dem - meist automatischen - Befehl anzuhalten. So erhalten wir alle tagtäglich unzählige Zeichen und Signale, aber längst nicht alle dringen in unser Bewußtsein und veranlassen uns dann gegebenenfalls, unsere Verhaltensweisen danach einzustellen.

Kommunikation ist der Austausch von Informationen - in UZ ist sie als »Träger der Lebensenergie« ausführlich behandelt (S. 351 ff.). Wir wissen auch, daß der Mensch nicht »nicht kommunizieren« kann; er ist ein kommunikatives Wesen und kann krank werden und eingehen, wenn ihm die Kommunikation fehlt.

Ebenso wie beim Menschen durch Gehirn, Rückenmark und Nervenbahnen alle Funktionen und Organe miteinander verbunden sind und gegebenenfalls gesteuert werden können, so muß auch im Organismus Unternehmen der Informationsfluß in drei Richtungen laufen: von oben nach unten, von unten nach oben und in der Horizontalen.

Bei dieser Gelegenheit sei darauf hingewiesen, daß schon die Begriffe »oben« und »unten« sich natürlich auf eine hierarchische Struktur eines Unternehmens in einer Aufbauorganisation beziehen. In UZ (S. 301 ff.) ist das Unternehmensmodell »Zirkel 2000« beschrieben, das, wie auf S. 80 abgebildet, einer Kreisstruktur entspricht, in der die sieben Hauptfunktionen sowie die drei Führungsfunktionen durch ineinander greifende Kreise (Zirkel) demonstrieren, daß es von jeder Funktion zu jeder anderen sowie von jedem Menschen zu jedem anderen keine störenden hierarchisch-disziplinären Stufen zu überwinden gibt; jeder kann mit jedem kommunizieren. Auch der gelegentlich vorgebrachte Einwand, dieses Kreismodell setze nur anstelle des Gefälles von oben nach unten einen Wertmaßstab von innen nach außen, ist sinnlos. Wir werden sehen, daß gerade dem Informationsfluß von außen nach innen besondere Bedeutung hinsichtlich der Entscheidungen der Geschäftsführung zukommen wird.

Doch zunächst noch einmal zurück zu den Informationswegen, wie sie bisher in den meisten Unternehmen mit Aufbauorganisation üblich sind: von oben nach unten – von unten nach oben – und in der Horizontalen. Der erstgenannte Lauf der Informationen von oben nach unten birgt die große Gefahr, daß Informationen von »Vorgesetzten« selektiert werden und nur bruchstückweise – oft als einfache knappe Anweisung ohne irgendwelche Begründung – »unten« anlangen. Die Motivation für den Empfänger – die dritte Führungsfunktion – ist sehr eingeschränkt bzw. überhaupt nicht vorhanden. Notfalls führt er eine Anweisung, wenn er ihren Sinn nicht erkennt oder versteht, eben nur aus Angst vor Rüge oder Strafe aus. Was Führung mit oder durch Angst aber bedeutet, wurde zuvor schon behandelt.

Ein kleines alltägliches Beispiel mag erläutern, wie eine Kommunikation von oben nach unten sich abspielen könnte: Der Chef einer Firma geht zu seinem Mitarbeiter, der die Aufgabe hat, den Betriebshof in Ordnung zu halten, und erklärt ihm: »Morgen kommt ein wichtiger Kunde, von ihm erwarten wir einen großen

Das Unternehmensmodell »Zirkel 2000«

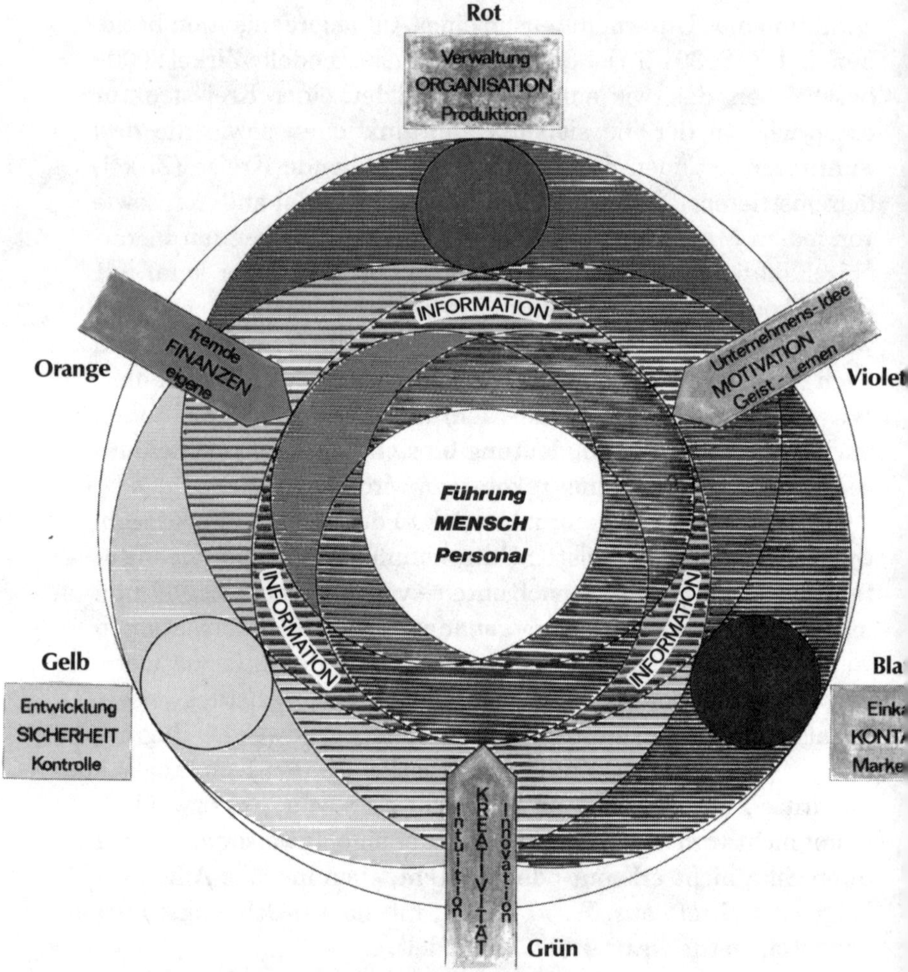

Die Kreisstruktur als Grundlage für die Anordnung der sieben Hauptfunktionen sowie der Führungsfunktionen im Unternehmen, zugewiesen den psychisch entsprechenden Farben.

Erläuterungen zur nebenstehenden Zeichnung

Wenn dem Unternehmens-Modell »Zirkel 2000« die Kreisform gegeben wurde, so hat dies mehr als nur symbolische Bedeutung. Im Gegensatz zur hierarchischen Form der Pyramide soll hier demonstriert werden, daß es kein »Oben« und »Unten« gibt und daß – zumindest an der Peripherie – jeder den gleichen Abstand zum Zentrum – der Leitung – hat. Gleiche Rechte bedeuten auch gleiche Pflichten, – dessen muß sich jeder Unternehmens-Beteiligte bewußt sein in seinem Selbstverständnis und seinem Verhältnis zum Unternehmen.

Das Wort »Zirkel« wurde für das Modell gewählt, weil es nicht nur das Gerät darstellt, mit dem alle Verbindungen gezogen werden, sondern im übertragenen Sinne auch dem Sprachgebrauch des »Zirkels« als einer geschlossenen Gruppe entspricht. Für die Arbeit in Gruppen im Unternehmen ein ganz wesentliches Selbstverständnis.

Symbolisch ist auch verdeutlicht, daß die einzelnen Zirkel-Gruppen (hier modellhaft nur an drei Bereichen dargestellt) nicht in die Zuständigkeit der anderen – den vollfarbigen Kern – hineingreifen und -reden. Aber andererseits ist das sphärische Dreieck in der Unternehmens-Mitte Kommunikationsplatz und Spielraum für alle Informationen, die im »Glashaus-Syndrom« jeden angehen und wo keine Geheimnisse mehr Raum haben. Nur so können alle den Sinnzusammenhang ihrer Tätigkeit erfahren.

Und der »Mensch« steht im Mittelpunkt des Unternehmens, nicht lokal, sondern als Sinnbild dafür, daß dieses Unternehmen für den Menschen geschaffen ist und nicht – wie bisher allgemein verstanden – umgekehrt.(!) – Es ist übrigens jedem Unternehmen freigestellt, die Einteilungen der einzelnen Funktionen, entsprechend seinen eigenen Besonderheiten, anders vorzunehmen als im nebenstehenden Modell, – dies soll nur als Anregung zur betriebsindividuellen Ausgestaltung dienen.

Auftrag, der uns über Monate hinaus auslasten wird. Es kommt darauf an, daß dieser Mensch einen guten Eindruck von unserer Firma bekommt – also bitte sorge auch du dafür, daß unser Hof sauber und tadellos aufgeräumt ist!« Der Mann tut dergleichen.

Und nun kommt aber das Wichtigste: Zwei Tage später spricht der Chef wiederum mit dem Hofkehrer und erklärt ihm: »Wir haben den großen Auftrag von dem wichtigen Kunden bekommen – und du hast auch dazu beigetragen. Denn der Mann hatte einen guten Eindruck von unserer Firma, nicht zuletzt auch, weil unser äußeres Bild, dein aufgeräumter und sauberer Hof, ihn positiv gestimmt hat.«

Manche mögen über die Primitivität dieses Beispiels lächeln oder gar die Killerphrase aussprechen: »So sieht das niemals in der Praxis aus!« Aber hier wurde Führung optimal praktiziert: durch Information von oben nach unten, indem der Hofkehrer den Sinnzusammenhang dessen erfuhr, was man von ihm verlangte. Und zusätzlich wurde hier eine Motivation geschaffen, die bei dem kurzen Befehl »Mach deinen Hof sauber, aber dalli!« sicherlich nicht gegeben gewesen wäre. Auch hier werden Führende mit der Killerphrase gegenargumentieren, für solche Scherze hätten sie keine Zeit – sie hätten Wichtigeres zu tun, als ihre Zeit mit dem Hofkehrer zu verplempern. Ihnen kann nur erwidert werden: Diejenige Führungskraft, die sich nicht die Zeit zur psychologisch richtigen und notwendigen Führung nehmen zu können vermeint, sollte dann eher die Aufgabe des Hofkehrens übernehmen, denn Menschen zu führen.

Es gibt auch – dies muß leider angesprochen werden – unter den Führungskräften viele, die es einfach nicht für nötig halten, Informationen nach »unten« weiterzugeben – etwa nach dem Motto: »Die sollen machen, was man ihnen sagt – mehr wird gar nicht verlangt von ihnen!« Und es gibt leider auch immer wieder solche Führungskräfte, die sich ihres Ansehens, ihrer Persönlichkeit und ihrer Autorität so unsicher sind, daß sie bewußt

Informationen zurückhalten. Sie wissen, daß sie im Grunde als Persönlichkeit »arme Würstchen« sind, und wollen durch den Informationsvorsprung nur ihre Position der Unentbehrlichkeit absichern. Sie können dann jederzeit, wenn jemand Auskünfte verlangt, sich in die Feststellung flüchten: Das brauchen Sie nicht zu wissen – da kenne ich die Zusammenhänge besser als Sie ... und was dergleichen Schutzbehauptungen mehr sind.

Auch jeder von uns mag sich im stillen einmal nachdenklich fragen, ob er nicht bislang schon einmal – oder vielleicht öfter – einen Mitarbeiter gerügt hat, weil dieser etwas falsch gemacht hatte. Und nach der Rüge, daß dies doch so oder so getan hätte werden müssen, antwortete der Mitarbeiter: »Ja, Chef, wenn Sie mir gleich erklärt hätten, wozu Sie dies so gemacht haben möchten, hätte ich es ja auch so tun können. Aber Sie haben mir ja nicht gesagt, wozu Sie das brauchen ...«

Hier kommt noch die dritte Führungsfunktion zusätzlich zum Tragen – die Motivation. Denn wenn man dem Mitarbeiter den Sinnzusammenhang oder den Zweck erklärt hätte, wozu diese Arbeit benötigt wird, wäre er gefordert gewesen, mit seiner Kreativität mitzudenken. Und er hätte vielleicht mit Vorschlägen zur Verbesserung aufwarten können, auf die der Führende allein niemals gekommen wäre. So einfach ist dies!

Wir sind immer noch bei der Führungsfunktion der Kommunikation und wollen uns nun dem Informationsfluß von »unten« nach »oben« zuwenden. Die Beispiele, in denen Gedanken, Anregungen, Vorschläge und Verbesserungswünsche – von unten kommende – auf irgendeiner Etage blockiert wurden, sind Legion. Und die häufigsten Begründungen »Oberer« auf solche Abblokkung sind immer wieder: Da verstehen die doch gar nichts davon; die wissen doch gar nicht, um was es geht; denen fehlt doch der Überblick über die Zusammenhänge – und was dergleichen mehr ist.

Heinz Hoffmann, Professor für Erziehungswissenschaften an der Sarasota University und Leiter des Apollo-Raumflug-Programmes, vertritt die Ansicht, daß die Menschen im Durchschnitt nur 10 Prozent ihres eigentlichen Kreativitätspotentials nutzen – vornehmlich, weil es einfach zuwenig gefordert wird. Und Jan Carlson, ehemaliger Leiter der Fluggesellschaft SAS, hat festgestellt: »Gib deinen Mitarbeitern alle Informationen, die du hast – und du wirst nicht verhindern können, daß sie Verantwortung übernehmen.« Dies sind zwei Behauptungen, die eindeutig dafür sprechen, das Mitdenken der Mitarbeiter – die oftmals gar nicht so viel dümmer sind als ihre »Vorgesetzten« – in Anspruch zu nehmen, ja, sogar bewußt zu fördern.

Ich habe in vielen Vorträgen und Aufsätzen schon die Schilderung der Situation zu Tode geritten, in der auch heute noch oftmals die Außendienstmitarbeiter sich befinden, wenn sie am Montagmorgen ihren Bericht über ihre Tätigkeit in der vergangenen Woche abliefern müssen. Sie sind meist total demotiviert, etwas Vernünftiges zu berichten, weil sie wissen, daß ihr Bericht – zusammen mit einem Dutzend anderer – »oben« nicht gelesen und spätestens nach sechs Wochen sein Schicksal im Reißwolf besiegelt wird.

Man mag dies als Schwarzweißmalerei abtun mit der vielgebrauchten Schutzbehauptung: Das gibt es bei uns nicht! Trotzdem: Die meisten Unternehmensleitungen sind sich nicht dessen bewußt, welch einen hervorragenden Informationsdienst – besser als jeglicher Geheimdienst eines Staates – sie in den Menschen besitzen, die täglich draußen mit den Kunden sprechen und die am besten wissen, was der Markt verlangt und wessen er bedarf. Aber wie viele Unternehmensleitungen, Marketing- oder Verkaufsleiter gibt es tatsächlich, die ihren Außendienst regelmäßig darauf schulen, auf was sie bei Kundengesprächen achten und was sie berichten müssen. Indem ihnen nämlich dargelegt wird, wie sehr die Marketingleitung auf ihre Informationen angewiesen ist, weil die Außendienstler die besten Kenner des Marktes und des Wettbewerbs sind und man »oben« ihre Erkenntnisse und ihren Rat braucht für die notwendigen Entscheidungen in Produktion und Vertrieb.

Auch hier sei einmal der Vergleich des Organismus Unternehmen mit dem menschlichen Organismus erlaubt: Unser Gehirn würde niemals auf die Idee kommen, den Füßen einen Befehl zu geben, die Schritte dorthin zu lenken, wo eine Gefahr – Morast, Untiefe o. ä. – lauert. Die Informationen hat das Gehirn durch die Sinnesfunktionen, hier die Augen, erhalten, mit den bisherigen Erfahrungen verglichen und dann die Entscheidung getroffen, die gefährliche Stelle zu meiden oder zu umgehen. Nur ein Blinder würde sie betreten – und in dieser Hinsicht verhalten sich vielfach Unternehmen wie Blinde, indem sie wichtige Informationsquellen nicht nutzen (können).

Auch die zuvor behandelte Information von oben nach unten kann in gleicher Art mit dem menschlichen Informationssystem, Gehirn und Nervenleitungen, verglichen werden. Denn niemals hält das Gehirn erhaltene Informationen zurück und gibt sie etwa nicht an die entsprechenden Organe weiter – das könnte selbstmörderisch sein.

Nun zur dritten Richtung des Kommunikationsflusses: die horizontale. Dies ist oft in den Unternehmen der Bereich, der am meisten im argen liegt. Vielfach aus Gedankenlosigkeit, aber oft auch aus Neid, Böswilligkeit und anderen negativen Beweggründen geben Stellen, Bereiche, Gruppen oder einzelne Mitarbeiter Informationen an interessierte Nachbarbereiche nicht weiter, obwohl dies für jene – hinsichtlich des Sinnzusammenhanges oder des Zusammenwirkens – notwendig wäre. Hier spukt auch oft noch der berühmte »Dienstweg« unseligen Angedenkens in den Köpfen herum – der bei einer toten Institution durchaus einmal angemessen war, aber mit dem lebendigen Organismus und seinem gemeinsamen Bestreben zur Lebenserhaltung einfach unvereinbar ist. Auch hier hat uns der Organismus Mensch ein Modell gegeben, das im folgenden geschildert werden soll:

Wenn ein Mensch mit seinem Finger in eine Kerzenflamme faßt, dann ist keine Zeit, einen Dienstweg einzuhalten. Der würde nämlich bedeuten, daß die Information »heiß« durch die Hand- und

Armnerven bis zum Gehirn gelangt. Dort sitzt die Geschäftsleitung und beruft eine Sitzung ein. In der Sitzung beschließt man dann, einen Ausschuß zu bilden, der sich mit der gemeldeten Gefahr befaßt und dann Vorschläge ausarbeitet, wie man reagieren sollte. Wenn die Geschäftsleitung dann – unter Berücksichtigung aller anderen Gesichtspunkte wie Ausweichmöglichkeiten, Imageverlust durch Feigheit u.a.m. – schließlich den Vorschlägen des Ausschusses zustimmt, wird die Anweisung gegeben, den Finger aus der gefährdeten Zone so bald wie möglich zurückzuziehen. – Der Finger ist inzwischen verbrannt!

Im Modell des menschlichen Organismus geht dies anders: Es entsteht eine horizontale Information dadurch, daß der Schmerz in der Fingerspitze sofort an das Rückenmark weitergeleitet wird und dieses den Reflex auslöst, den Finger sofort zurückzuziehen. Horizontale Informationen sind also für den Organismus Unternehmen ebenfalls von besonderer Bedeutung und müssen – wo erforderlich – praktiziert werden.

Insgesamt hat das Kommunikationswesen im Organismus Unternehmen die einzige Aufgabe, alle Vorgänge transparent zu machen, so daß jeder an jeder Stelle jederzeit den *Sinnzusammenhang* von Aufgaben, Maßnahmen, Verhaltensweisen usw. sich erkennbar machen kann. Diese *Transparenz* ist Grundlage für die dritte Führungsfunktion, die Motivation. Doch darüber später. Nur eines muß allen dem Organismus Unternehmen Zugehörigen völlig klar sein: *Geheimnisse* gibt es nicht im Unternehmen! Mit Ausnahme von bestimmten Aktivitäten zur Entwicklung neuer Produkte oder anderer unternehmerischer Aktivitäten, die der Wettbewerb nicht erfahren darf, gibt es eigentlich nichts mehr, was vor den Organen und Zellen, also den Menschen des Unternehmens, geheimgehalten werden muß. In absehbarer Zeit werden sogar, wenn erst einmal die finanziellen Beteiligungen der Menschen gang und gäbe sind, diese Einzelheiten der Entlohnung nicht mehr vor den anderen Kollegen geheimgehalten zu werden brauchen. Wozu auch? Alle bilden eine Gemeinschaft, alle befinden über die finanziellen Dinge in gemeinsamem Konsens, keiner bekommt heimlich eine bessere Entlohnung, und niemand wird bevorzugt.

Diese Transparenz ist auch Voraussetzung für einen ganz wesentlichen Faktor der Gemeinschaft des Organismus: das bereits im Zusammenhang mit der Führungstätigkeit erwähnte *Vertrauen*. Vertrauen ist keine Sache, die man im Supermarkt kaufen kann, Vertrauen ist auch keine Schauspielerei – nein: Vertrauen, das jeder jedem in der Gemeinschaft entgegenbringt, ist ein unabdingbares Muß. Wer nicht bereit dazu ist, der sollte die Gemeinschaft verlassen, denn er wird nur zum Störfaktor, dem schlimmsten, den man sich vorstellen kann.

Der Umgang mit dem Vertrauen und die praktische Umsetzung ist allerdings nicht so, daß der einzelne zu einem oder mehreren anderen sagen könnte: »Nun vertraut mir mal schön!« Nein, wie bei jedem ehrlichen Geschäft kann man hier auch nichts entwikkeln, wenn man nicht selbst bereit ist zu investieren. Vertrauen muß man zuerst dem anderen entgegenbringen, dann kann man auch erwarten, daß diese wertvollste aller Kommunikationsvoraussetzungen einem als Echo zurückkommt. Damit ist aber nicht blindes Vertrauen gemeint, indem man mit geschlossenen Augen in eine unklare Situation hineingeraten könnte, sondern die ehrliche und offene Bereitschaft, dem anderen mit der eigenen Aufgeschlossenheit entgegenzukommen.

Dies allseitige Bemühen um Vertrauensbildung untereinander ist eine der Kernvoraussetzungen für die Gemeinschaft des Organismus Unternehmen – ohne sie kann es keine Synergieeffekte und auch keine gemeinsame Leistung geben. Und damit auch keine Chancen zur gemeinsamen Existenzerhaltung. Dies ist – zugegebenermaßen – eine sehr schwierige, vielleicht die schwierigste Aufgabe überhaupt im gemeinsamen Unternehmen. Und daher muß sich auch laufend um sie bemüht werden, denn alle Menschen haben ihre Schwächen und unterliegen Fehlern. *Vertrauensmißbrauch* aber ist das Schlimmste, was jemand im Unternehmen begehen kann – er hat eindeutig kein Recht mehr, innerhalb dieser Gemeinschaft seine Existenz zu erhalten.

Kontrolle und Vertrauen

Bei einem solchen absoluten Schwerpunkt der psychischen Investition im Unternehmensorganismus wird mit Recht die Frage aufgeworfen werden, wo denn die Kontrolle bleibe, ohne die Abläufe in geregelter Ordnung nicht denkbar sind. Viele Menschen zitieren auch das berühmte Wort von Lenin: »Vertrauen ist gut, aber Kontrolle ist besser!« Und manche fügen an, daß sie zwar mit Lenin niemals etwas im Sinn gehabt hätten, aber in dieser Aussage habe er durchaus recht gehabt. Das ist falsch! Es ist eines der gemeinsten und hinterlistigsten Worte, die der verblichene Marxismus-Leninismus hervorgebracht hat. Denn es besagt im Grunde nichts anderes, als daß die zu vollbringende Arbeit, die Leistung, die Produktivität das oberste Prinzip ist, das angestrebt und ständig mehr gefordert werden soll. Um dies zu erreichen, ist die Kontrolle das wichtigste Mittel – Überwachung und Kontrolle sind die Garanten dafür, daß die geforderte Leistung stimmt. Und jetzt kommt die Hinterlist dieses Lenin-Satzes: Um dieses oberste Prinzip der kontrollierten Leistung zu erreichen, sind alle Mittel recht – auch psychologische Mätzchen, mit denen man Vertrauen vorspiegelt, um auf diese Weise die Menschen zur Leistung zu motivieren. Und aufgrund einer solchen menschenverachtenden Einstellung kann man sich auch als »Politruk« oder sonstiger Funktionär im kommunistischen System hinstellen und mit Häme sagen: »Vertrauen wäre ganz gut, wenn sie – die Arbeiter – das verdienten. Aber mir macht keiner was vor – er muß bis zum letzten überwacht werden, damit er nicht aus der Leistung ausbüxt.«

Nein, in unserem modernen Verständnis muß dieser populistische Satz Lenins umgekehrt werden – dann wird eine wichtige Prämisse daraus:

Prämisse: 4 **Kontrolle bei jeglicher Art der Leistung und Führung ist unabdingbar – im Sinne von Überwachung –, aber Vertrauen muß die Basis jeglicher Kommunikation bilden.**

Dies muß ein Leitsatz im Unternehmen sein und von allen akzeptiert werden, wenn sie sich nicht außerhalb der Gemeinschaft stellen wollen. Wobei noch ein erläuterndes Wort zu dem Begriff der Überwachung gesagt werden muß. Das amerikanische Wort »to control« wird bei uns fälschlich oft mit »kontrollieren« übersetzt. Und kontrollieren heißt nichts anderes, als bei einem Ablauf, einem Vorgang, einer Tätigkeit an irgendeiner Stelle festzustellen, daß hier ein Fehler unterlaufen ist, etwas falsch gemacht wurde. Das ist Kontrolle: die nackte Feststellung der Abweichung vom sogenannten »Soll-Ist-Zustand«. Überwachen bedeutet viel mehr: es beinhaltet nicht nur die Feststellung einer Störung, sondern auch die Beseitigung derselben im Sinne einer kybernetischen Regelung. Überwachen ist also die betriebswirtschaftlich sinnvolle Methode, nicht nur Störungen festzustellen, sondern sie auch – wenn möglich – akut zu beseitigen. Und da jeder Mensch weiß, daß niemand von der Gefahr, einmal Fehler zu machen, frei ist, wird er in der Überwachung einen ganz selbstverständlichen und akzeptablen Prozeß sehen, der nichts mit einem in ihn gesetzten Mißtrauen zu tun hat. Im Gegenteil: Vielfach wird jemand sogar dankbar sein, wenn er rechtzeitig von einem anderen auf einen Fehler aufmerksam gemacht wird, ehe etwas Schlimmeres sich daraus entwickelt.

Motivation

Das Wort Motivation – heute vielfältig strapaziert – hat sich aus dem Lateinischen (»movere« = bewegen) abgeleitet und kann verstanden werden als eine Antriebskraft, durch die ein Mensch veranlaßt ist, etwas zu tun. Dabei ist zu unterscheiden zwischen einer Motivation von außen sowie einer von innen. Von außen wird sie im Unternehmen durch den oder die Führenden oder auch durch die Gemeinschaft ausgelöst – die Motivation von innen wird im Zusammenhang mit den psychologischen Gegebenheiten im IV. Satz, der sich mit dem Individuum befaßt, behandelt werden.

Die Motivation als die dritte der aufgezählten Führungsfunktionen im Unternehmen ist zwar die wichtigste und bedeutsamste im Unternehmensorganismus, aber zumeist auch die am wenigsten entwickelte. Wir haben eingangs dieses Abschnittes festgestellt, daß sich die drei Führungsfunktionen Organisation, Kommunikation und Motivation in einem guten Unternehmen auf demselben Level – Entwicklungsstand – befinden sollen, doch trifft dies bei nur wenigen Unternehmen wirklich zu. Die Organisation ist oft schon sehr gut entwickelt; an ihr wird immer noch nachgebessert. Aber schon die Kommunikation mit ihren innerbetrieblichen Informationsabläufen weist vielfach Mängel auf, deren sich die Unternehmensglieder vielfach noch nicht einmal bewußt sind; demgemäß wird auch meist nichts verbessert. Und wie beruhigend ist es dabei auch, noch die Computer als Assistenten zu haben, die ja das Informationsniveau ungeheuer heben; dabei wird nicht bedacht, daß dies nur nützliche Idioten sind, die zwar eine Menge Informationen speichern und abrufbar machen, aber stets nur das, was der Mensch ihnen eingibt – denken muß schon der Mensch selber!

Die Motivation durch das Unternehmen als Führungsfunktion ist wohl der am meisten vernachlässigte Bereich der Funktionen überhaupt. Das hängt keineswegs davon ab, daß die Chefs und Führungskräfte zu dumm oder gar böswillig wären und mit Absicht diesem Führungsmittel keine Aufmerksamkeit zuwenden, nein – die meisten wissen es gar nicht anders. Obwohl es eine ganze Menge von Literatur darüber schon gibt, glauben Führende immer noch vielfach, daß ein paar Biermarken beim Betriebsfest oder eine als erster Preis ausgesetzte Incentive-Reise schon das Optimale seien, was man auf diesem Gebiete anleiern kann. Mitnichten: Motivation kann man mit einfachen und vor allem mit sehr billigen Mitteln erzielen, also nicht mit teuren Aufwendungen. Und Demotivation – also die Vergrämung der Mitarbeiter im Unternehmen – ist sogar noch billiger zu haben: Sie kostet manchmal nicht mehr als ein paar dumme Sprüche aus dem Munde des Chefs.

Wie einfach eine positive Motivation praktiziert werden kann, hat das kleine Beispiel auf S. 79/82 mit dem Hofkehrer gezeigt. Die Investition des Chefs in diesem Falle war relativ gering: zweimal wenige Minuten des Gesprächs mit diesem Mitarbeiter. Die Effekte aber waren immens – sie seien aufgelistet:

- Der Mitarbeiter hat sich individuell angesprochen gefühlt und fand sich geehrt dadurch, daß der Chef sich die Mühe gegeben hat, eigens mit ihm zu sprechen,
- er hat sich als Mensch behandelt gefühlt, seine Würde als selbständig Denkender und Handelnder wurde angesprochen,
- er empfand die Zugehörigkeit zur Gemeinschaft, zu deren Existenz er auch etwas beizutragen haben durfte,
- er hat mit seiner Arbeit auch mit zum Ansehen der Firma beigetragen, dies hat der Chef besonders herausgestellt,
- er hat, wie die anderen auch, mitgewirkt an dem Erfolg, den Auftrag zu erhalten und stolz darauf sein zu dürfen,
- er hat den Sinnzusammenhang des Auftrages erkannt und sich gefreut, die Aufgabe gut erfüllt zu haben.

Die Liste der Effekte ließe sich noch beliebig ausweiten – beispielsweise in Hinblick auf die innerbetriebliche Information, auf die Organisation hinsichtlich seines Verantwortungsbereiches oder auf die Transparenz, die für ihn wie für alle anderen Mitarbeiter praktiziert wurde.

Und dies alles hat in diesem Falle der Chef mit geringstem Aufwand erreicht, gleichzeitig dadurch ein Vertrauensverhältnis praktizierend, das auch für zukünftige Führungsaufgaben wiederum die besten Voraussetzungen schafft. Wenn also die Führungsverantwortlichen in den Unternehmen zukünftig sich die geringe Mühe machen, zu überlegen, mit welchen Mitteln sie die Einzelnen und die Gemeinschaft motivieren, dann werden sie bei den Versuchen zur praktischen Umsetzung staunen, was alles möglich ist. Aber auch hier ist dies – wie in vielen anderen Fällen – abhängig von der Persönlichkeit des Führenden und von seinem Stil, seine Anliegen zu vermitteln. Darüber wird im nächsten Intermezzo noch einiges zu sagen sein.

In seinem Buch »Mythos Motivation« schildert der Autor Reinhard K. Sprenger eine kleine Geschichte, die ich nicht vorenthalten möchte:

Die Mineralölfirmen »Super« und »Hyper« veranstalten alljährlich nach dem Vorbild der Universitäten Oxford und Cambridge einen Ruderwettkampf im Achter. In den letzten Jahren hat das »Super«-Boot immer verloren. Die Geschäftsleitung von »Super« will anhand einer Video-Aufzeichnung des letzten Rennens analysieren, woran das liegen mag, und kommt zu folgender Erkenntnis: Im »Hyper«-Boot erkennt man acht Ruderer und einen Steuermann, im »Super«-Boot dagegen sieht man acht Steuermänner und nur einen Ruderer. »Was können wir denn da machen?« fragt der Geschäftsführer den Personalleiter. Und dieser antwortet: »Den Mann besser motivieren!«

Aber neben dieser sarkastischen Story bringt Sprenger noch eine Anzahl von Schilderungen zur Praxis des Themas Motivation, daß sich einem die Haare sträuben. Gegen Ende seiner Ausführungen gibt er dann die positiven Gesichtspunkte – wie es sein könnte, wenn es nicht so wäre, wie es ist im Bereich der Motivation. Auch hier einige wahllos zusammengestellte Zitate:

- Das häufigste Vergehen im Wirtschaftsleben ist die fundamentale Mißachtung der Menschenwürde.

- Du sollst dich von Belohnungen und Bestrafungen anspornen lassen, damit ich dich leichter lenken kann.
- Motivation ist unwidersprochen Sache des Einzelnen. Ihr Freiraum zu geben ist Sache der Führung.

Und besser als mit diesem letzten Zitatsatz kann man die Führungsfunktion der Motivation nicht ausdrücken. Wir werden dann im IV. Satz noch intensiv auf die innere Motivation des Mitarbeiters einzugehen haben.

Bewußtmachen der Ganzheitlichkeit

Eine gemeinsame Aufgabe der drei Führungsfunktionen im Unternehmen ist das ständige Bewußtmachen der Ganzheitlichkeit. Sie ist als kontinuierlich anzusehen, denn stets werden die Individuen dazu neigen, eigenständige Vorstellungen auch bezüglich ihres Verhältnisses zum Unternehmen zu entwickeln. Hier müssen die Führungskräfte ständig auf der Hut sein, daß in den Köpfen der Mitarbeiter das Gemeinsame, die Identifizierung mit dem Unternehmen, nicht zurückfällt gegenüber individuellen Entwicklungen. Damit soll nicht gesagt sein, daß individuelles Wachstum und Entwicklung der Persönlichkeit etwas Abzulehnendes oder gar Schlechtes sei. Im Gegenteil: Aus ihm kann für das Unternehmen viel Positives erwachsen. Aber die Notwendigkeit, das ganzheitliche Verständnis für das Unternehmen in den Köpfen der Mitarbeiter bewußtzumachen, ist eine Führungsaufgabe, die höchste Priorität bei den Verantwortlichen haben muß.

Jedem Mitarbeiter muß beispielsweise der Begriff der »Psychosomatik« geläufig sein – in bezug auf seine eigene Person und auf den Organismus Unternehmen. Die alte lateinische Spruchweisheit »mens sana in corpore sano« – gesunder Geist in gesundem Körper – wird heute durch die moderne Wissenschaft der Psychosomatik praktiziert; sie befaßt sich mit dem Zusammenhang und dem Wechselspiel zwischen körperlichem und psychischem Gesundheitszustand. Dies ist an sich nichts Neues, denn jedem Menschen fast ist es so ergangen, daß er beispielsweise bei einer besonderen psychischen Belastung parallel dazu auch eine Erkrankung erlitt. Vielzitiertes Beispiel ist das des Managers, der durch Streß ein Magengeschwür bekommt. Oder das einer von ihrem Lebensgefährten verlassenen Frau, die – wie man früher sich ausdrückte – an »gebrochenem Herzen« starb, also eine körperliche Auswirkung des seelischen Zusammenbruchs. Die psychosomatische Medizin ist bedauerlicherweise noch vielfach von den Schulmedizinern nicht so anerkannt, wie sie es verdient; es mehren sich jedoch die Anzeichen, daß diese Anerkennung zunimmt.

Ich habe mich mit dieser Problematik intensiv seit Jahrzehnten befaßt und meine Einstellung dazu auch ausführlich im Standpunkt Nummer VI der UZ (S. 289 ff.) dargelegt. Es war dann für mich ein tiefgreifendes Erlebnis, als ich im Frühjahr diesen Jahres mich einer schweren Herzoperation unterziehen mußte und diese so gut überstand, daß die behandelnden Ärzte mich als ihren Rekordpatienten bezeichneten. Ich selbst führe diesen von anderen Menschen fast als ein Wunder bezeichneten Erfolg im wesentlichen auf meine positive mentale Einstellung zurück, die ein solches Ergebnis bewirkte. Und ich habe nunmehr an mir selbst – mit einem gewissermaßen neugeschenkten Leben – erfahren, wie recht schon Plato hatte, der vor etwa 2300 Jahren sich in »Charmides« äußerte, der größte Fehler bei der Krankheitsbehandlung sei, daß es »Ärzte gibt für den Körper und Ärzte für die Seele, wobei das doch nicht getrennt werden kann. Dem Ganzen sollen sie ihre Sorge zuwenden, denn dort, wo es dem Ganzen schlechtgeht, kann unmöglich ein Teil gesunden.«

Diese Ganzheitlichkeit des gesamten Organismus – beim Menschen das erwähnte Zusammenspiel von körperlicher und geistiger Gesundheit – ist ohne die geringste Einschränkung auch auf den Organismus des Unternehmens übertragbar. Und auch dies ist nichts Neues: Jeder weiß, daß ein Unternehmen, dessen

Betriebsklima nicht zum besten steht, auch insgesamt keine besonderen Leistungen vollbringen kann. Ein schlechtes Betriebsklima kann ein Unternehmen völlig zugrunde richten; daher ist es die ständige Aufgabe der Führungskräfte, diesem ihre größte Aufmerksamkeit zuzuwenden. Und dabei muß den Mitarbeitern – insbesondere jenen, die etwa als Störfaktoren in Erscheinung treten – bewußtgemacht werden, daß es hier um die Existenzfrage geht. Die gemeinsame Existenz aller ist bedroht, wenn Störungen durch einzelne oder in Teilbereichen nicht in den Griff zu bekommen sind.

Auch wenn nunmehr der etwas angestaubte Begriff des *Betriebsklimas* gebraucht wurde, so ist er doch ein noch immer recht zutreffendes Bild. Denn ein Klima, also die äußeren Bedingungen für ein Lebewesen, um überhaupt leben und sich wohl fühlen zu können, sind nun mal von den Gegebenheiten abhängig, die die umgebenden Faktoren wie Luft, Wasser, Ernährung, Temperatur etc. dem Lebewesen bieten. Wenn die nicht stimmen, kann es nicht weiterleben. Genauso können Menschen im Unternehmen nicht leben, wenn die sie umgebenden Faktoren, beispielsweise unrationelle Tätigkeit, mangelnde Anerkennung, menschliche Reibungen oder psychischer Druck sie hindern, deprimieren oder gar versagen lassen.

Diese Gesichtspunkte des Betriebsklimas und ihre Auswirkungen auf den Einzelnen wie auf das gesamte Unternehmen brauchen hier nur angedeutet zu werden; es gibt darüber genügend Fachliteratur, die nachzulesen ist. Was bislang weniger behandelt wurde, ist die Tatsache, daß auch das äußere Erscheinen des gesamten Untenehmens die inneren Zustände widerspiegelt – eben im Sinne der »Psychosomatik«. Und so schlagen sich innere Querelen, Unzufriedenheit, Neid, Ärger, Zwietracht, Streitigkeiten, Kompetenzgerangel, mangelnde Arbeitsfreude u.v.a.m. auf den gesamten Organismus nieder und werden dann mit Sicherheit im äußeren Erscheinungsbild, dem Image des Unternehmens, deutlich.

In den letzten Jahren überschlagen sich die Veröffentlichungen über Unternehmensphilosophie und -ethik, Unternehmenskultur und die sogenannte Corporate Identity; es gibt auch in zunehmendem Maße Unternehmensberater, die sich dieser Dinge annehmen. Aber hierbei ist eines zu beachten: Ein guter Unternehmensberater ist wie ein guter Arzt – er muß entsprechende ethische Vorstellungen über seine Tätigkeit haben. Und wenn er dann seine Aufgabe ernst nimmt, dem Unternehmen ratend zu helfen, dann wird er nicht umhinkönnen, sich mit der Ganzheitlichkeit – wie ein Psychosomatiker – zu befassen und die inneren Ursachen äußerer Schwächen beim Organismus Unternehmen zu erkennen und zu eliminieren.

Bewußtmachen der Ganzheitlichkeit, dies sei hier noch einmal wiederholt, kann durch den außenstehenden Berater initiiert und definiert werden; in die Köpfe der Mitarbeiter wird es umgesetzt durch das kontinuierliche Bemühen der Führungskräfte, die hier die entscheidend wichtige Aufgabe haben, den Zusammenhalt der Gemeinschaft ununterbrochen so zu pflegen wie der Gärtner seine Blumen.

Die Metapher, Führungskräfte als »Gärtner« zu sehen, ist von Gerd Gerken zuerst gebraucht worden und auch ein Ausdruck unserer Wendezeit. Nicht mehr wird der Führende im Unternehmen der Zukunft auf den Prinzipien von Befehl und Gehorsam verharren, sondern mit der pflegenden Hand des Gärtners den Umgang mit den ihm Anvertrauten praktizieren, ohne daß er sich dadurch etwa seiner Autorität begibt. Über modernes Verständnis der Autorität und des Führungsstils mehr im folgenden Intermezzo.

Intermezzo zum Wandel des Autoritätsverständnisses

Wenn – wie wir in Prämisse eins festgestellt haben – die Menschen weltweit breiter und schneller informiert sind als früher und sich daher ihres Persönlichkeitswertes mehr bewußt sind ...

- *wenn sich durch diese erweiterte Information in den Köpfen der Menschen ein Bewußtseinswandel vollzieht, nicht nur in bezug auf ihre eigene Persönlichkeit ...*
- *wenn der Mensch zukünftig im Unternehmen einen völlig anderen Stellenwert – siehe Prämisse drei – einnehmen wird ...*
- *wenn die Führungsverantwortlichen im Unternehmensorganismus zukünftig ganz andere Aufgaben haben werden, als zu befehlen und zu kontrollieren – siehe Prämisse vier ...*

... dann wird sich auch die Grundlage ihrer Autorität bei ihren Mitarbeitern entscheidend verändern.

Prämisse: 5

Unser derzeitig weltweiter Wertewandel in allen Bereichen menschlichen Daseins ist auch dadurch geprägt, daß sich ein grundlegender Wandel des Autoritätsverständnisses vollzieht: weg von der Autorität »ex officio« (kraft des Amtes) hin zu Autorität »ex persona« (kraft der Persönlichkeit).

Dieser für Führungskräfte, auch und besonders im Bereich der Wirtschaft, epochale Vorgang, wie er in der bisherigen Geschichte der Menschheit wohl noch niemals aufgetreten ist, kann gar nicht hoch genug eingeschätzt werden in seiner Bedeutung. Ich behaupte sogar, daß er schicksalsentscheidend für die Zukunft der Unternehmen ist und daß die folgenden Überlegungen die vielleicht wichtigsten dieses Buchwerkes darstellen.

Die vorgenannte Prämisse bedarf einer eingehenden Erläuterung. Zunächst von der sprachlichen Seite her: Autorität kommt von dem lateinischen Wort »auctoritas«, das soviel wie Ansehen oder Würde bedeutet, das Wörterbuch fügt neben einigen anderen auch noch die Begriffe Gewicht, Ansehen, Einfluß, Geltung und Bedeutung hinzu. Alles in allem also ein Mensch, der bei anderen durch sein Ansehen einen gewissen Einfluß ausüben kann. So weit die lexikalisch wertfreie Definition. Für uns entscheidend allerdings ist das Faktum, wie – d. h., auf welche Art und Weise und mit welchen Mitteln – er seinen Einfluß realisiert und aus welchem Verständnis sein Ansehen bei den Zielpersonen seiner Einflußnahme resultiert.

Schon vor mehr als zwei Jahrzehnten ist mir, damals schon mehr als zehn Jahre als Rhetoriklehrer und Trainer für verbale Kommunikation sehr erfolgreich, ein grundlegender Fehler in meinem didaktischen Vorgehen bewußt geworden: Ich schulte damals meine Rhetorikschüler in Mimik, Gestik, Haltung, dialektfreier Aussprache, gepflegtem Redestil, klassischer Gliederung und allgemeinem Auftreten. Aber mir wurde dann klar, daß es im wesentlichen nur Äußerlichkeiten waren, die ich den Menschen antrainierte. Ein Mensch wird aber nur dann auf andere überzeugend wirken, wenn er von dem, was er vertritt, auch selbst überzeugt ist; dies habe ich in anderen Seminaren stets den Verkäufern eingebleut: Wenn ihr euch nicht zunächst selbst überzeugt von dem, was ihr verkaufen wollt, dann werdet ihr auch niemals einen Kunden überzeugen können.

Genau diese Erkenntnis übertrug ich von diesem Zeitpunkt an auch auf meine Praxis als Rhetoriklehrer: Ich begann, den Redebeflissenen beizubringen, daß sie zunächst an ihrer eigenen Persönlichkeit zu arbeiten haben. Wenn aus ihrer Rede, ihrem Vortrag oder einer anderen rhetorischen Leistung die innere Identifikation mit dem, was sie rüberbringen wollen, spürbar ist, dann sind äußere Mittel wie Mimik,

Gestik o. ä. kaum mehr ausschlaggebend. Dies hat Goethe schon ausgedrückt, als er Faust seinem Famulus Wagner raten läßt:

Wenn Ihr's nicht fühlt, Ihr werdet's nicht erjagen,
Wenn es nicht aus der Seele dringt
Und mit urkräftigem Behagen
Die Herzen aller Hörer zwingt . . .
Doch werdet Ihr nie Herz zu Herzen schaffen,
Wenn es Euch nicht von Herzen geht . . .

Such' Er den redlichen Gewinn!
Sei Er kein schellenlauter Thor!
Es trägt Verstand und rechter Sinn
Mit wenig Kunst sich selber vor!

Das ist genau das, was der Redner braucht: Er muß aus seiner Persönlichkeit heraus ehrlich sprechen, um dann auch ehrlich und überzeugend zu wirken. Und seit dieser Zeit befasse ich mich intensiv mit der Persönlichkeitsbildung, insbesondere von Führungskräften. Über die Erfahrungen dabei ließe sich ein eigenes Buch schreiben, leider überwiegen hierbei die negativen Erfahrungen die positiven bei weitem.

Dies demonstriert sich in einem oft unvorstellbaren Maße bei der zuvor erwähnten Autorität »ex officio«, also kraft des Amtes. Allein schon der Gebrauch von Statussymbolen, von dem mit drei Sekretärinnen bestückten Vorzimmer angefangen über die hochklassige Automarke bis hin zum Perserteppich, auf ihm der überdimensionale Schreibtisch, bis hin zu lächerlichen Kleinigkeiten wie das Herausrufenlassen aus einer wichtigen Sitzung durch den Hotelboy oder das Einfließenlassen der Namen mondäner Urlaubsorte an Stellen der Rede, wo sie nicht hingehören – jeder ist sicherlich in der Lage, Dutzende von selbsterlebten Beispielen solch demonstrativer Überheblichkeit zu berichten, die ihm begegnet sind. Wobei es nicht auf die Details und die phantasiereich-differenzierte Vielfalt ankommt, sondern auf die simple Feststellung, daß dies schlicht Angabe bis hin zur Protzerei ist, mit der der Betreffende sich demonstriert.

Die in solcher Verhaltensweise enthaltene Aussage ist immer, gleichgültig, welcher Variation der einzelne Boß oder Manager sich bedient, die: »Schaut her, ich kann mir das leisten; ich habe anderes (Billigeres, Schlichteres) nicht nötig; ich bin wer und habe hier etwas zu sagen; auf mich blicken sie alle mit Hochachtung und Respekt; so weit wie ich hat's noch kaum einer in so kurzer Zeit in dieser Firma gebracht; wenn ihr mich nicht hättet, wo wärtet ihr dann ...« etc., etc.

Solche Redereien sind im wesentlichen Schutzbehauptungen deshalb, weil der Führende ziemlich klar erkannt hat, daß sich das Problem der Autorität verschärft. Denn je turbulenter die Geschehnisse, desto häufiger muß ein Unternehmen sich umorganisieren, anders orientieren und Neues hinzulernen. Dadurch entwertet sich das bislang Bewährte immer mehr, die sogenannten Erfahrungsexperten verlieren an Einfluß. Und Macht und Autorität werden immer fragwürdiger. Eine schweizerische Langreihenuntersuchung hat schon 1989 die Dramatik dieses Trends eindrucksvoll bestätigt: Immer mehr Manager, die mit dem Zeitgeist und mit der Beschleunigung des Entlernens nicht mehr mitkommen, tendieren zur »Rückkehr zu Autorität«. Insbesondere fand man in der Gruppe der Führungskräfte, die wegen ungenügender Kenntnisse unsicher geworden sind, den größten Prozentsatz von Wieder-Autoritären. Hinzu kommt noch, daß diese Manager sich in die Autorität hineinsteigern, weil sie zugleich durch unzureichende Menschenkenntnis offensichtliches Fehlverhalten an den Tag legen im Umgang mit den Mitarbeitern.

Gerken schrieb, daß »wir vor einer großen Krise der Autorität stehen. In turbulenten Zeiten des permanenten Wandels entsteht eine völlig neue Qualität von Autorität: die Autorität, offen zu sein ... früher zu sein, anderen helfen zu können ...«

Ich könnte aus meinen Erfahrungen mit Führenden viele hundert Beispiele berichten, will mich jedoch auf eines beschränken, das ich oft erzähle: Beim Besuch eines Firmenchefs im Spessart saß ich in dessen überdimensionalem Chefzimmer diesem gegenüber – er natürlich hinter seinem dem Raum angepaßten Riesenschreibtisch, auf dem sich außer wenigen Protzgegenständen wie Glasuhr der Empirezeit (natür-

lich original bei Sotheby's erworben) und einer Schreibunterlage nur drei Fernsprechapparate befanden. Ich fühlte mich an meinem Platz nicht wohl, weil ich von dem schräg einfallenden Sonnenlicht geblendet war. Dies bemerkte mein Gegenüber und fragte fürsorglich: »Blendet es Sie, Herr Ammelburg?« Und als ich dies bejahte, drückte er auf einen Knopf auf seinem Schreibtisch, die Sekretärin erschien augenblicks in der Türe, und er wies sie an, die Jalousien herabzulassen, denn Herr Ammelburg sei geblendet. Worauf die Dame um den Schreibtisch herumging und auf einen verborgenen Knopf – keine 40 Zentimeter von demjenigen entfernt, mit dem sie ins Zimmer gerufen worden war – drückte, der dann das Herablassen der Sonnenjalousie bewirkte.

Die Zahl der Beispiele für solch protzig-arrogantes Verhalten ist unübersehbar. Es ist dann besonders schwerwiegend, wenn es den Umgang des Vorgesetzten mit ihm Untergebenen prägt – ich habe hier mit Absicht die schon vielfach verpönten Ausdrücke der Hierarchie gebraucht, die zwar aus der Umgangssprache im sich modern gebenden Unternehmen angeblich nicht mehr gebräuchlich sind, jedoch in der Realität in den Hirnen der Menschen nach wie vor existieren.

Auch der verbale Umgang der Führenden mit ihren Mitarbeitern ist oft hanebüchen, ohne daß dies Sendern wie Empfängern beispielsweise einer barschen Anweisung überhaupt bewußt wird. Manchmal könnte man eine herbe Formulierung schon mit einem freundlichen »Danke« oder »Bitte« entschärfen, aber daran denken beide Seiten nicht – sie sind es so gewohnt. Denn auch die kriecherischen Untergebenen könnten viel zur Vermenschlichung des verbalen Umgangs miteinander beitragen, indem sie sich dies oder jenes nicht gefallen lassen. Aber wer hat schon den »Mut vor Königsthronen«, einem Chef zu antworten: »Dies hätten Sie mir auch freundlicher sagen können!«

Gerade in festgefügten Hierarchien sind überhebliche Verhaltensweisen von Oberen so selbstverständlich, daß mancher, der es nicht auch so praktizieren wollte, die Befürchtung hegen muß, von den Mitarbeitern nicht ernst genommen zu werden. Und auch die gleichgestellten Kollegen sind oft genug aus Neid, Karrieredenken und ande-

ren Beweggründen heraus der Meinung, der Betreffende werde schon einmal die Quittung bekommen und merken, wie undankbar die Untergebenen sind, wenn man sie zu menschlich behandelt.

Ein krasses Beispiel unterwürfiger Kriecherei erlebte ich vor einiger Zeit in einem von mir abgehaltenen Seminar einer Schweizer Großbank, wo in der einen von vier Gruppen auch der Vorstandsvorsitzende des Hauses teilnahm. Im Gegensatz zu den drei anderen Gruppen, wo es mir mit meiner heiteren Gelassenheit relativ schnell gelang, die Teilnehmer zu einem offenen Gespräch über Führungspraktiken zu bringen, war es in dieser Gruppe mit dem obersten Boß ganz anders. Wenn ich einen kleinen Scherz äußerte, guckten alle, beinahe betreten, auf den Chef und wagten nicht zu lachen, wenn dieser nicht eine Heiterkeit erkennen ließ. Und als ich einen Demonstrationsfilm vorführte, ergriff der hohe Herr anschließend das Wort, um mir zu sagen, daß dies alles Kokolores sei und ich offenbar keine Ahnung von der täglichen Praxis in ihrem Unternehmen habe. Alle restlichen zehn Teilnehmer, immerhin in ihrem Range ebenfalls Direktoren, blickten betreten nach unten und machten den Mund nicht auf, manche nur nickten noch beifällig zu den Äußerungen ihres Obersten. Erst als am zweiten Seminartage der hohe Herr – unablehnbare Verpflichtungen vorschützend – vorzeitig abgereist war, blühte die Gruppe auf und war noch bis zum Schluß der lebendigste Teilnehmerkreis, den ich hatte.

Eine kleine Genugtuung erfuhr ich einige Wochen später. Da trafen sich alle über vierzig Teilnehmer der vier Gruppen zu einer Art Nachlese meines Seminarinhaltes, bei der auch darüber befunden werden sollte, ob die von mir mit den Teilnehmern erarbeiteten Erkenntnisse nunmehr auch auf der nächstniedrigeren Führungsebene geschult werden sollen. Und wie mir hinterher – ich war selbstverständlich nicht anwesend – vertraulich berichtet wurde, haben die vierzig ihren an und für sich schon nicht besonders beliebten obersten Boß einmütig derart fertiggemacht, daß er zum Schluß völlig ratlos und isoliert dastand. Es geschah dann alles so, wie die gesamte Direktorenversammlung einstimmig wollte, für den hohen Herrn ein Schock, den er bis heute noch nicht überwunden hat.

Ich erzähle eine solche Geschichte sicherlich nicht, um mich meines Erfolges zu rühmen und großzutun, sondern weil ich mich in diesem Falle einfach herzlich darüber gefreut habe, daß die Dinge sich in dieser Weise positiv entwickelt haben. Vivant sequentes!

Worum es mir bei solchen Darstellungen geht, ist ganz einfach: Ich will den deutschen Managern bewußtmachen, wie sie oft in überkommenen Verhaltensweisen stecken und überhaupt nicht sensibel für Veränderungen sind. Und Veränderungen müssen vor allem in der Praxis der Autorität »ex officio« eintreten, wenn wir Neues Denken im Organismus Unternehmen bewirken wollen. Arroganz und Kriecherei gehören mit zum Schlimmsten, was in einem Unternehmen praktiziert werden kann; alle Führungskräfte sollten sich aufgerufen fühlen, hier etwas zu ändern. Und zwar bei sich selbst anzufangen!

Der Wandel des Autoritätsverständnisses von der Autorität »ex officio« hin zu jener »ex persona« vollzieht sich bereits in den letzten Jahren in zunehmendem Maße, wie ich beobachten konnte. Aber um zu jener echten Autorität »aus der Persönlichkeit heraus« zu gelangen, ist es noch ein weiter Weg. Diesen muß nämlich jeder für sich alleine gehen – nicht jeder Führungsverantwortliche kann sich einen Schutzengel in Form eines teuer zu honorierenden Coaches leisten, der ihm stets, in jeder Situation, sagen kann, wie er sich verhalten sollte.

Und dies ist leider die Crux bei dieser Entwicklung: Seit mehr als zwei Jahrzehnten habe ich Tausende von Unternehmern und Topmanagern in Seminaren zur Persönlichkeitsbildung gehabt. Und die allermeisten gingen begeistert hinaus, voller guter Vorsätze, zukünftig dieses nicht mehr und jenes öfter so oder so zu machen. Aber dann kam der Alltag – und die täglichen Probleme, der Zeitmangel, der Streß, die Sachzwänge und wie die Dinge alle heißen. Und nach vier Wochen hatten diejenigen im Unternehmen recht behalten, die anfangs gesagt hatten: »Vorsicht, der Chef war auf einem Seminar! Jetzt gilt es, die nächsten Wochen gut zu überstehen, bis sich seine neuen Ideen wieder gelegt haben, dann haben wir wieder die guten alten Zustände! Abwarten, abwarten!«

Im November 1992 war bei einer Sendung von RTL auf dem

»Heißen Stuhl«, den er selbst nur als »lauwarmen Hocker« bezeichnete, der weltberühmte Designer Luigi Colani, der unter der Moderation von Olaf Kracht fünf Unternehmern und Topmanagern gegenüberstand mit der von ihm aufgestellten These: »Die deutschen Unternehmer sind schuld an der Krise, die Bosse taugen nichts!« Abgesehen davon, daß Colani sich benahm wie die berühmte Axt im Walde und auch nichts ihn davon abhielt, die Gesprächspartner zu duzen oder mit dem Ausruf »Halt's Maul« zu bedenken, zog der »Welt größter Designer« eine Schau ab, die sich in Platitüden und Verallgemeinerungen erging, gegen die die – meist jüngeren – Gesprächspartner nicht ankamen. Und als dem provokanten Colani entgegengehalten wurde, man gehöre doch der jüngeren Generation an, meinte er, diese sei auch nicht besser als die Mickymaustypen der fünfziger und sechziger Jahre.

Der Knalleffekt waren zwei Meinungsumfragen (telefonisch), durch die die Fernsehzuschauer ihre Meinung kundtun konnten a) zu der Frage »Sind die Bosse schuld an der Krise?« – die zu 84 Prozent mit »Ja« beantwortet wurde – und b) »Sollte man den Spitzenleuten der Unternehmen die Gehälter kürzen« – was 86,4 Prozent mit »Ja« beantworteten. Solche populistischen Mätzchen einschließlich der Flegeleien von Herrn Colani betrachte ich, gelinde gesagt, als Schwachsinn. Sie dienen nämlich nicht neuen Erkenntnissen oder der Bewußtseinsbildung im Sinne einer Überwindung bisheriger Schwächen, sondern verhärten Vorurteile, die heute nicht mehr haltbar sind. Möge uns Sancta Televisiona zukünftig vor solch dummer Hetze bewahren!

Dessenungeachtet muß ich nun doch den Unternehmern und Managern ans Leder gehen: Sie tun tatsächlich viel zuwenig, um durch Entwicklung ihrer eigenen Persönlichkeit in Zukunft mehr aus dieser als kraft ihrer Amtsautorität zu führen. Das hat – und dies ist die am häufigsten vorkommende Entschuldigung – selbstverständlich mit dem Zeitstreß zu tun, in dem die meisten Führungsverantwortlichen stekken. Aber diese Ausrede lasse ich nicht gelten! Denn wenn ein Führender wirklich zu der Überzeugung gelangt ist (wie dies in einigen Jahren selbstverständlich sein wird!), daß Arbeit an der eigenen Führungsper-

sönlichkeit ein immens wichtiger Teil der beruflichen Arbeit schlechthin ist, dann muß er auch in der Lage sein, dieser die entsprechende Priorität zu geben. Daran aber hapert's bei den meisten unserer Führungsverantwortlichen: Sie können sehr genau und geplant Prioritäten entwickeln bei allen betrieblichen Aufgaben, denen sie sich zu widmen haben; die wichtigste aber, nämlich die Verbesserung des eigenen Führungsverhaltens, stellen sie meist zurück. Ohne zu bedenken, daß eine – wenn auch nur zeitliche – Investition in ihr inneres Selbst ihnen vielleicht mehr Führungserfolg bringen kann als noch so viele Rationalisierungs- oder Organisationsmaßnahmen.

Was der Einzelne von den vielen Möglichkeiten, an sich zu arbeiten, praktisch betreibt, ist nicht so wichtig; aus meiner Kenntnis gibt es zahllose Methoden, sich mit sich selbst und der eigenen Persönlichkeitsentfaltung zu beschäftigen. Dies kann vom autogenen Training bis zum Hatha-Yoga, von NLP bis zum Mentaltraining oder zur Mitarbeit in einer Gruppe gehen – um nur einige Möglichkeiten ohne Bewertung zu nennen –, aber tun muß der Führungsverantwortliche etwas! In diesem Zusammenhang sei davor gewarnt, auf eines der zahllosen Angebote hereinzufallen, die fast täglich auf den Schreibtisch flattern und mit denen oft sehr unqualifizierte Geschäftemacher gleisnerisch irgendein System anpreisen. Nein, bei einer grundsätzlichen Entscheidung gilt es, durch Empfehlungen und Ausprobieren das auszuwählen, was man für am besten für sich geeignet zu halten meint. Das braucht seine Zeit.

Aber wer – nachdem er vielleicht zwanzig oder dreißig Jahre bislang nichts in dieser Hinsicht getan hat – sich aufgrund dieses meines sehr ernst gemeinten Appells entschließt, nun endlich auch einmal etwas für seinen inneren Menschen zu tun, bei dem kommt es auf ein halbes Jahr der prüfenden Auswahl auch nicht mehr an. Entscheidend ist nur: Er muß etwas tun!

Denn gleichgültig, in welchem Bewußtseinszustand und in welcher mentalen Situation er sich im Augenblick befindet: eine planvolle und gezielte Arbeit an seiner Persönlichkeitsentwicklung ist nicht nur etwas, mit dem er sich selbst Gutes antut, sondern ist in der heutigen Zeit des neuen Autoritätsverständnisses die verdammte Pflicht und Schuldigkeit seinen Mitarbeitern und seinem Unternehmen gegenüber.

Wer sich entgegen allen Schwierigkeiten zeitlicher und organisatorischer Probleme dazu entschließt, zukünftig seine Persönlichkeitsentwicklung in Angriff zu nehmen und systematisch zu betreiben, der sei beglückwünscht: Er hat sich entschlossen, seinem Unternehmen und den ihm verbundenen Mitarbeitern einen Wert einzubringen, wofür ihm alle dankbar sein werden. – Im folgenden III. Satz werden wir uns ausführlich mit der Praxis zur Bewältigung von Führungsaufgaben befassen, die aber nur funktionieren kann, wenn zuvor die geistige Einstellung des Führenden zu den ihm anvertrauten Menschen und zur Unternehmensgemeinschaft in Ordnung gebracht ist.

III. Satz

Maiestoso sostenuto
= herrschaftlich gehalten

Führungsverhalten und Führungsstil prägen den Geist des Unternehmens

Wenn ein höherentwickelter Organismus mit seinen Organen, Geweben und Zellen als Modell für ein Unternehmen dienen kann, dann ist nunmehr eine Einfügung notwendig. Die Ganzheitlichkeit des Organismus und der sie unterstützenden Führungsfunktionen wurden bislang dargelegt. Ehe aber weiter in die Details – Vergleiche mit Organen und Zellen – eingestiegen werden kann, ist es nötig, festzustellen, daß Organismen von einer zentralen Steuerung geführt werden; beispielsweise hat das menschliche Hirn als »Vorstand« oder »Geschäftsleitung« des Ganzen keine weiteren »Unter-Vorstände« in den einzelnen Organen und Kreisläufen, sondern steuert über die verschiedenen Nervensysteme auch alle Abläufe und Funktionen der einzelnen Organe, direkt oder indirekt, zentral. Hier sei an die Zentralorganisation eines kleineren Unternehmens erinnert, die auf S. 61 ff. dargelegt worden ist und die ihrem Charakter nach noch völlig patriarchalisch ist.

Diese patriarchalische Führungsfunktion ist im Unternehmen ab einer gewissen Größenordnung nicht mehr möglich; daher haben Unternehmen im Gegensatz beispielsweise zum menschlichen Organismus eigene »Außenstellen« des Gehirns, die an Ort und Stelle die Organe – also Bereiche, Abteilungen, Teams, Gruppen oder Zirkel – selbständig steuern, natürlich in totalem Konsens mit der Zentrale. Diese Führungskräfte haben nicht nur die Aufgabe, die zentrale Unternehmenspolitik ihren Bereichen zu vermitteln und die ihnen übertragenen Aufgaben durchführen zu lassen, sondern – und dies ist der entscheidende Unterschied zum Organismus – auch für die Rückkoppelung zu sorgen, die durch die Mitsprache der beteiligten Menschen im Unternehmen ein wesentlicher Faktor ist, z. B. beim Vorschlagswesen.

Anstelle also vielfach kybernetisch geregelter Systeme beim Organismus muß die Regelungsfunktion im Unternehmen durch die Führungskräfte wahrgenommen werden, gleich, an welcher Stelle sie mit ihren Organen sich befinden. Am Unternehmensmodell »Zirkel 2000« ist (S. 80) dies ersichtlich – gleichzeitig demonstriert dieses Modell aber auch die vielfältigen Möglichkeiten der vertikalen Kommunikation, die zur Ganzheitlichkeit unabdingbar ist.

Was heißt »Führen«?

Die folgenden Darlegungen sollen sich also mit den Aufgaben der Führungskräfte befassen sowie mit der Art und Weise, in der Führung praktiziert werden sollte. Dazu bedarf es zunächst der Definition des Begriffes »Führen«, der vielfach und auch schillernd ausgelegt werden kann. Von »Führer« unseligen Angedenkens bis hin zur »Kunst des Verführens« sind zahlreiche Sprachgebräuche damit verbunden: Eltern führen ihre Kinder, Feldherren ihre Soldaten, Politiker ihr Wählervolk oder Bergführer ihre Touristen, der Lehrer führt seine Schüler zu bestimmten Lernerkenntnissen ebenso wie der Redner sein Publikum, der Pfarrer seine Gemeinde oder der Blindenhund seinen Herrn. Und wenn der Begriff definiert werden soll, dann muß dies – wie bei jeder Definition – wertfrei geschehen: Auch das »Verführen« ist eine Führung, allerdings meist von beiden Beteiligten unterschiedlich bewertet.

Eine Erklärung des Begriffes könnte lauten: »Führen heißt, einen oder mehrere Menschen so zu beeinflussen, daß sie ihren Standort bzw. ihren Standpunkt verändern.« Dies enthält also sowohl die lokale Auslegung des Führens als auch die geistige Praxis des Führens, die auch mit Überzeugung oder Motivation zusammenhängt.

Ich habe stets bei Verkäuferseminaren darauf hingewiesen, daß Verkäufer ebenfalls »Führungskräfte« seien: auch sie beeinflussen andere Menschen – ihre Kunden –, ihren Standpunkt zu verändern, nämlich vom bisherigen Nicht-kaufen-Wollen zur nunmehrigen Kaufbereitschaft. Und ich habe den Verkäufern bewußtzumachen versucht, daß ihre »Führung« beim Kunden eigentlich noch viel schwieriger ist als die einer Führungskraft im Unternehmen. Denn diese kann notfalls auch noch ihre Machtbefugnisse einsetzen, um bei dem Geführten die Befolgung zu erreichen. Beim Kunden ist das Autoritätsgefälle ein anderes: Hier hat der Kunde die stärkere Position und kann möglicherweise dem Verkäufer die Tür weisen.

Im Zusammenhang mit der Definition »Führen« dürfte auch die Erklärung aus dem Amerikanischen interessant sein, die sich mit dem Managen befaßt, also einer Form der Praktizierung einer Führungsaufgabe im Unternehmen. Man sagt: »Managing means doing things ›through‹ other people«, was übersetzt werden muß mit dem Wort »durch«, im Deutschen schlecht anwendbar. Gemeint ist, daß der Manager etwas nicht selber tut, sondern andere Menschen dazu bewegt, das zu tun, was getan werden sollte. Dabei kann auch an die deutsche Formulierung gedacht werden, die da lautet: »Mit guter Führung wird man erreichen, daß die Menschen das tun wollen, was sie tun sollen.« Darüber wird später, wenn die Regeln der Führungspsychologie abgehandelt werden, noch zu sprechen sein, denn hier ist der echte Zusammenhang mit einer Motivation geschaffen.

Manipulieren ist auch ein Führen

In unserem Sprachgebrauch und auch bei Führung im Unternehmen wird gerne der Begriff der Manipulation angewandt, oft zu Unrecht in einem heute entstandenen negativen Sinne. Hierzu muß zunächst ebenfalls einmal der Begriff erklärt werden: Das Wort »Manipulieren« setzt sich aus zwei lateinischen Wortstämmen zusammen: »manus« = die Hand sowie »pulere« = setzen, legen, stellen, also handhaben. Manipulieren bedeutet also im ursprünglichen Sinne »Handhaben« als völlig wertfreier Begriff. Nun ist allerdings in der letzten Zeit das Wort in ein Negativverständnis geraten, indem man damit meint, jemanden gegen seinen Willen dazu – offen oder verdeckt – zu zwingen, etwas zu tun, was er eigentlich gar nicht möchte.

Gelegentlich wurde mir in den letzten Jahren von Seminarteilnehmern gesagt: »Herr Ammelburg, Sie manipulieren uns ja!« Und ich habe dann dies zugestanden, indem ich erläuterte, daß dies eine Manipulation zum Positiven gewesen sei – wer dagegen etwas einzuwenden habe? Dies erzeugte stets nachdenkliche Gesichter und gab mir Anlaß, darzulegen, daß man durchaus auch jemanden mit irgendwelchem Führungsverhalten in verdeckter Form zu etwas Gutem bewegen könne, wenn es anders nicht gelänge. Ein geschicktes Vorgehen unter Verwendung psychologisch angemessener Mittel ist nichts Unanständiges, im Gegenteil: Gerade wenn zu Führende mit Vorurteilen behaftet sind, kann man solche Mittel durchaus mit Erfolg anwenden.

Psychologisch richtiges Führen

Das Wort Psychologie im Zusammenhang mit der Führung von Mitarbeitern zu gebrauchen hat seine Schwierigkeiten. Denn viele Menschen reagieren allergisch auf den Begriff, sei es, daß sie einmal schlechte Erfahrungen mit sogenannten Betriebspsychologen gemacht haben, sei es, daß sie in einem Führungstraining Teilnehmer waren, in dem die Psychologie vielleicht in unpassender Weise praktiziert wurde. Solche Vorkommnisse bewirken dann, daß bei vielen Menschen ein negatives Vorurteil gegen die Psychologen und ihr Handwerk besteht, das wahrlich nicht berechtigt ist. Denn die Psychologie ist neben der Medizin die Wissenschaft, die sich mit dem Menschen, aber eben nicht mit dem Körper, sondern mit seinem geistig-seelischen Verhalten befaßt; und hierüber Kenntnisse zu haben kann von großem

Nutzen sein. Nur besteht bei der Psychologie noch mehr als bei der Medizin die Möglichkeit der Fehldiagnose; hierauf gründen dann die erwähnten negativen Vorurteile.

Wenn der Führende – gleich, an welcher Stelle und Funktion im Organismus Unternehmen er wirken darf – Kenntnisse in Psychologie besitzen würde, dann könnte er sicherlich manches Verhalten von Mitarbeitern besser erkennen und selbst eigenes Fehlverhalten bei der Führung vermeiden. Es ist aber wohl nicht zumutbar, zu verlangen, daß jeder in einer Führungsposition Tätige erst noch mindestens sechs Semester Psychologie zu studieren habe, ehe er auf andere Menschen losgelassen wird. Dies wäre auch gar nicht nötig, wenn er zumindest einige Grundgesetzlichkeiten der Psychologie kennen und anwenden wollte.

In den fünfziger Jahren hat Dr. Walter Schleip eine sogenannte Führungspsychologie entwickelt, die zum einfachsten und besten zählt, was auf dem Markt vorhanden ist. Sie ist im Buch UZ (S. 74 bis 110) ausführlich beschrieben, so daß der Interessierte, der sich damit auseinandersetzen möchte, dies nachlesen kann. Zwei Abschnitte daraus sind für den Führenden im Unternehmen von besonderem Interesse, sie sollen in kurzer Form im folgenden vorgestellt werden und können eine wertvolle Hilfe für den Führungsverantwortlichen sein, der psychologisch besser mit seinen Mitarbeitern umgehen möchte.

Voraussetzungen zur Führung

Das Schleipsche psychologische Regelwerk stellt an den Anfang seiner Lehre die Frage, welche Voraussetzungen der Führende schaffen muß, damit die zu Führenden, also seine Mitarbeiter, die Bereitschaft entwickeln, seiner Führung zu folgen. Es werden drei Voraussetzungen genannt, von denen die erste und wichtigste zunächst dargelegt werden soll.

Derjenige, der – als Führender – auf andere Menschen Einfluß nehmen will, muß sich zunächst darum bemühen, daß der andere (oder die anderen) *eine positive Einstellung* zu seiner Führung entwickelt. Diese positive Einstellung setzt sich unabdingbar zusammen aus

a) dem Vertrauen zur Person (des Führenden),
b) dem Interesse an der Sache.

Einer der beiden Faktoren allein genügt nicht, sie müssen beide zusammenwirken, wenn der Führende etwas bewegen will. Das Vertrauen zur Person ist das, was schon im Zusammenhang mit der Führung auf S. 87 ff. erwähnt wurde; wenn es dem Führenden nicht gelingt, dieses Vertrauen seiner Geführten zu gewinnen, kann er mit Engelszungen reden und doch nichts erreichen. Bei einer privaten statistischen Erhebung, über viele Jahre hinweg bei vielen Tausenden von Führungskräften durchgeführt, stellte sich heraus, daß bei der Analyse von Führungsfehlverhalten dieser Manager in mehr als 52 Prozent aller Fälle die Ursache dafür in der Nichterfüllung dieser Voraussetzung – der Schaffung einer positiven Einstellung – gefunden wurde. Dies bedeutet, daß jeder Führende immer wieder in Situationen, in denen er »nicht angekommen« ist bei seinen Mitarbeitern, zunächst sich selbst einmal überlegen muß, ob er diese erste Voraussetzung zum Führen überhaupt geschaffen hat.

Um dies noch einmal an einem Beispiel aus meiner eigenen Seminarpraxis zu erhärten: Bei meinen dreitägigen Chefrunden nehme ich mir eingangs manchmal bis zu zwei Stunden Zeit, nur meinen Werdegang darzustellen und zu erklären, wie ich zu den zu behandelnden Erkenntnissen gelangt bin. Einem Außenstehenden mag dies vielleicht zu umfangreich und zeitaufwendig erscheinen, aber ich selbst bin mir nach dieser Einführung sicher, daß ich – der ich ja auch eine Führungsaufgabe habe (nämlich eine Bewußtseinserweiterung bei meinen Hörern zu schaffen) – die positive Einstellung meiner Gruppe erreicht habe: Sie weiß, wen sie vor sich hat und was dieser Mensch erarbeitet hat in seinem Leben (Vertrauen zur Person), und sie weiß auch, daß der Vortragende durch seine futurologischen Forschungen und Entwicklungen etwas Neues und sicherlich Interessantes (Interesse an der Sache) zu bieten haben wird. Und damit habe ich bereits – einmal burschikos ausgedrückt – das halbe Seminar gewonnen!

Für den Führungsverantwortlichen im Unternehmen muß auf die Dauer seiner Tätigkeit noch ein sehr gewichtiger Punkt in Betracht gezogen werden, der eine entscheidende Grundlage für das Vertrauen zur Person bildet: die *Gerechtigkeit.* Wenn man Manager fragt: »Sind Sie immer gerecht!«, dann erhält man vielfach mit dem Brustton der Überzeugung eine bejahende Antwort – manchmal sogar in pikiertem Tone darob, daß man ihnen überhaupt unterstellt, sie könnten je ungerecht sein. Aber wenn man dann nachhakt, werden doch so manche nachdenklich und erinnern sich, hier und da doch nicht ganz gerecht gegenüber einem Mitarbeiter gewesen zu sein. Eine Diskussionsrunde kommt dann meist nach einiger Überlegung zu der Feststellung: »Nein, man kann gar nicht immer gerecht sein, weil oft die Umstände dies nicht zulassen. Aber jeder von uns kann sich wenigstens bemühen, irgendeine möglichst gerechte Lösung einer anstehenden Situation zu finden.« Denn, so werden sie alle erkennen, absolute Gerechtigkeit gibt es gar nicht; auch kein Chef kann sich anmaßen, stets unfehlbar gerecht zu sein. Er kann sich lediglich vor seinem Gewissen sagen, daß er sich redlich bemüht, so gerecht wie möglich zu handeln oder zu entscheiden.

Und das ist es auch, das von den betroffenen Mitarbeitern anerkannt wird, die vielleicht dann sagen: »Hier gab es wohl kaum eine Möglichkeit zu einer gerechten Lösung, aber unser Chef hat sich große Mühe gegeben, es einigermaßen für alle erträglich zu schaffen.« Diese Anerkennung steckt auch in dem oft ausgesprochenen Wort: »Unser Chef ist streng, aber gerecht!« Dies ist ein uneingeschränktes Lob, denn die Betroffenen nehmen in Kauf, daß sie streng behandelt werden, aber es geht nicht ungerecht zu. Daher auch für die Führungsverantwortlichen die folgende Prämisse:

Prämisse: 6 **Das Bemühen um Gerechtigkeit ist die Grundlage für das Vertrauen zur Person des Führenden und zur Praxis des modernen Führungsstils.**

Die zweite Voraussetzung, um die sich der Führende bemühen muß, um keinen psychologischen Fehler zu begehen, ist die *Wahl des relativ richtigen Maßes*. Man könnte es auch anders ausdrücken und von den richtigen Mitteln sprechen, die beim Umgang mit den Mitarbeitern anzuwenden sind. Dazu sind – um es einmal ganz deutlich zu sagen – viele Führungskräfte nicht in der Lage, weil sie nicht entsprechend sensibilisiert sind und in egozentrischer Manier meist glauben, so, wie sie selbst seien, seien auch die anderen – wenn nicht, dann müßten diese es eben hinnehmen, den Chef so zu nehmen, wie er ist. Sie haben sich halt nach ihm zu richten. Das ist schlichtweg Arroganz!

Redewendungen wie »Dem hab' ich's aber gegeben, daß er ganz dumm geguckt hat«, »Der stand da wie vom Donner gerührt«, »Das hat dem überhaupt nix ausgemacht mit seinem dicken Fell«, »Warum denn der gleich so eingeschnappt war?«, »Anscheinend hab' ich dem auf den Schlips getreten«, »Der konnte mir gar nicht mehr in die Augen schauen, wie ich ihm die Wahrheit gesagt habe«, »Wie ich den nur ernst angeguckt habe, hat er schon angefangen zu zittern«, »Das ist aber auch ein überempfindlicher Zeitgenosse« und viele andere mehr sind es, mit denen Führungskräfte Vorkommnisse beim Umgang mit Mitarbeitern beurteilen, wenn sie einmal zurechtweisen mußten. Und keiner von den Leitenden kommt auch nur im entferntesten auf den Gedanken, daß er selbst mit seinem Ton oder seiner Formulierung der Auslöser für das entsprechende Verhalten des Mitarbeiters gewesen ist.

Diesen Typen von Managern aller Ebenen sei einmal grundsätzlich mit aller Deutlichkeit hier gesagt: »Du bist nicht der Mittelpunkt der Welt oder gar der liebe Gott, nach dem sich alle richten müssen. Sondern du bist ein Mensch mit mindestens genausoviel Schwächen, wie sie jeder Andere hat – und wenn du dies nicht einsehen willst, dann bist du auch noch dumm dazu und unfähig, an dieser Stelle hier zu stehen!«

Vielleicht wäre es für manchen Führenden heilsam, wenn ihm jemand solches einmal sagen würde – aber das ist leider nicht möglich. Deshalb kann man nur hoffen, daß viele, die diese Zeilen lesen, sie einmal in stiller Stunde auf sich selbst beziehen und darüber nachdenken, ob sie wirklich so selbstherrlich und von ihrer eigenen Unfehlbarkeit so überzeugt sind, wie es hier angedeutet wurde.

Denn ein Prinzip sollte für jeden Führungsverantwortlichen unabdingbar sein: Wenn etwas falsch gelaufen ist, dann sollte jeder Führende die Schuld daran zunächst bei sich selbst suchen. In den meisten Fällen wird er dann bei ehrlicher Prüfung feststellen, daß er wohl doch einen Anteil Mitschuld hat. Damit hier nichts falsch verstanden wird: Es wird nicht dem Verhalten das Wort geredet, immer demütig die Schuld auf sich selber zu nehmen, sondern lediglich verlangt, sich auch in des anderen Lage zu versetzen zu suchen; und dann wird man vielfach zu einer gerechteren Beurteilung der Situation gelangen.

Die Wahl des relativ richtigen Maßes lebt von dieser Einstellung: Der Führende muß dann, wenn er jemanden zu rügen hat, auch die Mittel wählen, die für diesen Betreffenden die wirkungsvollsten sind. Je nachdem, wie der Empfänger beschaffen ist, wird bei einem Kritik nur durch ein leichtes Kopfschütteln angepaßt sein, wo bei einem anderen ein kräftiger Anschnauzer angebracht sein könnte. Dies – und vor allem dies – ist von jedem Führenden zu verlangen: daß er seine Mitarbeiter nicht über einen Kamm schert in der Behandlung, die er ihnen zuteil werden läßt, sondern daß er mit entsprechendem Fingerspitzengefühl weiß, bei wem er dieses und bei wem er ein anderes Mittel, eine andere Stärke, eine andere Vorgehensweise oder Art der Kritik anwenden muß. Nicht darf, sondern muß (!) – denn seine Aufgabe ist es, den Mitarbeiter so angepaßt zu behandeln, daß die optimale Wirkung bei diesem erzielt wird. Dies ist eine Kernforderung seiner Führungsarbeit; wer nur sich selbst zum Maßstab macht und davon ausgeht, alles so zu machen, wie er es etwa nehmen könnte, ist eine Flasche – nicht wert, daß man ihm Menschen anvertraut.

Um auch hier wieder Mißverständnissen vorzubeugen: Es wird keineswegs verlangt, daß der Führende dem Geführten vor lauter Angst, daß er ihn vergrämen könnte, gewissermaßen »hinten hineinkriecht«; nein, wo etwas gesagt werden muß, muß es auch entsprechend deutlich gemacht werden. Es kommt lediglich darauf an, welche Mittel, welche Stärke, welche Formulierung oder welchen Ton der Führende wählt, um bei *diesem* Mitarbeiter den gleichen Effekt zu erzielen wie bei einem *anderen* mit einem anderen Maß. Und dies relativ richtige Maß zu finden ist eine Sache, um die sich der Führende kontinuierlich bemühen muß. Nur solches vom Mitarbeiter erkanntes Bemühen um individuelle Behandlung wird dazu beitragen, daß ein Chef wegen seiner Bemühung um Gerechtigkeit akzeptiert wird.

Was hier so ausführlich vornehmlich für Situationen gesagt wurde, in denen Kritik angebracht ist, gilt selbstverständlich auch für das relativ richtige Maß des Lobens. Bei einem Mitarbeiter, der etwas gut gemacht hat, genügt vielleicht ein beifälliges Nicken mit dem Kopf, ein anderer erwartet dagegen vielleicht eine wohlgesetzte Lobesrede; dies ist wiederum individuell verschieden und muß vom Führenden angemessen praktiziert werden.

Es gibt auch Chefs, die können überhaupt kein Lob aussprechen und keine Anerkennung sichtbar machen. Von ihnen sagen die Mitarbeiter vielleicht: »Wenn der schon einmal nicht meckert, dann ist dies das höchste Lob, das wir erwarten können.« Was ist das für ein Armutszeugnis – aber darüber in anderem Zusammenhang mehr!

Die dritte Voraussetzung für ein psychologisch richtiges Verhalten bei der Führung der Mitarbeiter ist die *Häufigkeit der Einfluß-*

nahme. Dies mag zunächst merkwürdig klingen, aber die meisten Führenden haben keine Ahnung davon, was man in dieser Hinsicht falsch machen kann. Den Satz »Das habe ich Ihnen schon einmal gesagt; wenn ich etwas einmal sage, muß das genügen, denn ich habe keine Zeit, alles vier- oder fünfmal zu sagen!« haben sicher alle schon einmal gehört. Und mancher hat ihn vielleicht schon selber ausgesprochen, wenn er einen Mitarbeiter rügen mußte, etwas falsch gemacht zu haben. Es kann nur empfohlen werden, diesen Satz total aus dem Wortschatz zu eliminieren. Denn er ist psychologisch falsch!

In UZ (S. 78 ff.) sind ausführlich unsere Gedächtnisleistungen beschrieben, worauf hier nicht im Detail eingegangen werden soll. Nur soviel sei erwähnt: Eine einmalige Information erreicht den Empfänger normalerweise im Ultra-Kurzzeitgedächtnis und verbleibt im Gehirn maximal 18 bis 20 Sekunden; dann verliert sie sich. Mehrmalige Informationen der gleichen Art dringen ins Kurzzeitgedächtnis und werden bis zu zwei Tagen vom Gehirn behalten. Und erst das häufige Eindringen der gleichen Information bewirkt eine Speicherung im Langzeitgedächtnis und damit auch stete Abrufmöglichkeit bis hin zu automatischen Verhaltensweisen. Dies aber auch ist bei vielen Menschen unterschiedlich: Manche behalten etwas schon für die Dauer, wenn sie es nur zwei- oder dreimal gehört haben, anderen wiederum kann man etwas zwanzigmal sagen, und sie merken es sich dennoch nicht. Dies muß der Führende wissen und sich entsprechend angepaßt, individuell bei jedem Mitarbeiter, verhalten. Wer diese Dinge im einzelnen ausführlich wissen möchte, mag an der o. a. Stelle in UZ nachlesen.

Und noch ein Weiteres ist bezüglich des menschlichen Gedächtnisses bemerkenswert, eine Regel, gegen die bei der Führung ebenfalls vielfach verstoßen wird: Eine Überziehung der Häufigkeit bewirkt beim Empfänger Abwehrreaktion; dies kann von Stumpfheit bis zur Aggression gehen. Und dann bekommt man Antworten wie etwa: »Hören Sie schon auf damit, ich kann's nicht mehr hören!« Oder vielleicht: »Das, was Sie mir sagen, hängt mir schon zum Halse heraus!« Hier ist einfach die Häufigkeit bei dem Betreffenden überzogen worden, der beabsichtigte Führungseffekt kann dadurch ad absurdum geführt werden.

Die Einflußnahme mit der Schichtlehre

Jeder Mensch hat verschiedene psychische Funktionen, in denen sich geistig-seelische Vorgänge abspielen: das Denken, das Fühlen (Empfinden), das Wollen sowie den Bereich des Erlebens. Auch hierzu sind ausführliche Erläuterungen in UZ (S. 84 bis 99) zu finden, hier soll nur auf die grundlegenden Dinge des Führungsverhaltens aufmerksam gemacht werden. Diese psychischen Funktionen sind im Menschen umeinander gelagert wie etwa die Schalen einer Zwiebel; in der Zeichnung (auf S. 119) ist dies dargestellt. Und hier gilt die Regel: Je tiefer die Schicht gelagert ist, die man beim anderen Menschen anspricht, desto intensiver und nachhaltiger ist die Wirkung. Wer also beispielsweise einen Mitarbeiter in der Gefühlsschicht anspricht, wird einen nachhaltigeren Effekt bei diesem erreichen, als wenn er nur in die Denkfunktion eindringt. Und umgekehrt bedeutet dies beispielsweise, daß, wenn sich ein Mitarbeiter augenblicklich in der Gefühlsschicht befindet, man ihn mit Ansprechen der Denkschicht nicht erreichen kann. Ein typisches Beispiel dafür ist allen bekannt: Wenn ein Mensch Angst hat – also sich in der Gefühlsschicht bewegt –, ist mit noch soviel Ansprechen der Vernunft, die ja zur Denkschicht gehört, nichts zu bewirken. Weil man eben diese tiefere Schicht nicht »erreicht«.

Doch zunächst einmal soll auf die in der Abbildung (S. 119) außen gezeichnete Schicht der *Sinne* eingegangen werden. Die Sinne – wie wir sie alle kennen: Sehen, Hören, Riechen, Tasten und Schmecken – sind keine psychischen, sondern körperliche Funktionen, sie bilden die Eingangspforten in den psychischen Bereich. Jeder Führende muß wissen, daß er – sollte er nicht sich

Versuch einer graphischen Darstellung von Redewendungen in bezug auf die Schichtlehre

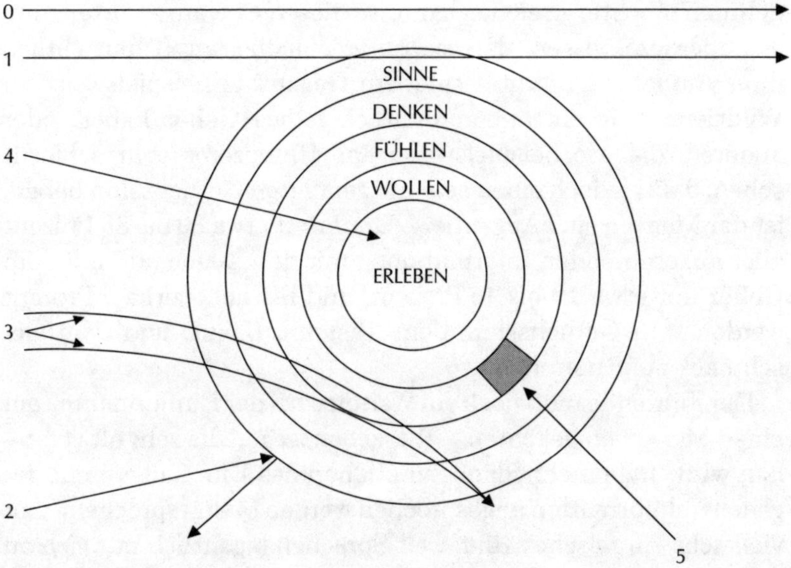

Linie 0 = Das ist glatt an ihm vorbeigegangen.
Das hat ihn überhaupt nicht berührt.

Linie 1 = Das hat nur oberflächlich gewirkt.
Das hat gar keinen tiefen Eindruck auf ihn gemacht.
Das ging zum einen Ohr rein und zum anderen raus.
(Gemeint ist, daß nur die Sinne – Haut, Gehör – berührt wurden, aber Denken oder Fühlen nicht erreicht wurde.)

Linie 2 = Der hat aber ein dickes Fell. Von dem prallt alles ab.
Er bleibt völlig unbeeindruckt.
(Gemeint ist, daß die äußere Schicht – die Haut – nicht durchdrungen bzw. durchstoßen werden konnte.)

Linie 3 = Das ist ihm aber unter die Haut gegangen.
Das hat ihn nachdenklich werden lassen. Der hat gefühlt, um was es geht.
(Gemeint ist, daß der Eindruck die Sinnesfunktion – die Haut – durchdrungen und die Denk- oder Gefühlsschicht erreicht hat.)

Linie 4 = Das hat ihn aber tief erschüttert. Das hat ihn bis ins Mark getroffen.
(Gemeint ist, daß die [innerste] Erlebnisschicht erreicht wurde.)

Linie 5 = Ein Beispiel, wie wirkungslos es ist, jemanden, der sich augenblicklich im Gefühlsbereich befindet (Angst, Mißtrauen, Freude, Liebe usw.), mit rationalen Argumentationen, die sich nur an die Denkschicht wenden, beeinflussen zu versuchen – etwa einem jungen Menschen mit Vernunftgründen die Liebe ausreden zu wollen.

der Telepathie oder der Hypnose bedienen wollen, was in den Wirtschaftsunternehmen nicht sehr üblich ist – nur über die Sinne und durch sie allein die Psyche dessen, auf den er Einfluß nehmen möchte, erreichen kann. Zu diesen Eingangspforten muß er außerdem wissen, daß sie unterschiedlich groß hinsichtlich ihrer Aufnahmekapazität sind. Im Gegensatz beispielsweise zu Wildtieren, die ein außerordentlich feines Gehör haben, oder anderen, die wie beispielsweise das Rhinozeros sehr schlecht sehen, dafür jedoch einen sehr ausgeprägten Geruchssinn haben, ist der Mensch ein »Augentier«. Er nimmt etwa 80 bis 85 Prozent aller ankommenden Informationen mit den Augen auf, mit dem Gehör nur etwa 10 bis 15 Prozent, und restliche zirka 5 Prozent werden vom Geruchssinn, dem Tastsinn (Haut) und dem Geschmack aufgenommen.

Der Führende muß noch ein Weiteres bei der Einflußnahme auf einen Menschen beachten – Tatsachen, gegen die sehr oft verstoßen wird: 1. Je mehr Sinnesfunktionen des Empfängers mit der gleichen Information angesprochen werden (»angesprochen« gibt vielleicht ein falsches Bild, weil Sprechen eigentlich nur sich an das Gehör wendet), desto intensiver und nachhaltiger ist die Einwirkung auf den Empfänger.

Jeder Lehrer oder Trainer weiß, wie sehr er seinen Vortrag dadurch wirkungsvoller darbieten kann, wenn er optische Mittel mit entsprechender Anschaulichkeit einsetzt. Um so verwunderlicher ist, daß beispielsweise bei sogenannten Konferenzen – vor allem in »oberen Etagen« – noch heute meist auf optische Darstellungen verzichtet wird, vielfach nur deshalb, weil manche hohen Herren es ablehnen, sich »schulmeistern« zu lassen. Aber jeder, der mit Präsentationen zu arbeiten hat, weiß, wie sehr es darauf ankommt, die Parallelität des Ansprechens diverser Sinne zu praktizieren.

Diejenigen, die mit REFA zu tun haben, einer Organisation, die sich früher mit Zeitstudien und heute erweitert mit technisch-organisatorischen Abläufen befaßt, hat den Grundsatz für jegliche

Arbeitsunterweisung kennengelernt: erklären, zeigen, machen lassen. Erklären: geht über das Ohr. Zeigen: geht über das Auge. Machen: wirkt über den Tastsinn. Es werden also insgesamt drei Sinnesorgane mit der gleichen Information gefüttert, um den Lernerfolg optimal zu gestalten.

Die 2. Tatsache, die der Einflußnehmende beachten muß, ist der Umstand, daß unser Gehirn nicht in der Lage ist, zwei verschiedene Informationen, die auf zwei unterschiedlichen Eingangskanälen ankommen, gleichzeitig zu verarbeiten. Dazu ein Beispiel, das jeder an sich selbst versuchen kann: Er wird nicht in der Lage sein, morgens beim Frühstück gleichzeitig einen Zeitungsartikel zu lesen sowie im Rundfunk den Wetter- und Straßenzustandsbericht abzuhören. Wer sich dann anschließend auf die Probe stellt, wird feststellen, daß er beide Inhalte nur – mal so oder mal so – bruchstückhaft wiedergeben kann, keineswegs aber beide komplett. Dies gilt auch für Chefs, die, während sie einen Brief lesen, dem Mitarbeiter sagen: »Reden Sie ruhig weiter, ich höre schon zu!«

Es sind hier zwei Fakten der Sinnesfunktionen dargestellt worden, die an sich sehr einfach zu begreifen und auch zu praktizieren sind. Und wie oft wird – besonders von Vorgesetzten – gegen diese einfachen Regeln bei der Einflußnahme auf Mitarbeiter verstoßen!

Nun zur *Denkfunktion*: Hier muß zumindest jeder Führende wissen, daß es sehr unterschiedliche und gegensätzliche Denkertypen gibt. Dies hängt von Erbveranlagung sowie von Lernumständen und Lebenserfahrungen ab – wer darüber Details erfahren möchte, kann sich mit dem Bereich der Menschenkenntnis in UZ (S. 119 ff.) ausführlich beschäftigen. Hier nur ein einleuchtendes Beispiel aus diesen Darstellungen: Das Bild auf S. 122 demonstriert, wie gegensätzlich das Denken zweier Menschen sein kann, so daß es nicht verwunderlich ist, daß die beiden einander nur schwer oder überhaupt nicht verstehen.

Und dies muß jeder Führende wissen: Nur wenige seiner Mitarbeiter werden ihre Denkveranlagung deckungsgleich mit der sei-

Denker-Gegensätze

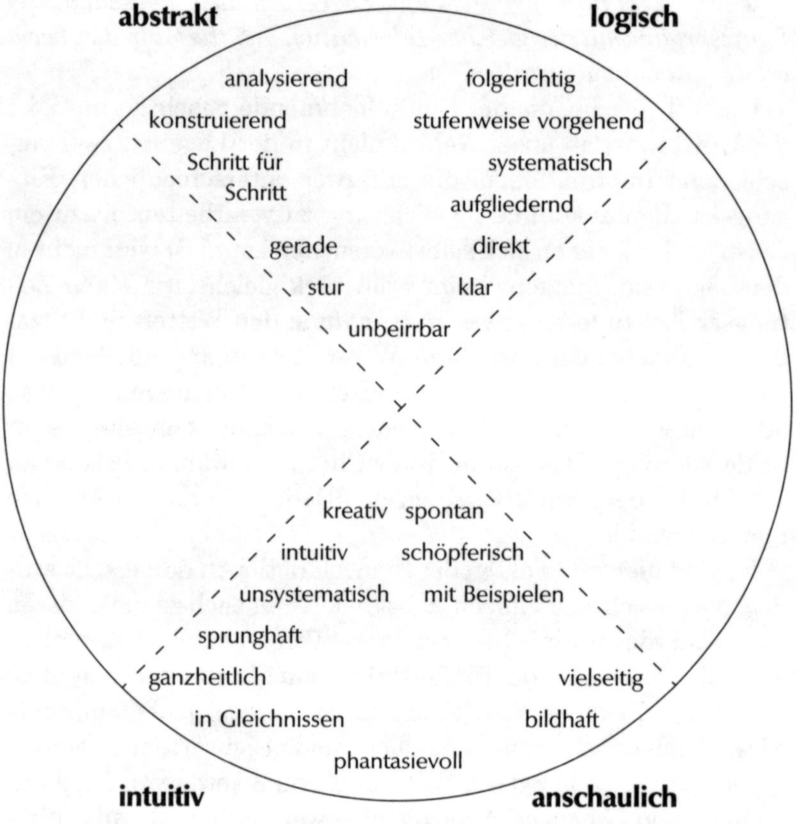

Diese Zeichnung soll verdeutlichen, wie gegensätzlich Denkweisen von verschiedenen Menschen sein können. Dies ist nicht nur abhängig von den Grundveranlagungen, die jeweils der Betreffende mitbringt, sondern auch von seiner Erziehung und Ausbildung. Die Begriffe sind zum Teil identisch mit den Fähigkeiten, die die beiden Gehirnhälften schwerpunktmäßig aufweisen können (s. Zeichnung S. 189; so polar gegensätzlich müssen jedoch Unterschiede zwischen zwei Denkertypen nicht immer sein.

nen haben, die meisten werden ein wenig oder gar sehr stark von seiner Denkweise (und Vorgehensweise bei Denkabläufen) differieren. Der größte Fehler – und er ist auch der am häufigsten auftretende – ist der, daß Führende der Meinung sind, ihre Denkweise sei die einzig richtige und alle anderen seien falsch, d. h. dumm. Grundlage vielfach für Überheblichkeit einerseits und Kommunikationsstörungen andererseits, weil die beiden miteinander Kommunizierenden nicht die gleiche Sprache sprechen und – zumindest insgeheim – jeder den anderen für dämlich ansieht.

Bei der *Gefühlsfunktion* ist eines von überragender Wichtigkeit: Gefühle sind ansteckend wie ein Schnupfen oder eine andere Infektionskrankheit; und wir können uns gegen diese Anstekkungskraft der Gefühle, die im unterbewußten oder unbewußten Bereich der menschlichen Psyche sich abspielt, nicht wehren. Diese Ansteckungskraft des Fühlens ist bei zwei Menschen schon bedeutend, in der Gruppe noch wesentlich stärker – und in der Masse so stark, daß Verstandeskontrollfunktionen total versagen können.

Mit dieser Ansteckungskraft von Gefühlen – wir könnten auch »Empfindungen« sagen, um keine Verwechslung mit dem Tastsinn, mit dem man ja auch »fühlt«, aufkommen zu lassen – muß der Führende bei seiner Einflußnahme auf den Geführten stets rechnen; wenn er dies nicht tut, wird er Fehlleistungen in keinem Fall vermeiden können.

Hier kann es sein, daß jemand als verantwortungsbewußt Führender einwendet: »Gefühle haben bei uns im Geschäftsleben nichts zu suchen, die sollen im privaten Bereich zu ihrem Recht kommen, aber nicht bei uns in der Firma!« Wer solches äußert, ist – gelinde gesagt – ein Ignorant und mit Sicherheit als Führungskraft undiskutabel. Es erinnert daran, daß leider unsere Erziehung noch im wesentlichen vom kartesianischen Weltbild geprägt ist. René Descartes (1596–1650), französischer Naturwissenschaftler und Philosoph, gilt als Vordenker unseres heute noch existierenden Welt-

bildes, das sich auf logisch-abstrahierendes Denken und lineare Kausalität bezieht.

Prämisse: 7

Dem Kausalsatz von Descartes »Dubito ergo cogito (ich zweifle, also denke ich), cogito ergo sum (ich denke, also bin ich)!« setzen wir mit unserem heutigen Verständnis seine Umkehrung entgegen, die da lauten muß: »Ich bin ein sich als ganzheitliches Geschöpf verstehender Mensch, und als solcher kann ich auch denken, fühlen, wollen und handeln!«

Wir brauchen uns also gar nichts einzubilden auf unseren ach so logisch funktionierenden Verstand, mit dem wir vermeintlich alle Probleme der Welt lösen können, sondern dürfen glücklich darüber sein, daß uns der Schöpfer auch Gefühle und anderes mitgegeben hat, ohne das wir beispielsweise Glück, Freude, Liebe und viel anderes Schönes nicht zu empfinden in der Lage sein könnten. Wer also in einem Unternehmen die Gefühle vor der Türe draußen lassen will, verlangt etwas Menschenunmögliches und Widersinniges. Nein, Gefühle kann man nicht wie einen Mantel beim Betreten der Firma an den Kleiderhaken hängen, um ihn nach Dienstschluß wieder anzuziehen. Sie sind Teil unseres Lebens und – da sich unser Leben auch im lebendigen Organismus Unternehmen abspielt – auch in diesem Organismus ein lebendiger Teil, auf den nicht verzichtet werden darf.

Mit der Ansteckungskraft der Gefühle muß der Führende in zumindest zwei Fällen ernsthaft rechnen: zum einen, wenn er einen Mitarbeiter beeinflussen möchte und selbst bei der Sache innerlich eine andere Einstellung hat als die, die er dem anderen vermitteln möchte. Unterbewußt wird der Empfänger dies spüren – und gegebenenfalls wird so die Führungsbeeinflussung nicht den gewünschten Erfolg haben. Das gleiche gilt übrigens auch beim Verkauf: Jeder erfolgreiche Verkäufer weiß, daß es ihm nicht gelingen wird, einen Kunden zum Kauf zu überzeugen, wenn er nicht selbst von seiner Ware überzeugt ist. Er könnte noch so schön reden.

Der zweite Fall, in dem die Ansteckungskraft der Gefühle eine sehr ernste Schwelle sein wird, ist der, daß der Geführte von anderen – etwa Kollegen – gefühlsmäßig angesteckt ist mit einer Einstellung, die dem Beeinflussungsversuch des Führenden entgegensteht. Auch hier wird diesem kaum gelingen, den Empfänger von seiner – durch die Ansteckungskraft eines Gruppengefühls entstandenen – Einstellung abzubringen.

Bei der *Willensfunktion* – aus der hauptsächlich auch die *Motivation* eines Menschen entspringt – muß der Führende wissen, daß es ein bewußtes und ein unbewußtes Wollen gibt. Beim bewußten Wollen entsteht eine Handlungsabsicht, die der Betreffende aus eigener Überlegung oder aus der Gefühlsebene entwickelt.

Unbewußtes Wollen hingegen entsteht aus Erlebnissen – eingeprägte Erfahrungen oder Engramme* – und veranlaßt Menschen vielfach, etwas zu tun, das außerhalb ihrer bewußten Überlegungen oder Gefühle sich vollzieht. »Ich weiß nicht, wie ich dazu gekommen bin, so zu handeln – ich mußte es einfach tun« ist ein oft solches Verhalten erklärender Ausspruch.

Dies erklärt nicht nur dem Führenden in manchen Situationen, warum sich ein Mitarbeiter so oder so verhält, es bietet ihm selbst auch die Möglichkeit, die intensivste Wirkung auf den Mitarbeiter auszuüben. Denn jemandem ein Erlebnis zu vermitteln ist die nachhaltigste Beeinflussung, die man vornehmen kann. Jeder mag sich sicher eines Beispiels erinnern, bei dem man jemanden etwas absichtlich falsch machen ließ, damit der Betroffene den Lerneffekt haben solle: So etwas werde ich nie wieder tun!

* Engramm = (wörtl.: das Eingeschriebene, Eingeprägte) psychologischer Fachausdruck für ein prägendes Erlebnis, das im Menschen haftenbleibt und auch noch nach langer Zeit unterbewußt Verhaltensweisen auslöst oder bestimmt.

Über den Erlebnisbereich des Menschen wäre noch sehr viel zu sagen; eines jedoch ist für den Führenden noch besonders wichtig zu wissen: Enttäuschungserlebnisse lösen Aggressivität (Angriffslust) aus. Und zwar Aggressivität, die manchmal ganz woanders in Erscheinung tritt als dort, wo sie ausgelöst wurde und angebracht wäre.

Das Kind, dessen Spielzeug zerbrochen ist, tritt voller Zorn an die Schranktür. Die Enttäuschung über das zerbrochene Spielzeug braucht als Ventil eine Aggressionshandlung – und nun ist eben gerade der Schrank das Opfer dieser Entladung. Es sage mir niemand, daß es dies bei Erwachsenen im Betrieb etwa nicht gäbe: Täglich mag jeder von uns mehrmals solche Fälle von Aggressivität erleben, die ein völlig unschuldiges Opfer treffen.

Wer als Führender um diese Ursache der Aggressivität weiß, wird ihr besser zu begegnen in der Lage sein und vielleicht auch mit der eigenen Aggressivität anders umzugehen lernen.

Führungsstil und Persönlichkeit

Aus den vorangegangen – zugegebenermaßen nur unvollständigen – Einblicken in psychologische Grundregeln ist eines sicherlich für jeden erkennbar geworden: Man wird die Führungspsychologie nicht nur betreiben als Handwerkszeug, um Mitmenschen besser und angepaßter führen zu können, sondern auch um seines eigenen Selbst willen. Denn täglich werden dem Führenden, der sich im Umgang mit den Mitarbeitern psychologischer Erkenntnisse bedient, nicht nur Fehler auffallen, die er bei den Geführten erkennt, sondern mindestens ebenso viele wird er, wenn er ehrlich ist, auch bei sich selbst feststellen. Dies muß er nicht stets lauthals öffentlich bekennen, dafür wird es nur selten einen Grund geben. Aber im stillen Kämmerlein sollte er bei jeder sich bietenden Gelegenheit und aus aktuellen Anlässen heraus keine Möglichkeit auslassen, mit sich selbst Zwiesprache zu nehmen und sich zuzugestehen, dies oder jenes wieder einmal falsch angepackt oder da und dort die psychologischen Regeln nicht richtig angewandt zu haben. Wer nicht dazu bereit ist, bei entstehenden Fehlern zunächst einmal die Schuld bei sich selbst zu suchen oder sich selbst zumindest einen Teil von Mitschuld anzulasten, qualifiziert sich als Führungspersönlichkeit ab. Denn diese Bereitschaft ist auch die Grundlage für das, was man stets, wenn auch oft unklar formuliert, vom Führenden verlangt: die Verantwortung für das eigene Handeln und damit auch für die Leistung der ihm anvertrauten Menschen.

Die Art und Weise, wie jemand seine Führung praktiziert, bezeichnet man als Führungsstil. Das Wort »Stil« ist abgeleitet von dem lateinischen Wort »stilus« (= der Griffel) – im übertragenen Sinne ist die Art und Weise, wie man das Schreibgerät handhabt, der Stil – bei der Führung ist es dann eben der Führungsstil. Hierbei unterscheidet man üblicherweise drei verschiedene Ebenen: den Epochal-, den Regional- sowie den Individualstil.

Der *Epochalstil* ist – wie sein Name ausdrückt – Ausdruck des Geistes, der allgemein eine Zeit, eine Epoche, prägt. Dieser Geist war bei der Entwicklung wirtschaftlicher Unternehmen beispielsweise in der Gründerzeit ein völlig anderer als in der Zeit der Hochkonjunktur der sechziger Jahre, er war in den Jahren nach dem Zweiten Weltkrieg während des Wiederaufbaus anders als zu Zeiten einer drohenden Wirtschaftsrezession, die auch heute wieder in den Köpfen herumspukt. Aber für unsere Epoche der Zeitenwende, in der wir uns jetzt – im Übergang vom Informations- zum Bewußtseinszeitalter – befinden, muß schon ernsthaft darüber nachgedacht werden, welches Bewußtsein sich prägend auf den Führungsstil in den Unternehmen auswirken wird. In der Tabelle auf S. 140/141 wird hierzu einiges Grundsätzliches ausgesagt werden, jedoch ist es – wie wohl jeder zugestehen wird – durch die noch sich abspielenden Turbulenzen kaum möglich, Definitives über den Führungsstil im Unternehmen auszusagen; Visionen und versuchsweises Voranschreiten werden uns in den kommenden Jahren zu erweiterten Erkenntnissen gelangen lassen.

Der *Regionalstil*, der ursprünglich als Aussage gebraucht wurde, wenn beispielsweise ein Berliner mit einer Gruppe von Oberschwaben oder ein Bayer mit Hamburger Mitarbeitern nicht zurechtkam, wurde zwar durch das Durcheinandermischen des deutschen Volkes in und nach dem Kriege manchmal gegenstandslos, könnte aber in einem Europa der Regionen – also der »schrumpfenden Räume« – wieder zu einer interessanten Variante gelangen. Nicht im Sinne des rassisch-ethnischen Verhaltens, sondern durch neu entstehende Gemeinschaften größeren Umfanges und Gewichtes, die prägend auch für Unternehmen gelten, die in ihnen situiert sind und auch aus ihnen ihr Mitarbeiterreservoir bestreiten. Doch darüber augenblicklich etwas zu sagen dürfte noch verfrüht sein.

Der *Individualstil* bezieht sich, wie schon der Name sagt, auf die Individualität der Persönlichkeit des Führenden. Und da wir in einer Zeit leben, in der die Individualität durch Persönlichkeitsentwicklung und -entfaltung als prägender Faktor des menschlichen Lebens immer mehr an Bedeutung gewinnt, muß auch der Persönlichkeit des Führenden im Unternehmen eine ganz besondere Bedeutung zugemessen werden. Denn ein solcher Mensch muß gleichzeitig zwei verschiedene Aufgaben, die bislang sehr differenziert bewältigt wurden, in sich und mit seiner Tätigkeit in Einklang bringen: Er ist einerseits – wie eingangs dieses Abschnittes festgestellt wurde – »Außenstelle« des Gehirns im Organismus Unternehmen, aber auch andererseits Exponent des ihm anvertrauten Organs, also der Gruppe oder des Zirkels, das er führt bzw. coacht. Daß durch diese Mittleraufgabe die Persönlichkeit in ihrer Art des Führens besonders gefordert wird in einer Art und Weise, wie es niemals zuvor bislang praktiziert wurde, wird für uns Anlaß genug sein, uns diesem Thema ganz ausführlich zu widmen. Denn hier wird sich eine Vision vom »Manager der Zukunft« entwickeln und realisieren lassen, von deren Umsetzung in reale Praktiken das Überleben der Unternehmen in der Zukunft zweifelsfrei entscheidend abhängen wird.

Prämisse: 8 **Die Führungspersönlichkeit im zukünftigen Organismus Unternehmen hat nicht mehr die Aufgabe, »vorzutanzen« und Anweisungen zur Ausführung zu bringen, sondern durch Coaching den anvertrauten Mitarbeitern den Sinnzusammenhang ihrer Tätigkeit bewußtzumachen und die Synergieeffekte zu fördern – mit Vorleben durch eigenes Engagement.**

Dies ist der grundlegende Unterschied zur Führungsaufgabe in einer Organisation oder toten Institution: Der Führende, gleich, an welcher Stelle und bei welchem Organ, ist nicht mehr nur der, der Befehle und Anweisungen von oben weitergibt und dafür sorgt, daß sie auch pünktlich ausgeführt werden, sondern er ist Mittler zwischen der Zentrale, die ohne die kreative Mitwirkung der Organe nichts bewirken könnte, und den Menschen, die in diesen Organen sich als lebende Zellen einbringen – zum Wohle des Ganzen und zur eigenen Existenzerhaltung.

Wenn im Intermezzo vom Führungsverständnis »ex persona« gesprochen worden ist, dann bedarf es nunmehr zunächst einmal der exakten Definition des Begriffes *Persönlichkeit*, der so schillernd ist und auch sehr unterschiedlich verstanden wird.

In UZ (S. 42) habe ich dazu ausgeführt: Wenn ich in Übungen zur Persönlichkeitsbildung einzelne Teilnehmer in den Gruppen frug: »Sind Sie Persönlichkeit?«, dann kamen die unterschiedlichsten Antworten. Von »Nein, wahrscheinlich nicht« über »Ich möchte erst eine werden« bis zum überzeugten »Selbstverständlich, was glauben Sie denn?« Und nur relativ wenige antworteten aus der richtigen Erkenntnis: »Das kann ich von mir selbst nicht sagen, denn das müssen die anderen beurteilen!«

Und dies ist wirklich eine sehr kluge, weil reife Antwort: Ein

Mensch, der eine noch so bedeutende Persönlichkeit wäre und – wie beispielsweise ein Einsiedler im Himalaya – keinen Kommunikationspartner hätte, auf den seine Ausstrahlung treffen und von dem sie reflektieren könnte, dessen Persönlichkeit ist illusorisch. Denn Ausstrahlung ist ein entscheidender Faktor – doch darüber später.

Jeder Mensch – gleichgültig, wo und wie er auf der Erde leben mag – ist zunächst ein *Individuum.* Und mit diesem lateinischen Begriff, der mit »Unteilbares« zu übersetzen ist, zeigt sich wieder einmal, wie weit wir uns durch kartesianisches Denken – linear, differenzierend und detaillierend – von der ursprünglichen, durch die Schöpfung geschaffenen Ganzheit entfernt haben. Denn gerade unsere Naturwissenschaftler machen auch noch munter weiter in dieser Richtung, indem sie die Seele als etwas nicht Meßbares und daher nicht Bewiesenes, als nicht existent betrachten, an das man zwar glauben möge, aber . . . Das menschliche Individuum, dessen ganzheitlichen Organismus wir auch als ein Modell für unser Verständnis vom Unternehmen betrachten, ist eben etwas geschlossen Ganzheitliches, ein Unteilbares, das sein Leben beenden müßte, wenn man Teile von ihm wegnehmen wollte.

Wenn ein Individuum sich nun, durch eigenes Denken, Fühlen und Wollen, zu selbständigen Verhaltensweisen entwickelt, die es von anderen Individuen unterscheidet, dann spricht man von *Individualität.* Dies beinhaltet, daß dieses Individuum eigene Gedanken entwickelt und nicht alles mittut, was die Masse, was Gebräuche, Normen oder Zeiterscheinungen praktizieren. Und hier findet man bei Menschen auch oft eine Scheinindividulität, die vielfach aus notleidendem Geltungstrieb entsteht: Der Betreffende fühlt sich nicht besonders geachtet und verhält sich dann mit Absicht anders als die anderen Menschen. Nur um das Urteil bei anderen herauszufordern: Der ist nicht so wie wir alle, der verhält sich anders – dahinter muß doch etwas stecken?! Wir erleben dies in der heutigen Zeit, in der Individualität und Selbstverwirklichung (was auch immer die einzelnen darunter verstehen mögen) großgeschrieben wird, in den unglaublichsten Auswüchsen: vom Tragen ausgefallenster Kleidung bis hin zu verbrecherischen Taten wie etwa Umwerfen von Grabsteinen jüdischer Friedhöfe – nur mal so, um etwas angestellt zu haben (wie zwölf- bis dreizehnjährige Täter hinterher gestanden). Gerade die vielseitigen Versuche der Menschen, sich durch irgend etwas von der Masse abzuheben und dadurch die eigene Individualität zu demonstrieren, ist eine nicht zu übersehende Nebenerscheinung des durchaus sonst positiven Trends zur Persönlichkeitsentwicklung und Selbstverwirklichung, einem deutlichen Kriterium des Bewußtseinszeitalters.

Ein Mensch jedoch, der eine echte Persönlichkeit ist in unserem Verständnis, hat es gar nicht nötig, sich durch eigenständige Verhaltensweisen von der Masse der anderen abzuheben. Dies will nicht besagen, daß eine wahre Persönlichkeit nicht auch Verhaltensweisen und Einstellungen an den Tag legen kann, die grundsätzlich anders sind als die der großen Menge. Aber in einem solchen Falle wird er solch unterschiedliches Verhalten durchaus mit eigenständiger Urteilsbildung begründen können. Er könnte aber auch einer unter vielen sein, der durch nichts auffällt und sich kaum von Mode oder Normen unterscheidet – und trotzdem sprächen andere mit Respekt von ihm als einer zu achtenden Persönlichkeit. Was ist es denn nun, das die wahre Persönlichkeit in unserem Sinne ausmacht, von der wir – auf die Führung im Unternehmen bezogen – eine entsprechende Autorität »ex persona« erwarten?

Eigentliche *Persönlichkeit* ist ein Mensch mit eigener Individualität, der jedoch auch noch eine *Wirkung auf die Umwelt* ausübt. Diese Wirkung muß nicht unbedingt in Verhaltens- oder Handlungsweisen bestehen, wie das Wort »ausüben« vermuten lassen könnte, sie kann auch lediglich eine Ausstrahlung sein, die andere Menschen berührt. Wobei auch der Begriff »berühren« nicht exakter verbaler Ausdruck für die feinstofflichen Vorgänge ist, die sich zwischen Menschen abspielen können.

Am besten ist es wohl, wenn man die Wirkung einer echten Persönlichkeit mit dem Wort »Ausstrahlung« bezeichnet, die sich sowohl verbal als auch nonverbal manifestieren kann. Strahlen – so werden Naturwissenschaftler einwenden – sind nur existent, wenn sie meßbar sind. Jedoch das, was wir als Ausstrahlung einer Persönlichkeit bezeichnen – in anderen Lehren oder Betrachtungsweisen wird von »Aura« oder »Fluidum« gesprochen, und Rudolf Steiner nennt es »Helioda« –, ist eben nicht meßbar mit unseren Mitteln, aber sehr wohl spürbar beim Empfänger, der von einer solchen Ausstrahlung getroffen wird.

Hier ist nicht der Ort, nunmehr die Frage zu beantworten: »Wie werde ich denn nun eine Persönlichkeit mit entsprechender Ausstrahlung auf andere Menschen?« Dazu gibt es genügend Lehren und Literatur, die durchaus ernst zu nehmen sind, obwohl sie sehr unterschiedliche Methoden und Wege aufzeigen, an sich selbst zu arbeiten. Aber zwei Dinge sind auf jeden Fall Voraussetzungen für denjenigen, der an der Entwicklung seiner Persönlichkeit arbeiten will: Er muß den ernsthaften Willen haben, etwas an sich zu tun, und er muß einsteigen in diese Arbeit an sich selbst mit der Bemühung, sich selbst zu erkennen. Eines der bedeutendsten Worte menschlicher Kulturgeschichte ist die Aufforderung: »Erkenne dich selbst!«, die als Inschrift über dem Eingang zum Apollotempel im altgriechischen Delphi stand. Dem ist eigentlich nichts hinzuzufügen, denn wenn ein Mensch wirklich ernsthaft an sich arbeiten will, dann muß er zunächst einmal feststellen, wie er ist und wie er von anderen gesehen wird. Danach erst kann er Überlegungen anstellen, was er zukünftig tun sollte, um sich und seine Beziehungen zu anderen Menschen zu verändern, zu verbessern. Er muß seine Fehler erkennen und versuchen, sie abzulegen, er muß aber auch seine Stärken und guten Fähigkeiten kennen, um sie bewußt zu positiver Wirkung einsetzen zu können. Der Abschnitt zur Menschenkenntnis mit den dazugehörigen Übungen zur Selbstanalyse in UZ (S. 111 ff.) bietet dazu praktische Anleitungen.

3. Kadenz

Es gibt keinen Zufall . . .

Vielleicht geht es dem einen oder anderen Leser so, daß er hier einen Begriff, einen Gedanken oder ein Wort findet, dem er gerade am Tage zuvor erstmals begegnet ist – oder der heute oder morgen ihm erstmals auffällt. In solchen Fällen pflegen wir zu sagen: »So ein Zufall . . .!« Ich selbst habe in meinem Leben eine ganze Menge von Dingen zu tun versäumt. Eines von diesen aber bedaure ich sehr: Ich habe – seit meiner Studentenzeit – leider nicht darüber Aufzeichnungen geführt, wann und welche Zufälle mir widerfahren sind. Denn dann könnte ich dies noch besser belegen, was auch so meine tiefste Überzeugung ist: Es gibt keine Zufälle!

Von G. E. Lessing stammt die Feststellung: Es gibt keinen Zufall unter der Sonne – das Wort »Zufall« allein ist schon Gotteslästerung! – *Und Albert Schweitzer hat dies in humoriger Form so ausgedrückt:* Wenn der liebe Gott einmal anonym bleibt, dann nennen wir es Zufall! *Als ich seinerzeit das Wort von Lessing erstmalig las, berührte es mich sehr – und ich beschloß, nunmehr ein wenig mehr als bisher auf Zufälligkeiten zu achten, die mir zustießen. Seitdem geschehen mir tagtäglich Dinge, die oft so unglaublich in ihren Zusammenhängen sind, daß ich von einer ordnenden Kraft über mir oder um mich zutiefst überzeugt bin. Und dies, obwohl ich wahrlich kein irgendwie spirituell veranlagter Mensch bin. Es ist einfach so, daß ich durch Lessings Wort eine Bewußtseinserweiterung erfahren habe und nun ganz anders sensibilisiert bin für diese Dinge. Früher habe ich sie, ihrer wenig achtend, vielleicht auch mit den Worten »Na ja, mal ein Zufall« zur Kenntnis genommen, aber nicht weiter gespeichert. Sie wurden dann bald verdrängt durch andere Geschehnisse. Und dies tun wir eigentlich alle tagtäglich mehr oder minder – die folgenden Zeilen sollen dies bewußtmachen. Seit Jahrtausenden, wahrscheinlich sogar, seitdem die Menschen denken können, beschäftigen sie sich mit den Erscheinungen des Zusammenfallens, des Zusammenwirkens, der Gleichzeitigkeit, der Parallelität, der Fügungen oder der göttlichen Lenkung – wie man solche Geschehnisse auch immer bezeichnen mag. Und gerade dieses letzte Wort – Geschehen – ist dafür auch ein interessanter sprachlicher Beweis. Denn das Verbum »geschehen« ist ein Tätigkeitswort und kann als solches nur reflexiv gebraucht werden. Man kann also nicht sagen: »Ich (du, er, sie, es) geschehe«, sondern man sagt: »Es geschieht mir.« Also ich – der Mensch – bin ein Objekt, dem von außerhalb Dinge zugefügt werden. Und auch dieses Wort »zufügen« ist in diesem »Zusammenhang« nachdenkenswert, denn zu einem Vorhandenen wird noch etwas hinzugefügt, um es zu erweitern oder zu verbessern. Wie schön doch unsere Sprache ist, wenn man einmal ihrer schlichten Tiefe nachspürt, um Wahrem auf den Grund zu kommen!*

Mit den Vorstellungen über die beiden Götter der Zeit – Chronos und Kairos – hatten schon die alten Griechen (s. S. 171) versucht, eine bildhafte Erklärung dessen zu geben, was einem geschieht, wenn es zur rechten Zeit einem zufällt. Oft plagt man sich – dies ist wohl jedem schon so ergangen –, etwas zu einem vorgegebenen Zeitpunkt zu schaffen oder zu bewältigen, und es will und will nicht gelingen. Dann aber auf einmal – wenn man vielleicht schon gar nicht mehr damit rechnet – fällt es einem ohne großes Dazutun in den Schoß, es ist einem zugefallen. Dies ist der Grund, weshalb auch ich für meine Person in den letzten Jahren versuche, »loszulassen« und nicht stets mit Gewalt etwas unbedingt nach meinem Kopf so zu erzwingen, wie ich mir das vorstelle. Das gelingt zwar nicht immer, aber es ist den Versuch jeweils wert, weil ich sehr oft festgestellt habe, daß es mich vor unnötigem Energieeinsatz bewahrt. Ich habe mir nicht die Aufgabe gestellt, hier eine Abhandlung über ein Thema zu schreiben, über das ausreichend Literatur vorhanden ist. Manche meiner Seminarteilnehmer haben seinerzeit auch den Film von Gero von Boehm gesehen mit dem Titel »Der sogenannte Zufall«. Aber dieser Titel ist irreführend, denn der Film befaßt sich im wesentlichen mit der sogenannten »sich selbst erfüllenden Prophezeiung«, auf die ich im 6. Intermezzo (s. S. 319) noch ausführlich eingehen werde. Doch dies ist ein anderes Thema.

Ebenfalls gehören nicht hier zur Behandlung des Zufalls die merkwürdigen und verblüffenden Übereinstimmungen, die man oft bei eineiigen Zwillingen findet und die in UZ (ab S. 271) beschrieben sind. Ein Pionier auf dem Gebiete der Zufallsforschung war der schweizerische Psychologe C. G. Jung, der sein Leben lang Beispiele für sogenannte »Koinzidenzen« sammelte und schon 1952 aufgrund seiner Forschungen behauptete, solche Zusammentreffen – eben jene Zufälle – kämen viel häufiger vor, als nach den Wahrscheinlichkeitstheorien zu erwarten sei. Sie müßten daher – so schlußfolgerte er – das Werk einer unbekannten Kraft sein, die eine Universalordnung durchzusetzen bestrebt sei.

Physiker wie Albert Einstein und einige seiner Mitarbeiter meinten, solche Synchronizität (diesen Begriff hatte Jung eingeführt) sei etwa darauf zurückzuführen, daß zwei Elementarteilchen nach einmaliger Wechselwirkung noch Jahrtausende später, auch wenn Lichtjahre zwischen ihnen liegen, in ihren Bewegungen voneinander abhängig bleiben. Dies hat dann auch der Physiker David Bohm untersucht und vermutet, daß Teilchen genau wie Menschen einander beeinflussen können. Im Universum hänge alles mit allem zusammen, die Verbindungen von Teilchen untereinander sei mit unseren Wirklichkeitsvorstellungen einfach nicht zu erfassen. Bohm wörtlich über die Ergebnisse seiner Untersuchungen 1983: »Dies kann bedeuten, daß alles im Universum im perfekten Zusammenhang mit allem steht, so daß alles, was passiert, mit allem anderen verbunden ist. Oder aber es gibt eine Art von Information, die sich schneller als mit Lichtgeschwindigkeit fortbewegt. Oder aber unsere Vorstellungen von Raum und Zeit müssen sich auf eine Weise verändern, die wir jetzt noch gar nicht verstehen und umsetzen können.«

Ich könnte noch viele berühmte Wissenschaftler zitieren, die sich mit der Synchronizität befaßt haben – so etwa Fritjof Capra mit seinem Buch »Das Tao der Physik«, Nobelpreisträger Ilya Prigogine mit den »dissipativen Strukturen« oder Rupert Sheldrake mit den »morphogenetischen Feldern«. Und vielfach stießen die Naturwissenschaftler der Neuzeit auf Zusammenhänge zwischen Materie und Geist, die schon in den frühen Mythen des Orients über die Entstehung der Welt ebenso enthalten sind wie in den Gedanken der Mystiker und Philosophen des Abendlandes.

Im Jahre 1987 hatte der Leiter einer Forschungsstelle der Universität Heidelberg, Ferdinand Schmidt, zur Diskussion über die Darwinsche Entwicklungslehre eingeladen. Diese Lehre besagt, daß Mutation und damit neue Arten durch Zufälle entstanden sind, während sich neuerdings auch Naturwissenschaftler dagegen wenden. Sie behaupten wie Schmidt, daß in jeder Zelle und jedem Organismus eine »schöpferische Kraft« enthalten sei – eine Intelligenz, die man in irgendeiner Art als »übernatürlich« bezeichnen müsse. Schmidt betonte, daß aktive kybernetische Steuerungsvorgänge Mutationen hervorbringen; er stellte sich damit gegen das allgemeine Verständnis der Naturwissenschaftler alter Denkweise, die dies so als unbeweisbar halten, weil hiermit vielleicht ein Gottesbegriff mit ins Spiel gebracht werden könnte. Und demgemäß hat sich Schmidt auch nach dem Ende des Symposions bitter darüber beklagt, daß ihm die Deutsche Forschungsgemeinschaft – ohne nähere Begründung – seine Bitte um weitere finanzielle Unterstützung seiner Forschungsarbeiten abgelehnt hat. – Hier wird eines wieder einmal ganz deutlich: Die Naturwissenschaftler alten kartesianischen Denkens sitzen immer noch auf ihrem hohen Roß und lassen nichts gelten, das ihnen nicht quantifizier- und meßbar vorgelegt wird. Wann, so frage ich mich, wird diesen Menschen endlich einmal ihre »Engstirnigkeit« – im wahrsten Sinne des Wortes – bewußt werden? Vielleicht hat auch der englische Physiker David Peat recht, wenn er auf der Suche nach der »Ordnung der Ordnungen« meint, daß deren Ursprung das Bewußtsein sein müsse: Es ist die zentrale Quelle der Kreativität, die alles durchdringt, vom Ursprung der Welt bis hin zu den ständigen subtilen Bewegungen der verschiedenen Ordnungen, Bewegungen und Strukturen einschließlich der starren, materiellen Aspekte des Universums. – Synchronizität fließt aus dieser grundlegenden Bewegung; sie gibt dem sie erfahrenden Menschen ein Gefühl für den tieferen Sinn des Universums und eine Intuition der Bewegung, die aus ihrer schöpferischen Quelle fließt.

Ich möchte es ein wenig einfacher ausdrücken: Wer sich ab heute entschließt, auf diese »sogenannten Zufälle« mehr zu achten, tut etwas zur Erweiterung seines Bewußtseins. Denn in jedem Falle, da ihm ein Zufall begegnet, sollte er sich darüber Gedanken machen, wieso dies Geschehnis gerade jetzt und nicht zu einem anderen Zeitpunkt eingetreten ist. Auch wenn er dafür keine schlüssige und logische Erklärung finden kann, wird ihn dies voranbringen in der Entfaltung seines Seins: Er wird demütig erkennen, daß über ihm und für ihn eine ordnende Hand sein muß, die sein Schicksal behütet.

Auf die Gefahr hin, daß mancher Leser das folgende als eine Schau versteht, die ich um meine Person zu machen beabsichtige: Während ich hier an der Schreibmaschine sitze, ruft meine Schwiegertochter an und erzählt mir, daß ihr Sohn – mein dreizehnjähriger Enkel Moritz – ihr gerade über ein Gespräch berichtete, das ich vor Monaten mit ihm führte und in dem »der Opa gesagt hat, daß es keine Zufälle gibt, sondern daß sie für einen gläubigen Menschen selbstverständlich sind, weil der liebe Gott es so gemacht hat«. Es hat mir am Telefon die Sprache verschlagen, denn tatsächlich liegt das Gespräch mit meinem Enkel darüber schon einige Zeit zurück – ich selbst habe mich dessen gar nicht mehr erinnert. –

So ein Zufall!

Eines muß aber hier noch einmal in ganzer Deutlichkeit gesagt werden: Es gibt kein Patentrezept zum Führungsstil der Persönlichkeit, das irgendwo käuflich erworben werden kann. Auch Seminare und Trainings können das nicht bringen. Überall kann sich jeder, der zur Arbeit an der Entwicklung seiner Führungspersönlichkeit ernsthaft entschlossen ist, ausreichend Informationen beschaffen, nur: Tun muß er es dann selbst! Und dies ist ein sehr hartes Stück Arbeit, bei der man manchmal an sich selbst verzweifeln möchte, das aber auch Glücksgefühle und Befriedigungen bringen kann in manchen Situationen, wo man erkennt, daß man wieder einmal den sogenannten »inneren Schweinehund« besiegt hat.

Nicht das Denkmal auf dem Sockel der Unfehlbarkeit macht die Führungspersönlichkeit aus, sondern die manchmal sehr harte, aber nie aufhörende Arbeit des Betreffenden an sich – das »Nie-zufrieden-Sein« mit sich selbst prägt einen solchen Menschen.

Individualstil im Organismus Unternehmen

Im folgenden soll erstmals der Versuch unternommen werden, komplex den Individualstil für Führungskräfte im Unternehmen zu beschreiben, die sich Neuem Denken zuwenden wollen und den schweren Weg einer Umstellung von althergebrachten Strukturen zu neuen Sichtweisen anzuwenden bereit sind. Um kein Mißverständnis aufkommen zu lassen: Hier wird nicht eine neue Norm gesetzt, die die Führenden nun zu übernehmen angehalten werden, sondern es wird lediglich dargelegt, welche Anforderungen (als Wunschvorstellung) an Führen mit Neuem Denken auf alle zukommen. Es wird die Arbeit jedes einzelnen Führungsverantwortlichen sein, seinen Führungsstil und seine Praktiken an den Visionen des Organismus Unternehmen zu orientieren und das für ihn optimal Mögliche zu erreichen zu versuchen.

Die auf S. 140 f. dargestellte Übersicht »Entwicklungsphasen zum Unternehmensstil (Kriterien der Führung)« – mit freundlicher Genehmigung des Rudolf Haufe Verlags, Freiburg, der UZ entnommen – zeigt in der rechten Spalte die Möglichkeiten zukünftiger Entwicklungen zur Führungspraxis. Wie bereits eingangs dieses Satzes erwähnt, hat der Führungsverantwortliche die Aufgabe, sich mit seinem Individualstil dem im Unternehmen praktizierten Führungsstil anzupassen bzw. sich mit diesem zu identifizieren. Die in der rechten Spalte angegebenen Stichwörter dazu sind deshalb mit Pfeilen versehen, um zu demonstrieren, daß sie keinen zu erreichenden Endzustand darstellen, sondern als zu realisierende Visionen flexibel sind und – je nach Entwicklungsstand des Unternehmensorganismus – auch zeitlich in unterschiedlichen Schritten bewältigt werden können. Dies ist von den einzelnen Phasen der Gesamtentwicklung im Unternehmen abhängig.

Integrativer Führungsstil

Der Begriff »Integration« (davon abgeleitet: integrativ, integriert, integrieren etc.) bedarf einer allgemein akzeptablen Definition. Integration ist das Gegenteil von Differenzierung; wenn also letztere die Verästelung und Verfeinerung sowie Spezialisierung eines Ganzen, einer Einheit, beschreibt, so ist Integrieren das Wiederzusammenfügen von Teilen, die sich durch Differenzieren auseinanderbewegt oder gar -gelebt haben (s. Prämisse Nummer 0, S. 47).

Im sich entwickelnden neuen Führungsstil wird es also kein irgendwie geartetes Auseinanderleben von Organen (Abteilungen, Gruppen, Teams etc.) innerhalb des Unternehmens geben, sondern erklärtes Ziel wird das Zusammenwirken aller Teile sein – Verstöße dagegen wirken gegen den Geist des Unternehmens schlechthin. Wer also als Führender – einzeln oder mit seiner Gruppe – eine Absonderung vom Ganzen, eine »splendid isolation«, eine Sonderstellung oder -behandlung anstrebt, verstößt gegen den Grundgedanken der Ganzheitlichkeit und ist

Entwicklungsphasen zum Unternehmensstil (Kriterien der Führung)

Führungsstil:	autoritär (Pionierstil)	direktiv (Patriarchalstil)	integrativ (Kollegialstil) – Partner –
Arbeitsweise:	isoliert	nebeneinander	miteinander → tolerant integriert
Arbeitstechnik:	Heim- Einzel- Arbeit	industrielle Organisation: Funktionen und Abläufe	kybernetisch geregelte Organismen →
Aufgabe:	Arbeitserledigung	Erreichen vorgegebener Planziele (objectives)	Erreichen von Ergebnissen → zum Bedarf
Verantwortung:	isoliert	differenziert	koordiniert → jeder einzelne trägt sie mit
Vorgesetzter:	Antreiber	Aufpasser	Berater → integrierte Persönlichkeit

Leitungsfunktion:	Arbeits- Anweisung Arbeits- Vorgabe Arbeits- Kontrolle	Aufgaben-Zuweisung Planziel-Vorgabe Dienst-Aufsicht	Unternehmenspolitik Ergebniserwartung → Leben Erfolgsbeobachtung
Organisations- a) Prinzip:	Zentralisierung	Differenzierung	Zusammenführung Integration → Zirkel 2000 Gemeinsamkeit
b) Form:	Zentral-Organisation	Aufbau-Organisation	Ablauf-Organisation in Regelkreisen
Kommunikation:	nach Bedarf selektiert	v. oben selektiert, v. unten nach oben Berichtswesen	horizontal und vertikal in allen Richtungen → keine Geheimnisse → Zirkel 2000
Motivation:	Befehle und Vorschriften	Anweisungen gemäß Verteiler	Mensch unter Menschen – Heranziehen zum Mitdenken – Befriedigung durch Tätigkeit am richtigen Platz → Sinn
Problematik:	Bewältigung der Materie	Bewältigung der Energie	Bewältigung der Information – Sinnfindung zum Leben des Einzelnen und der Gemeinschaft

ein – wenn nicht belehrbar – zu eliminierender Störfaktor. Dies muß mit aller Deutlichkeit allen bewußtgemacht werden; in einem Organismus verfährt man mit Wucherungen oder Krebsgeschwülsten nicht anders.

Solch integrativer Führungsstil wird schon seit einiger Zeit auch als Kollegialstil bezeichnet. Wenn man jedoch bedenkt, in welch merkwürdiges Licht der Begriff des Kollegen in den Unternehmen vielfach geraten ist, erscheint es besser, diese Bezeichnung nicht zur Überschrift eines epochalen Denkwandels zu machen. Ähnlich ist es mit dem Begriff des Partners, der heute oft auch in Firmenbezeichnungen auftaucht. Auch mit ihm könnnten sich Fehlvorstellungen verbinden, die dem eigentlichen Anliegen der ehrlichen Integration nicht gerecht werden. Parnterschaft im Sinne von finanzieller Beteiligung wäre hier eine Aussage, denn alle Unternehmensmitglieder sind in dieser Hinsicht Partner – sogar auf Gedeih und Verderb, wenn man die Existenzgrundlage in dieses Denken mit einbezieht.

Integrativer Führungsstil ist wohl also mit Recht die beste Bezeichnung für die Art und Weise, wie in einem Organismus Unternehmen Führung praktiziert werden soll. Es ist die Aufgabe jeder Führungskraft – gleich, an welcher Stelle –, sich in dieses Grundprinzip einzufügen, es gleichzeitig auch allen Mitarbeitern vorzuleben und damit ganzheitliches Verständnis und Zusammenwirken zu demonstrieren und zu praktizieren.

Arbeitsweise

Im Gegensatz zum autoritären Führungsstil, wo die Untergebenen isoliert voneinander arbeiten und oft nichts vom anderen wissen, hat der patriarchalische Führungsstil das Nebeneinander bewirkt, bei dem allein der übergeordnete Vorgesetzte ein Zusammenwirken befehlen konnte, wenn er es für notwendig hielt. Wenn er dies nicht tat bzw. versäumte, dann wirkten einzelne Gruppen, Bereiche oder Abteilungen allein, den Direktiven folgend, die für sie gegeben und verbindlich waren. Dazu brauchen kaum Beispiele angeführt zu werden, wohl jeder in einem von solchem Stil geführten Unternehmen hat dies am eigenen Leibe erlebt, beispielsweise wenn man nicht einmal die Namen benachbarter Kollegen, die aber zu einem anderen Bereich gehörten, kannte. Was noch schlimmer war (und auch heute noch ist!), ist der Umstand, daß sich manchmal ehrgeizige oder eigenbrötlerische Vorgesetzte zu Vorbildern von Neid- und Mißtrauensverhalten machten und versuchten, andere abzuwerten oder bei der Geschäftsleitung in ein schlechtes Licht zu rücken. Alles mit dem Ziel, selbst das Wohlwollen der oberen Bosse zu erringen und dadurch bei Beförderungen oder anderen Vorteilen nicht übersehen zu werden.

Wenn hier in unserer rechten Spalte das Wort »miteinander« steht, dann gilt es als das wertfreie Verhalten eines jeden zu jedem. Dies ist ein Faktor, der eine der wichtigsten Führungsaufgaben ist: Jeder Führende muß ununterbrochen darauf achten, daß keinerlei Verzerrungen im kollegialen Verhältnis der einzelnen untereinander und der Gruppen nebeneinander entstehen. Jedem auftretenden Vorurteil, jedem nur versuchsweisen Abwerten anderer muß der Führende sofort entgegentreten, damit sich keine Vorurteile und daraus konträre Haltungen festfressen, die tödlich für die Gemeinschaft werden können. Natürlich ist in einem Unternehmen nicht alltäglich alles zum besten, natürlich gibt es – weil ja alle auch Menschen sind – menschliche Schwierigkeiten, Mißverständnisse, Ärger und Fehlleistungen. Denn das Unternehmen ist auch als Organismus kein Paradies, wo alle stets friedlich miteinander leben und auskommen. Aber aufkommende Auseinandersetzungen, die täglich geschehen und nicht vermeidbar sind, müssen von den Führenden sofort und ohne Zögern in Angriff genommen und beseitigt werden, sofern dies nur irgend möglich ist.

Es darf auch – und diese Gefahr besteht immer – nicht geschehen, daß ein Führender um seiner eigenen Autorität willen sich vor sein Team oder seinen Zirkel stellt, damit seine Mitarbeiter später lobend darüber sprechen, wie er sich für sie eingesetzt hat. Nein – bei jeder aufkommenden Auseinandersetzung muß man sofort versuchen, sie im Keime zu ersticken, in Abstimmung mit den Partnerführungskräften der beteiligten Gruppen oder mit den zentraleren Führungsverantwortlichen. Und es wird daraus der Lernerfolg resultieren, daß viel mehr an Auseinandersetzungen vermieden werden kann, wenn man vernünftig miteinander redet – also sich »zusammensetzt«, statt sich »auseinander-zusetzen«. Auch in den einzelnen Gruppen, Zirkeln oder Arbeitsbereichen wird es nicht vermeidbar sein, daß Menschen mit anderen nicht auskommen – im IV. Satz wird auf diese Probleme und ihre Lösungsmöglichkeiten durch den Führungsverantwortlichen noch intensiv eingegangen werden.

Oberstes Ziel der Führenden muß es bleiben, die Integration aller Teile des Unternehmens ständig zu beobachten und zu fördern sowie die Toleranz vorzuleben, indem sie sie – wo auch immer möglich und notwendig – praktizieren. Sie müssen ständig bei jeder sich bietenden Gelegenheit den Mitarbeitern bewußtmachen, welche Folgen ein Zerstreiten oder Auseinanderleben für die Existenz des Unternehmens und damit eines jeden Einzelnen hat.

Arbeitstechnik

Über *Arbeitstechnik* hier etwas auszusagen ist schwierig, weil sie in den Unternehmen – je nach Branche und Spezialisierung – sehr unterschiedlich gehandhabt wird. Allgemein bleibt nur festzustellen, daß heutzutage die Möglichkeiten der Gruppen- und Teamarbeit – auch bis hin zu Fließbandarbeiten – in den Firmen in zunehmendem Maße genutzt werden. Nicht, weil es von oben befohlen oder von Beratern empfohlen wird, sondern weil die Mitglieder von Gruppen oder Zirkeln dies selbst wollen und sogar initiieren, um kreativ Neues erarbeiten. Dies entspricht unserer

Prämisse Nummer eins (S. 21), daß die Menschen durch bessere Information sich ihres Persönlichkeitswertes mehr bewußt werden. Sich die Arbeit auch am Fließband abwechslungsreicher und damit interessanter zu gestalten, ist eine Auswirkung des immer mehr zunehmenden Persönlichkeitsbewußtseins und der Entfaltung. Automobilwerke wie VW und BMW leisten hier bereits Pionierarbeit.

Aufgabe

Im Pionierstil, in dem auch heute noch viele Unternehmen – vor allem Neugründungen – sich befinden, ist die Arbeitserledigung, also die unmittelbare Ausführung einer direkt gegebenen Anweisung, eines Befehls, einer Order das Kriterium. Es gibt kaum einen weitsichtigen Plan (außer vielleicht im Kopf des Unternehmers) – und dies kümmert auch den Arbeitnehmer nicht, der eben die Arbeit tut, so wie sie ihm aufgegeben wird. Doch hört man heute schon öfters, gerade bei Neugründungen, die vielfach einfach ein Zusammenschluß unternehmerisch denkender Menschen sind, daß man dort gemeinsam Ziele und Aufgaben diskutiert, um sie dann zusammen oder je nach Spezialisierung einzelner Partner mit Schwerpunkten zu erledigen. Dies ist auch Arbeitserledigung, aber unter ganz anderen Vorzeichen – Voraussetzungen, die eher schon dem gemeinsamen Verständnis eines Organismus zugeordnet werden könnten.

Über »Management by objectives« hier Ausführungen zu machen erübrigt sich. Jeder kennt aus dem eigenen oder fremden Unternehmen die alljährlichen Zielsetzungen/Planvorgaben, von denen jeder weiß, daß sie nur auf dem Papier stehen und niemals erfüllt werden können. Aber sie werden so hoch angesetzt, um die Mitarbeiter zu motivieren, ihr Bestes zu geben. Nur die Idioten der oberen Ebenen, die sich diese Scherze ausrechnen, erkennen nicht, daß solche Vorgaben beste Mittel zur totalen Demotivation sind. Auch hier ein Beispiel der Autorität »ex officio«, durch das die Oberen demonstrieren wollen, wie sehr genau sie über Nachlässigkeit, mangelndes Engagement ihrer Untergebenen im Bilde sind und wie sehr sie wiederum ihren Vorgesetzten demonstrieren, daß sie mit allen Mitteln versuchen, auch das Letzte aus ihren Leuten herauszuholen. Dümmer geht es wirklich nicht, aber von dieser unsinnigen Methode kommen auch heute noch viele Unternehmen nicht los. Im Neuen Denken braucht es solche Dinge nicht zu geben. Nicht, daß man sich dort nicht auch Ziele setzen wollte und sollte, aber sie werden eben miteinander – unter Hinzuziehen der besten Sachkenner – abgesprochen. Man hat dann bestimmte Ergebnisse im Sinn, die zu erreichen gut wäre, aber niemand wird zur Sau gemacht, wenn er das nicht schaffen konnte. Und wer es erreicht hat oder sogar übertroffen, der freut sich – und mit ihm die anderen auch. Auch hier können keine Patentrezepte gegeben werden, weil dies von Unternehmen zu Unternehmen wirklich unterschiedlich ist. Entscheidend ist dabei wieder einmal der gemeinsame Wille zur Existenzerhaltung – wenn man hier alle Beteiligten zum Mitdenken und Mitplanen heranzieht, wird man staunen, welche Kreativitätsreserven frei werden und mit welchen Ideen die Menschen kommen. Dazu sei nochmals der Ausspruch von J. Carlson, dem ehemaligen Leiter der SAS, zitiert: »Gib deinen Mitarbeitern alle Informationen, die du hast, und du kannst nicht verhindern, daß sie Verantwortung übernehmen!« Und damit ist das nächste Stichwort gefallen:

Verantwortung

Wer in dem Werk von Hans Jonas »Das Prinzip Verantwortung«, für das er 1987 den Friedenspreis des Deutschen Buchhandels erhielt, nach Hinweisen über die Praxis der Verantwortung im Unternehmen sucht, wird sich schwertun. Erst nach einigem Studium in dem nicht leicht lesbaren Buch erkennt er, daß der Verfasser auch von der Ethik der Verantwortung spricht, die der einzelne in und mit der Gemeinschaft übernehmen darf – nein:

muß! Und hier erschließt sich eine ganz wichtige Erkenntnis, die für den Organismus Unternehmen von besonderer Bedeutung ist: Während im evolutionären Organismus – gleich, welcher Entwicklungsstufe – die einzelne Zelle keine akute selbständige Verantwortung übernehmen kann, weil sie nur Bauteil, nicht jedoch handelnder Faktor ist, müssen wir den Menschen als kleinsten Teil des Unternehmens anders sehen. Er bringt nicht nur sein Dasein und seine Leistung in das Ganze ein, sondern verfügt auch über geistige Kräfte, die dem Unternehmen ebenfalls – als Energien und psychische Werte – zur Verfügung stehen. Und dieses Mit-Wirken im wahren Sinne des Wortes bedingt auch ein Mit-Verantworten für das, was als Ergebnis erreicht werden soll.

Anders ausgedrückt: Die Verantwortung trägt im modernen Unternehmen jeder Einzelne mit.

Reinhard Höhn, ehemaliger Leiter der Akademie für Führungskräfte in Bad Harzburg, setzte das Wort von der »Delegation von Verantwortung« in Umlauf. Es brachte in den sechziger und siebziger Jahren viele Unternehmen in gedankliche Turbulenzen. Auch bei einer Podiumsdiskussion – etwa 1966 – gelang es mir nicht, dies Wort ad absurdum zu führen, indem ich von der Widersinnigkeit des Gedankens sprach, Verantwortung, die man einmal übernommen habe, auf andere total abwälzen zu wollen. Erst in den letzten Jahren deutet sich – nach dem zeitweiligen Niedergang der Akademie, die nunmehr aber in andere, positivere Hände übergegangen ist und wieder floriert – an, daß die deutsche Wirtschaft nicht mehr auf alle Verlautbarungen Reinhard Höhns wie mit Kaninchenaugen blickt, sondern erkennt, daß es noch andere Meinungen gibt.

Im Pionierstil ist die Verantwortung isoliert; das heißt, daß jeder seinem direkten Vorgesetzten für das verantwortlich ist, was ihm als Aufgabe gestellt wurde und was er durchzuführen hat. Im direktiven Stil der patriarchalischen Ordnung gibt man dem einzelnen bestimmte Aufgaben, für deren ordnungsgemäße Ausführung er die Verantwortung übernimmt, gleichzeitig aber mit der Auflage, sich mit anderen Bereichen und deren Aufgaben abzustimmen. Dies kann zu sehr viel Verwirrung und auch Fehlleistungen führen, wenn nicht alles bis ins kleinste Detail vorgezeichnet ist. Denn dann gibt es Rangeleien über Zuständigkeiten, Kompetenzstreitigkeiten, Neid und Mißgunst sowie Anmaßungen des Hereinredens in andere Bereiche: oft ein Rattenschwanz von Schwierigkeiten, durch die im Planerisch-Organisatorischen vielfach mehr Kraft und Zeit vergeudet wird, als die eigentliche Aufgabe es erfordert.

Böswillige könnten nunmehr sagen, daß – wenn im neudenkenden Unternehmen alle die Verantwortung mittragen sollten – eigentlich auch jeder sich drücken und seinen Teil auf einen anderen abwälzen könne. Aber dies ist keine Gefahr, denn es wird ja – wie vorausgesetzt ist – vorher koordiniert. Man stimmt sich eben zuvor über die Verantwortung und ihre Übernahme für Teilbereiche oder spezielle Aufgaben ab – das ist Koordinierung, die davon nicht befreit, daß jeder jederzeit durch den ungehinderten Informationsablauf erfahren kann, wie die vereinbarten Aufgaben laufen und ob nicht hier oder da bestimmte Regulierungen – Korrekturen – notwendig sind. Bei etwas gutem Willen und der Grundüberzeugung der gemeinschaftlichen Arbeit an der gesamten Existenzerhaltung wird es nicht zum Problem werden, sich über Zuständigkeiten im voraus zu einigen.

Vorgesetzter

Das Wort *Vorgesetzter* ist zwar ziemlich aus dem Sprachgebrauch im wirtschaftlichen Bereich verschwunden (im Gegensatz zum Gebrauch bei Behörden oder beim Militär), aber sein Geist – das Phantom eines Menschen, hinter dem man sich »zurückgesetzt« fühlt – spukt noch überall herum. Nicht zuletzt deshalb, weil viele Inhaber von Positionen dies Wort benötigen, um ihre Stellung zu demonstrieren bzw. zu festigen – weil ihre Autorität »ex persona« nicht vorhanden ist. In Neuem Denken sollte dieses Wort ersatzlos gestrichen werden – auch Begriffe wie »Oberer« oder

»Obmann«, »Zuständiger« oder gar »Verantwortungsträger« sind ebensowenig verwendbar wie »Chef« oder »Boß« und andere, weil sie irgendwelche schiefen Assoziationen auslösen können.

Um eine Bezeichnung für denjenigen Führungsverantwortlichen zu finden, der tatsächlich für bestimmte Bereiche, Abteilungen, Gruppen, Teams, Zirkel oder ähnliche Organe des Organismus »zuständig« ist, muß man sich zunächst an seinen Aufgaben und an seinen Praktiken orientieren: Gelegentlich muß er tatsächlich einmal zum »Antreiber« werden, wie es beim Pionierstil üblich war und ist. Auch als »Aufpasser« muß er sich manchmal verstehen, wenn die Gefahr besteht, daß seinen Mitarbeitern Fehler unterlaufen könnten, aber darin erschöpft sich seine Funktion nicht. Wenn in der rechten, der Zukunftsspalte unserer Übersicht für den Vorgesetzten der Begriff »Berater« steht, so ist dies sicherlich keine Titulatur, sondern mehr eine Umschreibung zum Selbstverständnis des Betreffenden. Denn er soll – dies ist damit gemeint – sich zukünftig weder als Alleinherrscher noch als »Vortänzer« fühlen, weder ein »Vormacher« sein, der alles am besten kann, noch als Repräsentant mit entsprechenden Statussymbolen.

Aber in dem Menschen dieser Leitungsfunktion für eine Gruppe müssen eine ganze Anzahl von Führungsfähigkeiten vorhanden sein, die im Endeffekt allerdings von einer starken Persönlichkeit – Autorität »ex persona« – getragen werden.

In einer solchen »integrierten Persönlichkeit«, wie in der Zukunftsspalte noch erwähnt, muß die Wirkungsweise eines Moderators genau so enthalten sein wie die eines Beraters. Als Moderator wird er sich verstehen, wenn für bestimmte Aufgaben und Aktivitäten der Gruppe Konsens erreicht werden oder auch kreative Reserven geweckt werden sollen. Als Koordinator wird er sowohl innerhalb seiner Gruppe – des Organs – wirken müssen, wenn divergierende Meinungen entstanden sind, als auch nach außen gegenüber anderen Organen oder in bezug auf den zentralen Bereich und dessen Funktionen. Für jeden seiner Mitarbeiter wird er der persönliche »Coach« sein, also derjenige, der ihn generell begleitet und in besonderer Situation mit Rat und Tat zur Seite steht. Ein »Vormacher« wird er in der heutigen Entwicklung zum Spezialistentum nur in seltenen Fällen sein können.

In der Zweigstelle einer Sparkasse mit etwa einem Dutzend Mitarbeitern war der Geschäftsstellenleiter noch vor etwa zehn Jahren derjenige, der alles besser konnte und wußte als seine Mitarbeiter. Dies ist heute gar nicht mehr möglich: Aufgrund der zunehmenden Spezialisierung haben die einzelnen Mitarbeiter Kurse besucht und laufend Fortbildungen erhalten. Der Zuständige für Kreditwesen weiß darüber viele Einzelheiten besser als sein Geschäftsführer, ähnlich ist es mit dem Anlagenberater, mit Spezialisten für Hausfinanzierungen sowie dem Zuständigen für Börsengeschäfte und anderen. Der Geschäftsstellenleiter beschränkt sich auf die Koordination der einzelnen Bereiche, springt ein, wo Hilfe gebraucht wird, moderiert die gemeinsamen Besprechungsrunden, bei denen aktuelle Fragen – insbesondere in bezug auf Kunden – geklärt werden, und repräsentiert bei wichtigen Kunden oder äußeren Anlässen das Team nach außen. Damit hat er genug zu tun und fühlt sich auch sehr glücklich über diese kombinierten Aufgaben.

In dem speziellen Falle, den ich mir für dieses Modell ausgewählt habe, sind die einzig echten Schwierigkeiten für den Zweigstellenleiter in der Kommunikation mit der Zentrale zu finden: Dort ist alles derart überorganisiert und institutionalisiert, daß der Leiter oft der Verzweiflung nahe ist, weil jeglicher menschliche Bezug fehlt oder dort, wo er vorhanden ist, nicht ins Gewicht fallen darf.

Gerade Banken und Versicherungen sowie auch Konzerne und Großbetriebe werden sich in dieser Hinsicht auf dem Weg zu Neuem Denken noch allerhand einfallen lassen müssen, wenn sie in der Zukunft überleben wollen. Ich sage ihnen heute voraus, daß ganz grundsätzliche Veränderungen hin zum Menschlichen und Menschenwürdigen eintreten werden – und das in absehbarer Zeit. Wer das nicht frühzeitig erkennt und entsprechend Weichen stellt, wird nicht überleben, auch wenn er zuvor Milliardenumsätze gemacht haben sollte.

Wenn vom Leitenden eines Organs des Unternehmensorganismus verlangt wird, daß er eine integrierte Persönlichkeit sein sollte, so ist dies auch als Aktivität zu verstehen dahingehend, daß er den besonderen Auftrag hat, ständig nach innen – mit seiner Gruppe – und nach außen integrierend zu wirken. Im vorgenannten Beispiel wurde ihm bislang dazu überhaupt keine Chance gegeben, weil man in der Zentrale (und bei welcher Zentrale ist dies nicht so?) zutiefst überzeugt ist: Bei uns wird die Geschäftspolitik gemacht, davon verstehen die »Unteren« sowieso nichts; diese auch noch mitreden zu lassen, wo kämen wir dann hin? Die sollen sich um ihre Kunden und um die Umsätze kümmern, die haben ja längst nicht den Informationsbackground, um hier einen Einblick zu haben – und was dergleichen Schutzbehauptungen mehr sind. Manche Oberen in den Zentralen werden in nicht allzu langer Zeit ein böses Erwachen haben. Ein Grund mehr für den »Unteren«, an seiner Persönlichkeit zu arbeiten!

Leitungsfunktion

Der Begriff *Leitungsfunktion* folgt hier nun im richtigen Augenblick, da wir zuvor festgestellt haben, daß der Begriff des Vorgesetzten zu streichen sei. Wenn anstelle von Führer, Befehlsgeber, Vorgesetzter, Boß, Chef, Höhergestellter und was es für andere Begriffe noch geben mag, das Wort »Leitung« gesetzt werden würde, dann würde man zwar den Scherzemachern in der Firma einiges Material an die Hand geben, vom »Leidtragenden« bis zum »Leidenden«, vom »Leidensweg« bis zum »Leidensdruck« und »auf der Leitung stehen«, aber was soll's? Humor ist ein Teil des Lebens – und damit wird jeder leben müssen, daß er auch einmal als dessen Zielscheibe dienen muß. Aber der Begriff der »Leitung« ist tatsächlich der wertfreieste unter allen Bezeichnungen für die Führung und am wenigsten mit abwertenden

Assoziationen belastet, wie es sogar die »Führung« mit der gedanklichen Verbindung zum »Führer« immer noch ist. Leitung hat aber auch den großen Vorteil, daß sie keineswegs als feste Institution betrachtet werden muß; eine Leitung kann sang- und klanglos wechseln und von jemand anderem übernommen werden, bei einem »Leiter« kann man durchaus die Vorstellung haben, daß er dies auch nur zeitlich begrenzt sein könnte. Und vielleicht ist für die Führung der Zukunft in der deutschen Sprache die »Leitung« der richtige Ausdruck? Wer macht einen besseren Vorschlag?!

Die Leitungsfunktion unserer Übersicht will die Mittel beschreiben, die der Leitende anwendet, um seine Vorstellungen bei den von ihm Geleiteten zu realisieren. Dies geschah und geschieht im Pionierstil mit Arbeitsanweisung, entsprechenden Vorgaben sowie der anschließenden Kontrolle. Im direktiven Führungsstil wurden die Dinge differenzierter und auch oft komplizierter ausgedrückt: Man hat eine Aufgabenzuweisung vorgenommen und eine Planzielvorgabe erteilt – hier sei daran erinnert, was auf S. 145 über »Management by objectives« gesagt wurde. Und dann folgt die Dienstaufsicht, ein Wort, bei dem sich dem Verfasser der Magen umdreht.

Man darf mir keineswegs unterstellen, daß ich etwas gegen Prof. Reinhard Höhn, den ehemaligen Chef in Bad Harzburg, persönlich hätte, wenn ich ihn nochmals als Negativbeispiel zitiere. Im Gegenteil: ich halte ihn für einen durchaus honorigen Mann. Sein Wort »Dienstaufsicht und Erfolgskontrolle – keine ethischen Forderungen, sondern verpflichtende Normen!« ist für mich jedoch der repräsentativste Ausdruck der Unmenschlichkeit im Unternehmen; es ist mir seit vielen Jahren Anlaß gewesen, mit meinen Seminarteilnehmern darüber zu sprechen, wie Führung nicht sein solle. Über »Dienst« – wie er hier gemeint ist – zu reden erübrigt sich: Wir verstehen Dienst, als dem anderen dienlich (= nützlich) zu sein und nicht als »Dienst nach Vorschrift«. Auch die Wörter »Aufsicht« und »Kontrolle« haben wir bereits abgehakt; wir erwähnten, daß das Wort »Überwachung« das bessere ist, weil in ihm auch die kybernetische Regelung bei Störungen oder Fehlern enthalten ist und weil die menschliche Kommunikation dem Leitenden ermöglicht, positiv wirkend einzugreifen.

»Verpflichtende Normen« muß es zwar vielerorts bei einer Produktion hinsichtlich der Qualität geben, aber hier sind solche Normen nicht gemeint: Wenn schon keine »ethischen Forderungen« – also das Gegenteil von dem, was wir noch für den Organismus Unternehmen entwickeln werden –, dann wenigstens Verhaltensnormen, wie Höhn meint, in die der einzelne gepreßt wird und aus denen er nicht ausbrechen darf. Wo bleibt da die Freiheit des einzelnen, die ihre höhere Form dadurch findet, daß er nicht »ausbüxt«, sondern sich in die Gemeinschaft freiwillig einbindet?

In der Zukunftsspalte neben dem Stichwort Leitungsfunktion sind die Wörter »Unternehmenspolitik, Ergebniserwartung, Erfolgsbeobachtung« mit Hinweispfeil zum »Leben« angeführt. Sie sind echte Mittel des Leitenden, indem er seinen Mitarbeitern die Unternehmenspolitik, über die alle informiert sein müssen, vermittelt und alle Verhaltensweisen, Aufgaben, Arbeitsvorgänge und Leistungen darauf bezieht. Dann wissen nämlich alle – siehe unser Beispiel vom Hofkehrer (S. 79) –, warum sie dieses so und jenes so machen sollen, Verzeihung: wollen! Denn ihre Motivation werden sie dadurch entwickeln, daß sie wissen, wofür sie etwas tun: zum Leben des Organismus, von dem sie ein Teil sein und an seinem und ihrem eigenen Lebenserhalt mitwirken dürfen, nein: wollen!

Daß man die Erhaltung des Lebens des Organismus und seines Fortschreitens dadurch praktiziert, indem man bestimmte Ergebnisse ins Auge faßt und erwartet, ist selbstverständlich. Wenn sich der erhoffte Erfolg jedoch nicht einstellen sollte, dann wird die Gemeinschaft – aus der Beobachtung des Mißerfolges oder der Fehlleistung – die Konsequenzen ziehen und sich etwas anderes einfallen lassen, um weiterzuleben. So einfach ist das!

In unserer Übersicht folgen nunmehr die Stichwörter für die bereits beschriebenen *drei Führungsfunktionen Organisation, Kommunikation, Motivation* (s. S. 75 ff.). Zusätzlich aber zu der ausführlichen Behandlung dieser Kernfunktionen des Organismus Unternehmen sollen aber noch im folgenden Vergleiche zu früheren Praktiken dargestellt werden, damit jeder Leser erwägen kann, in welcher derzeitigen Situation seines Unternehmens – als Entwicklungszustand – er sich befindet. Es wird ihm dann leichter fallen, zu erkennen, wie die Weichen für die Zukunft gestellt werden sollten.

Organisation

Das Organisationsprinzip im *Pionierstil* ist die *Zentralisierung*, wir haben dies (S. 63) mit der Entwicklung eines Unternehmens aus der Aktivität eines Streichholzverkäufers beispielhaft beschrieben. Ähnliches kann selbstverständlich ebenfalls gelten für die Entwicklung einer Abteilung, einer Gruppe in einem Unternehmen, deren Aufgabe zunächst von einem einzelnen Mitarbeiter wahrgenommen wurde. Durch das Anwachsen der Aufgabe wurden ihm ein zweiter und dann noch mehrere Mitarbeiter zugesellt, so daß sich ein eigenes Organ entwickelt hat. Nur ein grundlegender Unterschied ist bewußtzumachen: Im ersteren Falle ist es ein aus sich gewachsenes Unternehmen, das eigene Kriterien bis hin zum Selbstverständnis und eigener Philosophie entwikkeln kann. Beim zweiten Beispiel ist und bleibt die sich entwikkelnde Gruppe ein Organ eines größeren Organismus, die zwar ihre eigene Struktur und auch ihr Zusammenwirken selbst entwickelt, aber doch hinsichtlich der Zielsetzung am Gesamtorganismus orientiert und in ihm integriert ist.

Die Entwicklung zum *direktiven Patriarchalstil* haben wir bei dem seinerzeitigen Beispiel auch angedeutet, indem dargestellt wurde, daß ein Verkäufer sich einige Unterverkäufer noch einbindet. Wir hätten dies auch noch im Produktionsbereich darstellen können, indem der Firmengründer, der einstmalige Streichholzverkäufer an der Straßenecke, sich entschließt, eine eigene Produktion aufzuziehen, dafür einen Meister einstellt, der dann mit dem Anwachsen der Aufgaben zum Obermeister wird und eigene Untermeister leitet. Aus dem Ganzen, dies wird anschaulich genug sein, entsteht dann das patriarchalische Gefüge, das in seiner Differenzierung und auch Spezialisierung nur mit der Form der Aufbauorganisation bewältigt werden kann.

Im *integrativen Führungsstil* des Unternehmensorganismus sind – wie aus dem Unternehmensmodell »Zirkel 2000« klar ersichtlich – die Organe eigene kleinere bzw. größere Einheiten, die in sich selbstregulierend wirken, was ihre Existenz, ihre Aufgaben und ihr Zusammenspiel mit anderen Organen und dem Ganzen angeht. Ihr Prinzip ist daher selbstverständlich nicht eine irgendwie geartete Eigenständigkeit (höchstens bezüglich einer Spezialisierung), sondern die ständige Bemühung, dem Ganzen zu dienen. Dazu gehört auch das Verständnis einer kontinuierlichen Zusammenführung zur echten Integration – wie dies auch alle anderen Organe ständig praktizieren. Die Gemeinsamkeiten in der Organisation, der Kommunikation und der Motivation bis hin zum Selbstverständnis sind als lebenserhaltend wichtig anerkannt und werden im täglichen Denken und Handeln zur Selbstverständlichkeit.

Zur Selbstregulierung der Organe noch ein Hinweis: Während durch Homöostase im menschlichen Organismus einzelne Organe bei Störungen ihrer Funktion von der Zentrale kybernetische Regelungen erfahren oder erhalten (auch die ärztliche Behandlung einer Magenerkrankung, durch die Überlegungen des Gehirns vorgenommen, gehört hierzu), sind im Unternehmen die Organe durch ihren Leiter in einem eigenständigen Regulierungsprozeß; der Leiter funktioniert als »Außenstelle« des Gehirns und wird nur dann die Geschäftsleitung informieren und um Unterstützung ersuchen, wenn das Organ – das Team, der Zirkel – mit seinen Problemen nicht aus eigener Kraft fertig zu werden imstande ist. Dies ist ein wesentlicher Funktionsfaktor für die Leiter in den einzelnen Bereichen des Unternehmens, die dazu da sind, die Zentrale des Organismus zu entlasten, sofern Störungen in den Organen selbst behoben werden können.

Kommunikation

Die *Führungsfunktion Kommunikation* ist bereits ausführlich (S. 77 ff.) beschrieben worden. Hier haben die Leiter der Zirkel im wesentlichen die Aufgabe, für den Kommunikationsfluß in allen Richtungen Sorge zu tragen. Das Prinzip »Keine Geheimnisse mehr« dient dazu, jedem Mitarbeiter den Sinnzusammenhang ständig bewußtzumachen, damit er stets weiß, warum er dieses oder jenes tun soll oder einer anderen Tätigkeit im Augenblick den Vorrang geben muß. Die Leiter der Zirkel müssen aber nicht nur informieren, sondern auch darum bemüht sein, die Kreativität ihrer Mitarbeiter und das Innovationspotential derselben zu fördern und zu nutzen. Darüber wird im IV. Satz noch ausführlich zu sprechen sein.

Das schon erwähnte Bewußtmachen des Sinnzusammenhangs der Tätigkeit ist gleichzeitig eine der Grundlagen der *Motivation*, von der wir getrost feststellen, daß sie in den früheren Führungsstilen nur sehr sporadisch aufkam.

Ein Beispiel hierzu bot das Versandhaus Neckermann, das in den frühen sechziger Jahren einmal in existenzbedrohenden Schwierigkeiten war. Der damalige Firmengründer und Chef, der 1992 verstorbene Joseph Neckermann, rief damals – so wird erzählt – seine gesamte Belegschaft zusammen, erklärte den Mitarbeitern die ernste, aber nicht hoffnungslose Situation und schlug als Lösung vor, die Mitarbeiter mögen doch für zwei bis drei Monate sich mit der Hälfte ihres Gehaltes zufriedengeben. Dann sei wohl die Finanzenge beigelegt und es könne wieder normal weitergehen.

Der Motivationsstoß des Chefs wirkte, die Mitarbeiter schenkten seinen Ausführungen Glauben, weil sie ihm vertrauten – und tatsächlich wurde die damalige Krise auf diese Weise mit einer einmaligen Motivation der Gesamtbelegschaft bewältigt.

In unserer Übersicht wird auch ersichtlich, warum in den früheren Führungsstilen Motivation kaum aufkommen konnte: Befehle, Anweisungen und Vorschriften können schon oft durch ihren Ton bzw. ihre äußere Form keine Motivation beim Einzelnen stimulieren. Er hört oder liest diese Dinge, aber sie lösen bei ihm kein Wollen aus, weil sie nicht in die Willensschicht eindringen – und wenn, dann höchstens auch noch den Willen zu einer Abwehrhaltung entfachen.

Dies ist im modernen Verständnis der Ganzheit des Unternehmens ganz anders. Zunächst, wie aus der Übersicht begreiflich, versteht der Mitarbeiter sich als Mensch unter Menschen, nicht weil dies etwa in einer Art Betriebsverfassung oder ähnlichem auf dem Papier steht, sondern weil er es täglich erlebt und empfindet. Nicht zuletzt auch dadurch, daß sein Leiter ihn tatsächlich menschlich behandelt und er selbst jederzeit mit seinen menschlichen Problemen zu ihm kommen kann.

Zum anderen erlebt er täglich, daß er nicht als Befehlsempfänger Aufträge ausführen muß, sondern daß er sogar gefragt wird, was er zu dieser oder jener Aufgabe meint. Er wird angehört – und darf selbst Vorschläge machen, wenn etwas, wie er meint, verbessert werden könnte. Denn diese Verbesserung, wenn sie denn wirklich Vorteile bringt, nutzt ja dem ganzen Unternehmen – und damit wieder ihm selbst zu seiner Existenzerhaltung. Mitdenken ist also eine Sache, über die er sich sogar freuen darf, weil er stolz darauf ist, auch etwas zum Gemeinwohl beigetragen zu haben.

Ein weiterer wichtiger Punkt zur Motivation des Einzelnen ist die Tätigkeit – wie es in der Redewendung heißt – des »richtigen Mannes am richtigen Platz«. Hierüber sind ausführliche Informationen bei den Darstellungen zur Menschenkenntnis enthalten (UZ, ab S. 119), die hier nicht gebracht werden können. Der Effekt soll sein, daß die lernbeflissenen Leser dort feststellen können, wie sie selbst sind und welche Stärken und Schwächen sie haben. Daraus kann dann gefolgert werden, daß diese Tätigkeit dem betreffenden Probanden nicht liegt, während er wahrscheinlich für eine bestimmte andere Tätigkeit hervorragend geeignet wäre (s. auch S. 269 ff.).

Folgende Schlußfolgerung zu diesem Problem der Menschenkenntnis, das als Hilfe zur Selbstanalyse praktiziert wird, ist überlegenswert. Wenn wir einmal annehmen, daß in den deutschen Unternehmen eine – fiktive – Zahl von 20 Prozent aller Beschäftigten an einem Arbeitsplatz steht, an dem ihnen die Tätigkeit Freude macht, weil sie sie gut können und sie daher gerne tun, dann wäre dies schon etwas. Wenn wir aber – durch verstärkte Anwendung der Menschenkenntnispraktiken – es fertigbrächten, daß in dem Unternehmen statt bisher 20 Prozent nunmehr 40 Prozent aller Mitarbeiter (von 100 Prozent zu sprechen wäre völlig illusorisch) am richtigen Platz wären, dann wäre dies doch, wie jeder zugeben muß, eine echte Rationalisierung. Denn wem die Arbeit Freude macht, der macht sie auch gut, weil er motiviert ist, sie zu tun. Und er wird auch gerne in der Firma arbeiten; dies ist wiederum eine Form der Motivation zur Gemeinschaft.

Auch wenn die Kenntnisse aus UZ nicht angewandt werden sollten, so ist doch jeder Leitende einer Gruppe stets gehalten, zu versuchen, daß die Mitarbeiter an ihrer Tätigkeit Freude finden. Dies ist zwar leichter gesagt als realisiert, aber sicherlich gibt es auch hier Motivationsreserven, die aufzufinden die Aufgabe der Führenden sein sollte: Eine bessere Leistung und eine andere Einstellung zur Gemeinschaft wird der Lohn sein.

Das B.A.T-Freizeit-Forschungsinstitut hat Ende 1992 in einer Studie nach aktuellen Repräsentativbefragungen festgestellt, daß die Arbeitnehmer mehr Sinn und Freude in ihrer Berufstätigkeit suchen als früher. Arbeitsfreude – so das Ergebnis der Untersuchung – ist mittlerweile, im Vergleich zur letzten derartigen

Befragung, zum wichtigsten Motivationsfaktor für Angestellte (62 Prozent), Beamte (69 Prozent), Leitende Angestellte (61 Prozent) und Freiberufler (69 Prozent) geworden. Was für die Freizeit gelte, erwarte man auch für die berufliche Tätigkeit: Spaß und Freude am eigenen Tun und Können. Die Arbeit muß Abwechslung, Herausforderung und Erfolgserlebnisse bieten, sonst verlieren die Mitarbeiter die Lust an der Leistung. Und die Führungskraft – so die Studie weiter – muß zum Organisator von Leistungslust werden. Führen heißt dann nicht nur Lenken und Leiten von Menschen, sondern auch Vermitteln von Erfolgserlebnissen am Arbeitsplatz.

In unserem vom B.A.T-Institut zur Verfügung gestellten Schaubild (S. 160) ist aber noch ein Faktor ganz besonders interessant. Wir haben bereits mehrfach festgestellt, daß die Führungskräfte die Hauptaufgabe haben, den ihnen anvertrauten Menschen den Sinnzusammenhang ihrer Tätigkeit zu vermitteln. Dies wird – auf dem Schaubild ganz rechts – durch die Untersuchung bestätigt: Fast die Hälfte der deutschen Arbeitnehmer läßt sich heute nur mehr durch sinnvolle Arbeitsinhalte zu mehr Leistung motivieren; 1988 waren dies nur 34 Prozent, also ein Drittel. Die Arbeitnehmer erwarten Sinn in der Arbeit und nicht nur bloß Beschäftigung. Hier entwickelt sich eine große Herausforderung für das Unternehmen, wenn zukünftig mehr nach Arbeitsinhalten und Arbeitsfreude gefragt wird und nicht nur nach Geld und Freizeit. Daß hierbei auch das »Mitreden« und Einbringen eigener Kreativität für den Mitarbeiter eine Rolle spielt, ist wohl selbstverständlich. Und das Unternehmen wird davon der Nutznießer sein – für alle!

Problematik

Die unterste Querspalte unserer Übersicht befaßt sich mit der jeweils zu bewältigenden *Problematik*, die den einzelnen Stilen entsprechen könnte. Hier muß zugestanden werden: Die Be-

Der Ruf nach mehr Freizeit wird leiser

Arbeitsmotivation im Zeitvergleich der Jahre 1988 und 1992

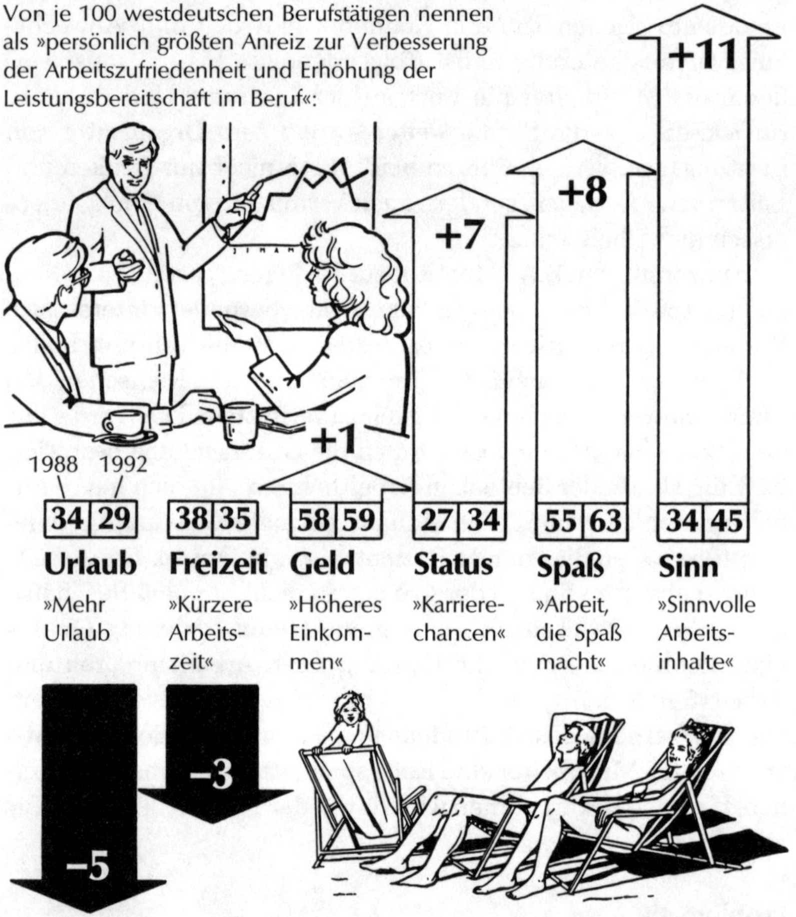

Repräsentativbefragungen 1988 und 1992 von jeweils 2000 Personen ab 14 Jahren im Bundesgebiet West

Quelle: B·A·T-Freizeit-Forschungsinstitut 1992

trachtungsweise der Probleme *Materie – Energie – Information** ist zwar epochal zu sehen, trifft jedoch nicht immer auf die Unternehmensentwicklung zu. Denn wie bereits erwähnt, befinden sich heute noch viele Unternehmen in ihrer Anfangsphase und somit noch im Pionierstil, andere wieder sind mit Teilen ihrer Aktivitäten in mehreren Stilbereichen zu finden. Es darf also nicht etwa geglaubt werden, den Pionierstil habe es etwa bis 1910 gegeben, der patriarchalische Stil habe bis in die sechziger Jahre gegolten – und nun seien wir eben im modernen, integrativen Stil. Dies wäre völliger Unsinn. Trotzdem aber hat unsere Übersicht für die Unternehmen einen besonderen Nutzen: Wie dies schon viele getan haben, kann eine Geschäftsleitung anhand dieser Zusammenstellung einmal überprüfen, welche ihrer Bereiche sich in welchem Stilzustand befinden. Denn eines ist sicher: Nur in wenigen Unternehmen befinden sich alle Bereiche auf der gleichen Entwicklungsstufe. Eine Betrachtung dieser Übersicht wird wahrscheinlich in manchen Unternehmen Nachdenklichkeit bewirken und vielleicht auch Aktivitäten, irgend etwas zu verbessern. Damit wäre schon viel erreicht, vor allem für die Menschen, die in diesem Unternehmen wirken.

Der besseren Anschaulichkeit willen sollen im folgenden kurze fiktive Beispiele gegeben werden, zunächst zum Problem der Bewältigung der *Materie*: Wenn eine Schuhmacherei als Handwerksbetrieb im vorigen Jahrhundert sich erweitert hat und maschinelle Fertigungsabläufe hinzukamen, war dies doch immer noch im wesentlichen ein materielles Problem: Rohstoffe wurden eingekauft, ver- und bearbeitet und dann als Fertigprodukte wieder verkauft.

Anders die Bewältigung des Problems der *Energie* – in einem Organismus Unternehmen etwa mit dem Stoffwechsel vergleich-

* Hier sei der Hinweis gegeben, daß diese epochale Entwicklung der Problematik nichts zu tun hat mit der Urknalltheorie und den sich daraus ergebenden Evolutionsfolgen. In unserer Darstellung sind diese Begriffe lediglich auf die wirtschaftliche Entwicklung der letzten zwei Jahrhunderte bezogen.

bar. Bei einer differenzierteren Entwicklung als in der kleinen Schuhfabrik, also in einem Unternehmen, das in mehreren Bereichen Produkte sowie auch Dienstleistungen verkauft, ist es entscheidend, wie mit den vorhandenen Energien – vom Rohmaterial über Maschinenpark bis hin zur Strom- und Wasserversorgung sowie den Leistungsträgern, dem oft so benannten »Menschenmaterial« – und dem investierten Kapital umgegangen wurde. Es ergaben sich Interdependenzen zwischen den einzelnen Faktoren, aber insgesamt betrachtet war es tatsächlich ein Haushalten mit den gegebenen oder nutzbar zu machenden Energien. Daran knabbern viele Unternehmen heute noch kontinuierlich.

Die nunmehr noch epochal erscheinende Bewältigung der *Information* ist zwar ein parallel schon stets vorhandenes kleines Problem gewesen, dem man nicht immer die ihm zukommende Bedeutung zugebilligt hat. Aber nunmehr, im Informationszeitalter, wird dieses Problem evident. Denn man hat zwar immer mehr und bessere Techniken, Informationen zu produzieren, auszutauschen, zu speichern und auch abzurufen, also verwendbar zu machen, aber eines hat noch niemand im Griff: sie richtig zu selektieren; d. h., Informationen so aufzubereiten, daß sie ihrer Bedeutung gemäß zu denjenigen Stellen gelangen, wo sie gebraucht werden und nützlich sind. Dies wird voraussichtlich das Kernproblem unseres Jahrzehnts werden.

Für unser Anliegen, nämlich die Sinnfindung zum Leben des einzelnen in und mit der Gemeinschaft, dem Organismus Unternehmen, allerdings ist dies allgemeine Problem gar keines. Denn die dazu notwendigen Informationen werden im Zirkelmodell menschlich untereinander ausgetauscht; sie haben nichts zu tun mit den betrieblichen, technischen, organisatorischen oder anderweitigen Daten, die über die Computer vermittelt werden. Und dies mag uns beruhigen und mit Zuversicht erfüllen: Wenn es dem Organismus Unternehmen gelingt, diese menschlichen Informationen, deren »Datenträger« die Menschen selber sind, in den Zusammenhang der Sinngemeinschaft des Unternehmens zu bringen, dann hat dieses den Geist, der das Überleben und den Erfolg auch in einer turbulenten Zeit sichern wird.

Wie sagte Nordhoff, den wir auf S. 41 zitierten, schon 1966: »... wertvoll an einem Unternehmen sind nur die Menschen, die dafür arbeiten, und der Geist, in dem sie es tun ...!« Mehr als ein Vierteljahrhundert nach dieser prophetischen Rede sehen wir die Chance, daß diese Erkenntnisse verwirklicht werden können. Wir können guten Mutes sein, denn täglich mehren sich die Unternehmen, die auf dem richtigen Wege sind, sich in dieser Weise zu entwickeln und zu entfalten.

Intermezzo über Synergie – die Lebenskraft aus harmonisierter Leistung

Da hat er wieder, wird sich mancher Leser bei dieser Überschrift sagen, so ein Modewort aufgegabelt, mit dem sich die sogenannten Neudenker schmücken, aber kaum einer weiß, was es bedeutet. Richtig, verehrter Leser, auch das Wort Synergie ist heute zu einem Modewort geworden – und dies in relativ kurzer Zeit. Noch in meinem Buch »Die Unternehmens-Zukunft«, dessen erste Ausgabe 1985 erschien, ist der Begriff nur zweimal ganz nebenbei erwähnt und einmal in einer Fußnote erläutert worden, dazu noch ziemlich ungenau. Dies wird in der Neuauflage anders sein – müssen!

Der Begriff der Synergie setzt sich aus zwei Wortstämmen zusammen: aus Energie (= die Kraft) sowie aus der griechischen Vorsilbe »syn«, die soviel wie »zusammen, gemeinsam, gleich« u. ä. bedeutet. Wir finden diese beispielsweise in »syn-chron« (Chronos = Gott der Zeit), das »gleichzeitig« bedeutet, in »synoptisch«, was soviel wie »zusammensehend« heißt, oder in »Synthese« (These = der Satz), was man als »gemeinsamen Satz«, der zwei »Gegensätze« überwindet, versteht. »Synergie« ist also die gemeinsame oder zusammengefaßte Energie, etwa aus verschiedenen Kräften zusammenwirkend.

Peter Molzberger, der sich als Hochschulwissenschaftler seit Jahren mit den Problemen der Synergie befaßt, definiert in seinem hervorragenden Büchlein »Synergetische Zusammenarbeit – Ein Schwimmkurs für Führungskräfte«, den Begriff folgendermaßen: »Synergie nennen wir das selbstgesteuerte Entstehen einer höheren Ordnung aus der Basis einer niedrigeren Ordnung.« *Dies bedarf für denjenigen, der sich noch nicht mit dem Begriff intensiv beschäftigt hat, selbstverständlich noch einiger Erläuterungen, die im folgenden gegeben werden.*

Die Molzbergersche Erklärung ist eigentlich schon der weitergeführte Schritt einer einfachen Grunderkenntnis, mit der wir die Synergie schlicht erklären können: Das Ganze ist mehr als die Summe seiner Teile. *Rechnerisch dargestellt oder (für Grundschüler, die kein Rechnen mehr, sondern Mathematik lernen) mathematisch ausgedrückt, würde dies sich so präsentieren: 1 + 1 = 3. Natürlich wissen wir alle, daß die Gleichung so nicht stimmt, aber sie gibt zumindest den Kerngedanken der Synergie wieder. Und dieser besagt, daß Zusammenschlüsse irgendwelcher Form und Größenordnung Effekte erzielen, die weit über die reine Addition der Leistungen der einzelnen Teile hinausgehen.*

Solche Effekte hat auch Peter Russell in seinem Buch »Die erwachende Erde« erwähnt, das wir schon im I. Satz zitierten. Er legt dar, daß etwa zehn Milliarden Menschen zusammenwirken werden können und hieraus ein gemeinsames Bewußtsein (The Global Brain) entstehen könnte.

Aber auch wer Russells grundlegender Idee nicht zuzustimmen vermag, kann sich doch an simplen Beispielen, die uns überall begegnen, den Synergieeffekt bewußtmachen: Molzberger nennt Ameisenhaufen und Vogelschwärme, die tatsächlich in der Gesamtheit ihrer Leistung mehr vollbringen, als aus der Addition der Einzelwesen jemals zusammenkommen könnte. Ich wähle gerne als Beispiel einen Sportler, einen Hochspringer, der – es muß ja nicht gleich ein Weltrekordversuch sein – mit seinem Sprung über die Latte auch eine synergetische Leistung vollbringt. Ich wähle dieses Beispiel deshalb, weil wir im Sportler auch einen Organismus vor uns haben und wir einen solchen auch als Modell für ein Unternehmen gewählt haben. Und ich wähle diesen Menschen, weil er mehr ist als nur das Zusammenspiel von Muskeln, Sehnen und Knochen. Denn was geschieht bei dem Hochsprung? Er gelingt nur, wenn die verschiedensten Organe und Funktionen zusammenwirken unter der gemeinsamen Steuerung durch das Gehirn. Und hier ist auch die höhere Ordnung zu finden: Nicht nur das technische Zusammenwirken von Muskeln und Sehnen, Gelenken und Knochen ist der Synergieeffekt, sondern noch viele weitere De-

tails: die Abschätzung von Entfernungen und Geschwindigkeit, die Berechnung der Bewegungsabläufe mit exakter Vorbereitung der Stellen, wo die Füße im Anlauf aufgesetzt werden müssen, die Steuerung und allmähliche Beschleunigung des Anlaufs, der Absprungpunkt mit gleichzeitiger Ausnutzung der Schwungkraft und der Sprungtechnik u.v.a.m. Aber das Ganze würde nie funktionieren, wenn nicht noch – und dies ist für unser Unternehmensmodell so entscheidend – die Motivation vorbereitet und ausgelöst würde, die als geistige Kraft das Zusammenwirken aller Organe und Kräfte durch die zusammengefaßte Energie, eben die »Syn«ergie schafft. Ein fast unglaubliches Zusammenspiel aller körperlichen und geistig-seelischen Kräfte bewirkt diese Leistung.

Dieses Beispiel zeigt uns anschaulich, was Synergie bedeutet: nicht nur die Übersummierung materieller Kräfte, sondern auch das Mitwirken geistiger Steuerungen, die auch zu übernormalen Leistungen führen können. Dies ist in der Wissenschaft heute schon unumstritten, obwohl die ersten Veröffentlichungen darüber erst gute zehn Jahre alt sind. Nachdem die erste wissenschaftliche Anerkennung durch die Verleihung des Nobelpreises an Ilya Prigogine 1977 erfolgt war – für seine Arbeit über »dissipative Strukturen«, die sich erstmals mit völlig neuer Sicht der naturwissenschaftlichen Lehren befaßte –, erschien erst 1981 das Buch von Hermann Haken: »Erfolgsgeheimnisse der Natur«, das sich auf äußerst anschauliche Weise mit der Synergetik, der »Lehre vom Zusammenwirken«, auseinandersetzte. Aber schon zu dieser Zeit bewegte sich in allen Sparten der Naturwissenschaften und auch – mit einiger Verzögerung – bei den Geisteswissenschaften derart viel, daß man nur staunen kann über die sich beinahe überschlagende Entwicklung. Als einfaches Beispiel sei hier die Eröffnungsrede vom damaligen Bundespräsidenten Walter Scheel bei der Jubiläumsausstellung des Münchener »Deutschen Museums« 1978 erwähnt, bei der Scheel aufforderte, sich in der Wissenschaft nicht mehr der immer mehr zunehmenden Spezialisierung zu widmen, sondern zur Änderung des Denkens bereit zu sein, das sich mit der Ganzheitlichkeit der Natur befassen müsse. »Die Methode«, so Scheel wörtlich, »ein Problem zuerst zu isolieren, bevor wir es lösen können, muß aufgegeben werden und zunächst der Gesamtzusammenhang, in dem es steht, erkannt werden. Wir müssen wieder lernen, in größeren Einheiten zu denken.«

Wir werden uns im folgenden IV. Satz mit den Organen des Unternehmensorganismus sehr intensiv befassen und dabei auch feststellen, daß diese Organe – die in den Unternehmen Abteilungen, Bereiche, Teams, Gruppen, Zirkel o. ä. genannt werden – eigene individuelle Charaktere entfalten (individuell = unteilbar). In den USA spricht man von der »group entity«, was man mit Gruppeneinheit, besser noch mit Gruppenwesen übersetzen kann. Und hier zeigt sich bereits ein wesentlicher Effekt der Synergie: Ohne daß besondere Maßnahmen dazu gesteuert werden müssen, entwickelt sich in Gruppen, wenn sie nicht negativ gestört werden, ein Gemeinwesen, das alle mitempfinden und mittragen. Daraus kann ein erhöhtes Leistungspotential entstehen, das Molzberger mit der Skizze auf S. 168 angedeutet hat. Wir können dieses Bild als eine Gruppe von drei Menschen sehen, wir können es aber auch als Darstellung des Zusammenwirkens von drei Gruppen innerhalb einer größeren Einheit – beispielsweise eines Unternehmens – verstehen. Sicherlich fällt die Ähnlichkeit der Darstellung Molzbergers mit meinem Unternehmensmodell »Zirkel 2000« auf, aber wir beide, die wir inzwischen freundschaftlich verbunden sind, können versichern, daß wir uns erst 1990 kennengelernt und vorher nichts voneinander gehört haben. Wiederum einmal ein Beispiel von den vielen, die ich in den letzten Jahren erlebte, daß gleiche Gedanken und Ideen zu gleicher Zeit an verschiedenen Stellen auftauchen, weil sie – wie man früher oft so schön sagte – »in der Luft liegen«. In Wirklichkeit ist dies – auch entsprechend den Überlegungen Peter Russells – nichts anderes als ebenfalls ein Synergieeffekt, der uns selbst oft aus unserem noch beschränkten Horizont heraus nicht erkennbar und bewußt wird. Wer einmal für diese Gedanken aufgeschlossen und sensibilisiert ist, wird ähnliche Erfahrungen machen können, insbesondere über die sogenannten Zufälle. Aber dies würde hier zu weit führen.

Auch Gerd Gerken bestätigt dies im Herbst 1992, indem er feststellt,

Homogenität von Teams

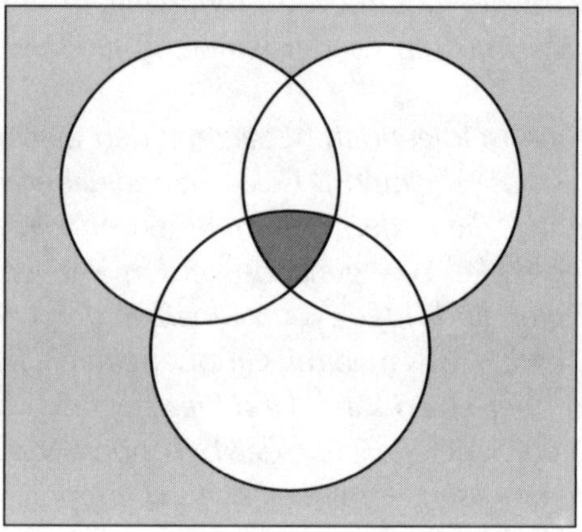

Klassisches Team:
Nutzbar ist die gemeinsame Basis
(Schnittmenge)
des Wissens und der Fähigkeiten.

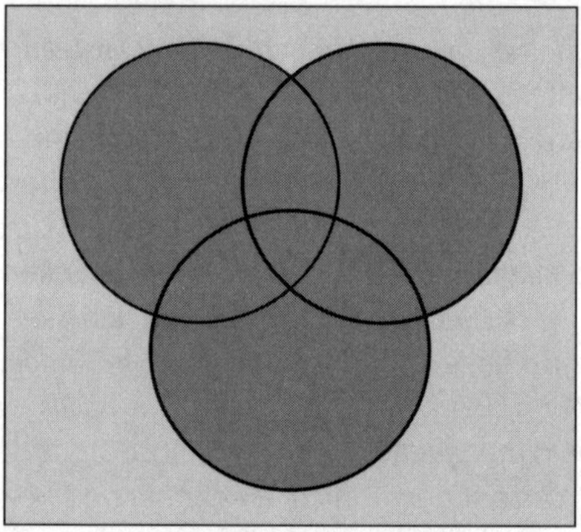

Synergetisches Team:
Nutzbar ist das Gesamtpotential
(Vereinigungsmenge)
des Wissens und der Fähigkeiten.

daß die Aspekte der Evolution immer wichtiger werden und optimiert werden müssen. Er sieht für das Management in den Unternehmen folgende Konsequenzen:

1. Das Busineß wird erkennen, daß es nicht an Kämpfen beteiligt ist, sondern in Evolutionsprozessen integriert.
2. Damit wird sich das Management vom Dogma der Strategie entfernen zugunsten der Synergetik: also eine Wanderung vom derzeitigen militärischen Denksystem zu einem evolutionären.
3. Damit werden alle Managementtechniken, die fluktuative Prozesse steuern können, wichtiger als alle Zieltechniken.

Und Gerken folgert, daß es zu einer Achsenverlagerung der Managementphilosophie kommt: von direkten und linearen Techniken zu den indirekten und systemischen Techniken. Dazu zählt er alle Softfaktoren wie z. B. Vision, Kultur, Klima, Bewußtsein und Kontext; aus ihnen entsteht ein systemisches Softmanagement, um die neuartige evolutionäre Dynamik besser managen zu können.

Treffender können unsere Gesamtüberlegungen, speziell zur Synergie, nicht bestätigt werden.

Für uns muß klar sein, daß die Synergie ein wesentlicher Faktor des Lebens, also auch des Lebens im Organismus Unternehmen ist. Diese Erkenntnis ist nicht nur für die einzelne Gruppe von Bedeutung, deren Strukturen und Leben als Organ wir anschließend behandeln werden, sondern auch für das Unternehmen insgesamt, nämlich für die Einbindung der Gruppen – Organe – in die Ganzheit und das gemeinsame Existenzstreben. Hier sei nochmals Molzberger zitiert:

> »Es liegt eine riesige Leistungsreserve brach, die durch innere Reibung innerhalb von Einzelpersonen, Teams und auf verschiedenen Organisationsebenen in Bremswärme umgewandelt wird. Da diese Energie sich nicht kreativ nach außen entfalten kann, wirkt sie sich zerstörerisch aus auf die Gesundheit und Lebensfreude der Menschen, auf das Betriebsklima und die zwischenmenschlichen Beziehungen sowie auf den Verbrauch an Geld und Sachmitteln.«

Und einige Zeilen weiter setzt Molzberger diese Überlegungen mit folgender Erkenntnis fort:

»Die Leistungsreserven unserer Organisationen zu nutzen, die Menschen in ihrer Leistungsfähigkeit herauszufordern, ist nicht nur eine Frage der wirtschaftlichen Vernunft, sondern auch der Menschlichkeit. Wenn die Menschen die Möglichkeit haben, zu sehen, was sie wert sind, können sie ihrem Leben mehr Sinn geben. Viele unserer Probleme würden sich damit total in Luft auflösen.«

Ich wiederhole hier noch einmal, was ich in anderem Zusammenhang bereits gesagt habe: Leistung ist etwas Natürliches, nach dem jeder normale Mensch strebt, weil er Freude daran hat, etwas – gleichgültig, wie groß oder wie unbedeutend – geschaffen zu haben. Es ist kein Begriff, der in den Hirnen menschenverachtender Unternehmer entstanden ist, um die Menschen auszubeuten. Und wenn die Überschrift dieses Intermezzos die Synergie als Lebenskraft für die harmonische Leistung nennt, dann entspricht dies auch noch einem weiteren Streben des Menschen, dem nach Harmonie, die auch den Leitgedanken des vorliegenden Buchwerkes bildet. Alles in allem genügend Grund, der Synergie bei unseren Betrachtungen zum Unternehmensorganismus einen besonderen Stellenwert einzuräumen.

PAUSE

Pausengespräch zwischen Chronos und Kairos, den beiden Halbbrüdern der griechischen Götterwelt. Ersterer ist der Gott der systematischen Zeitmessung und des linearen Ablaufes der Zeit, sein Halbbruder dagegen ist verantwortlich dafür, daß die Dinge zur rechten Zeit geschehen und im richtigen Augenblick entstehen und wirken, also dann, wenn man die Gelegenheit beim Schopfe packen sollte (s. a. 5. Kadenz, S. 269 ff.).

Kairos: Oh, Bruder Chronos wie schön, daß ich dich hier treffe!

Chronos: Sieh da, mein lieber Kairos! Hast du doch noch eine Karte für das Konzert bekommen? Als ich meine im Vorverkauf besorgte, sagte man mir, daß schon fast ausverkauft sei.

Kairos: Nun, ich ging auf gut Glück und bekam eine an der Abendkasse!

Chronos: Da hast du aber wirklich Glück gehabt. Wie gefällt dir das bisher Gehörte?

Kairos: Großartig, meinetwegen hätten sie gar keine Pause einlegen sollen. Ich könnte ununterbrochen zuhören, so nimmt mich die Musik in ihren Bann. Bin gespannt, wie's weitergeht.

Chronos: Das kann ich dir genau sagen – hast du kein Programm? Es kommen noch der IV., V. und VI. Satz, drei Kadenzen in jedem enthalten. Drei Intermezzi trennen die Sätze und führen dann zum Finale. Um dreiundzwanzig Uhr und siebzehn Minuten sollte es zu Ende sein.

Kairos: Nun, vielleicht wird es doch ein wenig länger, wenn der Solist die Kadenzen ein wenig ausdehnt. Ich finde sie wundervoll und mit soviel Phantasie.

Chronos: Gerade das paßt mir gar nicht! Wie kommt dieser Mensch dazu, den angesehenen Komponisten noch ergänzen oder gar verbessern zu wollen? Das ist eine Anmaßung, die er sich herausnimmt – und außerdem: Dadurch kann man das Ende überhaupt nicht berechnen. Mein Fahrer sollte mich pünktlich abholen können ...

Kairos: Nun, dann muß er eben einmal ein paar Minuten warten.

Chronos: Das gibt es bei mir nicht. Er weiß, daß er sich auf mich genauso verlassen kann wie ich mich auf ihn. Wo kämen wir denn sonst hin?

Kairos: Na, meinetwegen. Wie gefällt dir übrigens die Musik?

Chronos: Nun, die Variationen im Präludium und im II. Satz waren ganz gut, wenn auch nicht alle Möglichkeiten ausgeschöpft worden sind. Der I. Satz trägt zwar die Bezeichnung »Largo«, ist aber keineswegs breit angelegt.

Kairos: Aber findest du den Ideenreichtum des Komponisten nicht großartig? Diese immer wieder anderen Themen zu erfinden und vielfältig zu gestalten kann doch nur ein wirkliches Genie schaffen. Diese Vielseitigkeit, dieser Abwechslungsreichtum, diese Varianten und die blühende Phantasie mit stets neuen Einfällen und unerwarteten Wendungen muß einen doch begeistern – oder dich etwa nicht?

Chronos: Nun, es waren bis jetzt ganze vier Hauptthemen mit – wie ich mitnotiert habe – insgesamt dreizehn Unterthemen und Variationen. Da hätte man mehr draus machen können. Und übrigens: Der II. Satz soll ein Allegro sein, ist aber trotzdem viel zu langsam gespielt worden. Wie sollen Dirigent und Musiker da mit der vorgegebenen Zeit zurechtkommen?

Kairos: Ich könnte einfach ad infinitum zuhören, so beglückt mich diese herrliche Musik mit ihren wunderbaren Harmonien.

Chronos: Dies muß ich dir zugestehen, die Harmonien – gleich, welcher Tonart – sind schon sehr schön und wirkungsvoll. Aber das liegt auch daran, daß der Komponist sehr gut abgewogen hat zwischen Dur und Moll.

Kairos: Nun freue ich mich, daß wir beide doch etwas Gemeinsames haben: die Freude am harmonischen Zusammenklang des Ganzen, in der wir uns finden. Trotz oft gegensätzlicher Auffassungen sehen wir das Ganze als eine Schöpfung der Harmonie, die unser beider Herzen erreicht und uns gemeinsam Freude schenkt.

Chronos: In diesem Sinne kann ich nicht umhin, dir zuzustimmen, mein lieber Bruder. Die Pause geht zu Ende, laß uns wieder auf unsere Plätze gehen ...

IV. Satz: *Andante*
= gehend

Gruppen, Teams und Zirkel haben echte Organfunktionen

Als Organe eines Unternehmensorganismus könnte eine große Anzahl von Begriffen stehen – wie beispielsweise Hauptabteilung, Bereich, Sektion, Abteilung, Mannschaft, Untergruppe, Spezialteam, Arbeitsgruppe u. a. Wenn hier in der Überschrift drei besonders genannt wurden, um dem Organ verglichen zu werden, dann hat dies seine Gründe. Der Begriff der *Gruppe* wurde gewählt, weil sich die Thematik im wesentlichen auch auf gruppenpsychologische Erkenntnisse bezieht. Die Gruppenpsychologie, wie sie heute von wissenschaftlicher Seite aus betrieben wird, ist zwar vielfach für die Unternehmenspraxis viel zu differenziert und spezialisiert, als daß sie für alles Geschehen im Unternehmen herangezogen werden könnte. Aber einige Grunderkenntnisse werden doch benötigt werden, ohne daß deshalb ein sehr tiefes Einsteigen in das weite Feld der Psychologie der Gruppen notwendig werden wird.

Team ist ein Begriff, der dem Sportenglisch entnommen ist und bei uns schon seit Jahrzehnten dafür steht, daß eine Mannschaft gemeinsam einen Geist entwickelt, der auch als Begriff »Teamgeist« – nunmehr sogar losgelöst vom sportlichen Denken – allgemein gebraucht wird. Wir werden sehen, daß hierin auch die Ansätze der im vorangegangenen Intermezzo behandelten Synergie enthalten sein werden.

Der *Zirkel*-Begriff ist deshalb herausgehoben worden, weil er nicht nur die direkte Verbindung zum Unternehmensmodell »Zirkel 2000« darstellt, sondern auch als Symbolwert von Bedeutung ist. Dies ist in UZ (S. 301 ff.) ausführlich erläutert worden und auch in der Abbildung (S. 80/81) ersichtlich. Es soll aber hier ausdrücklich noch zusätzlich festgestellt werden, daß der Begriff Zirkel im Unternehmen nicht nur die festen Gruppierungen von Bereichen, Teams, Abteilungen usw. umfassen kann, sondern daß auch temporär oder ständig bereichsüberschreitende Zirkel gebildet werden können und sollen, in denen sich Unternehmensangehörige verschiedener Bereiche bestimmten Aufgaben widmen. Ein Beispiel hierzu wäre etwa die Bildung eines Zirkels, der sich mit dem ökologischen Bezug des Unternehmens befaßt, ein anderer Zirkel könnte sich temporär zur Vorbereitung und Durchführung einer anstehenden Jubiläumsfeier zusammenfinden. Das Wort Zirkel steht also für alle Möglichkeiten spontaner oder gelegentlicher Gruppenbildung mit unterschiedlichen Aufgaben, aber jeweils im Gesamtrahmen unseres Unternehmensmodells. Im folgenden wird in diesem Kapitel jedoch kontinuierlich mit dem Begriff »Gruppe« gearbeitet, die nunmehr für alle anderen Bezeichnungen vorläufig gelten soll.

Gemeinnutz vor Eigennutz

Dieser im Politischen zeitweise pervertierte Satz darf durchaus für den Organismus Unternehmen geltend gemacht werden, weil ja der Nutzen für die Gemeinschaft impliziert, daß er auch Nutzen für das einzelne Mitglied der Gemeinschaft bringt. Dies gilt sowohl für den Einzelnen in der Gruppe als auch für die Gruppe im Gesamtunternehmen. So wie eine Zelle nicht leben kann außerhalb ihres Organs, kann auch ein Organ nicht leben außerhalb des Organismus. Dies Bild muß allen Mitarbeitern geläufig sein; es wird zukünftig zur Grundlage des Selbstverständnisses in den Unternehmen und bei allen Mitarbeitern sein; wer sich damit nicht identifizieren kann oder will, muß die Konsequenzen ziehen und das Unternehmen verlassen – er würde sonst nur zum Störfaktor für das Ganze werden.

Auch die abgedroschene Redewendung »alle in einem Boot«

hat ihre Bedeutung als Bild für das gemeinsame Schicksal. Es demonstriert nicht nur, daß es für den Einzelnen sinnlos wäre, das Boot zu verlassen, weil sein Tod durch Ertrinken dann eintreten würde, sondern auch, daß nur die gemeinsame Kraftanstrengung – hier das Rudern – vor einem eventuellen Untergang bewahren kann. Diese Schicksalsverbundenheit den Mitarbeitern ständig bewußtzumachen, ist, wie wir im vorigen Kapitel festgestellt haben, die kontinuierliche Aufgabe der Führungsverantwortlichen.

Eine solche Grundeinstellung zur gemeinsamen Existenzerhaltung gibt auch die beste Handhabe, um gegen immer wieder auftretende Gegnerschaften, Neideffekte, Minderwertigkeitskomplexe, Reibereien, Streitigkeiten, Zurücksetzungen, Angeberei, Abwertungsversuche, Überheblichkeit, Ellenbogendurchsetzung, Arroganz und Unterdrückung sowie viele andere dieser »schönen« Verhaltensweisen vorzugehen. Hier ist es die Aufgabe der Leitenden, den Gruppen bei Auftreten solcher Entwicklungen bewußtzumachen, welche Reibungsverluste – Molzberger nannte sie »Bremswärme« – entstehen und wieviel Positives mit dem gleichen Energieaufwand hätte bewirkt werden können. Natürlich sind wir alle nicht so einfältig zu glauben, daß man immer stets in Frieden und Wohlgefallen miteinander umgehen kann. Dafür sind alle ja Menschen, und Menschen handeln eben nicht immer richtig und gut. Jedoch eine kontinuierliche Begleitung durch den Führenden – ein Coaching – wird auch bei manchem leicht reizbaren Mitarbeiter vielleicht Besserungen bringen, wenn er, von einem anderen darauf aufmerksam gemacht, erkennt, daß er Fehler praktiziert. Ein Lernerfolg kann sich auch dann besonders intensiv einstellen, wenn er merkt, daß er gegen das Interesse der ganzen Gruppe gehandelt hat und die Gruppe ihm das nicht noch einmal durchgehen lassen will.

Gruppenpsychologische Fakten

Es wurde bereits eingangs erwähnt, daß hier nicht die gesamte Wissenschaft der Gruppenpsychologie behandelt werden soll – lediglich bestimmte Erkenntnisse grundsätzlicher Art sollen im folgenden genannt und zur Beachtung im Umgang mit Gruppen empfohlen werden.

Zunächst einmal muß man wissen, daß Gruppen eine eigene Individualität entwickeln, die durch *Kohäsion* und *Distanzierung* bestimmt und gefördert wird. Kohäsion bedeutet Zusammenziehung – man könnte es auch als die Entwicklung des Zusammenhaltes bezeichnen. Da jeder Mensch den verschiedensten Gruppen angehört, wird dies jeder schon am eigenen Leib erlebt haben: Man spricht als Jägerstammtisch eine eigene Sprache, im Sportverein hat man ein eigenes Selbstverständnis, und als Bürger in einer Bürgerversammlung schließt man sich mit anderen Anwohnern etwa gegen eine vorgesehene Behördenwillkür zusammen. Auch Straßenfeste gehören zu dieser Kohäsion genauso wie Anhänger einer Rockband oder eine Fan-Gruppe des Fußballvereins. Man kennt sich, man spricht die gleiche Sprache, erinnert sich gemeinsamer Erlebnisse und betreibt auch eventuell gemeinsame Aktivitäten. Dabei entsteht gleichzeitig eine mehr oder weniger auch nach außen deutlich gemachte Distanzierung gegenüber anderen, auch mit gleicher Zielsetzung oder ähnlichem Verständnis entstandenen oder existierenden Gruppen. Man nützt jede Gelegenheit, um diesen und auch Dritten gegenüber zu betonen oder zu demonstrieren, daß man nicht so ist wie jene! Daß das »bei uns ganz anders ist« und daß die anderen sich »mit uns überhaupt nicht vergleichen können«. »Wir sind wir – und schreiben tun wir uns ›UNS‹!« ist ein gebräuchlicher Slogan.

Im Unternehmensorganismus muß der Leitende eines Organs höllisch aufpassen, daß aus einer durchaus akzeptablen Kohäsion, d. h. der Entwicklung einer Gemeinschaftlichkeit, nicht ein übersteigertes Selbstbewußtsein entsteht, das die Distanzierung zu anderen Organen aus einer Überheblichkeit heraus zur Diffamierung und gar zur Feindschaft werden läßt. Denn, so ist zu argumentieren, in einem Organismus würde es auch niemals der Niere einfallen, sich gegenüber der Leber oder dem Herzen überheblich zu gebärden oder gar das Zusammenwirken abzubrechen. Dies könnte für den Gesamtorganismus tödlich werden – und für ein Unternehmen ebenso. In UZ wird folgender Fall geschildert, der beispielhaft für gegenseitige Vorurteile und Schäden, die dadurch entstehen können, stehen mag.

In einem Verkaufsseminar eines im Spessart ansässigen Unternehmens waren nicht nur die acht Leiter der Verkaufsniederlassungen in Deutschland anwesend, sondern auch fünf Mitarbeiter des Innendienstes aus der Zentrale. Beide »Parteien« kannten sich zum Teil nur dem Namen nach aus telefonischen oder schriftlichen Kontakten, hatten sich aber in manchen Fällen noch nie persönlich gesehen.

Als ich von der Gemeinsamkeit der Aufgaben im Vertrieb sprach, meldete sich der Niederlassungsleiter Hamburg zu Wort und meinte: »Mit diesen Leuten im Innendienst kann man nicht zusammenarbeiten, die machen immer alles falsch.« Und als ich antwortete, dies werde doch hoffentlich nur ein Vorurteil aus einer Verallgemeinerung sein, sagte der Betreffende: »Nein, Herr Ammelburg, ich will Ihnen darlegen, wie das manchmal geht! Vor einiger Zeit bekamen wir den Anruf aus der Zentrale – vom Verkauf Innendienst –, und die fragten an, was sie denn tun sollten: In dieser Woche seien soviel Lieferungen nach Hamburg vorzunehmen, daß ein Lkw nicht ausreichen werde und deshalb ein zweiter Lkw eingesetzt werden müsse. Nun sollten wir ihnen doch sagen, welche Lieferungen vordringlich wichtig seien, diese werde man in den Lkw verfrachten, der am Mittwoch in Hamburg eintreffen werde, während die nicht so eiligen Waren mit dem zweiten Lkw am Donnerstag kommen könnten. Wir wunderten uns schon in Hamburg, daß die von der Zentrale überhaupt so weit gedacht hatten, und dann gaben wir ihnen die Liste der vordringlichen Sendungen durch. Und was soll ich Ihnen sagen: Als der Lkw am Mittwoch eintraf, waren in ihm alle die nicht so eiligen Lieferungen – und am Donnerstag kam dann der Lkw mit den Lieferungen, die wir als vordringlich bezeichnet hatten.«

Als ich darauf einwandte, dies sei doch sicherlich ein menschliches Versagen, eine Verwechslung gewesen, meinte der Erzähler wortwörtlich: »Nein, Herr Ammelburg, wir sind überzeugt, daß die in der Zentrale das absichtlich gemacht haben, um uns zu ärgern.«

Was kann man dazu noch sagen? Es ist lediglich die Feststellung zu treffen, daß solche Vorkommnisse sicherlich kein Einzelfall sind, sondern wohl täglich in der deutschen Wirtschaft hunderte Male vorkommen. Vorurteile – die wir noch im V. Satz eingehend behandeln werden – sind die manchmal schlimmsten Belastungen von zwischenmenschlichen Beziehungen, ihre Ausräumung bedarf mühseliger Kleinarbeit durch die Leitenden. Im vorliegenden Falle war der Kreis der Verkaufsleiter aus den acht Niederlassungen – wie zuvor beschrieben – ein Zirkel im Unternehmen, der sich unregelmäßig traf, meist anläßlich einer Geschäftsleitertagung oder einer Schulungsveranstaltung. Und hier zeigte sich die Kohäsion dieser »inoffiziellen« Gruppe: Sie bildeten eine Clique, die sich auch in den Pausen von den anderen Führungskräften distanzierte, man saß beim Essen nebeneinander und war auch sonst stets demonstrativ ein »eigener Verein«, wie die einzelnen selbst immer wieder betonten.

So etwas hat nichts mehr mit einem natürlichen Zusammenhalt zu tun, sondern ist radikaler Gruppenegoismus, der ebenso radikal bekämpft werden muß wie in einem Organismus beispielsweise eine Stoffwechselerkrankung. Es ist in diesem Falle vordringliche Aufgabe der zentralen Leitung, etwas zu unternehmen, um solchen Ungeist nicht als gegeben hinzunehmen wie etwas, das man eben nicht ändern kann.

Hinsichtlich des Zusammenhalts von Gruppen ist ein Phänomen zu beobachten, mit dem sich Leitende und auch andere

Gruppenangehörige oft konfrontiert sehen: *Das Wir-Wollen* ist vielfach stärker als *das Ich-Wollen.* Um dieses psychologische Faktum müssen Führungskräfte aller Organe wissen, weil es ihnen oft die Erklärung liefert für ansonsten unverständlich erscheinendes Verhalten von Mitarbeitern.

Jeder Mensch gehört einer beträchtlichen Anzahl von Gruppen an, auch wenn die Bindung oft unterschiedlich stark ist. Er versteht sich beispielsweise als gläubiger Katholik, als Familienvater, als Mitglied des Elternbeirates, eines Stammtisches, als Jogger, als Anhänger eines Fußballvereins, als begeisterter Freund von Grillpartys, als regelmäßiger Toskana-Urlauber, als Schachspieler, als Krimileser und was sonst noch alles – der Phantasie sind keine Grenzen gesetzt. Zu fast allen diesen Gruppen hat er eine stärkere oder weniger starke Bindung, die er auch bekundet, wenn man ihn darauf anspricht. Und dann kann es geschehen, daß er einer anderen Meinung gegenüber, die seiner eigenen Einstellung konträr ist, sehr aggressiv werden kann. Auch wenn man von ihm etwas möchte, antwortet er, dies könne man ihm nicht zumuten, denn er sei ja ... dies oder jenes.

Auch im Unternehmen gehört jeder den verschiedensten Gruppen an: Männern oder Frauen, Älteren oder Jüngeren, Langjährigen oder erst kürzere Zeit Zugehörigen, denjenigen, die im Betrieb gelernt haben, die mittags zum Essen nach Hause gehen, denjenigen, die nichts von Betriebsfesten halten, den Parkern, den Pendlern usw. usw. Alle diese Gruppen, auch wenn keineswegs in sich fest strukturiert, prägen doch Verhaltensweisen und wirken unbewußt auf das Wollen des einzelnen. So daß es tatsächlich vielfach vorkommt, daß ein einzelner – gewissermaßen von seiner Gruppe fremdbestimmt – sich anders verhält, als man von ihm als Mensch und Kollege eigentlich erwarten könnte. Dieses Wir-Wollen ist also tatsächlich – natürlich meist unterbewußt – oft stärker als das Ich-Wollen und erklärt uns, warum sich ein Mensch auf einmal anders verhält, als man von ihm eigentlich erwartet. Eine gängige Redewendung dazu ist oft von Dritten zu hören: »Damit wirst du bei dem kein Glück haben, der ist nämlich . . ., der macht das nicht!«

Für Leitende und Gruppen als Unternehmensorgane ist wichtig in solchen Fällen, wie weit ihr eigenes Selbstverständnis als Gruppe stark genug ist, die Fremdsteuerung des Kollegen zu überwinden. Denn so, wie sein Ich-Wollen von der Zugehörigkeit einer anderen, außenstehenden Gruppe gesteuert ist, so kann ja auch die Organgruppe, der er im Unternehmen angehört, einen Zusammenhalt entwickeln, der ihm mehr wert ist als anderes. Wenn solches Selbstverständnis entstehen kann, dann können daraus Kräfte im Unternehmen wirken, die man nie für möglich gehalten hätte. Und auch die Gruppe selbst entwickelt in ihrem Selbstverständnis einen Leistungsstolz, an dem sich wiederum andere Nachbargruppen orientieren und ihn als beispielhaft ansehen.

Leistungsvorteile der Gruppe

Der Synergie-Effekt einer Gruppe setzt sich zusammen aus bestimmten Leistungsvorteilen, die die Gruppe entwickeln kann, sowie dem daraus entstehenden Selbstverständnis – man mag es auch den Geist der Gruppe nennen. Und dieser Geist trägt alle psychischen Vorgänge sowie die Umsetzungen derselben in Aktivitäten, entwickelt Leistungsstolz und Selbstbewußtsein sowie – je nach äußeren Gegebenheiten und inneren Entwicklungen – einen Zusammenhalt, der wiederum die Grundlage für Energie und Ausstrahlung bildet. Für die einzelnen Gruppenmitglieder ergibt sich daraus – natürlich individuell verschieden – eine Art Heimatgefühl, das jeder mehr oder weniger stark empfindet, das sich aber schlecht beschreiben und in Worte fassen läßt. Die Äußerung »Hier gehöre ich einfach dazu« mag für viele andere Formulierungen stehen, die das gleiche zu beschreiben versuchen, was oft verbal nicht ausgedrückt werden kann. Es ist das Empfinden der »Lebenskraft aus harmonischer Leistung«, wie die Überschrift unseres dritten Intermezzos lautete.

Wenn von Leistungsvorteilen der Gruppe die Rede ist, könnte hinterfragt werden: »Vorteil – gegenüber wem oder was?« Die Antwort lautet: Gegenüber dem einzelnen Individuum, hat die Gruppe, wenn sie denn eine ist in unserem Sinne, tatsächlich die Fähigkeit, bessere Leistungen zu erbringen als ein Einzelner. Diese Leistungsvorteile sind hinsichtlich der Autorität, der Motivation und der Kreativität zu finden. Dies sei im folgenden mit praktischen Beispielen beschrieben.

Beginnen wir mit der *Autorität*: Die Gruppe übt auf ihre Mitglieder eine größere Autorität aus, als ein einzelner dies bewirken könnte – sei er nun Gruppenangehöriger oder Außenstehender.

Bei einem Drei-Tage-Seminar für Führungskräfte schlägt der Leiter am zweiten Tag vor, doch am Abend gemeinsam auf der hauseigenen Kegelbahn des Seminarhotels einen Kegelabend zu veranstalten. Alle wollen mittun, nur einer der Teilnehmer möchte dies nicht. Der Seminarleiter spricht ihn dazu an und erklärt, daß er es doch für gut hält, einmal vom Lernstoff abzuschalten und die Geselligkeit zu pflegen. Der Teilnehmer weigert sich jedoch trotzdem, indem er sagt, dies sei Freizeit – er wolle nicht kegeln, sondern diese Freizeit anders verbringen.

Es ist nun aber durchaus denkbar, daß die Gruppe eingreift und den Teilnehmer derart beeinflußt, daß er schließlich doch zum Kegeln mitgeht.

Was ist geschehen? Die Einzelautorität des Leiters, obwohl er fachlich anerkannt wurde, hat nicht bewirkt, daß der Betreffende sich umstimmen ließ. Aber die Gruppenautorität der Gemeinschaft, der sich der Einzelgänger doch verbunden fühlte, hat eine erfolgreichere Wirkung ausgeübt. Das funktioniert selbstverständlich nur dann, wenn es sich um eine Gruppe handelt, die ein echtes Selbstverständnis bereits entwickelt hat; in einer zusammengewürfelten Zufallsgruppe wird es sich kaum so abspielen. Es ist auch noch anzumerken, daß solche Autoritätsstärke nichts zu tun hat mit den Feststellungen im zweiten Intermezzo, in dem vom Wandel des Autoritätsverständnisses die Rede war. Hier ist es einfach ein Faktum, mit dem jeder Leitende zu rechnen hat; dies wird ihm besonders bewußt werden, wenn er sich selbst aus irgendwelchen Gründen gegen die Gruppenmeinung stellt. Er läuft dann Gefahr, daß eine eigenentwickelte Gruppenautorität ihn und sein Anliegen ad absurdum führt. Und ein Gruppenleiter, der nicht sensibel genug ist, solche Entwicklungen zu erkennen, verdient seinen Namen nicht! Trotzdem gibt es genug von dieser Sorte!

Geschickte Gruppenleiter werden es daher vielfach dazu bringen, daß die Gruppe selbst das will, was der Leiter möchte: Er serviert ihr Fakten, Überlegungen und Verhaltensweisen so, daß die Gruppe schließlich dann stolz darauf ist, das doch selber gewollt zu haben, was der Leiter ihr suggeriert hat. Dies ist – wie wir schon im Zusammenhang mit Führungsverhalten erwähnt haben, eine Manipulation. Aber wir haben auch (S. 109) festgestellt, daß manchmal die anvertrauten Menschen einer Manipulation zum Guten oder Positiven bedürfen, wenn es denn nicht anders geht.

Wenn wir in diesem Zusammenhang auch bereits zitiert haben: »Führen heißt: zu erreichen, daß die Menschen das tun wollen, was sie tun sollen!«, dann ist hier schon der zweite Leistungsvorteil der Gruppe, die *Motivation*, angesprochen. Hierauf wurde auch bereits bei der Behandlung der Führungsfunktionen ausführlich eingegangen. Aber in Verbindung mit der zuvor angesprochenen Autorität muß gesagt werden, daß auch die Motivation, die aus der Gruppe entsteht, eine wesentliche stärkere ist als die von einem Einzelnen, einem Leitenden vermittelte. Ebenso wie bei der Autorität kann es sogar sein, daß die Gruppe aus sich heraus zu einer ganz anderen Motivationshandlung gelangt, wenn diese in ihrem Eigenverständnis wurzelt. Um wieder auf die zuvor z. B. für Gruppenautorität beschriebene Gruppe zurückzukommen:

Es könnte in jener vorerwähnten Seminargruppe auch durchaus geschehen, daß der Seminarleiter von sich aus der Gruppe einen

Kegelabend als Freizeit schenken möchte, daß aber die Gruppe aus Interesse an dem Lernstoff statt dessen den Abend damit verbringen möchte, in eine Diskussion einzutreten. Denn man möchte sich darüber unterhalten, wie die erlernten Erkenntnisse am besten in der täglichen Praxis des Unternehmens umzusetzen seien.

Hier ist die Motivation der Gruppe ebenfalls die stärkere gegenüber der Motivation durch den Seminarleiter. Und dieser wäre ganz schön bescheuert, wollte er – aufgrund seiner vermeintlichen Autorität – diesem Wunsch und Willen der Gruppe nicht entsprechen. Im Gegenteil: Er muß dankbar sein, daß diese Gruppenmotivation entstanden ist – er sollte die Gelegenheit beim Schopfe packen und gegebenenfalls auch sein Programm so verändern, daß es dem Willen der Gruppe entspricht.

Während ich dieses schreibe, erhalte ich – es gibt ja keine Zufälle (!) – den Anruf einer Trainerkollegin, die mir berichtet, daß sie, erstmals in ihrer Laufbahn, ein Führungsseminar am zweiten Tage abgebrochen und die Teilnehmer nach Hause entlassen habe. Was war geschehen? Die Gruppe war durch ein unverständliches Verhalten des (dort nicht anwesenden) Chefs so schockiert und frustriert, daß man ihr erklärte, man habe einfach jetzt keinen Kopf für die sicherlich interessanten Seminarinhalte. Man sei derart demotiviert im Augenblick, daß man ihr nicht folgen könne.

Meine Kollegin frug mich, ob sie sich richtig verhalten habe, indem sie die Teilnehmer vorzeitig nach Hause gehen ließ? Und ich konnte ihr nur zustimmen. Denn es wäre sinnlos gewesen, die Anwesenden zu Seminarinhalten zu motivieren, während ihre Gedanken von ganz anderen Überlegungen bewegt waren. Zumal die Teilnehmer einmütig der Leiterin versprochen hatten, dieses Seminar unter anderen Voraussetzungen auf jeden Fall nachholen zu wollen. Man einigte sich beim Abschied sogar schon auf einen neuen Termin.

Der dritte und mit Abstand wichtigste Leistungsvorteil der Gruppe ist die *Kreativität*. Auch wenn bereits erwähnt wurde, daß – siehe Zitat von Prof. Hoffmann (S. 84) – die Menschen durchschnittlich nur etwa 10 Prozent ihres Kreativitätspotentials nutzen – ebendeshalb sollten wir hier nun feststellen, daß eine Gruppe die mit Abstand wichtigste Basis zur Entwicklung von Kreativität sein kann. Sein kann – natürlich nur unter der Voraussetzung, daß nicht negative Fakten der Boden zur Gruppenbildung waren.

Hier sei erlaubt, zunächst zwei exakte Begriffsdefinitionen vorauszuschicken, auf denen dann unsere Erkenntnisse zu Kreativitätsleistungen in der Gruppe aufgebaut werden können. Die *Gruppe* besteht ursprünglich aus mindestens zwei Individuen, die miteinander in irgendeiner Art in Beziehung stehen – und sei es auch nur, daß sie sich am gleichen Ort aufhalten. Denn da – wie auch bereits festgestellt wurde – der Mensch ein kommunikatives Wesen ist und nicht »nicht kommunizieren« kann, wird zwischen den beiden eine irgendwie geartete Kommunikation entstehen, und wenn es auch nur die des einander Ausweichens ist. Bei verbaler Kommunikation, die entsteht, spricht man allerdings in diesem Falle nicht vom Gruppengespräch, sondern vom Zweiergespräch, dem Dialog. Erst ab drei Personen bezeichnet man es als Gruppengespräch. Der Grund, weshalb man aber schon bei zwei Personen von einer Gruppe – im psychologischen Sinne – spricht, ist einfach der, daß diese zwei Individuen bereits alle Eigenschaften und Fähigkeiten einer Gruppe entwickeln können, nicht müssen. Und diese Verhaltensweisen sind in den vorangegangenen Darlegungen bereits ausführlich besprochen worden. Wir werden gleich sehen, wie wichtig dies auch für das Entfalten von Kreativität ist.

Gruppengespräch als Führungsmittel

Die Darstellung der Gruppen – also der Organe des Unternehmensorganismus – als Gemeinschaften, die Schilderung der Synergie-Effekte, die in solchen Gemeinschaften entstehen können, sowie die außerordentlich umfangreiche Behandlung der Mög-

4. Kadenz

Kreativität

Vom lateinischen Wort »creator« (= Schöpfer) leitet sich das Wort Kreativität ab; wir kennen es beispielsweise in Verbindungen, wie etwa: Modekreation – jemand war im Bereich der Mode schöpferisch tätig. Der Kreation, also der Schöpfung einer Sache, sind stets Visisonen vorausgegangen, Ideen wurden intuitiv entwickelt, Innovation (Erneuerung) wurde in Angriff genommen. Fürwahr eine Fülle von Begriffen, von denen jeder nicht nur eine ausführliche Erklärung und Erläuterung benötigte, sondern über die es auch eine Fülle von klugen Büchern gibt.

Wir wollen uns dies ersparen und uns lediglich damit befassen, was Kreativität ist, wie sie entstehen und gefördert werden und wie man sie nutzen kann. Denn wenn unser Organismus Unternehmen lebendig ist, dann hat er auch ein großes Kreativpotential, das wir zu nutzen wissen sollten.

Während der Große Brockhaus von 1970 unter dem Stichwort Kreativität erklärt: »schöpferische Kraft, schöpferischer Einfall«, wird im Nachtragsband 1976 schon festgestellt: »Kr. = bislang nicht eindeutig bestimmter, aus dem Englischen übernommener psychologischer Fachbegriff, der sich auf kognitive Leistungen bezieht, die durch Flexibilität, Originalität, Einfallsreichtum und Bewertungsfähigkeit charakterisiert sind und besonders zum Auffinden neuer Problemstellungen und Lösungen dienen.« Und dann – wem das nicht reichen sollte – folgen noch weitere fünfzehn mit einer Menge von Fachwörtern gespickte Zeilen sowie zahlreiche Literaturangaben. Wir können uns auch dies ersparen.

Für unseren alltäglichen Gebrauch mag es uns genügen, zu wissen, daß wir alle »Kreaturen«, also Geschöpfe sind, die von einem Schöpfer geschaffen wurden, gleichgültig, wie eines jeden religiöse Ordnung sich diesen Schöpfer vorstellt. Jeder von uns ist auch selbst schon einmal schöpferisch tätig gewesen, indem ihm aus einem Gedanken, einer Idee oder einer Vision heraus Möglichkeiten entstanden sind, etwas anders oder ganz neu zu machen – er war auf einmal kreativ geworden.

Kreativität kann, so heißt es, nur entstehen, wenn man den Mut hat, vorgegebene oder gewohnte Bahnen oder Wege zu verlassen und einmal etwas ganz anderes zu versuchen. Und da ist bei uns allgemein der Haken, weshalb Kreativität sowenig praktiziert wird: Die meisten Menschen sind zu dumm, zu träge oder zu feige, die gewohnten Wege tatsächlich zu verlassen. Für sie ist alles so schön eingependelt – warum denn da ein Risiko eingehen und etwas Neues auszuprobieren, von dem man nicht wissen kann, ob und wie es überhaupt einmal werden wird? Unsere Ausbildung und der darauf aufgebaute Lebensablauf beziehen sich auf die recht einseitige Erziehung zum linkshirnigen Denken; ja, wir werden sogar besonders darauf getrimmt, alles schön der Reihe nach, wie vorgeschrieben, zu machen und keine Ablenkungen – gedankliche Seitensprünge – zu dulden. Wenn einer dann doch einmal etwas anderes denkt, als im Lehrplan steht, dann wird er gleich als Außenseiter oder Spinner abqualifiziert.

Obwohl heute schon durch vielerlei Publikationen fast überall bekannt, wollen wir doch noch einmal einen Blick auf die schematische Darstellung unseres Gehirns (S. 189) werfen und uns die beiden so verschiedenen Hälften unserer Großhirnrinde und ihre ihnen zugeordneten Fähigkeiten ansehen.

Unsere linke Gehirnhälfte hat die Fähigkeit, Dinge und Vorgänge linear und folgerichtig anzugehen, zu analysieren und sequentiell zu ordnen. In dieser Art ist – schon seit dem Descartesschen Weltbild vor mehr als 350 Jahren – unsere schulische Erziehung und beruf-

Die beiden Hemisphären des Gehirns

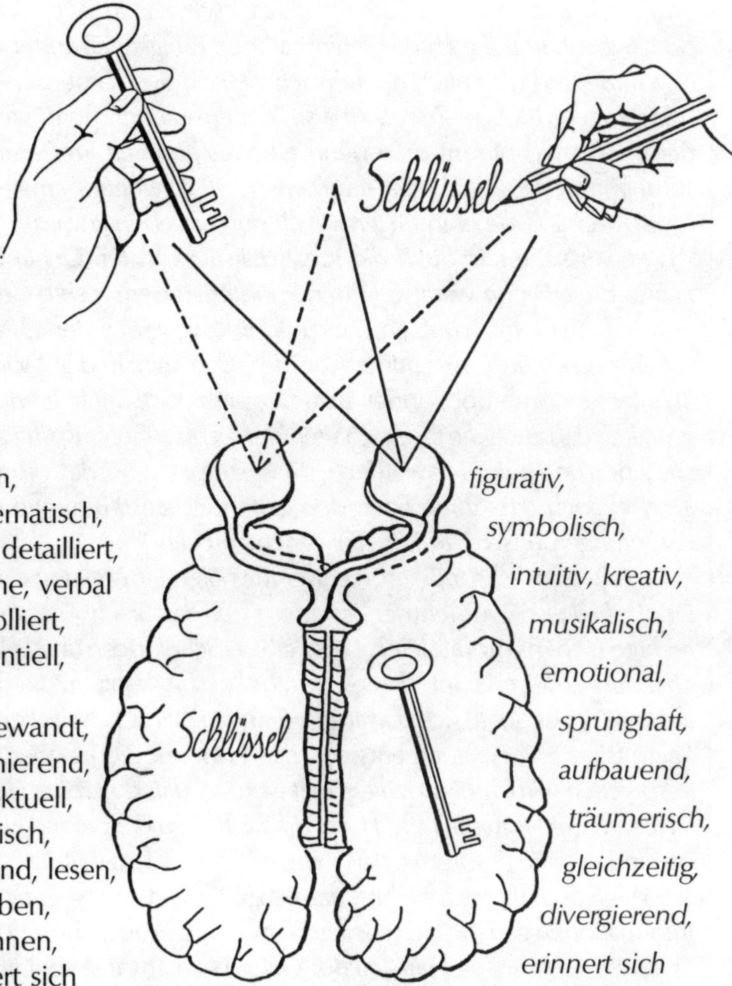

logisch,
mathematisch,
linear detailliert,
Sprache, verbal
kontrolliert,
sequentiell,
aktiv,
weltgewandt,
dominierend,
intellektuell,
analytisch,
ordnend, lesen,
schreiben,
benennen,
erinnert sich
an Namen

figurativ,
symbolisch,
intuitiv, kreativ,
musikalisch,
emotional,
sprunghaft,
aufbauend,
träumerisch,
gleichzeitig,
divergierend,
erinnert sich
an Gesichter

liche Ausbildung gesteuert, von der gesellschaftlichen, politischen und wirtschaftlichen Entwicklung ganz zu schweigen. Alles, was auf dem Schaubild der rechten Gehirnhälfte an Fähigkeiten zugeordnet ist, wurde und wird auch heute noch vielfach den »brotlosen Künsten« zugeordnet oder schlicht als nicht ernstzunehmend verstanden. Denn wo nimmt man denn einen Menschen, der vielleicht sprunghaft, emotional oder träumerisch ist, überhaupt ernst – der muß zusehen, wie er in unserer Welt durchs Leben kommt!

Wie wir sehen, ist auch die Kreativität der rechten Gehirnhälfte zugeordnet. Wenn wir also lernen könnten, unsere rechte Gehirnhemisphäre mehr zu nutzen, dann könnten wir vorhandenes Potential ausnutzen und wesentlich schöpferischer sein. In den Waldorf-Schulen der Anthroposophen wird beispielsweise der Unterricht so gestaltet, daß auch die Eigenschaften der rechten Gehirnhälfte angesprochen und gefordert werden – unabhängig davon, daß die Schüler dort auch das Abitur nach den geltenden Bestimmungen und Forderungen unserer Kultusministerien ablegen.

Es geht also! Wir müssen nicht eine völlige Umstellung unserer Denkfähigkeiten vornehmen, sondern nur das Brachliegende des rechten Gehirns mobilisieren. Dazu gibt es Schulungen und Lehrbücher; jeder, der erkennt, daß er zu sehr linkshirnlastig erzogen und ausgebildet ist, sollte sich damit auseinandersetzen. Damit allerdings keine falsche Vorstellung entsteht, daß etwa nur dieses oder jenes gespeichert wird, muß noch ergänzt werden, daß durch das Corpus callosum, den Mittelteil des Hirns, der als Balken die beiden Hälften verbindet, dafür gesorgt ist, daß – wie dies genau sich vollzieht, weiß die Wissenschaft noch nicht – das ganze Gehirn alle eingehenden Informationen ganzheitlich speichert und auch wieder abrufen kann. Es ist also nicht so, daß ein Teil des Gehirn sich etwas vorbehält; das erwähnte Corpus callosum hat Brückenfunktion und sorgt für die Kommunikation zwischen den beiden Hälften der Großhirnrinde.

Entscheidend für unsere eigene Fähigkeit, die rechte Gehirnhälfte besser zu nutzen, ist – wie zuvor erwähnt – der Mut, loszulassen, etwaige althergebrachte Formeln links (im wahren Sinne des Wortes) liegenzulassen und sich darauf einzustellen, sich einmal mit den Fähigkeiten des rechten Hirns intensiver zu befassen. Dazu gibt es auch – wie erwähnt – Schulungen und Literatur, daher soll es hier mit der Anregung genug sein.

Wer jedoch mit einem oder mehreren anderen Menschen kommuniziert, wird sehr schnell merken, daß da stets Unterschiede in der Denkweise vorhanden sind; jeder Mensch nutzt seine Gehirnfähigkeiten eben anders als andere. Daraus kann dann die Kreativität entstehen und gefördert werden. Wie – dies soll Gegenstand unserer folgenden Betrachtung sein.

In meinem 1974 erschienen »Handbuch der Gesprächsführung« schrieb ich zum Stichwort »Brainstorming«: . . . »vorzuziehen ist die sorgfältig vorbereitete und gezielt geleitete Konferenz. In Wirtschaftsunternehmen, in denen eine Zusammenkunft bezahlter Mitarbeiter Kosten verursacht, kann man sich wirklich nur in Ausnahmefällen erlauben, eine solche Kommunikation unvorbereitet und ungelenkt einzuberufen und ablaufen zu lassen.«

Hier muß ich dem Verfasser, dem damaligen Gerd Ammelburg, energisch widersprechen! Denn der heutige Gerd Ammelburg hat hinzugelernt! Seinerzeit habe ich mich für die sorgfältige Vorbereitung und straffe Durchführung einer Konferenz engagiert, weil das Konferenzwesen zu einem Unwesen geworden war. Alle möglichen Manager oder Bosse beriefen zu irgendwelchem Termin eine Anzahl von Leuten ein, die nicht wußten, worum es ging, dem Chef nicht widersprachen, nur weil der der Chef war, oder Fliege machten und in Deckung gingen, sich insgeheim ärgerten, weil sie hier nutzlos herumsitzen mußten, während auf ihrem Schreibtisch wichtigere Arbeit sich häufte. Und um diesen Mißständen, die der deutschen Wirtschaft durch Uneffektivität und Demotivation alljährlich Milliardenverluste einbrachten, entgegenzuwirken, habe ich damals mehrere Bücher über Konferenztechnik geschrieben.

Ich bin zwar heute noch sehr dafür, daß Konferenzen, Sitzungen,

Meetings oder Gruppengespräche so gut wie möglich vorbereitet und diszipliniert durchgeführt werden sollen, dies werden wir in einem späteren Abschnitt dieses Satzes behandeln. Aber darüber hinaus muß spontanen Möglichkeiten, intuitiven Gedanken und kreativen Ideen »Spiel«raum im wahrsten Sinne des Wortes gelassen werden, damit die rechte Gehirnhälfte bei Problemlösungen Möglichkeiten hat, sich zu entfalten und Kreatives beizutragen, das ansonsten bei straffer Führung des Gruppengesprächs unter dem Wortmeldungszwang verlorengehen könnte.

Daher sollten Führungsverantwortliche sehr genau unterscheiden, wie ein Gruppengespräch mit vorgesehenen Tagesordnungspunkten, die abzuhandeln sind, mit bestimmter äußerer und innerer (gedanklicher) Ordnung vor sich gehen soll und bei welchen Punkten oder Themen es angebracht sein wird, der Spontaneität freien Lauf zu lassen. Nicht nur der Leiter, sondern alle Gruppenmitglieder müssen sich vor einem Treffen zum Gruppengespräch darüber einig werden.

Wenn wir den Leistungsvorteil Kreativität, der der wichtigste einer Gruppe ist, nützen wollen, dann müssen wir bestimmte Verhaltensweisen fördern und andere vermeiden. Alle Straffungsversuche wie etwa Wortmeldungsliste, exakter Zeitplan mit detaillierten Programmpunkten u. a. m. können bei einer Sitzung notwendig werden, bei der bestimmte Teilnehmer – auch höhergestellte – informiert und motiviert werden sollen zu notwendigen Beschlüssen. Aber Kreativität, sofern sie zum einen oder anderen Problem und dessen Lösung erforderlich ist, läßt sich in kein solches Korsett zwängen – hier muß dann ein legererer Rahmen geschaffen werden, Autoritätsgefälle sind abzubauen, die notwendige Zeit muß vorhanden sein, und ein Moderator (keineswegs der höchste anwesende »Vorgesetzte«), der sein Handwerk versteht, muß das Ganze leiten.

Wenn dann auch noch die entsprechenden Praktiken angewandt werden und beispielsweise Kleingruppen ihre Gedanken vor dem Plenum vortragen, mit Karten, die an Pinnwände geheftet werden, alles optisch überschaubar und »greifbar« ist, dann können ungeahnte Ideen, auf die zuvor kaum einer gekommen wäre, geboren werden und auf ihre Verwendbarkeit und Realisierungsmöglichkeit durchdiskutiert werden.

Dieser kreative Effekt muß allen Gruppenmitgliedern durch entsprechende Übungen bewußtgemacht werden. Der Leiter der Gruppe spielt einfache Übungen mit der Gruppe durch, aus denen die Teilnehmer erkennen können, daß tatsächlich – unter Verwendung bestimmter Techniken wie Pinnwand o. ä. – Ideen aufkommen und diskutiert werden können, auf die niemand als einzelner wohl gekommen wäre. Aber im Hin und Her des Gesprächs haben sich dann plötzlich unwahrscheinliche Gedanken ergeben, die manches in ganz anderem Licht erscheinen ließen. Wenn die Gruppe dies mehrfach in Übungen an relativ unbedeutenden Themen durchgespielt hat, dann kann dazu übergegangen werden, daß man sich – bei Bedarf – auch zu wichtigen Fragen zusammensetzt. Und der Gruppenleiter kann es dann auch einmal versuchen, dem einen oder anderen Mitarbeiter die Moderation zu übertragen. Dies wird zur Motivation aller beitragen.

Denn dies dient vor allem dazu, daß die Gruppe in sich toleranter wird. Wer nämlich einmal vorne gestanden hat und moderieren mußte, der weiß, daß dies nicht ganz einfach zu praktizieren ist. Wenn aber mit der Zeit fast jeder einmal drankommen wird, die Moderation zu übernehmen, dann machen auch die anderen Teilnehmer dem, der sich da vorne abmühen muß, nicht mehr das Leben schwer durch Undiszipliniertheit oder dumme Witzchen.

Und noch eines ist wichtig für alle zu begreifen: Kreativität kann nur entstehen aus kontroversen Ansichten. Wenn alle zu träge sind und sich an der Diskussion nicht beteiligen nach dem Motto: »Laß die nur machen«, dann geht nichts. Es muß nicht ein mit Absicht provozierter Widerspruch sein, der die Diskussion in Gang bringt, aber alle Teilnehmer müssen lernen, mit konträren Meinungen umzugehen.

Als ich im Herbst 1992 an einem Unternehmersymposion des

ECON Verlages, gemeinsam mit »Capital«, teilnahm, waren auf dem Podium Gerd Gerken, der bekannte Zukunftsberater, sowie Professor Norbert Bolz – sie diskutierten zu dem Thema »Erfolg durch Chaos«. Das Zwiegespräch kam auch auf den Begriff des Dissens – der Meinungsverschiedenheit, der in Verbindung mit dem Chaos und seinen Folgen gebracht wurde. Ich meldete mich zu Wort und frug den Referenten, ob er denn nicht der Meinung sei, daß ein Dissens nur Mittel zum Zweck sei, um daraus durch Kreativität zu einem Konsens zu gelangen, Harmonie sei schließlich das Streben jedes Menschen. Die Antwort von Norbert Bolz lautete: »Wenn Sie Konsens haben wollen, dann können Sie gleich auf den Friedhof gehen!« Die Antwort schockierte mich – und ich bin auch zukünftig nicht bereit, von meinem Prinzip abzugehen, daß der Mensch letztendlich in seinem Leben nach Harmonie strebt.

Dies sollte auch den Gruppenangehörigen bei Diskussionen ganz deutlich bewußtgemacht gewerden: Wenn einer oder mehrere in der Gruppe anderer Meinung sind, dann ist dies die beste Voraussetzung zur Entwicklung von Kreativität, mit der man dann wiederum versucht, zu einem Konsens zu gelangen, dem alle zustimmen können. Dies kann sogar so weit gehen, daß die Gruppe von einem ihrer Kollegen weiß, daß er ein Querkopf ist, mit dem sie immer Schwierigkeiten hat, und dennoch versucht, ihn zum Konsens zu bringen. Die Einstellung der Gruppe darf aber sich nicht dazu entwickeln, daß er der Gruppe lästig erscheint, sondern im Gegenteil: Die Gruppe muß dankbar sein, daß sie einen solchen Menschen in ihrem Kreis hat, der sie dazu veranlaßt, Dinge auch einmal von anderer Seite zu betrachten.

Ich weiß, daß manche Gruppe diese Forderung als Zumutung betrachten wird. Aber erst wenn sie solches Verhalten gelernt hat und praktiziert, kann sie wirklich des Leistungsvorteils der Kreativität teilhaftig werden und wird am eigenen Leibe erfahren, wie Synergie sich entwickelt. Über die Praxis der Toleranz wird noch im V. Satz einiges zu sagen sein.

lichkeiten, Kreativitätsreserven nutzbar zu machen, mögen den Eindruck erweckt haben, als werde in Zukunft alles von selber und viel besser laufen als bisher, wenn wir nur die dargestellten Erkenntnisse umsetzen. Aber bis dahin ist noch ein langer Weg! Denn die deutschen Unternehmen sind erst in einer kleinen, verschwindenden Minderheit schon in einem solchen Reifezustand ihrer Organismusentwicklung – bei den meisten Firmen geht es noch recht brav und bieder in eingefahrenen Strukturen weiter wie bisher, ein Wandel ist kaum in Sicht.

Wenn für die folgenden Ausführungen die obige Überschrift gewählt wurde, dann deshalb, weil hier ein Weg gezeigt werden soll in der Entwicklung zum Unternehmensorganismus, der mit Sicherheit in die richtige Richtung führt. Allerdings darf niemand Wunder erwarten und glauben, schon ab dem nächsten Monat könne alles im Sinne Neuen Denkens laufen. Das Gruppengespräch, das in UZ noch als »Konferenz« einen Abschnitt von mehr als achtzig Seiten umfaßt, wird in Zukunft in zunehmendem Maße den integrativen Führungsstil im Unternehmen prägen. Es ist daher absolut unerläßlich, daß sich die Führungsverantwortlichen mit den Gegebenheiten und Praktiken des Gruppengesprächs auseinandersetzen und es tatsächlich als das Führungsmittel auf dem Wege zum ganzheitlichen Unternehmensorganismus praktizieren. Daß dies mit unterschiedlichen Erfolgen und auch Rückschlägen geschehen wird, ist selbstverständlich. Das Gruppengespräch ist deshalb das Führungsmittel Nummer eins der Zukunft, weil es im Gegensatz zu anderen Mitteln den psychologisch optimalen Voraussetzungen entspricht.

Die üblichen Mittel der Führung sind heute noch: 1. die schriftliche Anweisung, Anordnung, Order oder wie man es nennen mag, 2. das Einzelgespräch mit dem oder den zu führenden Menschen, 3. die Ansprache vor einer Gruppe oder Betriebsversammlung sowie 4. das Gruppengespräch. Für letzteres wurde bislang die Bezeichnung »Konferenz« meist gebraucht. Dieses Wort war zwar gut, weil es – vom lateinischen »conferre« (= zusammentragen) abgeleitet – schon den Sinn enthielt, den auch der integrative Führungsstil praktizieren soll. Aber der Begriff ist durch die vielen Mißbräuche, die aus der mangelhaften Handhabung durch ungeschickte oder arrogante Chefs entstand, derart in Mißkredit geraten, daß man ihn lieber durch das deutsche Wort »Gruppengespräch« ersetzen sollte.

In UZ (S. 379) ist eine Übersicht über die o. g. Führungsmittel zu sehen, die ich aus über Jahrzehnte sich hindehnenden Umfragen bei Tausenden von Managern über ihre Einschätzung der Effektivität der Führungsmittel gemacht habe. Mit Abstand lag im Ergebnis die Konferenz – also das Gruppengespräch – an erster Stelle, mit der Einschränkung: Konferenz ist das beste Führungsmittel, wenn sie richtig praktiziert wird. Und für dieses richtige Praktizieren habe ich auch viele Jahre lang Seminare abgehalten, bei denen vielen Chefs die Augen aufgingen, wie demotivierend für ihre Mitarbeiter oder Führungskräfte sie bislang Konferenzen gehandhabt hatten. Es ist mir dann auch in vielen Firmen gelungen, auf breiter Ebene Praktiken der Konferenztechnik einzuführen, mit dem die Unternehmen heute noch arbeiten und höchst zufrieden sind. Hier hat sich ein Führungsstil eingeführt, der beste Voraussetzungen für unser Zukunftsbild bietet.

Die ausführliche Schilderung, die in der »Kadenz« den Kreativitätseffekten des Gruppengesprächs eingeräumt wurde, darf nicht zu dem Irrtum führen, zukünftig werde alles nur noch mit der rechten Gehirnhälfte entwickelt, man brauche sich nur noch zu irgendeinem Zeitpunkt in irgendeiner Gruppierung unter Bestimmung irgendeines Kollegen als Moderator zusammenzufinden, dann werde schon alles in neuzeitlichem Verständnis laufen. Nichts, aber auch gar nichts wird laufen, wenn nicht entsprechend vorbereitet und gesteuert wird! Denn solche Gruppengespräche, wie sie zuvor zwecks Entwicklung von Kreativität dargestellt wurden, werden auch in Zukunft die Ausnahme bilden. Der Mensch wie auch das Unternehmen sind Ganzheiten – mit einseitiger Wahrnehmung oder Handhabung allein kann man nicht führen.

Anders ausgedrückt: Wir werden auch in der Zukunft nicht einfach unsere linke Gehirnhälfte beiseite schieben und alles, was sie uns an Ordnung, Folgerichtigkeit, Logik, Systematik und linearem Verständnis bietet, auf den Müllhaufen befördern können. Nein, Ganzheitlichkeit verlangt lediglich, daß den Möglichkeiten und Fähigkeiten der rechten Hemisphäre zukünftig mehr Bedeutung und Raum gegeben wird, was eben bislang nicht der Fall war.

Ein von mir menschlich sehr geschätzter Trainerkollege, der sich ganz der neuen Richtung mit rechtshirniger Dominanz verschrieben hat, sagte mir, als er über mein damals gerade erschienenes Buch (UZ) sprach: »Dies ist ein ausgezeichnetes Werk, nur hinsichtlich der Konferenztechnik völlig falsch; so macht man das heute nicht mehr!« Einige Zeit später hatte ich Gelegenheit, als Gast an einem seiner Seminare teilzunehmen, und war gespannt, wie er nun diese Praktiken des Umgangs mit der Gruppe – insbesondere hinsichtlich des Lerneffekts – handhaben werde.

Das Ganze war leider eine Katastrophe. Er wollte wohl gerade mir demonstrieren, wie sehr er die Teilnehmer am lockeren Zügel gehen lasse. Und er ließ diskutieren und diskutieren, griff auch nicht ein, als das Ganze am zweiten Tage in eine völlig falsche Richtung lief und zwei Teilnehmer vorzeitig abreisten. Am dritten Tage fuhren dann alle ab – mit etwa dem Urteil: »Es war ja ganz nett, und wir haben auch interessante Gespräche über alles mögliche geführt, aber ich weiß eigentlich nicht, was ich mitgenommen habe.«

Und dies ist entscheidend: Wir haben festgestellt, daß Gruppengespräche – richtig gehandhabt – eine ganze Anzahl von Effekten haben können, sie seien im folgenden nochmals aufgeführt:

① Gruppengespräche sind das beste Medium innerhalb des Organismus Unternehmen, Führungsverantwortliche und Mitarbeiter zu informieren und zu motivieren.
② Sie können durch positiv gesteuerte Kohäsion und Distanzie-

rung entscheidend zum Selbstverständnis der Gruppe und damit zum Klima und zur Leistungsbereitschaft beitragen.

③ Richtig entwickeltes »Wir-Gefühl« gibt jedem einzelnen ein Gefühl des »Dazugehörens« und »Geborgenseins in der Gruppe«.

④ Die Möglichkeit, mitreden zu dürfen, gibt dem einzelnen eine Verstärkung seines Selbstwertgefühls; er ist nicht mehr nur Befehlsempfänger und Ausführender, sondern kann bei Entscheidungen mitwirken.

⑤ Die Leistungsvorteile der Gruppe – größere Autorität, stärkere Motivation und effektivere Kreativität – werden durch das Gruppengespräch freigesetzt und jedem einzelnen bewußt.

⑥ Die in jedem Menschen stets latent vorhandenen Kardinaltriebe (s. V. Satz) werden bei richtiger Handhabung des Gruppengesprächs befriedigt.

⑦ Der einzelne und die Gruppe erkennen im Gruppengespräch den Sinnzusammenhang ihrer Tätigkeit; es wird ihnen die Bedeutung der Funktion ihrer Aufgaben im Zusammenwirken mit dem Gesamtorganismus bewußt.

⑧ Offenheit der Aussprache in einem gut geleiteten Gruppengespräch ist ein wesentlicher Beitrag dazu, in der Gruppe und im gesamten Unternehmen eine Atmosphäre des Vertrauens zu entwickeln; der damit zusammenhängende Abbau von Ängsten sichert die Lebensqualität und das Gefühl der Verbundenheit zur gemeinsamen Existenerhaltung.

Diese – zugegebenermaßen sehr idealistische – Sicht ist mehr als nur eine zukunftsweisende Vision; erfreulicherweise wird in immer größerem Umfang in den deutschen Unternehmen mit dem Führungsmittel des Gruppengesprächs gearbeitet. Nicht zuletzt deshalb, weil auch die Führungskräfte immer mehr erkennen, daß die Ära von Befehl und Gehorsam von einem neuen Führungsstil abgelöst wird, der das Menschliche in den Vordergrund stellt.

Wie als Bestätigung der vorgenannten Fakten erhielt ich vor kurzem einen Bericht über eine Sendung des Wiso-Magazins im ZDF über die Opel-Autofabrik in Wien, die schon seit Jahren mit dem Ziel der »Verflachung der Hierarchie« autonome Gruppen eingeführt hat. In diesen Gruppen gibt es keinen »echten Chef« mehr; der Meister ist eher der Berater, aber nicht der Regisseur und Lenker der Gruppe. Jeweils ein Arbeiter der Gruppe wird zum Sprecher erklärt, er hat für das Klima im Team zu sorgen. Bei Opel in Wien ist man immerhin so weit gegangen, daß man mehr als vierzig Bereiche in derartige teilautonome Teams zu fünfzehn bis zwanzig Mitarbeitern aufgegliedert hat. Und die dahinterstehende Philosophie deckt sich in frappanter Weise mit unseren Erkenntnissen:

① *Man setzt auf die Kraft der Selbstorganisation – die Teams bestimmen Umfang, Menge, Tempo und Aufteilung ihrer Tätigkeiten. Sie sind weitgehend autonom. Es darf auch innerhalb der Funktionen gewechselt werden, dadurch erlernen die Mitarbeiter Fähigkeiten, die sie vorher nicht hatten; sie erweitern ihr Können und ihren Kompetenzhorizont.*

② *Man setzt auf Selbstkontrolle – d. h., die Teams kontrollieren sich selbst. Sie sind für ihre Leistung, die mit dem Topmanagement abgestimmt wird, selbst verantwortlich. Wenn Schwierigkeiten entstehen, machen sie eigene Problemanalysen, um deren Ursachen herauszufinden und zu beseitigen.*

③ *Man setzt auf Selbstmotivation beim Lernen – d. h., das Team bekommt keine Vorgaben fremder Stabsabteilungen, sondern plant selbst, was es lernen will und wie zu optimieren ist.*

Durch diese grundsätzliche Umorientierung der Arbeit entstanden, so der Sprecher des Werkes, drei nachweisbare Vorteile: Reduzierung des Aufwandes, Steigerung der Qualität und Verbesserung der Flexibilität. Er fügte aber auch hinzu: »Das Umschalten vom Taylorismus (Fließbandprinzip) zur autonomen Selbststeuerung kann nicht einfach per Aktennotiz eingeführt werden. Notwendig ist dafür eine intensive Förderung des Sozialverhaltens.«

Prämisse: 9 **Sorgfältig vorbereitete und gut moderierte Gruppengespräche sind das wichtigste und effektivste Führungsmittel in einem vom integrativen Führungsstil geprägten Unternehmensorganismus.**

Die Praxis des Gruppengesprächs

Es wurde bereits erwähnt, daß der Begriff des Gruppengesprächs für eine Vielzahl von Bezeichnungen steht, die in den Unternehmen – je nach Gewohnheit oder Sprachgebrauch – verwendet werden. Dazu gehören Wörter wie Sitzung, Besprechung, Beratung, Dienstgespräch, Diskussion, Aussprache, Kolloquium, Zirkel, Gesprächsrunde, Konferenz, Kollektiv u. a.

Und Unternehmen, die eine amerikanische Mutter haben oder sich interessant machen wollen, gebrauchen dann Wörter wie Meeting, Panel-Discussion, Hearing, Talk-in und andere. Aber nicht die Bezeichnung eines Gesprächs in einer – wie auch immer zusammengesetzten – Gruppe ist entscheidend, sondern Sinn und Zweck, wie aus der vorangegangenen Aufstellung ersichtlich.

Ausschlaggebend aber für den jeweiligen Erfolg ist zweifellos die Art und Weise, wie das Gruppengespräch praktiziert wird. Und hier werden tagtäglich in Tausenden von Fällen in den deutschen Unternehmen Fehler bei der Vorbereitung und der Durchführung gemacht, daß man nur den Kopf schütteln kann – Fehler, die genau das Gegenteil bei den Teilnehmern bewirken von dem, was wir als wichtige Effekte des Gruppengesprächs zuvor zusammengestellt haben.

Es ist hier nicht der Platz, allzu viele Belehrungen über Techniken im Zusammenhang mit dem Gruppengespräch zu geben; in UZ ist diesen ein ausführliches Kapitel gewidmet (S. 388 ff.). Aber einiges Grundsätzliches soll hier doch dargelegt werden, um wenigstens die gängigsten Fehlverhalten in Vorbereitung und Durchführung vermeiden zu helfen.

Vorbereitung

Das oberste Prinzip, das sowohl für die Vorbereitung wie für die Durchführung eines Gruppengesprächs galt und gilt, ist, das Ganze unter den Begriff der Wirtschaftlichkeit zu stellen. Nicht Wirtschaftlichkeit durch irgendwelche Ergebnisse oder Beschlüsse, sondern durch Vermeidung von Leerlauf, Desinformation, Frust, Zeitvergeudung, Störungen, mangelnder Abstimmung von Vorgängen oder Personen, Mißverständnissen, kleinlichen Streitereien, Selbstdarstellungen, mangelhafter Vorbereitung und Durchführung. Die Einstellung der Teilnehmer zur Wirtschaftlichkeit bei den Gruppengesprächen wird sich dann grundsätzlich ändern, wenn durch die finanzielle Beteiligung der Mitarbeiter – in welcher Form auch immer – es nicht mehr »dem Chef sein Geld« ist, das bei unwirtschaftlichem Verhalten »verbraten« wird, sondern das Geld jedes einzelnen. Da werden dann auf einmal die Mitarbeiter selbst mit Vorschlägen kommen, wie man zu diesem oder jenem Gruppentreffen Geld bzw. Arbeitszeit hätte sparen können und wie man das zukünftig wirtschaftlicher gestalten sollte.

In diesem Zusammenhang berichte ich schon seit Jahren in meinen Seminaren von einem Erlebnis, das ich bei einem Hamburger Unternehmen hatte. Die Geschäftsleitung hatte mich und einen Kollegen gebeten, doch bei ihrer »Freitagsrunde« dabeizusein; jeden Freitag vormittag trafen sich die drei Inhaber und die acht Prokuristen, um die laufenden Probleme zu besprechen. Und das war schon sehr gut geregelt: Jedesmal war ein anderer Teilnehmer der Leitende, der für Vorbereitung (Tagesordnung etc.) und Durchführung zu sorgen hatte.

Diesmal war es der Personalleiter, der die Leitung hatte und der auf der Tagesordnung als Hauptpunkt auch einen Vorschlag für personelle Neuplanung hatte. Die Sitzung dauerte dreieinhalb Stun-

den; mein Kollege und ich machten uns Notizen über alles, was uns auffiel. Und bei Wiederbeginn des Treffens nach dem Mittagessen konnte ich den Herren darlegen, daß bei intensiverer Vorbereitung – hier Vorabverteilung von Informationen – sowie strafferer Durchführung, durch die lästiges Abschweifen hätte vermieden werden können, das Ganze in maximal eineinhalb Stunden hätte durchgezogen werden können. Eine Umrechnung des zweistündigen Arbeitszeitverlustes für die elf hochdotierten Herren ergab die damals (1966!) stattliche Summe von 1600 DM; nicht gerechnet die Leistung, die die Teilnehmer an ihrem Arbeitsplatz noch hätten erbringen können.

Dieses Beispiel ist deshalb so evident, weil es verdeutlicht, welche Verluste durch mangelhaftes Umgehen mit der Praxis der Gruppengespräche entstehen können. Natürlich wäre dies bei einer kleinen Gruppe von Mitarbeitern in einen speziellen Bereich nicht ganz so teuer geworden, aber umgerechnet auf die Löhne, wäre den Betroffenen ebenfalls der Verlust deutlich erkennbar geworden. Und sie würden wahrscheinlich bei ähnlichen Treffen in der Zukunft auch mehr darauf achten, daß es effektiver zugeht.

Zur speziellen Vorbereitung eines Gruppengesprächs – gleich, welchen Themas und welcher Ebene – gehören alle Maßnahmen, die dazu beitragen können, daß das eigentliche Gespräch möglichst reibungslos und ungestört in möglichst kurzer Zeit (je nach Art und Umfang der Besprechungspunkte) ablaufen kann. Unabdingbar sind folgende Einzelheiten, die der Leitende vorab klären muß:

- Festlegung des Termins – nach Abstimmung mit den Beteiligten.
- Bestimmung des Ortes – je nach Möglichkeiten und Notwendigkeit (Teilnehmerzahl) im Gruppenraum, Konferenzzimmer, Kantine oder außerhalb.
- Ausgabe oder Aussendung (so früh wie möglich) der Einladung mit Angabe der Tagesordnung, Besprechungspunkte, Themen

usw. sowie über die voraussichtliche Dauer (Ende gegen ... Uhr).

- Wenn irgend möglich, Vorausverteilung von Informationen zu den Tagesordnungspunkten/Themen, damit jeder Teilnehmer mit dem gleichen Informationsstand zum Gesprächsbeginn ankommt.
- Angaben über Besonderheiten wie z. B. die Anwesenheit eines Spezialisten für eine Fachinformation, die Einplanung einer Kaffeepause von ... bis ... Uhr, die Information, daß bestimmte Teilnehmer erst gegen ... Uhr einzutreffen brauchen, weil die ersten drei TO-Punkte sie nicht betreffen, usw.

Selbstverständlich entfallen diese Vorbereitungen ganz oder teilweise, wenn es sich um ein Ad-hoc-Treffen aus einem akuten Anlaß handelt. Und auch bei einem regelmäßigen Treffen kleinerer Arbeitsgruppen oder Zirkel sind manche dieser Maßnahmen entweder schon generell geregelt oder nicht notwendig. Wenn es sich allerdings um eine bereichsübergreifende Zusammensetzung der Teilnehmer handelt oder um Zirkelgespräche, die nicht routinemäßig stattfinden, dann sind die zuvor genannten Punkte – sowie eventuell situativ noch weitere – unabdingbar notwendig.

Auf einen der genannten Vorbereitungspunkte muß aber noch einmal eigens hingewiesen werden: Der Leitende hat es als sein besonderes Anliegen zu betrachten, daß tatsächlich alle Teilnehmer den gleichen Informationsstand zu Beginn des Treffens mitbringen. Da gelten keine Ausreden wie »Da habe ich doch keine Zeit, das alles vorher zu lesen« oder ähnliche. Denn wenn der Betreffende dies während des Gruppengesprächs verlauten läßt, braucht der Leitende gar nichts zu tun; die Gruppenautorität ist stärker als seine eigene und wird durch einige der Anwesenden diesem Menschen deutlich die Meinung sagen.

Die Forderung, daß alle mit dem gleichen Informationsstand in das Gespräch hineingehen, hat einen einzigen Sinn: Die Diskussion über den anstehenden Punkt kann sofort und ohne Umschweife medias in res gehen und das Thema durchsprechen. Falls es allerdings nicht möglich ist, alle Teilnehmer vorher zu informieren, dann hat der Leitende zwei Möglichkeiten, den gleichen Informationspegel zu Gesprächsbeginn zu schaffen: Entweder er gibt selbst einen Überblick zu der anstehenden Sache, oder er bittet – bei einem vielleicht etwas spezielleren oder komplizierten Sachverhalt – einen Fachmann als Referenten, der mit einführenden Darlegungen das Problem für alle verständlich macht.

Hier ist auch noch einmal – wenn es sich bei dem Treffen nicht um Routinesitzungen oder kürzere Arbeitsbesprechungen einer Gruppe oder eines Teams handelt – darauf hinzuweisen, daß der Teilnehmerkreis, sofern er nicht von vornherein für dauernd festgelegt ist, auch fallweise erweitert werden kann durch Teilnehmer, die zwar aus anderen Tätigkeitsbereichen kommen, aber in diesem Falle zu diesem oder jenem Punkt wichtige Diskussionsbeiträge bringen könnten. Umgekehrt kann der Leitende auch mit einem der ständigen Teilnehmer besprechen, daß er bei der bevorstehenden Sitzung wirklich nicht dabeizusein braucht, weil (zum Beispiel) er als Sicherheitsexperte mit den zu behandelnden Fragen, die sich diesmal ausschließlich um das Marketing drehen, nichts zu schaffen hat. Der Betreffende wird dankbar sein dafür, daß er nicht zwei Stunden als stummer Zuhörer bei dem Gespräch dabeisein muß, während er im Geiste bei der Arbeit ist, die sich auf seinem Schreibtisch angehäuft hat.

Auch die Vorbereitung zur Örtlichkeit, an der das Gruppengespräch stattfinden sollte, wird von vielen Leitern auf die zu leichte Schulter genommen. Dieser Platz ist aber mit vielen äußerlichen Gegebenheiten von besonderer Bedeutung für das Gelingen der Zusammenkunft. Denn die Menschen sind nun einmal vielfach so kindisch, daß sie sich an lächerlichen oder nebensächlichen Dingen stören und ihren Frust oder Ärger darüber bei anderen abladen – also beispielsweise dann bei dem Gruppengespräch unnötigerweise aggressiv sind und als Störfaktor wirken. Dies kann – so albern es klingen mag – ein nicht funktionierender Heizkörper, durch den der Betreffende – wie er meint – kalte Füße bekommt, genauso sein wie die Nachmittagssonne, die einen dem Fenster Gegenübersitzenden blendet: Jalousie nicht vorhanden.

Ganz generelle Störungen, die leicht bei der Auswahl des Treffpunktes zuvor hätten beseitigt oder zumindest in Betracht gezogen werden können, sind Herausrufenlassen einiger geltungsbedürftiger Teilnehmer, das Hereinkommen Fremder, weil kein Schild »Sitzung – bitte nicht stören!« vor der Türe hängt, das Vorbeilaufen anderer, weil man gemeint hat, in der Ecke der Kantine sei man ungestört, Verkehrslärm von der Straße her sowie eine ungünstige Sitzordnung, die durch die unglückliche Längsform des Raumes notwendig wurde. Hinsichtlich der Sitzordnung bei Konferenzen und Gruppengesprächen gibt die Übersicht Auskunft, die aus dem Buch »Konferenztechnik« des Verfassers stammt und vom VDI-Verlag freundlicherweise zum Abdruck zur Verfügung gestellt wurde (S. 206/207).

Gerade unter Berücksichtigung der Grundgedanken zum Gruppenselbstverständnis und zur Ausnutzung aller Möglichkeiten für die zu schaffenden Leistungsvorteile und den Synergieeffekt ist die Sitzordnung und die Beachtung ihrer psychologischen Vorteile und Nachteile entscheidend. Darauf muß der Leitende unbedingt achten, wenn er manchmal kindisch erscheinenden Negativverhaltensweisen einzelner Teilnehmer vorbeugen möchte. Dazu gehört u. a. auch die Cliquenbildung dergestalt, daß sich manche Teilnehmer, die zum gleichen Bereich gehören, unbedingt zusammensetzen wollen; durch Kohäsion und Distanzierung kann diese Untergruppe eine echte Gefahr für das Entwickeln von Gemeinsamkeiten bilden.

Dem kann u. a. dadurch begegnet werden, daß man diese Gefahr mit der Gruppe – wenn sie die nötige Reife dazu hat – offen bespricht und beispielsweise das Prinzip einführt, daß jeder jedesmal an einem anderen Platz sitzen sollte. Die Raffinesse, mit der trotzdem einige einer vielleicht schon existierenden Clique es immer wieder schaffen, stets bei den ihnen verbundenen Part-

Tischformen für Konferenzen

a)

a) Lange Tafel, an der ein »Oben und Unten« entsteht, bedeutet den Tod einer jeden Konferenz.

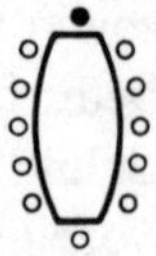
b)

b) Auch wenn die Längsseiten etwas geschweift sind, entsteht doch psychologisch der gleiche Effekt, es sei denn, der Leiter setzt sich an die Mitte der Längsseite.

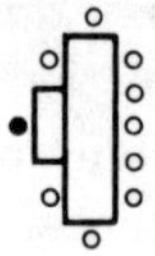
c)

c) Versuch einer Notlösung mit langer Tafel, sofern der Raum dies zuläßt. Der Leiter setzt sich mit besonderem Tisch an die Längsseite, um besseren Überblick zu haben.

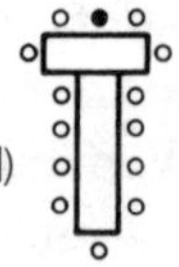
d)

d) Auch bei der sogenannten T-Form entsteht der gleiche Effekt wie bei a), sogar noch verstärkt.

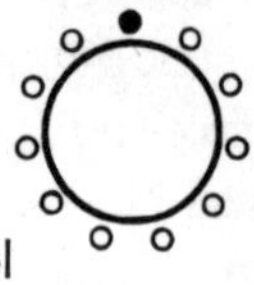
e)

e) Der runde Tisch als ideale Lösung, die nur selten praktizierbar ist, weil er in der Größe nicht variabel ist.

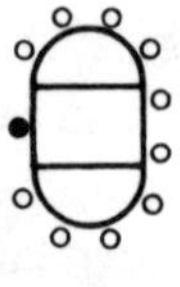
f)

f) und g) Auch der halbierte runde Tisch, verlängert durch ein Zwischenstück, sowie der ovale Tisch sind noch akzeptabel, weil sie der Kreisform der »Tischrunde« nahekommen.

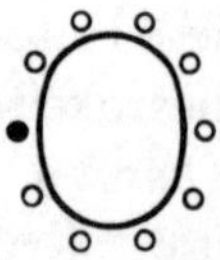
g)

h) Der quadratische Tisch, der aus mehreren kleineren Tischen zusammengesetzt wird und notfalls in der Mitte offen sein kann, ist die am meisten praktizierte Lösung, durch die versucht wird, eine »Tischrunde« zu schaffen.

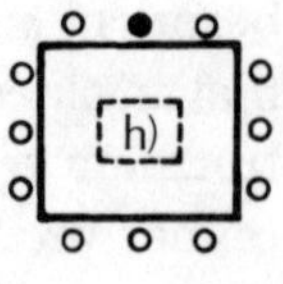

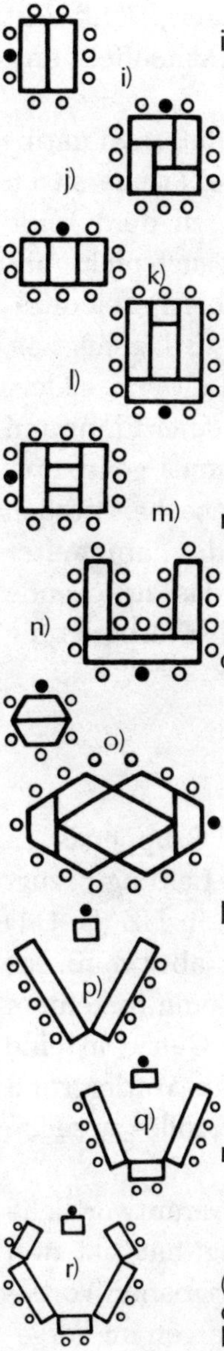

i) bis m) Verschiedene Möglichkeiten, aus vorhandenem Tischmaterial Formen zu erreichen, die psychologisch den gewünschten Effekt der »Tischrunde« bewirken.

n) Bei der Tafel in U-Form steht das U für »unmöglich«. So kann keine Konferenz im Sinne des »conferre« entstehen.

o) Die Möbelindustrie stellt Elementtische mit trapezförmigen Tischplatten her, die als ideale Lösung anzusehen sind, da man mit ihnen für alle gewünschten Konferenzgrößen Kombinationen in allen gewünschten Formen zusammenstellen kann.

p) und q) V-förmige Aufstellung von Tischen für Lehrkonferenzen, bei denen hinter dem Dozenten auch noch eine Demonstrationsfläche steht. Bei solchen Lehrkonferenzen ist der psychologische Effekt der Gleichberechtigung in der Runde nicht so wichtig wie die Demonstration. Will man diesen jedoch auch nicht vernachlässigen, so zeigt r), wie man die vorderen Enden des V umbiegt, um eine der »Tischrunde« sich annähernde Form zu erreichen.

(Mit freundlicher Genehmigung des VDI-Verlages, Düsseldorf, aus dem Buch »Konferenztechnik« von Gerd Ammelburg entnommen) nern zu sitzen, ist bewundernswert. Man begegnet diesem als Leiter, indem man es einfach einmal offen ausspricht. Mit freundlichen Worten natürlich, so daß ein Heiterkeitseffekt entsteht.

Zur Sitzordnung ergänzend ist noch zu sagen, daß man natürlich auch einmal in einem Kreis oder Oval ohne Tische sitzen kann, wenn es sich um ein Gespräch handelt, zu dem keine schriftlichen Unterlagen mitgebracht werden und auch nicht mitgeschrieben zu werden braucht. Beispielsweise bei Problemfragen, bei denen die Gruppenkreativität gefordert wird, genügt es, wenn die Teilnehmer im Halbkreis um eine Pinnwand sitzen, auch mit zwei oder drei Kleingruppen mit jeweils einer Pinnwand kann in verschiedenen Ecken des Konferenzraumes gearbeitet werden. Die Ergebnisse eventueller Kleingruppenarbeit stellen deren Sprecher anschließend dem Gremium vor, das dann weiter über die Verwertbarkeit dieser Ergebnisse für das zu lösende Problem diskutiert. – Damit sind wir bereits von der Vorbereitung zur Durchführung des Gruppengesprächs gelangt.

Durchführung

Bei innerbetrieblichen Gesprächen in Zirkeln und Gruppen ist es nicht erforderlich, eine solch strenge und straffe Leitung bezüglich der Wortmeldungen zu praktizieren, wie sie in UZ (S. 411) dargelegt ist. Eine innere, gedankliche Ordnung aber muß das Vorgehen in der Diskussion bestimmen, auf sie kann in keinem Falle verzichtet werden. Denn sonst gerät das Ganze in eine Schwätzerei, bei der die Schreihälse sich in den Vordergrund schieben und oftmals diejenigen, die wirklich Wertvolles zu sagen hätten, frustriert den Mund halten.

Der Gesprächsleiter, sei er nun der Führungsverantwortliche der Gruppe oder ein anderer, den man dazu bewegt hat, hat zwei wesentliche Aufgaben (nach der wie zuvor beschriebenen Vorbereitung): Er hat für die gedankliche Ordnung zu sorgen im Vorgehen bei dem oder den Diskussionsthemen, und er muß sich verantwortlich fühlen für den geordneten Diskussionsablauf – im Sinne dessen, daß jeder angemessen zu Worte kommen und seine Meinung sagen kann.

Zum ersten, die *gedankliche Ordnung* – sie baut darauf auf, was die Teilnehmer durch die Vorbereitung an Informationen gemeinsam erhalten haben und in welcher vom Leiter vorzuschlagenden oder von der Gruppe festzulegenden Reihenfolge die einzelnen Teile, Probleme, Fragen oder Vorschläge abgehandelt bzw. ausdiskutiert werden sollen. Dies hat den wichtigen Hintergrund, daß die Gruppe nur produktiv und kreativ werden kann, wenn alle an der gleichen Stelle sich mit dem gleichen Punkt befassen. Damit ist auch erklärlich, daß während des Ablaufs der Leiter in keinem Falle dulden wird, daß jemand mit seinem Diskussionsbeitrag abschweift, nochmals auf bereits Ausdiskutiertes zurückkommt oder etwas gedanklich vorwegnimmt, was noch nicht an der Reihe ist. Wenn der Leiter in dieser Hinsicht hellwach ist, werden die Gruppe sowie einzelne Teilnehmer, die solche Mätzchen des Abschweifens immer wieder versuchen (oftmals nur, weil sie einfach noch nicht gelernt haben, konzentriert bei der Sache zu bleiben), bald einsehen, daß sie in diesem Leiter jemanden haben, dem sie dankbar sein können, daß er für die notwendige Konzentration und den folgerichtigen Ablauf sorgt. Die Ausrede, daß man doch auch einmal rechtshirnigem Denken einen Seitensprung erlauben sollte, zieht nicht: Wenn die Gruppe zusammensitzt, dann kostet dies Geld – siehe das zuvor geschilderte Beispiel des Hamburger Unternehmens. Dann können Spielchen nicht praktiziert werden, weil diese schon bezüglich des Geldes, das ein solches Zusammensein (und Wegbleiben von der eigentlichen Arbeit) die Gemeinschaft mit zu hohen Kosten belasten. Wenn Gedankenspielchen gewünscht sind, dann bitte in eigenen Runden!

Wenn wir einmal annehmen, die Gruppe ist – um es zu vereinfachen – nur zur Behandlung eines einzigen Themas zusammengekommen, so daß nicht eine Tagesordnung mit etwa acht Punkten auf dem Einladungsprogramm stand, dann wird der Leiter etwa folgendermaßen beginnen:

Anrede – Meine Damen und Herren! Liebe Kollegen! Oder andere dem Kreis angepaßte Form der Anrede – je nachdem.
Dank für Erscheinen – der niemals vergessen werden sollte.
Präliminarien und Regularien – fallweise, wenn nötig, über Pausen, Rauchen oder andere Äußerlichkeiten, einschließlich der vorgesehenen Schlußzeit sowie evtl. Entschuldigungen Erkrankter usw., Grüße.
Thema und Themenerläuterung – Thema wie auf Einladung vorgegeben, Erläuterung wie Vorausinformation; oder durch den Leitenden; oder durch einen dazu gebetenen Fachmann, Spezialisten.

Nach der Einleitung folgt nun die eigentliche Diskussion, die der Leiter eröffnet mit etwa den Worten:

Wir danken Herrn ... für seine einführenden Informationen, aufgrund deren wir nunmehr in die Diskussion einsteigen können. Zum Diskussionsablauf schlage ich folgende Reihenfolge vor: 1., 2., 3. usw. Die Diskussion ist eröffnet, wer möchte das Wort ergreifen?

Und dann läuft die zweite Aufgabe des Leitenden der ersten – der Sorge für den gedanklich richtigen Ablauf – nebenher: seine Bemühung um Gerechtigkeit. Wie wir in der Prämisse Nummer sechs (S. 114) erkannt haben, ist die Bemühung um Gerechtigkeit die Grundlage zum Vertrauen zur Person – im modernen Führungsstil. Und wenn die Teilnehmer durch das Verhalten des Leiters erkennen, daß er sich um Gerechtigkeit bemüht, dann werden sie nicht nur Vertrauen zu seiner Person entwickeln, sondern es werden auch in der Gruppe die Leistungsvorteile angesprochen und geweckt werden. Das Vertrauen zur Person, um das sich – wie wir erwähnt haben – ein Führender stets bemühen muß, wird im Ablauf des Gruppengesprächs auch zu einer Art selbstvertändlichen Disziplinierung führen: Wenn alle spüren, daß dieser Leiter sich Mühe gibt und gerecht zu handeln versucht sowie ernsthaft bestrebt ist, eine Ordnung in den gedanklichen Ablauf zu bringen, dann werden die Teilnehmer auch in zunehmendem Maße Respekt vor seiner Persönlichkeit bekommen. Er gewinnt somit das Ansehen und seine Autorität als Leiter nicht »ex officio« (weil er eben zum Leiter bestimmt worden ist), sondern »ex persona«, weil man ihm eine seiner Persönlichkeit entsprechende Achtung entgegenbringt. Und wenn dann einer gegen die Ordnung verstoßen oder gar unbeherrscht oder ausfallend werden sollte in der Hitze des Wortgefechtes, dann kann sich der Leiter auch auf die Autorität der Gruppe verlassen. Irgendeiner wird dann wahrscheinlich das Wort ergreifen und den Undisziplinierten im Namen der Gruppe ermahnen, weil sich die Gruppe solche Störungen verbittet.

Abschluß

Während es früher, und heute noch bei hochoffiziellen Tagungen, üblich war, Wortprotokolle zu führen, ist dies im betrieblichen Bereich kaum notwendig. Ausnahme: Man faßt eine Entschließung, die als Meinung oder Anfrage der Zentrale zur Kenntnis gelangen soll. Protokolliert wird heute nur noch das Ergebnis – und dann irgendwie aktenmäßig vermerkt oder festgehalten, damit es – wenn nötig – einmal zu einem späteren Zeitpunkt wieder verfügbar ist. Um den höchstmöglichen Konsens der Gruppe zu erreichen, wird der Leiter selbst – oder ein von ihm gebetener Kollege – vor der Gruppe für alle verständlich das Ergebnis in ein Diktiergerät sprechen, so daß gegebenenfalls noch jemand eine gewünschte Korrektur des Textes einbringen kann.

Dieser Vorgang ist gleichzeitig abschließende Motivation, die bei den einzelnen Teilnehmern verschieden stark folgende gedanklichen Feststellungen auslöst: Heute war es ganz gut, was wir da zustande gebracht haben; wir haben gesehen, wenn wir es richtig ausdiskutieren, dann kommt schon etwas heraus; wenn das immer so sein wird, dann wird unsere Gruppe noch Spitze werden; das ist eine gute, runde Sache gewesen, bin gespannt, wie andere darauf reagieren; in Zukunft sollten wir dies öfters machen, das bringt für jeden etwas; jetzt wissen wir wenigstens, warum das zukünftig so gemacht werden muß, früher hat uns das ja keiner gesagt; ich bin schon gespannt, was es das nächstemal geben wird und ob wir das auch so schön schaffen ...

Solche und ähnliche Reaktionen dienen uns als Beweis, daß das Gruppengespräch im modernen Führungsstil das beste Führungsmittel sein kann, wenn es richtig gehandhabt wird. Dazu muß sich jeder Führende, gleich, an welcher Stelle, verpflichtet fühlen, denn nur so kann der Organismus Unternehmen funktionieren. Entscheidend ist, daß dies alles keine Mätzchen sind, um die Mitarbeiter »auf eine noch raffiniertere Art kirre zu machen« – wie ein Gewerkschaftsfunktionär dies einmal so wortwörtlich formuliert hat –, sondern daß alle im Unternehmen Beteiligten, vom Ältesten bis zum Jüngsten und vom »Rang«höchsten bis zu jedem anderen, gleich, wo er steht, das gleiche Empfinden haben: Nur so werden wir es schaffen!

Das Gespräch in der Gruppe

Unabhängig von den offiziellen Gesprächsrunden zu irgendwelchen betrieblichen Anlässen oder Problemen sollte sich die Gruppe sporadisch oder aus gegebener Veranlassung heraus zu internen Gesprächen zusammenfinden, die dem Selbstverständnis dienen. So wie jeder Mensch gelegentlich Selbstbesinnung betreibt, um sich zu überlegen: »Wer bin ich, woher komme ich, wohin gehe ich?«, so sollte dies auch die Gruppe praktizieren. Mancher mag an dieser Stelle einwenden, dann könne man ja schon absehen, wann gar nichts mehr Produktives geleistet werde, weil man sich ununterbrochen in Gruppengesprächen bewege. Dem ist nicht so! Die Anlässe, betriebswichtige Besprechungen innerhalb der Gruppe zu praktizieren, werden – allerdings je nach Funktion dieses Organs im Unternehmen – nicht alle Tage stattfinden müssen, vielleicht sogar nur ein- bis zweimal im Monat. Und auch diese Treffen sind ja gruppenfördernde Praktiken, wenn der bzw. die Leitenden so wirken, wie es zuvor dargestellt wurde. Aber das Erfordernis, Gruppengespräche im Hinblick auf die gesamte Unternehmensgemeinschaft oder auf produktive Leistungen durchzuführen, tritt nicht allzuoft ein. Und falls der Leitende von zentralen Funktionen Informationen erhält, die sich auf die Aufgaben und Tätigkeiten der Gruppe auswirken, wird er diese – je nach Bedarf – relativ schnell auch ohne große Konferenzveranstaltung weitergeben. Damit alle wissen, was gespielt wird und welchen Sinnzusammenhang bestimmte Maßnahmen haben. Nicht immer wird wegen vielleicht einer relativ geringfügigen Angelegenheit gleich ein Gruppengespräch stattfinden müssen; wenn eine positive Einstellung (s. S. 110 ff.) vorhanden ist, wird sich die Gruppe relativ direkt auf neue Maßnahmen einzustellen wissen.

Was jedoch einleitend als »Gespräch in der Gruppe« bezeichnet worden ist, soll etwas ganz anderes: Gerade wegen des Wir-Gefühls, wegen der Synergie, der Leistungsvorteile und des Selbstverständnisses ist es einfach notwendig, daß die Gruppe von Zeit zu Zeit – unabhängig vom Betriebsgeschehen – sich ihrer selbst besinnt.

Von Zeit zu Zeit sollte so verstanden werden, daß manchmal drei Monate zwischen zwei solchen Treffen vergehen können, ein andermal wird es nötig sein, in einer Woche zweimal zusammenzukommen. Und dann ist von vornherein keine Tagesordnung vorgegeben oder ein Thema bestimmt; es sei denn, daß ein akuter Anlaß besteht, zu dem alle einmal ihre Meinung sagen möchten. Aber das entscheidende ist, daß man sich in menschlicher Atmosphäre ausspricht, auch einmal seinen Frust losläßt über irgendwelche Vorkommnisse – und das man das gemeinsame Erlebnis hat: Hier kann ich alles sagen, hier versteht mich jeder; und wenn ich einmal falsch liege, ist mir auch keiner böse.

Solche Treffen können einmal im Anschluß an die Geschäftszeit bei einer Tasse Kaffee stattfinden, auch kann man einmal den Anlaß des Geburtstages eines Kollegen, der zum Essen einlädt, nehmen, wieder ein anderes Mal kann die Gruppe auch an irgendeinen Ort den Chef persönlich einladen, weil man einige Fragen an ihn hat, die er beantworten kann. Ziel des Ganzen wird jedesmal sein, die gemeinschaftlichen Bande wieder deutlich zu machen; dies sollte bei der Festlegung eines solchen Treffens auch ganz deutlich ausgesprochen werden, damit niemand auf den Gedanken kommt, es solle wohl eine Manipulation stattfinden. Und wenn der anwesende »hohe Chef« eine Runde Bier ausgibt, dann wird auch nicht im entferntesten darunter verstanden werden, daß hier Motivation im Sinne von Zuwendungen betrieben werde. Vielleicht läßt sich der Chef auch einmal von der Gruppe ein Bier bezahlen, wer weiß?

Intermezzo von der Bewußtseinserweiterung zur Individualität in der Gemeinschaft

»Noch vor gut zehn Jahren«, so beginne ich oft meine Vorträge über Neues Denken, »wäre es noch niemandem von Ihnen, meine Zuhörer, eingefallen, in Ihrem Auto, vor einer geschlossenen Bahnschranke wartend, den Zündschlüssel herumzudrehen und so den Motor abzustellen. Es sei denn, Sie wären ein ganz sparsamer Typ, der den Benzinverbrauch so niedrig wie möglich halten will. Heute dagegen kann es Ihnen doch geschehen, daß – in der gleichen Situation – ein benachbarter Autofahrer an Ihr Fenster klopft und Ihnen bedeutet, Sie mögen doch – wegen der Umwelt – Ihren Motor abstellen, solange Sie warten müssen.«

Man mag dieses Beispiel, das ich für ein Zeichen von Bewußtseinserweiterung und Signal Neuen Denkens werte, für banal oder unbedeutend halten – für mich ist es nur ein Beispiel von vielen, die man heute schon tagtäglich in allen Bereichen des menschlichen Lebens beobachten kann. Auch wenn mancher spießbürgerlich den Kopf dazu schüttelt, wenn ihm im Fernsehen todesmutige Greenpeace-Menschen gezeigt werden, die sich mit ihren Nußschalen vor einen großen Frachter bewegen, dessen Fahrt sie aufhalten wollen, weil er umweltfeindliche Ladung transportiert. Denn es geht gar nicht darum, welche Aktionen unternommen werden, sondern daß überhaupt etwas geschieht. Daß dies alles noch viel zuwenig ist, mag in diesem Zusammenhang dahingestellt bleiben, wichtig ist, daß überall auf der Welt – hier mehr oder dort weniger – das Bewußtsein des Menschen sich verändert. Und man möge mir nicht unterstellen, ich wolle großsprecherisch mich als leuchtendes Vorbild darstellen. Aber mir ist es kürzlich geschehen, daß ich beim Wegwerfen einiger zusammengehefteter

Papierblätter plötzlich innehielt, die metallene Heftklammer herausbog, die Blätter in den Papierkorb warf und die kleine Heftklammer in die Küche zum Mülleimer trug. Dies geschah aus dem Unterbewußtsein; Sigmund Freud hätte dazu anstatt »Ich wollte« formuliert: »Es wollte in mir.« Danach erst machte ich mir bewußt, daß ich etwas aus dem erweiterten Bewußtsein getan hatte, woran zu denken ich noch vor einem Jahr nicht gekommen wäre, geschweige denn, so zu handeln.

Seit einigen Jahren jedoch stelle ich fest, daß diese sogenannte Bewußtseinerweiterung sich in einer Rapidität entwickelt, worüber man nur staunen kann. Und zwar in den Köpfen der einzelnen Menschen, die dann plötzlich bei Begegnungen mit anderen feststellen, daß diese auch schon bei sich einen solchen Wandel zu Neuem Denken – wie man sich dies auch immer vorstellen mag – vollziehen oder vollzogen haben.

Prämisse: 10 **Der gesellschaftlichen und wirtschaftlichen Transformation zum Paradigmenwechsel muß die Transformation bei jedem einzelnen Menschen vorausgehen.**

Diese Prämisse habe ich aus der New-Age-Bewegung übernommen; dort ist sie bei allen sonst recht unterschiedlichen Gruppen gang und gäbe. Das Wort »Paradigmenwechsel« steht für grundlegende Veränderungen in einer Wendezeit – oder Zeitenwende –, in der Grundvoraussetzungen, die man bislang als unumstößliche Gesetzlichkeiten betrachtet hat, sich verändern oder gar umkehren.

An einem Beispiel versuche ich oft, dies anschaulich zu machen: Ein Naturwissenschaftler entgegnete mir zu meiner Behauptung vom bevorstehenden Paradigmenwechsel: Wenn ich ihm beweisen könne, daß der Apfel, der durch die Schwerkraft vom Baume herunterfalle, wieder hinauf»falle«, dann wolle er mir glauben. Und ich entgegnete ihm, dies sei selbstverständlich Tatsache. Denn der Apfel verfaule am Erdboden, die Kräfte, Energien und biochemischen Teilchen gelangten in den Boden, erreichen die Wurzeln des Baumes – und im Sommer nächsten Jahres trage dieser wieder Äpfel. Antwort des Herrn Naturwissenschaftlers: »Spinner!«

Ich habe dem Manne nicht Gleiches mit Gleichem vergolten und ihn auch als »Spinner« bezeichnet, sondern lediglich Mitleid mit ihm empfunden, denn er ist ein armer Teufel, (noch) nicht in der Lage, sein rechtshirniges Denkpotential einzusetzen und zu erkennen, daß es noch »mehr Dinge zwischen Himmel und Erde gibt, als unsere Schulweisheit sich träumen läßt« (Shakespeare, vor zirka 400 Jahren)!

Diese Bewußtseinserweiterung wird auch in der New-Age-Sprache als »Transformation« bezeichnet und unterstellt, daß der Betreffende nicht nur die Denkveränderung hinnimmt, sondern auch sein Handeln entsprechend ändert. Und – so wird behauptet – diese Änderung von Verhaltensweisen kann nicht in der Politik oder der Wirtschaft von oben herunter befohlen werden, sondern entwickelt sich zuerst in den Köpfen der Menschen. Wenn man so will, ist auch dies ein Paradigmenwechsel, daß die Mächtigen vor die Tatsache gestellt werden, etwas nicht mehr anordnen zu können, weil es sich bereits – mit oder ohne ihr Dazutun – von selbst entwickelt hat.

Diese Bewußtseinsveränderung ist – wie ich bereits in der Einleitung dargelegt habe – eine Folge der weltweit schneller und breiter wirkenden Informationen (s. Prämisse Nummer eins), die sich auf den Menschen wiederum so auswirkt, daß er sich seines Persönlichkeitswertes mehr bewußt wird. Daß dies individuell und lokal – geographisch-regional – noch sehr verschieden ist, ändert nichts an dem Faktum selbst. Wo in Afrika vor relativ kurzer Zeit noch Buschtrommeln oder im Ruhrgebiet Brieftauben zur Nachrichtenübermittlung eingesetzt wurden, ist heute vielleicht ein Walkie-talkie in Gebrauch.

Wenn wir uns die von Rudolf Schnappauf mir freundlicherweise zur Verfügung gestellte Zeichnung von Peter Russell ansehen, dann ist in dieser fiktiven Darstellung (denn sie beruht auf Annahmen und nicht exakten Erhebungen) gezeigt, wie unser derzeitiges Informationszeitalter zu einem bald heranstehenden Zeitpunkt von dem sich rapide entwickelnden Bewußtsein überholt werden wird. Nach der Meinung von Peter Russell wird dies zu einem Augenblick stattfinden, in dem die

Evolutionssprung ins Zeitalter des Bewußtseins

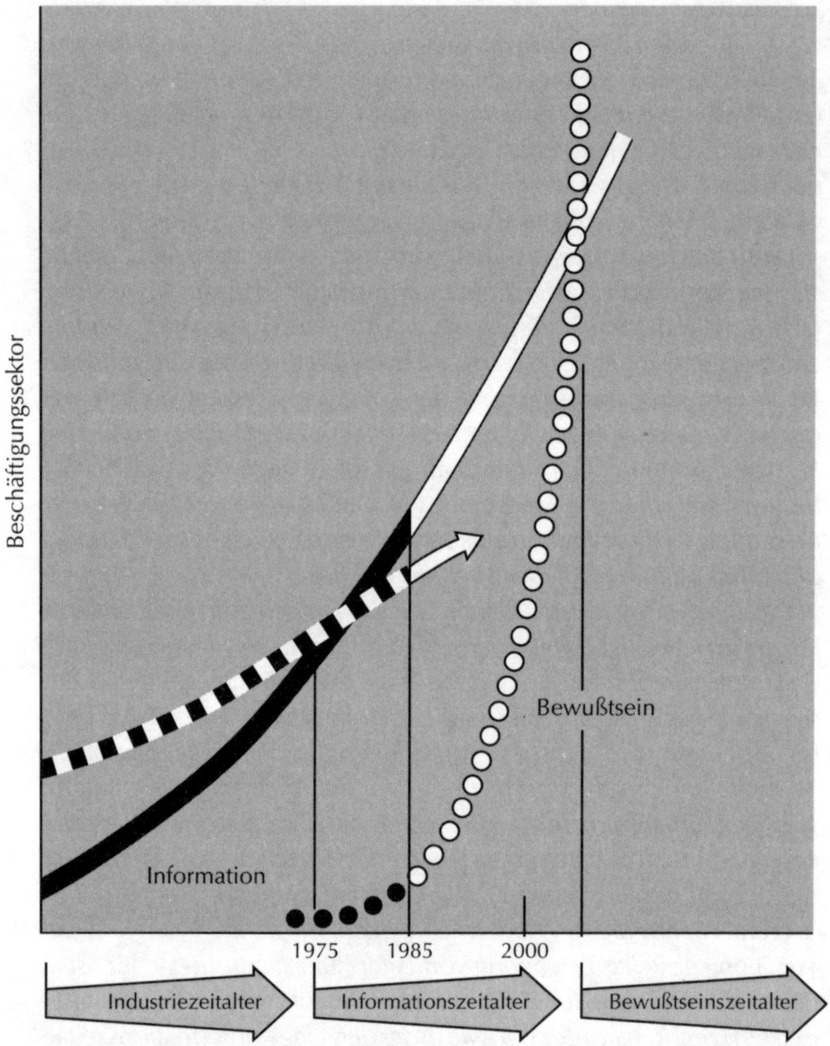

Projektierte Wachstumskurve der Beschäftigten im industriellen, im informatorischen und im Bewußtseinssektor

Quelle: Russell, a. a. O.

Zahl der Menschen mit erweitertem Bewußtsein eine kritische Masse überschritten hat. Wann dies sein wird, kann niemand sagen, aber ich habe zuvor schon dargelegt, daß ich durch meine eigenen Beobachtungen ebenfalls eine unglaubliche Rapidität festgestellt habe, die immer noch zunimmt.

Was bedeutet dies alles für uns, die wir in der Jetztzeit leben? In einer Zeit, deren Turbulenzen – wie ich in der Einleitung (S. 29) schrieb – diesen epochalen Umbruch nur bestätigen? Es bedeutet, daß sich niemand auf der Welt dieser Entwicklung entziehen kann oder glauben darf, er könne in einem verträumten Winkel dieser Erde von diesen Veränderungen grundsätzlicher Art verschont bleiben. Nun denn – wenn das so ist, dann tut jeder, der aber auch nur ein bißchen Grips hat, gut daran, sich zu öffnen und mit den Veränderungen auseinanderzusetzen: Dies ist die beste Möglichkeit, sich in eine neue Zeit hinüberzuretten.

Es wäre zum derzeitigen Zeitpunkt, da noch niemand wissen kann, wie sich die Dinge entwickeln werden, natürlich falsch, sich nach einem Modell oder irgendeiner Form umzusehen, von der man glaubt, sie sei die richtige. Das ist es, was ich all jenen mehr oder weniger anzweifelbaren Gurus jeglicher Richtung vorhalte: daß sie versuchen, die Menschen, die ihnen anhängen, auf einen Weg zu weisen, der nach ihrer Aussage der einzig richtige sein soll. Sie wissen es nicht und können auch nicht wissen, was »einzig« richtig ist – und daher sind sie mehr oder weniger gewissenlose Verführer, vor denen man nicht genug warnen kann. Sie nützen die derzeit weltweit durch die Bewußtseinserweiterung entstandene Unsicherheit der Menschen aus, um sie in ihre – wie sie behaupten – »alleinseligmachende« Richtung zu lenken – nicht zuletzt auch, um damit ihr Geschäft zu machen.

Der Ratschlag, den ich allen Suchenden gleichermaßen gebe, ist der: Halte dich offen nach allen Seiten und suche, dich immer weiter zu informieren, ohne daß du dich vorzeitig an eine Richtung bindest, von der man nicht wissen kann, ob sie sich wirklich als die richtige herausstellen wird. Vielleicht wird es später sogar – wie Peter Russell andeu-

tet – wirklich im Sinne des »Global Brain« nur eine Richtung geben, in der wir unseren Lebensweg in der Schöpfung erwandern.

Wenn die Überschrift dieses Intermezzos lautet ». . . zur Individualität in der Gemeinschaft«, dann deshalb, weil ich auch zutiefst davon überzeugt bin, daß der Mensch ein kommunikatives Geschöpf ist, das ohne Bindung an irgendeine Gemeinschaft eingehen würde. Robinsongeschichten oder Mären von Einsiedlern ändern an diesem Faktum des Gemeinschaftsstrebens nichts, denn sie sind Sonderfälle, die aber eben nicht dem Allgemeinen entsprechen.

Ich habe mir daher auch erlaubt, die vielfach schon bekannte Bedürfnispyramide von Abraham Maslow zu erweitern. Denn ich bin überzeugt, daß das menschliche Streben nicht mit dem Bedürfnis nach Persönlichkeitsentwicklung endet, sondern – eben weil der Mensch ein »Gesellschaftstier« ist – auch noch das Streben entwickelt, seine eigene Persönlichkeit in eine Gemeinschaft einzubinden. Welcher Art diese Gemeinschaft ist, sollte unwichtig sein – es kann die Familie ebenso sein wie der Verein oder das Unternehmen, die Nation ebenso wie die Religionsgemeinschaft. Nur daß sich der Mensch dergestalt einzubinden gewillt ist, daran hege ich keinen Zweifel. Und darüber werden wir uns im nächsten Satz, der sich mit dem Individuum im Unternehmen befaßt, zu unterhalten haben.

Um das zuletzt Gesagte aber noch zu bekräftigen, sei mir gestattet, Hermann Hesse zu zitieren, der in seinem Zukunftsroman – der irgendwann in einem kommenden Jahrhundert spielt – »Das Glasperlenspiel« einleitend, ebenfalls aus einer zukünftigen Sicht heraus, schreibt:

> . . . Es ist ja allerdings das, was wir heute unter Persönlichkeit verstehen, nun etwas erheblich anderes, als was die Biographen und Historiker früherer Zeiten (*so nennt Hesse unsere Jetztzeit!*) damit gemeint haben. Für sie . . . scheint das Wesentliche einer Persönlichkeit das Abweichende, das Normwidrige und Einmalige, ja oft geradezu das Pathologische gewesen zu sein, während wir Heutigen von bedeutenden Persönlichkeiten überhaupt erst dann sprechen, wenn wir Menschen begegnen, denen jenseits von allen

Originalitäten und Absonderlichkeiten ein möglichst vollkommenes Sich-Einordnen ins Allgemeine, ein möglichst vollkommener Dienst am Überpersönlichen gelungen ist . . .

Durch meine ergänzende Zeichnung an der Spitze der Maslowschen Pyramide habe ich versucht, dies graphisch anzudeuten. Wir werden im nächsten Satz feststellen, wie eine solche Entwicklung des Individuums auch im Unternehmen als Einfügen in die übergeordnete Gemeinschaft verstanden und praktiziert werden kann.

Welche Entwicklungen sich im Unternehmen ergeben können, ist in der folgenden Übersicht von Gerd Gerken generell dargestellt; es wird allerdings erklärt, daß die verschiedenen Transformationen in den einzelnen Management-Dimensionen parallel verlaufen – mit unterschiedlichen Zeitbedingungen:

Management-Dimension	Wandlung von . . .	zu
Produktion	Perfektion	→ Zeit
Produkt	Masse	→ Unikat
Arbeit	Pflicht	→ Spaß
Führung	Organisation	→ Selbstorganisation
Planung	Strategie	→ Evolution
Kultur	Information	→ Bewußtsein
Ideologie	Ratio	→ Energie
Absatz	Manipulation	→ Interfusion
Markt	Region	→ Welt
Wettbewerb	Kampf	→ Kooperation

Die Trendsignale, so Gerd Gerken, zeigen, daß in allen zehn Dimensionen beträchtliche Veränderungen im Gange sind, die zwar nicht synchron verlaufen. Doch ihre Wandlungen insgesamt ergeben einen echten Quantensprung, der noch unterstützt wird durch den derzeit

Bedürfnis-Pyramide

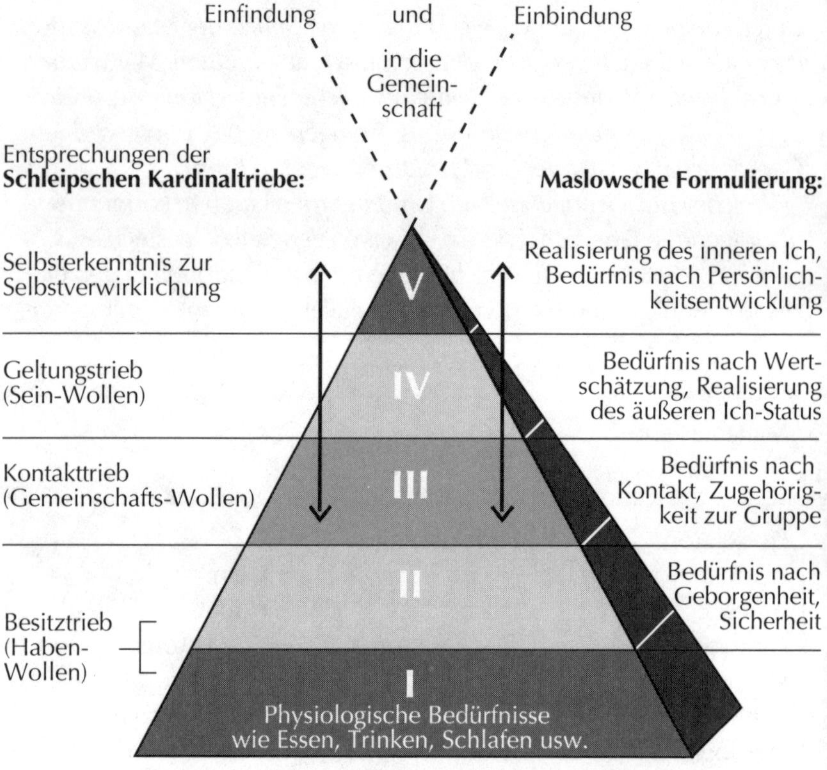

Lehrsatz (nach Maslow): Wenn ein Bedürfnis befriedigt ist, strebt der Mensch die Befriedigung des nächsthöheren Bedürfnisses an

Der Maslowschen Bedürfnis-Pyramide (auch anderweitig »Bedürfnis-Hierarchie« genannt) mit ihren rechts vom Bild befindlichen Erläuterungen sind die entsprechenden Erklärungen bezüglich der Schleipschen Kardinaltriebe auf der linken Seite gegenübergestellt. Und die an der Spitze angefügten gestrichelten Linien deuten die Möglichkeiten einer Weiterentwicklung der Persönlichkeit im Sinne der Ausführungen von Hermann Hesse an.

ablaufenden Generationswechsel im Top-Management. Immer mehr Vorstände und Unternehmer gehören zur Gruppe der Fünfunddreißig- bis Vierzigjährigen. Ihr Weltbild ist prinzipiell offener für Transformationsprozesse als das Weltbild der »alten Garde«.

Allein diese Darstellung sollte geeignet sein, jedem Führenden im Unternehmen – gleich, welcher Position oder Ebene – bewußtzumachen, daß eine Einstellung auf solche Entwicklungen nicht ignoriert oder umgangen werden kann. Im Gegenteil: Sich damit auseinanderzusetzen ist seine unabdingbare Pflicht und Schuldigkeit.

V. Satz: *Vivace*
= lebhaft, lebensfreudig

Für den Menschen ist der Organismus Unternehmen geschaffen

Wenn in unserem Modell des Unternehmens als lebender Organismus von den Gruppen, Teams oder Zirkeln als Organen und den Menschen dann als Zellen gesprochen wurde, aus denen sich jeweils das Organ zusammensetzt, dann ist dies nur bildhaft zu verstehen. Die Zelle ist in unserer Evolution zwar die kleinste selbständig lebensfähige Einheit, aber dies gilt selbstverständlich nur für den Einzeller als Lebewesen. Unsere Organe setzen sich jeweils aus Millionen oder Milliarden von Zellen zusammen; ein Vergleich mit einem Gruppenorgan in einem Unternehmen ist deshalb nicht möglich. Aber wir sollten die Individuen, die gemeinsam das Organ einer Gruppe im Unternehmen bilden, eben doch als den kleinsten selbständigen Teil im Organismus Unternehmen verstehen – mit diesem und seinen Funktionen bzw. Beziehungen zur Gemeinschaft sollen sich die nächsten Betrachtungen befassen.

Der Mensch im Mittelpunkt

Es wurde auch bereits erwähnt, daß diese gängige Formulierung vom Menschen, der im Mittelpunkt des Unternehmens stehe, vielfach falsch verstanden wird oder gar als Alibibehauptung dafür herhalten muß, daß ein Unternehmen gerade nicht besonders menschenfreundlich mit seinen Mitarbeitern umgeht. Diese Bezeichnung »im Mittelpunkt« schlägt sich zwar auch in unserem Unternehmensmodell »Zirkel 2000« nieder, hat aber lediglich einen Symbolcharakter. Er soll zum Ausdruck bringen, daß das gesamte Streben des Unternehmens auf die Menschen schlechthin, also sowohl auf die dem Unternehmen verbundenen als auch die außenstehenden, gerichtet sein soll. Dies ist auch schon in der Prämisse Nummer drei (S. 70) ausgesagt worden.

Somit ist auch klar ersichtlich, daß die Menschen, die dem Unternehmen angehören – also als Zusammenschluß von Individuen die Gruppen bilden und damit die Organe des Organismus –, das Wichtigste des Unternehmens überhaupt sind. Dies muß einmal klar und unverrückbar ausgesprochen werden! Denn auch in Verbindung mit dem Aufkommen des Neuen Denkens wurde schon vielfach vom »Human-Kapital« geredet, ein Ausdruck, wie ihn nicht einmal Taylor, der doch bestimmt aus kapitalistischer Vorstellung arbeitete, ersonnen hat. Mit diesem Begriff wird der Mensch abgewertet zu einer Kapitalgröße, die ebenso gesehen wird wie die Grundstücke und Maschinen, die Finanzen und die Kapitalwerte des Unternehmens – nichts anderes. Wir wollen aber nochmals feststellen, daß alle diese Faktoren, die der Wirtschaftlichkeit und dem Erhalt des Unternehmens dienen, nur den Zweck haben, die Existenz der Menschen, die dem Unternehmen verbunden sind, zu erhalten.

Mit Menschen kann man innere Werte entwickeln, Kräfte schaffen und Energien wirksam werden lassen, Gemeinsamkeiten aufbauen und den Lebenswillen und die Lebensgestaltung realisieren, was man – um mit Nordhoff zu sprechen – für kein Geld der Welt kaufen kann. Das ist eine für ein Unternehmen lohnende Aufgabe: diesen Menschen eine Existenzgrundlage zu geben, in der sie und für die sie leben können. Wenn sich diese Menschen mit ihrem Unternehmen identifizieren, dann ist auf diese Weise tatsächlich ein Neues Denken durchgebrochen, ein Paradigmenwechsel einmaliger Art im wirtschaftlichen Bereich.

Wir werden die diversen Aspekte, die sich aus einem solch neuen Verhältnis zwischen Menschen und ihrem Unternehmen ergeben, noch in verschiedenen Einzelheiten behandeln. Aber eine davon sei hier besonders herausgehoben: Es wird dann –

zumindest im Unternehmen – keinen Klassenkampf mehr geben, in dem die Gruppe der leitenden Angestellten von der Arbeiterschaft attackiert oder die Dienstleistungsmitarbeiter von den Verwaltungsangestellten madig gemacht werden. Und vor allem die Besserverdienenden stetes Ziel von Angriffen der weniger gut Verdienenden sind. Auch wenn die finanzielle Seite der Beteiligung erst später behandelt werden wird, so ist doch jetzt schon festzustellen: Einen Grund für Klassenkampfpraktiken – vielfach von außen gesteuert oder von Wichtigtuern in der Firma selbst – wird man in Zukunft hinsichtlich der finanziellen Bezüge der Unternehmensangehörigen, die man auch als Beteiligte bezeichnen könnte, nicht mehr finden.

Ich habe ein langes Leben hindurch – seit meiner frühen Jugend – gegen den Marxismus-Kommunismus gekämpft und schließlich sogar in den letzten Jahren recht behalten, woran ich gar nicht so richtig glauben konnte. Denn Karl Marx hatte – und er war ja kein dummer Mensch – einmal behauptet, die Geschichte der Menschheit sei eine Geschichte von Klassenkämpfen.

Mit dem Bankrott des Weltkommunismus ist es aber noch nicht getan: Es gilt nun weiterhin, sich für das Humane einzusetzen. Und wenn ich dann Anfang 1993 Plakate für den Kommunalwahlkampf in Frankfurt finde, die die Schlagzeile aufweisen: »Wird es in Zukunft keine Arbeiter mehr in Frankfurt geben?«, dann frage ich mich, was diese klassenhetzerische Parole noch soll! Denn dies ist sie – man will damit die furchtbare Gefahr an die Wand malen, die entstehen könnte, wenn nicht mehr genug klassenbewußte Genossen in der Stadt des Handels und der Banken vorhanden sein sollten und was dies für Folgen für unsere Gesellschaft haben könnte.

Wir werden im Unternehmen der Zukunft keine klassenbewußten Arbeiter mehr brauchen, weil alle Individuen, die dem Unternehmen angehören, arbeiten. Und damit dies nicht falsch verstanden werden kann, als ob es auch welche geben könne, die nicht arbeiten, wird ab sofort dieser Begriff »Arbeit« durch den der »Tätigkeit« ersetzt werden. Auch dies soll dazu beitragen, daß das mit dem Makel des Klassenkampfes behaftete Wort des Arbeiters endlich aus unserem Sprachgebrauch im neuen Unternehmen verschwindet.

Ralf Dahrendorf, seinerzeit Professor an der »London School of Economics«, hat schon vor mehr als zehn Jahren das Wort »Arbeit« durch den Begriff der »Tätigkeit« zu ersetzen vorgeschlagen. Er versteht – kurz gesagt – den Begriff der Arbeit als das Jobben, also eine Arbeit, mit der man vornehmlich Geld verdienen will, um seinen Lebensunterhalt zu bestreiten.

Unter Tätigkeit versteht Dahrendorf viel mehr: Sie ist nicht nur etwas, das der Mensch mit einem gewissen inneren Engagement tut, sondern auch etwas, an dem er Freude haben und einen Leistungsstolz entwickeln kann. Der Mensch hat zu solcher Tätigkeit einen inneren Bezug – sie erfüllt ihn, läßt ihn in seinem Selbstverständnis reifen und wachsen und trägt zu größerer Lebensfreude bei.

Wenn wir solches Verständnis der Arbeit auch auf unseren Unternehmensorganismus – in Verbindung mit den Beteiligungsverhältnissen – übertragen, dann gibt es auch keinen Arbeitgeber und -nehmer mehr. Die gemeinsame, wenn auch unterschiedlich geartete Tätigkeit für die Ganzheit des Organismus zur Existenzerhaltung ist dann Aufgabe eines jeden Einzelnen an seinem Platz, sei er nun Hofkehrer oder »oberster Boß«. Der Mensch im neuen Unternehmen identifiziert sich mit seiner Aufgabe – Tätigkeit – und betrachtet sie nicht mehr als lästigen Zwang, sein Brot verdienen zu müssen. In den unterschiedlichsten Unternehmen in Deutschland laufen bereits Versuche dieser Art; es werden fast täglich mehr, weil – siehe unsere Prämisse Nummer zehn – in den Köpfen der beschäftigten Mitarbeiter die entsprechenden Gedanken entstanden sind und der bzw. die Bosse sich dem Neuen Denken nicht verschlossen haben. Daß wir uns auch in dieser Hinsicht mitten im Prozeß des Umdenkens befinden, sollten wir uns deutlich bewußtmachen.

Abbau der Schizophrenie des Daseins

Die bekannte Redewendung »Dienst ist Dienst – und Schnaps ist Schnaps« ist wahrscheinlich aus der Dienstauffassung im alten preußischen Beamtentum entstanden. Eine Formulierung, mit der sich der Staatsdiener nicht nur vor einem eventuellen Ansinnen der Bestechlichkeit wehren wollte, sondern die auch dazu diente, zu demonstrieren, wie sehr man Privatleben und Beruf zu trennen versteht. Und vielleicht auch – zumindest unterbewußt – war es manchmal eine Entschuldigung dafür, daß man als Beamter nicht immer menschlich handeln konnte. Diesem Denken verwandt zeigt sich auch eine andere Redewendung, die vor allem beim Militär oft gebraucht wurde: »Im Dienst bin ich ein Schweinehund – und ich bin immer im Dienst!«

Ein Mensch, der sich morgens von seiner Frau verabschiedet, um in die Firma zu gehen, ist auf dem Weg zu seiner Berufsausübung. Wenn er sich nun während der Anfahrt denkt: »Mein Gott, jetzt muß ich wieder in den Saftladen – und wenn ich mir das Gesicht vom Alten vorstelle, dann bin ich schon wieder bedient bis heute abend!«, dann frage ich mich, wie der seine Tätigkeit ausübt? Er denkt doch wahrscheinlich den ganzen Tag über nur daran, wann endlich Feierabend sein wird, damit er Federhalter oder Handwerkszeug fallenlassen kann, um zu sagen: »Nichts wie raus hier – jetzt beginne ich zu leben!«

Ich frage mich, was dies für ein Leben sein kann, in dem man morgens in die Firma kommt und sein Privatleben gewissermaßen wie einen Mantel auszieht und in den Kleiderspind hängt, um es dann nach Feierabend wieder hervorzuholen und – als ein anderer Mensch – nun nach seiner Vorstellung zu gestalten?

Man kann eine solche Lebensspaltung durchaus als echte Schizophrenie bezeichnen, denn ein derartiger Mensch lebt zwei Leben nebeneinander: eines, das er tun muß und an dem er kaum Freude hat, sondern es als Last empfindet – und eines, in dem er die angenehmen oder erfreulichen Dinge sucht, die ihm das berufliche Wirken nicht bieten kann. Schizophrenie heißt auf deutsch »Spaltungs-Irresein« – und genauso ist diese Einstellung: Der Mensch tut, als wenn er zwei Leben hätte, die einander zwar nicht vertragen, in denen er sich aber dennoch bewegen muß. Dies jedoch kann nicht gutgehen!

Das menschliche Individuum ist ein Unteilbares – nur mit diesem Selbstverständnis kann der Mensch leben. Er wird sich also ganz in sein Unternehmen einbringen und seine Tätigkeit mit allen seinen Kräften ausüben. Er kann aber dann auch in seinem privaten Bereich ebenfalls Erfüllung suchen und finden. Um kein Mißverständnis aufkommen zu lassen: Hier soll nicht der japanischen Mentalität das Wort geredet werden, nach der der Mensch sich so aufopfert für sein Unternehmen, daß er sich auch Krankheitstage als Urlaubstage anrechnen läßt, weil er glaubt, seine Firma durch sein Kranksein geschädigt zu haben. Dies wäre die gegensätzliche Einstellung zu dem Manne, den wir im Beispiel geschildert haben, und diese Einstellung kann genauso als schizophren bezeichnet werden. Es gibt allerdings in Deutschland eine ganze Anzahl von Menschen, die solch japanische Denkweise als Vorbild hinstellen. Diese Ansicht kann man nicht teilen; die dortige Mentalität ist – schon aus der geschichtlichen und religiösen Entwicklung heraus – ganz anders als bei uns. Und dies muß man akzeptieren. Wer allerdings versucht, aus Angst vor der japanischen Wirtschaftskonkurrenz nunmehr schnell von dort alle möglichen Praktiken nachzumachen, liegt falsch!

Noch ein anderes muß zur Vorstellung des ganzheitlichen Menschen erwähnt werden: Es ist absolut kein Vergehen, einmal eine Arbeitsmappe aus der Firma mit nach Hause zu nehmen, um eine wichtige Angelegenheit – auch und gerade in der sogenannten Freizeit – zu erledigen oder hinter sich zu bringen. Genauso wie ein Mensch, dessen Frau zu Hause krank im Bett liegt, nicht daran gehindert werden soll, oft am Tage an sie zu denken und auch einmal kurz zur Apotheke zu gehen, um ein Medikament zu holen. Und genauso, wie er seinen Firmenkollegen über eine private Sache berichtet, die ihn berührt und über die er sich Gedanken macht, wird er auch zu Hause seiner Frau erzählen, welche Probleme er im Geschäft gehabt hat, und sie fragen, was sie dazu meint. Die Redewendung »Was ich in der Firma tue, ist meine Sache« ist genauso unsinnig wie die Bemerkung zum Kollegen: »Dies ist meine Privatangelegenheit, das geht Sie nichts an.« Natürlich soll hier nicht dem das Wort geredet werden, daß sämtlicher Bürotratsch zu Hause noch einmal ausgebreitet wird – auch ist nicht gemeint, private Probleme ausführlich bei den Kollegen in dem Unternehmen auszubreiten. Aber eine harte Trennungslinie zu ziehen zwischen dem Privaten und dem Beruflichen ist einfach deshalb falsch, weil es auch unser – bei den meisten wenigstens – wichtigstes Organ, das Gehirn, nicht mitmacht. »Homo sum, nihil humanum mihi alienum est« – ich bin ein Mensch, daher ist mir nichts Menschliches fremd! Dies ist eine lateinische Redewendung, die das, was wir meinen, voll trifft: Wenn der Mensch nun einmal ein ganzheitliches Individuum ist, dann lassen sich nicht Dinge in ihm trennen.

Als ich bei einem bevorstehenden Betriebsfest der Unternehmensleitung riet, doch nicht nur für die Kinder einen besonderen Betreuungsraum mit Spielen einzurichten, sondern auch für die Ehefrauen Führungen durch den Betrieb – es war eine Großbäckerei – zu organisieren, war man in der Geschäftsleitung zunächst skeptisch. Als es sich dann aber realisierte, staunte man über das Echo: Viele Frauen, deren Männer zum Teil schon mehr als drei Jahrzehnte im Unternehmen arbeiteten, hatten den Betrieb noch nie von innen gesehen und auch keine Vorstellung von dem Arbeitsplatz, an dem ihr Mann tagtäglich weilte. Sie waren allesamt begeistert, einen Einblick bekommen zu haben.

Dies mag unglaublich klingen, zeigt aber nur, wie wenig unsere bisherige Praxis von »Dienst ist Dienst ...« tatsächlich dem Menschlichen entspricht und wo mit wenig Aufwand noch sehr viel getan werden kann. Der Phantasie sind keine Grenzen gesetzt.

Wenn wir – wie bereits im Zusammenhang mit den Führungsfunktionen – festgestellt haben, daß es im modernen Unternehmen keine Geheimnisse mehr gibt, dann müssen zwei Einschränkungen doch gemacht werden. Zum einen, daß es sicherlich Betriebsgeheimnisse wie etwa Rezepturen oder Neuentwicklungen gibt, die niemand erfahren sollte außer denjenigen, die damit befaßt sind. Und zum anderen etwas, das ein sehr heikles Thema darstellt, weil es ein Bestandteil menschlichen Bedürfnisses darzustellen scheint: der Klatsch. Hier ist es eine – zugegebenermaßen keineswegs leichte – Aufgabe der Führungsverantwortlichen, wo immer auch möglich, dem Klatsch energisch entgegenzutreten. Sie werden zwar immer wieder auf die übliche Ausrede stoßen: »Ich habe nichts gesagt«, aber vielleicht kann doch auch im Hinblick auf das Selbstverständnis des Einzelnen und des Unternehmens mit einigem Engagement eine Verminderung der Schwatzerei erreicht werden.

Daß jeder alles erfahren kann im Betrieb, was er wissen möchte, beruht auf unserer Forderung nach dem »Glashaus-Syndrom«, das bewirken soll, daß die Menschen den Sinnzusammenhang ihrer Tätigkeit erkennen und dementsprechend verantwortungsbewußter und auch notfalls mit eigenen Ideen darangehen. Diese Informationsmöglichkeit und -notwendigkeit darf jedoch keineswegs dazu führen, daß nunmehr jeder an jeder Stelle meint, er könne dem anderen dreinreden. Wie aus unserem Modell »Zirkel 2000« (Abb. S. 80) ersichtlich ist, hat jeder der drei Kernbereiche auch einen äußeren Kreis, der übergreift zu allen anderen Einfluß- und Informationszonen, in keinem Falle jedoch sich anmaßt, in den Kernbereich einer anderen Funktion einzugreifen. Dies muß eine Selbstverständlichkeit sein: Niemand soll und darf einem anderen in seinen direkten Aufgabenbereich hineinreden.

Identifikation mit der Gemeinschaft

Wenn also nun der Einzelne sich mit seiner Ganzheit in das Unternehmen einbringt, hat dies auf keinen Fall zu bedeuten, daß er in irgendeiner Form von seinem privaten Leben einschließlich Freizeit, Hobby, Urlaub usw. irgend etwas zu opfern braucht. Dies wird normalerweise auch keineswegs von ihm verlangt werden. Aber es können Situationen eintreten, wo der Betrieb tatsächlich von einem, einer Gruppe oder allen eine Art Notopfer verlangt, insbesondere dann, wenn seine Existenz irgendwie in Gefahr gerät. Das ist dann eben eine Sache, die – nach entsprechender Information – von allen Betroffenen gemeinsam beschlossen wird und begrenzt für die aktuelle Situation gilt. Niemand möge da sagen, daß hier ein Hintertürchen für unternehmerische Ausbeutung offengelassen werde. Zumal ja die Unternehmensinhaber sich selbst solche außergewöhnlichen Einschränkungen auferlegen, da ja jeder Mitarbeiter auch Mitinhaber ist.

Als ich einmal an einer Podiumsdiskussion im Rheinland teilnahm, bei der sich Arbeitgeber und Gewerkschaftler mehr als drei Stunden stritten, ohne daß die eine oder andere Seite auch nur einen Millimeter von der vorgezeichneten Position abwich, platzte mir der Kragen. Ich erbat das Wort und sagte – zugestandenermaßen sehr laut und temperamentvoll –: »Ich kann die Verbohrtheit hier auf beiden Seiten nicht mehr anhören! Lassen Sie mich sagen: Wenn ich Unternehmer wäre, dann ließe ich in einer Woche, wenn ein großer Auftrag zur Durchführung anliegt, fünfzig oder mehr Stunden arbeiten – und in der nächsten Woche, in der kaum etwas zu tun ist, kämen wir nur auf vielleicht dreißig oder fünfundzwanzig Stunden Wochenarbeitszeit!«

Verständnislose Gesichter bei den Diskussionsteilnehmern waren die Folge meiner Äußerung, bis sich dann der Diskussionsleiter – ein FDP-Politiker – gefangen hatte und den provokativen Zwischenfall mit der Feststellung abtat: »Nach dieser temperamentvollen Äußerung des Herrn Ammelburg können wir ja jetzt wieder zur sachlichen Diskussion zurückkehren – ich bitte um weitere Wortmeldungen . . .!« Und keiner der Diskussionsredner hatte in der Folge den Mut, diese provokatorische Äußerung in der Fortsetzung der Debatte nochmals anzusprechen.

Dieses kleine Erlebnis wurde deshalb hier berichtet, weil in der Zukunft die Unternehmen sich tatsächlich in ihrer zukünftigen Entwicklung von Vorgaben durch ihre Verbände und Gewerkschaften entfernen werden müssen. Auf diese »Zukunft des Klassenkampfes« wird noch im nächsten Intermezzo eingegangen werden. Für uns ist wichtig zu erkennen, daß im Organismus Unternehmen sich selbst regulierende Kräfte regen werden – eben die der Mitarbeiter/Mitinhaber –, die alle Fragen des Zusammenwirkens nach den betriebsindividuellen Gegebenheiten und Notwendigkeiten regeln werden, nicht aber nach Vorgaben irgendwelcher außenstehender Tarifrunden. Wenn man dem ganzheitlichen Organismus Unternehmen nicht soviel Selbstverantwortung beläßt, seine internen Dinge nach eigener Erkenntnis zu gestalten, dann brauchen wir in dieser Hinsicht nicht mehr von Neuem Denken zu sprechen. Auch hier wird ein Paradigmenwechsel entstehen, der Tarifpartner und ihre Funktionäre ganz schön alt aussehen lassen wird – im wahren Sinne des Wortes.

Und dies alles vornehmlich wegen der wahren Menschlichkeit, die entwickelt werden soll. Denn ein Unternehmen kann nur so stark in seiner Unabhängigkeit und der Eigenentwicklung seines Selbstverständnisses werden, wie es sich darauf verlassen kann, daß diese Kräfte von allen beteiligten Mitarbeitern getragen werden. Wenn diese etwas zu ihrer Existenzsicherung tun wollen, dann hat dies zu geschehen – und alle stehen dahinter!

Sie alle müssen es ja auch ausbaden – gegebenenfalls mit Schäden an der Existenz eines jeden Einzelnen. Und insofern ist es von enormer Bedeutung, daß sich die Mitarbeiter ihrer gegenüber dem heutigen Verständnis völlig neuen Rolle und Bedeutung bewußt sind. Sie müssen sich mit ihrem Unternehmen identifizieren, denn es ist ja, auch von den Besitzverhältnissen her, ihr Unternehmen.

Auch dies entspricht – gemäß unserer Prämisse Nummer eins – dem neuentwickelten Persönlichkeitsbewußtsein.

Die Identifikation des Einzelnen mit seiner Gemeinschaft hat natürlich nicht allein den finanziell-existentiellen Beweggrund, auf den noch zum Abschluß dieses Satzes eingegangen werden wird. Viel bedeutsamer und ausschlaggebender ist die geistig-seelische Einbindung des Einzelnen, der in einem Wechselspiel von Geben und Nehmen mit der Gruppe und dem Unternehmen steht. Wenn dieser innere Bezug nicht vorhanden wäre, dann würde das Ganze ja lediglich aus einer finanziellen Beteiligung bestehen – und damit ist es im neuen Selbstverständnis des Unternehmens und seiner ihm verbundenen Menschen nicht getan.

Unabhängig von einem wie auch immer gearteten finanziellen Engagement muß einem neu zur Gemeinschaft Hinzukommenden ganz eindeutig – vom Führungsverantwortlichen und der Gruppe, die ihn aufnehmen soll – gesagt werden, was in diesem Unternehmen läuft, welches Selbstverständnis die Kollegen, die Gruppe als Organ und das Unternehmen selbst haben und was in dieser Hinsicht auf ihn zukommen wird. Auch wird der Neue mit einer, situativ unterschiedlichen, Probezeit rechnen müssen, denn die Gruppe, in der er sich einbinden soll, muß ja auch in der täglichen Praxis des Umgangs miteinander erfahren, wie sie mit dem neuen Kollegen auskommen kann. Probezeit ist also hier mehr als nur eine Floskel des Einstellungsvertrages.

Vertrauen als Basis der Beziehungen

Das, was die meisten Neuankömmlinge erstaunen wird, sollte die völlige Offenheit sein, mit der in der Gruppe miteinander umgegangen wird. Er kann jeden alles fragen, ohne sich zu scheuen oder Angst zu haben, als Ignorant zu gelten. Und umgekehrt wird auch jeder Kollege in der Gruppe keinerzeit Hemmungen haben, beim Neuen zu hinterfragen, warum er nun dieses so gesagt oder jenes anders gehandhabt hat. Die Gruppe wird – dies ist ein Teil der psychologischen Verhaltenslehre, die sie von ihrem Leitenden vermittelt und vorgelebt bekommt – gelernt haben, daß sie nur mit echtem Vertrauen, das sie einem Neuen entgegenbringt, auch Vertrauen bei ihm auslösen kann. Auch die kleinste Unwahrheit oder gar Hinterhältigkeit, das geringste Zeichen von Unehrlichkeit oder Hinter-vorgehaltener-Hand-Reden kann Mißtrauen unterbewußt wecken. Und dann sind weitere Bemühungen zur Integration des Neuen zwecklos.

So wie der Neue von vornherein vermittelt bekommen hat, daß er, wenn er sich nicht in die Gruppe einfügen kann oder will, auch keine Chance hat, auf die Dauer im Unternehmen zu bleiben, so muß ihm andererseits klar sein, daß die Gruppe selbst den ehrlichen guten Willen hat, ihn aufzunehmen. Der Grundsatz der Gruppe muß zum Ausdruck gebracht werden: »Wir halten jeden so lange für einen guten Menschen und ehrlichen Kollegen, bis er uns das Gegenteil beweist!« Wenn die Gruppe diese Grundeinstellung auch im täglichen Umgang miteinander und mit dem Neuen praktiziert, dann werden sich auch bei diesem, wenn er nicht wirklich ein schräger Vogel sein sollte, positive Kräfte und Energien entwickeln, die weder er sich selbst noch die anderen ihm anfangs zugetraut hätten.

Man mag dieser Darstellung vorhalten, sie sei zu idealistisch gesehen, denn so etwas gäbe es in den Unternehmen nicht. Wer selbst am eigenen Leibe miterlebt hat, mit welchem Mißtrauen, Neid, welcher Abwehrhaltung oder Distanzierung einem Neuankömmling in einer Firma begegnet wird, der mag dies bestätigen. Aber dies sollte noch lange kein Grund sein, es einmal anders zu versuchen – im Interesse des ganzen Unternehmens, das sich ja auch von einem neuen Mitarbeiter eine die Leistung des Unternehmens fördernde Hilfe erwartet. Was spricht also dann dagegen, daß man es beginnen sollte, sich gegenüber neuen Kollegen anders zu verhalten, als dies leider in den meisten Fällen bislang üblich war?

Und damit tut im positiven Sinne jeder Einzelne das, was im Sinne des Unternehmens notwendig ist: einen neuen Mitarbeiter auch mit dem Herzen zu gewinnen und aus ihm einen vollwertigen und positiven Kollegen zu machen. – Auch hieraus ist wiederum ersichtlich, daß die Bemühung um gegenseitiges Vertrauen und dessen Verwirklichung die Grundlage bildet für den Synergie-Effekt, den alle anstreben.

Allen im Unternehmen muß klar sein, daß Vertrauensmißbrauch eines der übelsten Dinge ist, die vorkommen können; er rechtfertigt sofortiges Entfernen des Betreffenden aus der Gemeinschaft, weil der Schaden in seiner eventuell unternehmensweiten Auswirkung immens sein kann.

Der Führende aus der Sicht des Mitarbeiters

Jener Führungsverantwortliche, der sich mit psychologisch richtigem Führen (S. 110 ff.) befaßt hat, ist auch in der Lage, die Auswirkungen des eben erwähnten Vertrauensmißbrauches psychologisch zu definieren: Ein solcher Vorgang ist nach der Schichtlehre in der Lage, bis in die Erlebnisfunktion des Menschen einzudringen. Und hier wurde erwähnt, daß Enttäuschungserlebnisse Aggressivität zur Folge haben, also etwas, das wir um der Betriebsharmonie willen sicher nicht im Unternehmen gebrauchen können.

In der Übersicht zu Entwicklungsphasen des Führungsstils (S. 140) wurde bei der Spalte »Vorgesetzter« erläutert, daß er in der modernen Ausprägung nicht mehr Antreiber, Aufpasser, Vortänzer, Vormacher oder »der liebe Herrgott« ist, sondern seine Funktion und Tätigkeit ausschließlich als *Berater* zu verstehen hat. Dieser Begriff deckt natürlich auch die Aufgabe des *Moderators* ab, die er bei Gruppengesprächen übernimmt, wie wir schon erwähnt haben – ebenso des *Koordinators*, als welcher er in der Beziehung zur Geschäftsleitung und zu anderen Gruppen – Organen – steht. Und schließlich hatten wir zu seinen Aufgaben auch das *Coaching* der Mitarbeiter gezählt, für die er aus seiner Persönlichkeit heraus der menschliche Helfer für alle Situationen ist, in denen die Mitarbeiter solcher beratenden Hilfe bedürfen. Er sollte also – auch wenn dies vom Alter her nicht immer so gegeben sein mag – als der väterliche Freund eines jeden Mitarbeiters seiner Gruppe gesehen werden. Unabhängig von Problemen bei der Tätigkeit muß er auch für die menschlichen Dinge seiner Mitarbeiter ein offenes Ohr und – wenn möglich – einen guten Ratschlag bereit haben. Die Mitarbeiter müssen nicht nur das Gefühl haben, sondern auch wissen, daß sie jederzeit zu ihm kommen können, wenn sie etwas auf dem Herzen haben. Und auch wenn einmal zwei oder mehrere Mitarbeiter Probleme miteinander haben, muß er als die Persönlichkeit anerkannt sein, dazu Lösungen zu finden und dafür zu sorgen, daß die Harmonie der Gruppe wiederhergestellt wird.

Um dieser schönen, aber auch oftmals nicht leichten Aufgabe gerecht zu werden, braucht der Führende nicht nur die schon in der Psychologie der Führung vermittelten Kenntnisse – nämlich die Voraussetzungen, die zum Führen geschaffen werden müssen, sowie das Wissen über die Schichtlehre der psychischen Funktionen (s. S. 118 ff.). Er muß auch wissen, aus welchen Beweggründen Menschen handeln. Denn Menschen sind ja nicht tote Körper, Stein oder ein Stück Metall, sondern haben eigene Bestrebungen, Wünsche, Triebe und Bedürfnisse. Ohne diese zu kennen, also ohne sich darüber Klarheit zu verschaffen, was den Menschen im Grunde seines Herzens bewegt, d. h. ihn vorwärtstreibt, wird der Führende nicht in der Lage sein, die Situation eines Mitarbeiters beurteilen zu können, der ihn um einen Rat angeht.

Die Kardinaltriebe

Der Begriff der Triebe löst bei manchen Menschen die Assoziation aus, es mit etwas Unanständigem oder gar Verbrecherischem zu tun zu haben; ihnen fallen Wörter wie »Triebverbrecher« oder

»Triebhaftigkeit« u. ä. ein. Dabei sind Triebe etwas völlig Normales, jeder Mensch hat sie und lebt mit ihnen. Wer die normalen Triebe nicht hätte, wäre psychisch krank. Auch Bestrebungen oder Bedürfnisse wären Begriffe der gleichen Bedeutung. Wir erinnern uns der Maslowschen Bedürfnispyramide, die im vierten Intermezzo (S. 222) erwähnt wurde und die viele deutsche Manager in Seminaren kennengelernt haben dürften. Es gibt darüber hinaus auch noch andere Lehren über Triebe und Bedürfnisse; wenn wir uns hier mit der Schleipschen Lehre von den drei Kardinaltrieben befassen, so deshalb, weil sie nach Ansicht des Verfassers die einfachste und am besten anwendbare Trieblehre ist, mit der Führungskräfte in der Praxis arbeiten können.

Die Triebe sind – dies muß noch vorab gesagt werden, um ihre Bedeutung zu unterstreichen – vielfach die echten Quellen der Motivation. Nach den Erkenntnissen der Tiefenpsychologie haben die Strebungen und Bedürfnisse der Menschen ihren Ursprung in den drei Hauptantriebsbereichen, die von Schleip die drei »Kardinaltriebe« genannt werden. Man kann davon ausgehen, daß – wie schon zuvor erwähnt – ein Nichtvorhandensein oder ein Aussetzen eines oder mehrerer Triebe unnormal, also pathologisch zu sehen ist. Wenn im folgenden die Triebe in einer Reihenfolge aufgezählt werden, so ist dies keine bewertende Ordnung, sondern alle Triebe sind gleich und haben gegenseitig keinen Vorrang untereinander.

ⓐ *Der Besitztrieb*

Ihm rechnet man das Nahrungsbedürfnis (Hunger und Durst) zu, den Sammeltrieb, auch das Wissensstreben (Wissensdurst), das Streben nach Gewinn oder wirtschaftlicher Sicherheit, nach Geborgenheit und höherem Lebensstandard – man kann ihn auch als das *»Haben-Wollen«* bezeichnen. In der Übersteigerung äußert sich der Besitztrieb etwa als Genußsucht, Habgier, Geiz, Neid, Egoismus, Unersättlichkeit, Raffgier – immer, so werden wir sehen, sind übersteigerte Triebe meist Süchte oder Begierden.

Wenn das Besitzstreben des Menschen vernachlässigt wird, erzeugt dies bei dem oder den Betroffenen Unzufriedenheit sowie daraus resultierend soziale Spannungen. Beispiele dazu hat es im Verlauf der Geschichte ausreichend gegeben.

ⓑ *Der Geltungstrieb*
Zu ihm zählt man u. a. das Streben nach Anerkennung und nach sozialer bzw. gesellschaftlicher Geltung, Vorwärtsstreben, Bildungsbedürfnis, Freiheitsstreben, Ehrgeiz, Schönheitsbedürfnis sowie Streben nach Achtung und Heraushebung. Er wird auch als das *»Sein-Wollen«* bezeichnet. In der Übersteigerung drückt er sich in Ichhaftigkeit, Machtstreben, Herrschsucht, Angeberei, Oppositionsbedürfnis, Kampftrieb oder Zurschaustellung aus.

Eine Vernachlässigung des Geltungsstrebens (etwa Versagen der Anerkennung, Demütigung, Bloßstellung oder Abwertung) erzeugt Minderwertigkeitskomplexe, die meist wieder zu »übertriebenen« Ansprüchen führen. (Sprachlich ist das Wort »übertrieben« eben der treffende Ausdruck für etwas, das mehr als den normalen Trieben entspricht.)

ⓒ *Der Kontakttrieb*
Hierzu gehören: Anlehnungsbedürfnis, Geselligkeitsstreben, sexuelle Bedürfnisse, Fortpflanzungstrieb, Spieltrieb, Harmoniestreben und Bedürfnis nach Gemeinsamkeit u. a. Er wird daher auch als das *»Gemeinschaft-Wollen«* bezeichnet. Ist der Kontakttrieb in übersteigerter Form, so findet man Spielleidenschaft, Vergnügungssucht, übersteigertes Sexualbedürfnis, Herdentrieb, Vermassung sowie – heute besonders aktuell – auch Zusammenschlüsse in Banden (in Verbindung auch mit dem übersteigerten Geltungstrieb).

Vernachlässigung oder Unterdrückung des Kontaktstrebens führt zu Unzufriedenheit und zu Verklemmungen (Sonderlinge – Eigenbrötler).

Wenn man die vorliegende Übersicht betrachtet, wird man feststellen können, daß es wohl kaum ein menschliches Streben geben kann, das nicht im Urgrund einem oder sogar mehreren dieser genannten Triebe zugeordnet werden kann. Und nun erhebt sich die Frage, welcher dieser drei Triebe wohl der stärkste ist?

Diese Frage, einer Gruppe von Seminarteilnehmern gestellt, hatte meistens eine sehr heiße Diskussion zur Folge. Nicht, weil die Frage so schwer zu beantworten ist, sondern deshalb, weil – wie es wohl auch jedem Leser dieser Zeilen gehen mag – hier eine Bewußtseinserweiterung stattgefunden hatte. Mit dieser Thematik und dieser Sicht hatten sich die meisten noch nicht auseinandergesetzt; erst jetzt hatten sie diese Fakten erfahren und waren nun selbstverständlich nachdenklich über diese Dinge geworden. Nicht zuletzt deshalb, weil sie – insbesondere bei den Darlegungen über Vernachlässigung bzw. Übersteigerung – wohl schon auch Selbstreflexionen eingeschaltet und Ansätze zur Selbstkritik gefunden hatten.

Tatsache ist – dies ist wissenschaftlich auch belegt –, daß normalerweise keiner der drei Triebe stärker ist als die anderen, jedoch situativ derjenige Trieb, der akut am meisten Not leidet, sich in den Vordergrund der menschlichen Psyche schiebt und nach Befriedigung drängt. Beispielsweise wenn ein Mensch nichts zu essen hat (notleidender Besitztrieb), kann es sein, daß er »Mundraub« begeht, ihm also sein Ansehen bei anderen Menschen (Geltungstrieb) sowie die Gemeinschaft mit anderen Menschen (Kontakttrieb) gleichgültig sind. Wenn man dieser Gesetzlichkeit nachgeht, dann wird man sehr oft auf die eigentlichen Motivationsquellen stoßen, die Menschen zu bestimmten Handlungen veranlassen: Das Notleiden des einen oder anderen Triebs bringt viele Menschen dann dazu, etwas zu tun, bei dem man sich fragen muß: »Wieso hat der sich nun auf einmal so verhalten? Der ist doch sonst nicht so – das hätte ich von diesem Menschen niemals erwartet!« Und so kann man vielfach Erklärungen für ein einem sonst unbegreifliches Verhalten entdecken.

»Coaching« als Betreuung

Wenn wir die drei Aufgaben des Führenden im neudenkenden Unternehmen – unter dem Oberbegriff »Berater« – mit den Begriffen »Koordinator« (in bezug auf Geschäftsleitung und andere Organe), »Moderator« (für die Leitung der Gruppe) und »Coacher« für jeden einzelnen seiner Mitarbeiter bezeichnet haben, so bedarf es doch gerade für diesen letzten Begriff mehr als nur den Versuch einer Übersetzung. Coach ist ein englisches Wort, das mit Trainer, aber auch mit Nachhilfelehrer übersetzt werden kann. Für uns kann es sowohl als Berater als auch als Begleiter verstanden werden, am treffendsten sollte uns aber doch der Begriff des Betreuers sein, der mit seinem Wortstamm aus dem Wort Treue auch das Vertrauen einbezieht, das für diese Aufgabe unabdingbar sein sollte.

Aus der Sicht des Mitarbeiters, der – wie schon zuvor (S. 238) erwähnt – einen väterlichen Freund im Coachenden sehen sollte, muß dieser einfach der Ansprechpartner sein im beruflichen als auch gegebenenfalls für den privaten Bereich. Denn wenn der Betreuer, wie wir nun den »Coach« nennen wollen, den Mitarbeiter richtig beraten und führen soll, dann muß er diesen als Ganzheit sehen und wissen, daß sich Privates auch in seinem Verhalten im Unternehmen niederschlägt wie umgekehrt. Nicht umsonst haben wir – neben den schon im III. Satz (S. 111 ff.) behandelten führungspsychologischen Regeln – nun auch ausführlich die Kardinaltriebe behandelt, deren Kenntnis und Erkennen beim betreuten Mitarbeiter für den Leitenden unabdingbar sind, wenn er das Verhalten des Mitarbeiters verstehen will und ihn beratend steuern soll. Im folgenden sollen dazu einige Beispiele der am meisten vorkommenden Fehlverhaltens aufgezeigt werden. Die Aufgabe des coachenden Betreuers ist es in jedem Falle, die Verhaltensweisen beim Betreuten zu erkennen und ihm dann diese Erkenntnis bewußtzumachen – also Hilfe zur Selbsthilfe zu geben. Diese kann auf die Dauer wirkungsvoller sein, als wenn der

Führende wie ein mahnender Schulmeister neben dem Mitarbeiter steht und ihm jeweils sagt: »Du sollst doch so ...« oder »Das darfst du doch nicht ...« oder gar »Wehe, wenn du das wieder machst ...!«

Wenn es dem Betreuer wirklich gelingt, den Mitarbeiter mit entsprechend sorgsam eingesetzten Mitteln zur Selbsterkenntnis und damit zur Veränderung von Fehlverhalten zu bewegen, dann wäre dies optimal.

Jeder hat seine Neurosen

Wer sich von dieser Überschrift betroffen fühlt und meint, er solle wohl in die Klapsmühle geschickt werden, irrt sich. Es bedarf daher zunächst einer Erklärung, was der Begriff bedeutet und wie man ihn sehen muß, um sich selbst auch gelegentlich von dieser oder jener Neurose zu befreien. Neurosen sind – um es ganz einfach zu sagen – Verhaltensweisen aus übersteigertem Ich-Verständnis. Fritz Künkel, einer der bekanntesten Lehrer der Psychologie, schildert in einem klassischen Beispiel, wie man neurotisches Verhalten erkennen kann:

Wenn ein Junge seiner alleinstehenden Mutter die defekte Klingelleitung repariert, weil er weiß, daß dies notwendig ist für den Haushalt, aber die Mutter es nicht selbst tun kann und auch kein Geld hat, einen Handwerker kommen zu lassen, dann handelt er sachlich – normal. Wenn dieser Junge aber die Klingelleitung nur deshalb repariert, weil er weiß, daß die Mutter ihn nicht nur lobt, sondern auch überall in der Nachbarschaft erzählt, was für einen tüchtigen Jungen sie doch habe, ohne den sie gar nicht auskommen könne, dann handelt er »ich-bezogen«, also neurotisch.

Wer dieses kleine Beispiel recht überdenkt, wird beim Vergleich mit seinen eigenen Verhaltensweisen sehr schnell feststellen, daß auch in ihm diese oder jene kleine Neurose schon zur Wirkung gekommen ist. Denn immer wenn eine Handlung weniger einen sachlichen als einen ichbezogenen Beweggrund (Motiv) hat, ist sie neurotisch. Nicht umsonst haben wir gerade zuvor die Kardinaltriebe abgehandelt, bei denen wir lernten, daß derjenige Trieb sich in den Vordergrund schiebt, der in seiner Befriedigung zurückgesetzt und vernachlässigt wird. Und daraus entstehen die Motive für neurotisches Verhalten.

Neurosen sind allerdings nicht immer nur kleine Macken, die sich der eine oder andere zulegt und auf denen er herumreitet, sondern können auch gefährlich werden, wenn sie zu stark ausgeprägt sind – sowohl für den Menschen selbst als auch für die Gruppe, in der er lebt und tätig ist. Und in dieser Gruppe kann er dann zum Störfaktor für die Gruppenharmonie und das Wir-Wollen der Gruppe werden. Daher sollten Alle, vornehmlich jedoch die Führungsverantwortlichen, wissen, wie man mit neurotischen Menschen umgeht und wie man sie von ihren Zwangsvorstellungen (als die sich Neurose oft zeigt) befreien kann. Nehmen wir noch einmal ein alltägliches Beispiel:

Bei einem Menschen, der deutlich kleiner gewachsen ist als die Menschen seiner Umgebung, kann man oft einen übersteigerten Geltungstrieb feststellen. Er hat – meist unbewußt – stets das Empfinden, daß er zu den anderen hochschauen muß und daß diese wiederum auf ihn herabblicken, nicht nur körperlich, sondern auch psychisch, wie er meint. Und schlimmer ist noch, daß die anderen in ihrer Kommunikation untereinander über ihn hinwegsprechen und ihn gewissermaßen übersehen, also nicht beachten. Welch eine Reaktion bleibt ihm dann noch außer der, sich durch irgendwelche Verhaltensweisen »unübersehbar« zu machen, damit ihn die anderen wahrnehmen.

Also trägt er höhere Absätze an den Schuhen, kleidet sich auffälliger als sonst üblich, spricht mit lauter Stimme – unüberhörbar – oder trägt ein Gehabe zur Schau, das von den anderen unbedingt bemerkt werden muß. Dies ist übrigens ein durchaus natürliches und verständliches Verhalten, denn er leidet Not – wie er meint – an der Befriedigung seines natürlichen Geltungstriebs. Und dieser schiebt sich in den Vordergrund seiner drei Triebe und drängt ihn, sich so zu verhalten, daß das Streben nach »Sein-Wollen« befriedigt wird. Wenn der Mensch dies nicht täte, dann würde er einen Minderwertigkeitskomplex entwickeln – in dem Sinne, daß er zu sich sagen würde: »Es hat ja doch keinen Zweck, die wollen mich alle übersehen; dagegen kann ich nichts machen!« Und dies ist die Ambivalenz des Übersteigerten und ebenso falsch für ihn.

Dieses landläufige Beispiel könnte auf viele andere Situationen von Menschen übertragen werden – bei allen drei Trieben. Denn ein Mensch, der sich in seinem freiheitlichen Handeln beschnitten fühlt und deswegen ein Hyperliberaler wird, zählt genauso dazu wie ein anderer, der – vielleicht nur wegen seines Mundgeruchs – in der Geselligkeit von anderen gemieden wird und dementsprechend besondere Aktivitäten entwickelt für Gemeinschaftsangelegenheiten. Und ein Mensch, der wenig Glück hat beim anderen Geschlecht, entwickelt vielleicht eine Perversität, während ein anderer, der mehrfach finanzielle Rückschläge hinnehmen mußte, unter Umständen zur Spielernatur wird, vermeinend, das Glück müsse sich doch noch zwingen lassen.

Jeder, der diese Aussagen gelesen hat, mag ein wenig nachdenklich über seine eigene Person werden und sich überlegen, wo er selbst denn bestimmte Verhaltensweisen aus einem notleidenden Trieb an den Tag legt – auch wenn dies vielleicht nur temporär für eine bestimmte Situation war, die nicht lange andauerte. Und er wird vielleicht auch mehr Verständnis für Verhaltensweisen anderer aufbringen, deren »Macken« er manchmal belächelt oder über die er sich ärgert.

Dies ist genau nun die Aufgabe, die auch die Führungsverantwortlichen wahrzunehmen haben, wenn sie als coachender Betreuer Neurosen bei ihren Mitarbeitern erkennen und es angehen wollen, mit ihnen darüber zu sprechen. Im Endeffekt haben sie die – vielfach nicht einfache – Aufgabe, den Betreffenden zu einer Selbsterkenntnis zu bringen, in der er – nach einer vom Coacher bewirkten Bewußtseinserweiterung – sich sagen muß: »Stimmt – Sie haben recht: Ich habe es eigentlich gar nicht nötig, mich so

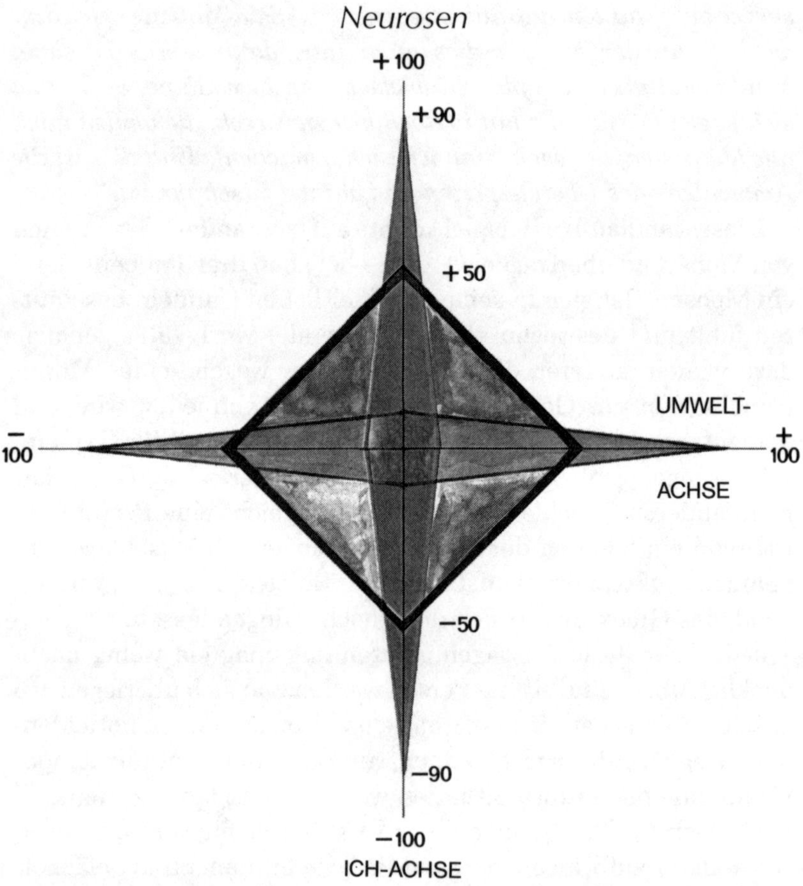

Mit der obenstehenden Zeichnung ist versucht worden, graphisch die Beziehungen zwischen ich-haftem (neurotischem) sowie normalem Verhalten darzustellen. Die Ordinate (senkrecht) entspricht dem Ich-Verhalten, die Abszisse dem Verhalten zur Umwelt. Wenn nun ein Mensch ein bestimmtes Anspruchsdenken praktiziert, so entsteht das aufgezeigte Quadrat in der Mitte: auf seiner Ich-Achse zum Plus hin 50 Einheiten – bei Absinken in die Ambivalenz (durch Nicht-Erreichen oder Enttäuschung) auch auf –50. Und die Beziehungen zur Umwelt sind auf der Abszisse ebenfalls bis jeweils +50 und –50 erreicht. Sollte aber ein »Neurotiker« mit übersteigerten Ich-Vorstellungen, die hier im Beispiel mit +90 angegeben sind, sich entwickeln, so sinkt er bei der Ambivalenz auch auf –90 ab. Wenn man nun das zunächst normal bezeichnete auf der Spitze stehende Quadrat sich als ein System von Schnüren vorstellt, so wird erkennbar, daß – wenn diese Schnüre auf der Ich-Achse in die Länge gezogen werden, für die Umwelt-Achse nur wenig Spielraum mehr bleibt. Und umgekehrt wäre es auch so – in anderer Richtung – wenn ein Mensch so übertrieben selbstlos wäre und seine Beziehungen auf der Umwelt-Achse so ausdehnt, daß für sein Ich-Verhalten kaum mehr Raum bleibt.

aufzuspielen, denn ich bin doch schon wirklich von den anderen gut gelitten und anerkannt. Außerdem kann ich auch eine ganze Menge von Dingen, die wiederum die anderen nicht können – was soll's also?!« Eine solche Reaktion bei einem Mitarbeiter kann für den Führenden Beweis dafür sein, daß seine Therapie richtig war. Und der Betreute wird ihm auch noch dankbar dafür sein, daß ihm die Augen geöffnet wurden über eine negative Verhaltensweise.

Vorurteile sind wie Allergien – nur schlimmer

Von einem Arzt, Mitglied des Weltkongresses der Allergologen, stammt die Feststellung, daß – nicht zuletzt durch unseren sorglosen Umgang mit unserer Mutter Erde – die Allergien weltweit immer noch zunehmen und man medizinisch-therapeutisch wahrscheinlich wohl noch kaum ein Fünftel aller Allergiearten erkannt und in den Griff bekommen hat. Er hat die Allergien als die Weltgeißel Nummer eins bezeichnet.

Dies könnte man im psychischen Bereich mit den Vorurteilen vergleichen, von denen jeder Mensch Hunderte mit sich herumschleppt, ohne sich dessen überhaupt bewußt zu sein. Auch hier ist es Aufgabe der Führungsverantwortlichen einer Gruppe, den Betreuten bei passender Gelegenheit zu demonstrieren, daß sie in diesem Falle einem Vorurteil aufgesessen sind, das durch nichts in seiner Aussage berechtigt ist.

Wieso kommt es, daß diese Ampel – gleich, zu welcher Tageszeit ich sie anfahre – immer auf »Rot« geschaltet ist? – Immer dann, wenn ich eine besonders eilige Sache einzugeben habe, fällt mein Computer aus! – Alle Asylanten sind potentielle Verbrecher. – Ich kann tun, was ich will, aber jedesmal, wenn ich im Herbst nach Bad Ischl fahre, bekomme ich eine fiebrige Erkältung! – Wenn man die städtischen Arbeiter vom Gartenamt beobachtet, machen die immer gerade Pause! – In Salzburg regnet's immer! In München aber auch! – Der ICE nach Hamburg hat immer Verspätung! – Immer wenn ich glaube, mal einen Augenblick zu haben, in dem ich in Ruhe etwas arbeiten kann, kommt einer und will etwas von mir. – Die Dänen müssen aber auch immer im Europarat stänkern! – Der 1. FCN kann einfach in Dortmund nicht gewinnen! – Wenn der Müller nur den Mund aufmacht, kommt bestimmt etwas Dummes heraus. – Politiker sind alle Schweine. – Die Suppe ist heute wieder zu salzig – wie immer!

Dies ist nur eine kleine Blütenlese der Vorurteile, wie wir sie ständig zu Hunderten mit uns herumtragen und bei jeder passenden und vor allem auch unpassenden Gelegenheit verwenden. Ohne nachzudenken, versteht sich! Denn wenn wir uns diese Mühe machen wollten, dann würden wir in den meisten Fällen feststellen, daß es eben nicht immer »immer so« oder »nie so« ist. Wenn es dann aber einmal so ist, wie wir in unserer Erwartungshaltung es vorausgesagt haben, dann dient uns dies zur Bestätigung dessen, daß unser Urteil – das in Wirklichkeit nur ein Vorurteil ist – eben, wie immer, richtig war. Die Wörtchen »immer« und »nie« sollte man nur mit größter Vorsicht gebrauchen, weil doch meistens nicht alles »immer so« oder »nie anders« ist. Es gehört schon eine ganze Menge von Lebensweisheit dazu, sich diese dümmste und verbreitetste aller Angewohnheiten bewußtzumachen und zu versuchen, sie abzubauen. Und auch das gelingt nicht immer!

Denn der Mensch ist ganz allgemein nur sehr ungern bereit, von einer einmal gefaßten Meinung abzugehen, weil er dadurch ja vor sich selbst – und vor allem, das wäre das Schlimmste, vor den anderen – zugestehen müßte, daß er sich geirrt hat oder daß seine Meinung falsch war. Lieber versteift er sich auf die Äußerung »Das ist immer so« und fügt – tolerant, wie er erscheinen möchte – noch hinzu: »Zumindest habe ich es noch nie anders erlebt!«

Auch ich, der ich seit vielen Jahren in meinen Seminaren gegen die Dummheit der Vorurteile ankämpfe, bin nicht frei davon: Als ich Anfang der siebziger Jahre mir einen Ro 80 anschaffte, nahm ich mir vor, grundsätzlich nicht mehr als 130 auf der Autobahn zu fahren. Und da ich bis dahin immer der Meinung war, die BMW-Fahrer seien rücksichtslose Raser (ich verwendete einen derberen Ausdruck dafür), wollte ich nun auf meiner Teststrecke von zirka 400 Kilometern, die ich wöchentlich zweimal fahren mußte, überprüfen, wer mich bei diesem Tempo noch überholte. (Damals war 130 relativ schnell!) Und ich stellte nach einiger Zeit fest, daß von durchschnittlich 24 Wagen, die mich überholten, nur drei (!) BMW dabei waren – alles andere waren Mercedes, Citroën, Lancia u. a. Daraufhin baute ich nun bewußt mein Vorurteil ab und sprach nicht mehr darüber.

Aber eines Tages in Lüdenscheid überholte mich – wo man nur 50 fahren durfte – ein Wagen mit einem Affenzahn und schnitt mich noch in der Kurve, so daß ich scharf bremsen mußte. Es war ein BMW, und ich ertappte mich dabei zu sagen: Also es stimmt doch – alle BMW-Fahrer sind . . .! Ich habe mich anschließend sehr, sehr geschämt, weil es mir nicht gelungen war, das alte Vorurteil aus meinem Unterbewußtsein zu eliminieren. Und dies bei mir, der ich mir anmaßte, andere darüber zu belehren!

Wenn der Führungsverantwortliche bei seinem Mitarbeiter-Coaching sich zur Aufgabe macht, auch gegen die Vorurteile anzugehen, die immer und überall auftreten, dann muß er damit bei sich selbst anfangen. Etwa mit dem Ansetzen von einer D-Mark Bußgeld in die Kaffeekasse, wenn jemand »immer« oder »nie« gebraucht. Dies wird auch ihn selbst zwingen, der ja genausowenig von Vorurteilen frei ist, sich in die Pflicht zu nehmen – und er wird staunen, wie die Mitarbeiter sich einen Sport daraus machen, auch ihren »Chef« bei einem solchen Sprachgebrauch zu erwischen. Natürlich hat dies alles nur einen wirklichen Sinn, wenn den Mitarbeitern nicht nur vorher erklärt worden ist, was es mit den Vorurteilen auf sich hat, sondern ihnen auch begreifbar gemacht wurde, welcher Schaden für die zwischenmenschlichen Beziehungen in der Gruppe und im Unternehmen entstehen kann. Auch Gruppenvorurteile untereinander sind dabei nicht ausgeschlossen; es wird hier an das Beispiel der Verkaufsleiter erinnert, das auf S. 179 angeführt worden ist und eindrucksvoller kaum sein kann.

Schließlich sollte man sich – und dies ist auch ein Effekt, der im Unternehmen wirksam werden kann – mit dem Schaden auseinandersetzen, der durch Vorurteile zu Erwartungshaltungen und dadurch zu Kommunikationsstörungen und vielen anderen negativen Folgen führen muß. Aus einem festgeprägten Vorurteil heraus hat ein Mensch die Erwartungshaltung, daß jemand sich voraussichtlich so oder so verhalten oder daß eine Sache so oder so laufen wird – und nicht anders. In den meisten Fällen triumphiert der Betreffende dann, wenn es so ist, wie er erwartet hat. Ist es nicht so, dann schiebt er den Vorfall beiseite, gegebenenfalls mit der Feststellung: »Aber sonst ist es immer so – diesmal ist es eine Ausnahme, und Ausnahmen bestätigen ja nur die Regel.« Dies ist die faulste und schwächste aller dummen Ausreden; er will mit diesem Ausspruch auch noch die eigene Trägheit, nicht einmal eine Veränderung zu registrieren und anzuerkennen, entschuldigen.

Wer sich die Zeit – und den Mut – nehmen wollte, einmal alle sogenannten Ausnahmen von den Regeln, die er selbst aus fauler Verallgemeinerung aufgestellt hat, zu registrieren, würde staunen, wie oft – bei genauer Buchführung – diese Ausnahmen die Regelfälle zahlenmäßig übertreffen.

Ich möchte hier ein Beispiel aus eigenem Erleben einfügen und hoffe nur, daß ich damit nicht unglaubhaft wirken werde: Nach einem sogenannten Alpha-Training war mir bewußt geworden, wie sehr wir uns oft durch negative Erwartungshaltungen selbst behindern, positive Dinge zu erfahren. Und ich habe damals – dies liegt etwa zehn Jahre zurück – beschlossen, einen Versuch zu machen: Immer, wenn ich in einer Stadt zu einem Platz fahren mußte, von dem ich von vornherein wußte, daß dort sicherlich kein Parkplatz frei sein werde, konzentrierte ich mich auf die Vorstellung, daß – wenn ich dort anfahre – gerade jemand wegfahren und somit einen Parkplatz frei machen wird. Auch darüber habe ich gewissenhaft

Buch geführt, obwohl ich einräumen muß, daß es oft durchaus situative Unterschiede der Voraussetzungen gegeben hat. Aber auch dies eingerechnet, ist die Zahl von über 80 Prozent aller Fälle, in dem das, was ich mir in meiner Erwartungshaltung vorgestellt habe, auch eingetreten ist, doch wohl verblüffend.

Im Zusammenhang mit dem Thema der Visionen, mit dem sich das sechste Intermezzo befaßt, werden wir darauf noch einmal zurückkommen.

Der Schaden, der im Unternehmen dadurch entstehen kann, daß die Menschen des gesamten Organismus Vorurteile und Erwartungshaltungen negativer Art haben, wird – wie man sich leicht vorstellen kann – immens sein. Wie wäre es, wenn ein ganzheitlichem Denken aufgeschlossenes Unternehmen den Versuch machen wollte, einmal ernsthaft mit allen Mitarbeitern gemeinsam gegen Vorurteile, wo immer man auch auf sie im Betrieb stößt, vorzugehen und zu versuchen, sie abzubauen? Und wenn dies nur bei 20 Prozent aller vorhandenen Vorurteile gelingt, so kann sich doch jeder vorstellen, welche Schäden in der Kommunikation, der Organisation sowie der Motivation vermieden werden könnten. Schäden, die sich dann durchaus auch in Zahlen festschreiben lassen dürften.

Entwicklung zur Toleranz

Eine kontinuierliche Aufgabe des Coachenden ist, seine ihm anvertrauten Mitarbeiter zu tolerantem Denken zu führen. Dies ist vielleicht gerade deshalb das schwerste, weil die zuvor genannten Strebungen und Triebe sowie die Vorurteile oft gerade das Gegenteil von dem bewirken, was man im Unternehmensorganismus als Toleranz entwickeln sollte und auch könnte: nämlich egoistisches und egozentrisches Denken und Verhalten.

Ein gesundes Selbstbewußtsein, auch Selbstwertgefühl und Selbstverständnis sind Dinge, die jeder Mitarbeiter entwickeln und pflegen soll und darf. Nur muß ihm – und hier kann ihm sein ihn betreuender Coach helfen – stets bewußt sein, daß im Zusammenhang mit den Belangen des Ganzen immer sein Persönliches zurückstehen sollte. Dies ist keine falsch verstandene Opferbereitschaft, sondern die freiwillige Einbindung des Einzelnen in das Ganze, die er selbst gewünscht und praktiziert hat, und das mitzutragen er bereit ist – ohne deshalb seine Individualität aufzugeben oder auf irgendwelche Rechte zu verzichten.

Nun aber zur Toleranz: Jeder Mensch neigt sehr leicht dazu, sich und sein eigenes Verhalten für richtig und gut zu halten – und das Verhalten anderer, das von seinem eigenen abweicht oder diesem konträr ist, abzulehnen oder gar als falsch anzusehen. Hier ist besonders der Leitende von Gruppen gefordert, der bei Zirkelgesprächen die Moderation übernimmt. Denn gerade in dem Begriff des Moderators steckt auch schon die Aufgabe, die er zu praktizieren hat: Er muß »moderat« sein. Dieses Wort leitet sich vom lateinischen »moderabilis« ab, das soviel wie »gemäßigt« oder »maßvoll« bedeutet. Und das genau ist auch die Aufgabe des Gesprächsleiters: Er muß maßvoll ausgleichend wirken und dafür sorgen, daß die extremen Meinungen nicht auseinandertreiben, sondern sich durch seine Verbindlichkeit aufeinander zu bewegen. Wenn der Leiter als Moderator es erreicht, daß innerhalb der Gruppe die einzelnen bereit sind, zuzugestehen, daß auch einmal ein anderer recht haben könnte statt ihrer selbst, dann hat er schon viel gewonnen. Aber bis er dies bewirken wird, hat er sehr viel an diesen Menschen zu arbeiten.

Um seinen Mitarbeitern bewußtzumachen, daß die Menschen von Natur aus unterschiedlich sind und sie auch noch – über die Erbanlagen hinaus – vom Leben geprägt werden, braucht der Führende Wissen über Menschenkenntnis. Dies wird ihm in UZ vermittelt, mit vielfältigen Übungen, aus denen er sich einen Überblick schaffen und den er auch – zumindest in Grundlagen – seinen von ihm Betreuten vermitteln kann. Nicht zu dem Zweck, daß sie alle Koryphäen in Menschenkenntnis werden, sondern nur, um jedem Einzelnen bewußtzumachen, daß es außer ihm noch andere Menschen gibt, die anders, aber deshalb nicht schlechter denken können als er selbst. Und dies wird dann auch die Grundlage zur Toleranz sein, die im Unternehmen angestrebt werden soll.

Auf S. 254 sind aus den Grundlagen zur integrierten Menschenkenntnis – wie ich diese Lehre nenne, weil sie die wichtigsten Erkenntnisse aller großen Lehren in sich vereinigt – die Denkrichtungen dargestellt, mit denen wir es hauptsächlich zu tun haben. Das Wort »Typen« wird mit Absicht vermieden, denn der Verfasser ist der Ansicht, daß die Menschen in ihrer Vielfalt sich nicht in drei, sechs, zwölf (Astrologie) oder mehr Typen pressen lassen. Auch sind die einzelnen Bezeichnungen und Beschreibungen wertfrei zu sehen, sind also weder gut noch schlecht. Die meisten Menschen werden auf dieser Darstellung sich in der ihnen eigenen Denkweise wiederfinden, allerdings nicht immer nur auf einen Sektor begrenzt; ein Mensch kann mit seiner Denkveranlagung zwei, drei oder gar mehr Sektoren umfassen. Und es wird auch in den Sektoren, denen er sich mit seinen Fähigkeiten zugehörig fühlt, einige Begriffe geben, die ihn nicht betreffen oder mit denen er – zumindest bewußt – sich keineswegs verbunden fühlen kann. Das ist nichts Außergewöhnliches.

Die Begriffe, die als Fähigkeiten den einzelnen Wesensgruppen I bis VI (diese im innersten Kreis gegebene Numerierung soll nur Orientierungshilfe und keinesfalls Wertordnung sein) zugeschrieben werden, müssen ebenfalls völlig wertfrei gesehen werden. Kein Begriff ist also als »gut« oder »schlecht« zu verstehen, sondern als sachliche Bezeichnung einer Denkfähigkeit, mit der der Eigner dementsprechende Aufgaben zu bewältigen imstande ist. Er wird dies also dann eben besser können und selbst damit auch zufriedener sein als beispielsweise der seiner Wesensgruppe gegenüberliegende Denker, dem ein solches Vorgehen nicht liegt, weil seine Denkweise und sein gedankliches Vorgehen eben ganz anders ist. Ein Beispiel mag dies erläutern:

Ein bestimmter Arbeitsablauf in einem gewissen betrieblichen

Denk-Richtungen

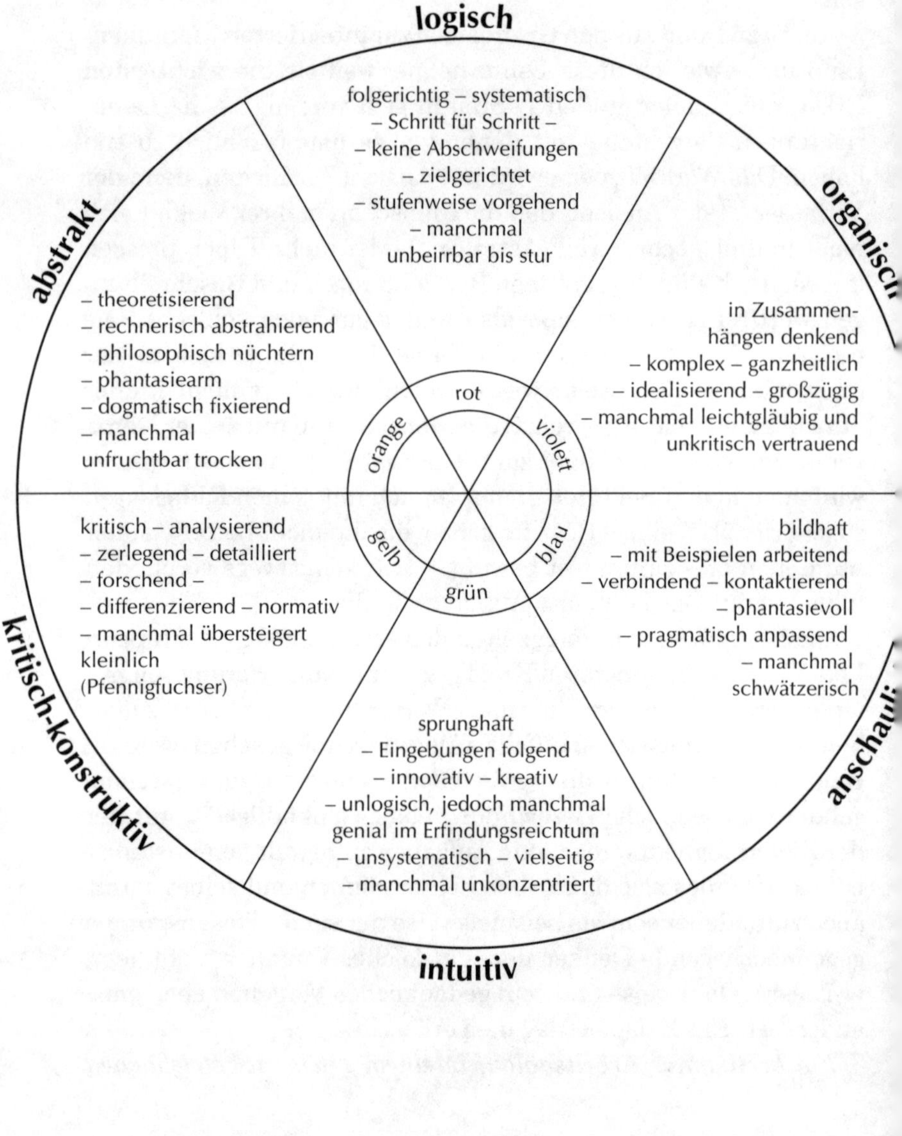

Bereich erfordert, daß der ihn Vollziehende sehr exakt – auch zeitmäßig und bezüglich der einzusetzenden Mittel – plant und dann auch gemäß dieser Planung die Durchführung bis ins kleinste überwacht, weil jedes kleinste Abweichen von dem geplanten Ablauf ganz empfindliche Störungen und somit einen Mißerfolg bewirken könnte. Also offensichtlich eine Aufgabe, die wir einem Menschen übertragen könnten, der Denkfähigkeiten der Wesensgruppe I besitzt.

Ein Kollege, dessen Veranlagung des Denkens dem der Wesensgruppe IV (im Kreis gegenüberliegend) entspricht, wäre für eine solche Aufgabe nicht geeignet oder – um es offen zu sagen – könnte sie gar nicht bewältigen. Dagegen wäre er sicherlich für Tätigkeiten prädestiniert, in denen kreative Impulse notwendig sind; sein Erfindungsreichtum könnte zum Beispiel in werblichen Maßnahmen oder in Aktivitäten des PR-Bereichs durchschlagenden Erfolg haben. Dafür wäre aber – um wieder auf seinen Gegenpart in Wesensgruppe I veranlagten Kollegen zu kommen – dieser völlig überfordert und unfähig.

Aus der Darstellung des Kreises ist auch für jeden ersichtlich, daß nebeneinanderliegende Wesensgruppen sehr viel Verwandtes oder – besser gesagt – Naheliegendes miteinander gemeinsam haben. Und konträr sind vor allem diejenigen, die der anderen Wesengruppe (wie in unserem Beispiel I und IV) diametral gegenüberliegen. In diesem Zusammenhang wird noch darauf hingewiesen, daß die Zusammenfügungen der Wesensgruppen VI und I etwa der Denkrichtung jener Menschen entspricht, die vornehmlich »linkshirnige« Denker sind; man wird viele Begriff wiederfinden, die bereits bei der Darstellung auf S. 189 der linken Hemisphäre der Großhirnrinde zugeordnet sind. Umgekehrt entsprechen die Fähigkeiten der Wesensgruppen III/IV im großen und ganzen dem rechtshirnigen Denken.

Um nicht der Versuchung zu unterliegen, daß der Betrachter – so er denn seine wesentlichen Denkveranlagungen in einer oder zwei benachbarten Gruppen gefunden zu haben meint – nun glaubt, dies sei alleinig das Beste und niemand könne ihm das Wasser reichen, sind auch jeweils Einschränkungen gemacht. Bei jeder Denkrichtung steht auch am Ende der Aufzählung zumindest eine Äußerung, die den »Inhaber« selbstkritisch werden lassen kann. Denn die Gefahr, daß er – besonders bei übersteigertem Ausdruck seiner von ihm so hoch geschätzten Fähigkeit – ein wenig sich selbst und seine Qualität des Denkens überschätzt, ist immer gegeben; dafür sind diese Einschränkungen angefügt. Auch hier soll ein Beispiel dies erläutern:

Ein der Wesensgruppe III zuzuordnender Mensch wird durch seine bildhafte Ausdrucksweise, durch seine Kontaktfähigkeit und sein Anpassungsvermögen auf alle möglichen Situationen als Verkäufer vielleicht einen außergewöhnlichen Erfolg haben können. Die Kunden sind angesprochen von seinem verbindlichen Charme, mit dem er ihnen anschaulich das angebotene Produkt vermittelt. Aber wenn dieser Mensch auf einen Kunden trifft, der zur Wesensgruppe VI gehört, dann wird er diesen kaum gewinnen können. Für diesen ist unser Mann zu schwätzerisch, schweift ab mit seinen Phantasien und ist dem VIer viel zu unsachlich. Er wünscht rechnerisch exakte Erklärungen, die er seinen Entschlüssen zugrunde legen kann, das phantasierende Geschwätz des IIIers stößt ihn ab.

An den beiden Beispielen mag ersichtlich geworden sein, wie man in diesem Kreis der Denkrichtungen als Führender ein ausgezeichnetes Hilfsmittel hat, bei den Mitarbeitern ihr Bewußtsein zu erweitern und ihnen zu mehr Selbstverständnis zu verhelfen. Wenn wirkliches Interesse bei einzelnen besteht, kann der Leitende auch noch weiter gehen und mit denen, die dies wünschen, die Übungen aus UZ (Beilage Übungsbogen zur Selbstanalyse) vornehmen. Sie können dem Anwender wichtige Aufschlüsse zur Selbsterkenntnis geben – auch in bezug auf die ihm geeignet erscheinende Tätigkeit.

Nun jedoch zum eigentlichen Anliegen dieses Abschnittes: der Toleranz. Wir verstehen sie als Verhaltensweise, die Anderer Tun und Denken duldet und »jeden« – wie Friedrich der Große es ausdrückte – »nach seiner Fasson selig werden« läßt. Solches kann man zwar sehr leicht dahersagen, aber zu praktizieren fällt es vielen Menschen sehr schwer. Denn – und nun folgt wieder eine Feststellung zur Bewußtseinserweiterung – jeder Mensch neigt von Natur aus dazu, sich selbst als gut und fehlerfrei anzusehen und einzuschätzen, während er einen anderen, der nicht so ist wie er, als fehlerhaft und falsch ansieht – ungeachtet dessen, ob er ihn ansonsten als Mensch schätzen mag. Nur Menschen, die unter Minderwertigkeitskomplexen leiden, also eine krankhafte Fehleinstellung zu sich haben, werden von dieser Regel ausgenommen. Ansonsten kann man normalerweise davon ausgehen, daß jeder Mensch (mit graduellen Unterschieden natürlich) tatsächlich meist unbewußt sich als gut und positiv sieht und den anderen als negativ und schlecht oder falsch. Dies ist selbstverständlich auch vor allem auf die Denkweisen zu übertragen: In unserem Kreis wird ein Mensch der Wesensgruppe V wohl mit Sicherheit die Denkweise eines Menschen aus der Gruppe II ablehnen. »So kann man einfach nicht denken!« wird er sagen. Und umgekehrt genauso.

Diese Denkschemata habe ich mit der Zeichnung auf S. 258 darzustellen versucht, in der jeweils in einem Sektor mit einem Pluszeichen erläutert ist, wie der Betreffende sich selbst sieht. Und ein Minuszeichen erklärt in der gegenüberliegenden Wesensgruppe, wie der Betreffende nun dementsprechend diesen anderen Menschen einschätzt bzw. sieht. Umgekehrt sieht man sich positiv, wie in seinem Sektor beschrieben – und den anderen so negativ, wie es dort bei ihm vermerkt ist. Dieser sogenannte *Toleranzkreis* ist wohl das wichtigste Hilfsmittel, das der Führende bei den von ihm Betreuten anwenden kann, um sie von Vorurteilen gegen andere abzubringen und bei ihnen selbst mehr Toleranz zu entfalten.

In vielen Unternehmen, in denen ich geschult habe, hat man – auf mein Anraten hin – diesen Toleranzkreis in das Konferenzzimmer oder den Sitzungsraum an die Wand gehängt; er hängt dort

Toleranz-Kreis

Zu den in den einzelnen Sektoren mit + bzw. – eingeordneten Begriffen muß ergänzend darauf hingewiesen werden, daß die Lehre der »integrierten Menschenkenntnis« den jeweiligen Wesensgruppen noch beachtlich mehr Fähigkeiten zuweist. Lediglich aus Raumgründen ist hier nur eine Auswahl getroffen worden.

ständig, damit bei jeder Gruppe, die eine Frage diskutiert, aus gegebener Veranlassung heraus jemand sagen kann: »Dies haben Sie aus Ihrer Sicht so gesagt; gestehen Sie mir zu, daß ich aus meiner Position (zeigt auf die Tafel) diese Sache ganz anders sehe?«

Bei einer Firma, die sehr stolz darauf war, daß in den vielfältig betriebenen Gruppenarbeiten immer letztendlich Übereinstimmung zustande kam, habe ich angeregt, es doch einmal anders zu versuchen. Man sollte einer an sich homogenen Gruppe gezielt einen Menschen ganz anderen Aufgabenbereiches und anderen Verständnisses zugesellen, der dann zu irgendwelchen diskutierten Fragen oder Problemen aus seiner Sicht Fragen stellt. Es ergab sich, daß die Gruppenangehörigen – darüber informiert, daß dies eine Übung zu praktischer Toleranzausübung sei – sich begeistert an die Aufgabe machten, den »fremden Unwissenden« zu überzeugen und ihm zu erklären, warum dies so oder jenes anders gemacht werden müsse. Und sie merkten, wie sehr sie gefordert waren, nicht nur Toleranz zu praktizieren, sondern an sich selbst zu arbeiten, um fähig zu werden, ihre eigenen Vorstellungen anderen verständlich zu machen. Oft war der an der Wand hängende Toleranzkreis eine gute Hilfe zur Verdeutlichung gegenseitiger Mißverständnisse oder Übereinstimmungen.

Diesem Toleranzkreis sollte auch eine alte chinesische Weisheit beigefügt werden, die wohl zu den tiefsten Erkenntnissen zählt, die in der menschlichen Kulturgeschichte gewonnen wurde – aus welcher Quelle sie auch stammen mag.

Prämisse: 11 **Wenn du dem Anderen sein Anderssein nicht zugestehst, bist du noch weit vom Wege der Weisheit entfernt!**

Es ist manchmal auch die Formulierung zu finden ». . . sein Anderssein nicht verzeihst . . .« – dies dürfte wohl ein Übersetzungsfehler sein. Denn dadurch wäre ja zu verstehen, daß der

Betreffende sich immer noch als absolut richtig empfindet und nur – großzügigerweise – dem anderen verzeiht, daß er so dumm ist, sich nicht auch der richtigen Auffassung anzuschließen. Nein, echte Toleranz liegt eben darin, zuzugestehen, daß es auch andere Meinungen, Ansichten, Auffassungen oder Glaubensvorstellungen gibt und man sich daher nicht als alleinig richtig oder gar als »alleinseligmachend« verstehen will. Wieviel Leid, Unterdrükkung und Kriege hätten im Verlauf der Geschichte der Menschheit nicht stattfinden müssen, wenn man dieser weisen Erkenntnis gefolgt wäre und nach ihr gelebt hätte.

Es mag wohl niemand bezweifeln, daß ein solches Wort, in einem Unternehmen als ein Leitsatz integriert, ganz beachtliche Auswirkungen auf den Geist und den Stil des Umgangs miteinander ausüben könnte. Auch wenn nicht immer alle dem Ideal folgen können, so werden sich doch viele Unternehmensangehörige sehr wohl bei bestimmten Handlungen überlegen, ob diese mit einem solchen Grundverständnis vereinbar sind. Und allein die Gespräche darüber können – in akuten Fällen von Intoleranz – sich außerordentlich fruchtbar auf das Selbstverständnis des Unternehmens und seiner Mitarbeiter auswirken.

Der tägliche Umgang miteinander

Jedem Menschen kann es geschehen, daß er eines Tages – aus irgendwelchen Anlässen heraus, die nicht unbedingt in der Firma liegen – gereizt oder mißmutig ist und einen Kollegen unwirsch oder aggressiv anspricht. Wir haben ja im Zusammenhang mit der Erlebnisfunktion erfahren (s. S. 126), daß Enttäuschungserlebnisse Aggressivität bewirken, die dann ganz woanders zum Ausbruch kommt als dort, wo sie eigentlich hingehören sollte. Dies ist ein relativ alltäglicher Vorgang, der sich jederzeit im Betrieb abspielen kann – manche zeigen sogar Verständnis dafür mit der Bemerkung: »Der mußte anscheinend einmal Dampf ablassen!« Und besonders anerkennenswert ist, wenn einer, der ungerechtfertigt einen anderen aggressiv behandelt hat, hinterher den Mut findet, sich für sein Verhalten zu entschuldigen. Das kann für das Betriebsklima von nicht zu unterschätzender Wirkung sein, insbesondere wenn ein Führungsverantwortlicher dies tut und damit eine Leitbildfunktion praktiziert.

Im folgenden sollen jedoch nicht solche übersteigerten Reaktionen des Zusammenlebens im Betrieb besprochen werden, sondern der einfache und alltägliche Umgang miteinander, der schon mit einem freundlichen Morgengruß beginnt. Wie oft muß sich schon ein Mitarbeiter darüber ärgern, daß auf sein freundliches »Guten Morgen« beim Betreten des Raumes ihm nur muffig oder überhaupt nicht geantwortet wird. Dies muß nicht sein! Hier braucht der Einzelne keinen coachenden Begleiter, der ihn berät, denn solche Verhaltensweisen sollte er durchaus eigenverantwortlich entwickeln und steuern. Und dies ist bei ein wenig Mühe, die er sich gibt, auch gar nicht allzu schwer oder etwa zu aufwendig.

Auch ein kurzes »Dankeschön« oder ein freundliches Lächeln, manchmal nur ein offener Blick, mit einem Kopfnicken verbunden, können im Alltag Wunder wirken. Denn wir sind dies vielfach gar nicht mehr gewohnt und denken auch nicht daran, obwohl wir doch einmal erfahren haben (s. S. 123), daß Gefühle ansteckend wirken – auch im unterbewußten Bereich. Ein klein wenig mehr Achtsamkeit auf solche kleinen, nebensächlich erscheinenden Verhaltensweisen kann tatsächlich ein wichtiger Beitrag sein zum besseren Miteinander.

Sehr oft wird die Frage gestellt, wie man es mit der Anrede halten sollte – ob allgemein ein *Duzen* empfehlenswert wäre. Das läßt sich nicht generell beantworten, man muß das situativ sehen. Und da gibt es die unterschiedlichsten Spielarten: vom arroganten Herablassen bis zur kriecherischen Anbiederung gibt es unendlich viele, die so detailliert unterschiedlich sein können, daß man keine generellen Regeln aufstellen kann. Zumal auch die gesellschaftlichen Umgangsformen in den letzten Jahrzehnten immer mehr gelockert wurden, so daß viele sich schwertun, überall den angepaßt richtigen Ton zu finden. Im Betrieb hat das Duzen in den letzten Jahren zugenommen, insbesondere die jüngere Generation hat in dieser Hinsicht unkompliziertere Verhaltensweisen entwickelt. Und dies dürfte auch ein Zeichen des auf allen Gebieten weltweit erkennbaren Wandels sein: daß sich die Menschen vielleicht einander unvoreingenommener entgegentreten und sich nicht mehr durch konventionelle Formen in eine Zwangsjacke stecken lassen wollen, die für Unbefangenheit, Unvoreingenommenheit, freie Kommunikation und offenes Entgegenbringen von Vertrauen nur hinderlich sein könnte. Allerdings besteht eine ungeschriebene Grenze beim Intimbereich des Anderen.

In diesem Zusammenhang etwas gegen *Klatsch* im Unternehmen sagen zu wollen ist zwecklos, wir werden dieses Übel auch im bestentwickelten Unternehmen niemals ganz unterbinden können. Nur ein Mensch, der einen gewissen Reifegrad seiner Persönlichkeit entwickelt hat, wird es fertigbringen, sich aus dieser Seuche – wie man sie durchaus bezeichnen kann – herauszuhalten oder gar positiven Einfluß zur Enthaltsamkeit auszuüben. Denn wenn wir in anderer Hinsicht darauf hingewiesen haben, daß jeder auch am Schicksal und Ergehen des anderen ehrlich teilnehmen sollte, um ihm gegebenenfalls mit Rat oder Tat helfen zu können – wo sollte da die Grenze gezogen werden zwischen Neugier und Klatsch einerseits und engagierter Anteilnahme andererseits?

Zum Umgang mit den Kollegen gehört auch die *Praxis der Pausen.* Eine zu strenge Handhabung von einzuschaltenden Pausen ist genauso schlecht wie eine lasche; beide Methoden können verheerende Auswirkungen auf die Gemeinschaft – sei es in der Gruppe oder für das Gesamtunternehmen – haben. Hier hilft nur die bereits erwähnte »Stechuhr der Eigenverantwortung«, durch die jedem bewußt sein sollte, daß Nachlässigkeit, Faulheit, Drükkebergerei, Schwänzen deshalb so schändlich sind, weil sie zu Lasten der anderen – der gemeinschaftlichen Existenz – gehen.

Wenn einmal bewußt geworden ist, daß solche Verhaltensweisen dem gleichzusetzen sind, daß jemand dem anderen sein Geld stiehlt, dann wird sich tatsächlich – natürlich individuell unterschiedlich – eine Eigenverantwortung entwickeln. Dazu kann, aus gegebenen Anlässen heraus, auch ein Coachender oder gar die ganze Gruppe auf einen Einzelnen zu dessen Bewußtseinserweiterung einen erzieherischen Beitrag leisten.

Zu solchen Kollegen als Störfaktoren gehören auch diejenigen, die man schlicht als *Miesmacher* bezeichnen kann: Unter dem Mäntelchen der besorgten Kritik machen sie vornehmlich alles schlecht, was ungewohnt, unüblich oder neu ist. In Wirklichkeit sind ihre ablehnenden Äußerungen meist Schutzbehauptungen für ihre eigene Faulheit oder Trägheit, aus gewohnten Gleisen heraus einmal etwas völlig anderes tun zu sollen. Ihr Erfindungsreichtum ist grenzenlos. Der Verfasser hat den schon in UZ zusammengestellten *Killerphrasen*, die auch sehr oft in Gruppengesprächen auftauchen, noch einige neue hinzugefügt (S. 264). Auch sie könnten im Besprechungsraum einer Gruppe oder im Sitzungszimmer aufgehängt bleiben, um bei entsprechender Situation zur Abwehr von Meckerei, Miesmacherei, Querschießen oder einfach Obstruktion zu verdeutlichen, was geschieht. Wirkungsvoll ist in solchen Fällen, wenn sich ein Teilnehmer des Gruppengesprächs zu einer solchen Äußerung versteigt, ihn unter Verweis auf den an der Wand hängenden Satz auch noch durch die Gruppe fragen zu lassen: »Wie kommen Sie nun gerade zu dieser Äußerung – erklären Sie das einmal ganz genau?!« Der Betreffende wird so bald nicht wieder mit dummen Einwänden kommen.

Ein heikles Thema für den Umgang miteinander ist auch das *Rauchen.* Wer sich wirklich frei von mehr oder weniger dummen Lastern fühlt, mag den ersten Stein werfen. Raucher aber sind – über ihr Laster hinaus – noch so dämlich, bewußt gegen ihre Gesundheit anzugehen. Doch ist dies letztendlich ihre eigene Angelegenheit. Aber entgegen ihrer selbstmörderischen Dummheit entwickeln sie im Hinblick auf die Erfindung von Ausreden

Killerphrasen

Festhalten am Alten
Das haben wir immer schon so gemacht.
Daraus wird doch nie etwas.
Das haben wir noch nie so gemacht.
Etwas Ähnliches haben wir schon mal probiert.
Das ist wieder so eine moderne Idee.

Zuständigkeit in Frage stellen
Das müssen die Fachleute entscheiden.
Dafür bin ich nicht zuständig.
Das ist ja gar nicht Ihre Aufgabe.
Damit muß sich das Gremium (der Ausschuß etc.) beschäftigen.
Das geht doch hier gar nicht.
Ja, wenn das so einfach wäre.
Diesem Vorschlag wird der Vorstand nie zustimmen.

Abwürgen durch Verzögerung
Warten Sie lieber erst mal ab.
Wir werden darauf noch zurückkommen.
Jetzt ist dafür nicht der rechte Zeitpunkt.
Darüber müssen wir noch ausführlich reden.
Das geht jetzt nicht, wir haben schon soviel am Hals.
Klingt ganz gut, aber . . .

Abwertungen des Vorschlagenden
Das ist doch Blödsinn!
Das meinen Sie doch nicht im Ernst!
Gibt's denn so was . . .?
Das haben schon ganz andere versucht.
Da könnte ja jeder kommen.
Alles graue Theorie.
Wo haben Sie denn das her?
. . . usw.

Mit freundlicher Genehmigung von Knut Hansen

eine schöpferische Intelligenz, die einer besseren Sache würdig wäre. Schlimm ist nur, wenn Rauchen mit Rücksichtslosigkeit verbunden ist. Die allgemeine Antiraucherwelle hat zwar das Bewußtsein der meisten Raucher dahingehend erweitert, daß sie wissen, auch andere durch ihr Tun schädigen zu können, daher nehmen die Raucher heute viel mehr Rücksicht auf die anderen Menschen und legen sich auch vielfach Zurückhaltung auf. Trotzdem gibt es immer und überall noch Raucher, die es als Einschränkung ihrer persönlichen Freiheit sehen, wenn man sich an ihrem Rauchen stört. Sie sind – wie sie selbst meinen – doch die tolerantesten Menschen, denn noch niemals habe man einen Raucher sich über einen Nichtraucher beklagen hören.

Auch manche Nichtraucher üben sich in Aggressivität gegenüber den Rauchern. Sie fühlen sich als Vorkämpfer Neuen Denkens und machen den Rauchern die Hölle heiß, anstatt hier auch einmal Toleranz zu praktizieren. Im großen und ganzen ist das Rauchen im Unternehmen – am Arbeitsplatz – ein ständiger Quell von Reibereien, der mit etwas gutem Willen von beiden Seiten einfach unnötig wäre. Was übrigens die Freiheit betrifft, die zuvor erwähnt wurde und die – außer den Rauchern – auch viele andere Menschen bei allen möglichen Gelegenheiten für sich persönlich in Anspruch nehmen wollen, so sei hier festgestellt, daß gerade im Unternehmen als Organismus dieser Begriff sehr differenziert verstanden werden muß. Es gilt ein Satz, den wir in die Liste unserer Prämissen aufnehmen wollen – in etwas abgewandelter Form wird er Rosa Luxemburg zugeschrieben:

Prämisse: 12 **Die persönliche Freiheit des Einzelnen endet dort, wo die Freiheit des Anderen beginnt.**

Ein Satz, der zur Nachdenklichkeit auch im Unternehmen anregen sollte, denn auch dort kann es immer wieder geschehen, daß sich jemand in seiner Freiheit beeinträchtigt fühlt.

Lernen als lebenslange Aufgabe

Für manche Menschen hat der Begriff des Lernens einen Negativgehalt: Entweder glauben sie, daß sie in Schule und Ausbildung schon genug gelernt hätten und es deshalb nun nicht mehr nötig haben, oder sie sind durch unqualifizierte Lehrveranstaltungen enttäuscht oder abgeschreckt worden, sich noch weiter mit dem Lernen zu befassen. Die rasante Entwicklung unserer Welt jedoch bewirkt, daß das Wissen sich mit zunehmender Geschwindigkeit vermehrt und daß gleichzeitig bisherige Wissensinhalte immer schneller sich überholen und veraltet werden. Während noch – wie scherzhaft berichtet wird – ein Hochschulprofessor um die Jahrhundertwende es sich leisten konnte, jahrzehntelang seinen Studenten die gleichen Vorlesungen vorzusetzen, ist dies heute unmöglich; jeder Hochschullehrer muß sich ununterbrochen mit den neuesten Entwicklungen in seinem Fach auseinandersetzen, will er nicht binnen weniger Jahre von seinen Studenten als hoffnungslos veraltet angesehen werden.

Diese durch die Technik der Medien im Computerzeitalter immer noch zunehmende Rasanz der Entwicklung und Erweiterung unseres Wissens macht auch nicht vor den Unternehmen halt.

Ich selbst gestehe gerne zu, daß ich in den letzten zehn bis fünfzehn Jahren mehr gelernt habe als im größten Teil meines Lebens zuvor – von Krieg und Nachkriegszeit mit ihren Turbulenzen einmal abgesehen. Und ich gestehe auch gerne zu, daß ich dieses Buch nicht geschrieben hätte, wenn sich bei mir nicht eine Unzahl von neuen Erkenntnissen ergeben hätte, die zwar UZ nicht ad absurdum führen, aber doch eine unbedingt notwendige Ergänzung zum damals bereits Ausgesagten erfordern. Ich sehe heute Zusammenhänge ganz anders als vor acht Jahren!

Unternehmen in neuem Verständnis haben die unabdingbare Pflicht, das Lernen ihrer Mitarbeiter in zwei Richtungen zu fördern. Zum einen wegen der allgemeinen Entwicklung, die auch das Unternehmen zwingt, mit seiner Organisation und Kommunikation stets ebenso wie in der Technik auf dem neuesten Stand zu sein – dies ist eine Grundfrage der Existenzerhaltung, die auch kein Mitarbeiter anzweifeln, sondern eher noch fordern wird. Zum anderen allerdings betritt man Neuland dahingehend, daß man auch jedem einzelnen Mitarbeiter Gelegenheiten bieten muß, sich in seinem persönlichen Wissen wie auch in der Entwicklung seiner eigenen Persönlichkeit fortzubilden. Es gibt bereits eine ganze Anzahl von Unternehmen in Deutschland, die es in dieser Hinsicht – teilweise auch unter finanzieller Beteiligung der Mitarbeiter – sich angelegen sein lassen, Weiterbildung für diese zu initiieren und zu praktizieren. Markus J. Jenni, der sich mit der Entwicklung »persönlicher Lebenskonzepte« befaßt, berichtet geradezu von einem Boom in dieser Richtung. Dabei ist interessant, daß die Mitarbeiter, die früher üblicherweise den Standpunkt einnahmen: »Wenn geschult wird, dann soll die Firma das bezahlen, die hat ja das Geld dafür!«, heute ebenfalls umdenken. Weil sie erkennen, daß Weiterbildung und persönliche Entfaltung ihnen selbst den größten Nutzen bringen können, wächst auch die Bereitschaft, sich an den Kosten dieser individuellen Fortbildung zu beteiligen oder sie sogar ganz zu übernehmen, sofern das Unternehmen sie für die Zeit dieser Schulungen freistellt.

Auch dies ist ein entscheidender Sinneswandel, der noch vor wenigen Jahren in der deutschen Wirtschaft – von wenigen Ausnahmen abgesehen – einfach noch nicht denkbar gewesen wäre. Aus dieser Erkenntnis heraus folgende Prämisse:

Prämisse: 13 **Unser Leben wird zukünftig bestimmt sein durch lebenslanges Lernen, denn »Lernen ist wie Rudern gegen den Strom – wenn man aufhört damit, treibt es einen zurück!«**

Diese wohl viertausend Jahre alte östliche Weisheit vermittelt ein einleuchtendes Bild: Wenn der Mensch mit seinem Lebensschiff gegen den Strom der Ereignisse des Lebens rudert, dann wird er mit Blick auf das Ufer stets feststellen können, wie er – mal langsamer, mal schneller – vorankommt. Aber wenn er aufhören wollte zu rudern, dann würde er sofort erkennen können, daß er zurückgetrieben wird.

Lebenslanges Lernen ist also eine existentielle Aufgabe und wahrlich keine Strafe, wie manche meinen mögen. Wer wirklich nicht mehr bereit wäre weiterzulernen, würde schnell feststellen, daß das Leben ihm nicht mehr die Möglichkeit bietet, zu wachsen und zu reifen. Und wer möchte dies schon?

Es wird in den Unternehmen gut sein, wenn man sich einen Lernbeauftragten schafft, der nicht nur zuständig wäre für das Lernangebot, das das Unternehmen den Mitarbeitern bieten sollte – sowohl vom fachlichen als auch vom menschlichen Aspekt her –, sondern der auch die gesamte Lehrlingsausbildung zu leiten hat. Das neue Selbstverständnis der Menschen in einem Unternehmen wird das sein, daß man mit dem Lernen zur Existenzerhaltung des Unternehmens – und dadurch auch zur eigenen – einen wertvollen Beitrag leisten kann und selbst doppelten Nutzen davon hat.

Richtiger Mann am richtigen Platz

Dieser Slogan, schon seit Jahrzehnten in den Unternehmen immer umhergeisternd, ist eigentlich eine ungenaue Formulierung. Zunächst sollte damit nicht ein Mann – wo blieben da die Frauen? –, sondern ein Mensch gemeint sein. Und zum anderen ist darunter zu verstehen, daß dieser Mensch eine Arbeit ausübt, die er kann; er soll also nichts tun, was er nicht richtig beherrscht. Wir sollten diesen Slogan in einer Form auslegen, die unseren Vorstellungen vom Organismus Unternehmen entspricht: Jeder muß das, was seine Funktion ist, nach besten Kräften beherrschen und ausüben. Denn wo käme ein Organismus hin, wenn eines Tages der Blinddarm – der Untätigkeit überdrüssig – nun einmal die Arbeit der Bauchspeicheldrüse übernehmen wollte?

5. Kadenz

Wissen und/oder Bildung?!

Es ist durchaus verständlich, wenn jemand nach Kenntnisnahme der Prämisse Nummer 13, »Unser Leben wird zukünftig bestimmt sein durch lebenslanges Lernen ...«, sich die Frage stellt, was er nun eigentlich lernen soll – und wie. Dies ist berechtigt angesichts der Vielfalt der Lernangebote, von den Volkshochschulen bis hin zu den zahlreichen selbsternannten Akademien, deren Anzeigen die Zeitschriften füllen – von Abendkursen für Senioren bis hin zum Freizeitstudium oder Kursen zum Aquarellzeichnen.

Dessenungeachtet steht die Frage im Raum, was wir denn eigentlich lernen sollen und in welchen Bereichen das Lernen nun so ungeheuer lebenswichtig sein soll, wie unsere Prämisse aussagt. Nun, zum einen wird es sicherlich das fachliche Wissen sein, das sich ständig erweitert und verändert, mit zunehmender Geschwindigkeit. Da müssen wir, um es vulgär auszudrücken, »einfach mithalten«, wenn wir nicht in absehbarer Zeit ins Hintertreffen geraten wollen. Und dies werden denn auch die meisten so tun: der Notwendigkeit folgend – weniger dem eigenen Triebe.

Aber da ist in der Überschrift auch noch der Begriff der »Bildung«, der uns ein bißchen nachdenklich werden läßt, weil darüber einige unterschiedliche Auffassungen bestehen: Vom klassenbewußten bürgerlich Intellektuellen bis zum »Small-Talk-Schwätzer« im Opernhausfoyer, von dem Anspruch der Hochschulreife, die ein Gymnasium verlieh, bis zur verbalen Form der Höflichkeit bei irgendwelcher entstandener Auseinandersetzung – immer konnte man da oder dort Gefahr laufen, wegen eines Verhaltens oder einer Äußerung als »ungebildet« angesehen zu werden.

Und dann kommt noch die sogenannte Herzensbildung dazu, die sehr differenziert verstanden und ausgelegt werden kann, obgleich – oder gerade weil – sie so schwer zu definieren ist. Das zeigt sich schon in der oft gebrauchten Redewendung: »Ein gebildeter Mensch würde so etwas nicht tun!«, die dann oft sehr unterschiedliche Reaktionen auslöst.

Wenn man von der sprachlichen Verwandtschaft ausgeht, dann steht der Begriff »Wissen« mit der Weisheit in Verbindung, obwohl wir uns darüber klar sind, daß auch noch soviel angesammeltes Wissen nicht unbedingt Weisheit bewirken muß. Und das Wort »Bildung« hat seine Verwandtschaft mit dem Bild, also einen Eindruck, den wir optisch erfassen und verarbeiten. Trotzdem war ich einigermaßen schockiert, als ich vor einigen Jahren in Gerd Gerkens »Radar für Trends« einen Aufsatz von Bernhard Floßdorf fand mit dem Titel »Das wilde Denken kehrt zurück«, in dem dargelegt wurde, daß wir unser Denken gewissermaßen zurück»bilden« zu jenen einfachen optischen Formen, die auch Grundlage für assyrische oder ägyptische Bilderschriften waren. Denn meine erste Reaktion war die, daß dann auch meine gesamte literarische Bildung, die ich mir im Studium an der Hochschule angeeignet hatte, ja wohl zukünftig durch Heftchen mit Comics zu ersetzen wäre. Und da hatte ich – dies liegt schon noch etwas länger zurück – mit Entsetzen erfahren, daß nun auch – ausgerechnet in Italien – die Bibel in Comic-Heftchen veröffentlicht werden sollte. Ich sah dies als einen Weg zur sprachlichen Verarmung an sowie für eine Gängelung der Phantasie, die nicht mehr sich eigene Bilder ausmalen durfte, sondern von den vorgegebenen Zeichnungen eingeschränkt wurde. Was ich an Karl Mays Erzählungen in meiner Jugend so geschätzt hatte, war eben auch der Umstand gewesen, daß sie keine Illustrationen hatten und ich mir meinen Winnetou so vorstellen durfte, wie es meine Phantasie zuließ.

Aber erst beim näheren Studium der Ausführungen Floßdorfs erkannte ich, was eigentlich dahintersteckte: die Wiedernutzbarma-

chung der kreativen Fähigkeiten der rechten Gehirnhälfte, indem man Dinge tut, die bisher brachgelegen oder durch unser kartesianisches Denken unterdrückt waren. In der Übersicht auf S. 272 wird auch die Parallelität zu unserer Darstellung der beiden Hemisphären der Großhirnrinde (s. S. 189) ersichtlich, nur sind hier teilweise die Begriffe noch wesentlich weiter gefaßt. Auf einige soll im folgenden eingegangen werden:

*In der griechischen Götterwelt waren Chronos und Kairos Halbbrüder; Chronos war der Gott des linearen Zeitablaufes und der Einteilung in Minuten (erst ab den Römern bekannt), Stunden, Tage und Monate (Monde) sowie Jahre. Mit ihm und auf ihn bezogen konnten exakte Zeitabläufe berechnet werden. Kairos jedoch war der Gott der »rechten Zeit«, also des richtigen Augenblicks, in dem etwas ablaufen oder getan werden sollte. Und dieser Gott war in der bildlichen Vorstellung der alten Griechen im Gegensatz zu seinem Bruder Chronos, der gerade und mit herben Gesichtszügen dargestellt wurde, ein Mann mit rundlichem Aussehen und einer Glatze, auf deren vorderem Teil noch eine einzelne Stirnlocke vorhanden war. Der Sage nach mußte der Mensch, der diesem Gott Kairos begegnete, ihn sofort bei seiner Stirnlocke fassen und festhalten, sonst war er ihm entschwunden – man hatte die rechte Zeit verloren. Daher kommt unsere heute noch gebrauchte Redewendung »die Gelegenheit beim Schopfe packen«. Ein großartiges Gleichnis auch für uns noch, denn wie oft bemühen wir uns um eine Sache – und es will und will nicht gelingen! Und dann aber – wenn der richtige Augenblick gekommen ist, dann klappt zu unserem größten Erstaunen auf einmal das kinderleicht, um das wir uns so lange vergeblich bemüht haben. Wir haben Kairos an seiner Stirnlocke zu fassen bekommen.**

Die Gegenüberstellung der linearen Abläufe mit Zyklen und Kreisläufen ist uns nichts Neues, wir haben bei der Behandlung der

* s. a. »Pausengespräch« (S. 171)

WISSEN	BILDUNG
CHRONOS	**KAIROS**
lineare Abläufe Abläufe der Geschichte lineare Kausalitiät (Wissen) **INFORMATION**	zyklisch – Kreisläufe legenden-bildender Mythos Wechselwirkung **IMAGINATION** (Bildung)
Literalität Buchstaben	Oralität Piktogramme
LOGOS	**MYTHOS**
explizierbarer Geist –	Anschaulichkeit – Wortmagie – Bildzauber
Schrift abstrakte Zeichen Alphabetisierung	Organische Prozesse: Inspiration (Hauch) Vokalisation (Mund) Intonation (Gesang) Mimik – Gebärde (Körper)
SCHRIFT = Speicher der Gedanken	Bilder + Visionen in der Erinnerung
alphabetisches Lernen	eidetisches Denken
farblose Monotonie	Farbenfreude

(Nach B. Floßdorf in RADAR für TRENDS 1986)

Führungsstile (S. 140) von kybernetischen Regelkreisen gesprochen, in denen im modernen Unternehmensorganismus alles abläuft. Die Abläufe der Geschichte in der vorliegenden Aufstellung dem legendenbildenden Mythos gegenüberzustellen bedeutet nicht, daß nun etwa in mentale Dimensionen abgehoben werden soll, sondern nur, daß – wie in der ganzen Schautafel vermeint – auch die bislang vernachlässigten Fakten der rechten Seite mit einbezogen werden sollten.

In der Einleitung von UZ schildere ich das, was der amerikanische NASA-Physiker Robert Jastrow in seinem 1978 erschienenen Buch »God and the Astronomers« *zur Situation der heutigen Naturwissenschaft schreibt: »Die Naturwissenschaftler klettern von allen Seiten einen hohen Berg hinan, und wenn sie an den Rand des Gipfels gelangen und darüber schauen, müssen sie feststellen, daß die Mystiker dort schon seit Jahrtausenden sitzen.«*

Deutlicher kann man unsere heutige Situation nicht darstellen, dies bezieht sich auch auf die beiden Gegensätze »Information = Wissen« und andererseits »Imagination = Bildung«. Hier wird das zuvor Erwähnte bewußt: daß Bildung eben mehr ist als nur die bloße bildliche Darstellung. Imagination ist Einbildung – nicht im üblichen Negativsinne verstanden, sondern als Fähigkeit, sich Bilder als Visionen entstehen zu lassen, die dann durchaus einmal früher oder später Wirklichkeit werden können. (Über Visionen werden wir im nächsten Intermezzo noch nachzudenken haben.)

Der Literalität – also der schriftlichen Festlegung – ist die Oralität entgegengesetzt. Wir wissen, daß bei vielen Völkern früherer Zeit wie beispielsweise den Kelten – und auch heute noch im arabischen Raum – der mündlichen Überlieferung viel mehr Raum gewidmet wurde und wird, was der Bildhaftigkeit der Phantasie viel größeren Spielraum gibt, damit auch der Kreativität dienend. Daß den Buchstaben der Literalität die Piktogramme der mündlichen Vermittlung gegenüberstehen, ist nur folgerichtig. Die Oralität vermittelt entsprechend auch die Anschaulichkeit und den Bildzauber der Wortma-

gie, dem der explizierende Geist nur die exakte Wortdefinition entgegenzusetzen hat; sie ist deshalb jedoch nicht abzulehnen, sondern nur als Ergänzung zu betrachten.

Besonders informativ ist die anschließende Paarung der Schrift mit abstrakten Zeichen bzw. Alphabetisierung gegen die gesamten organischen Möglichkeiten des Ausdrucks: Atem – Lautwirkung sowie Körpersprache. Der Logos muß eben dargestellt werden in seiner Folgerichtigkeit mit den »technischen« Mitteln der Schrift, der Mythos hingegen realisiert sich durch die Ausdrucksmedien des Körpers, der ja auch – unbewußt – Spiegelbild und Ausdruck der Seele ist.

Auch auf die Beziehung zur Vergangenheit wird in unserer Darstellung eingegangen: Die Schrift ist dokumentierend und dokumentarisch die Dinge festlegend, damit sie aus dem Speicher jederzeit wieder hervorgeholt werden können. Die Erinnerung hingegen ist – auch wenn oft nur fragmentarisch – in Bildern oder Visionen abrufbar und kann eindrucksvoller sein als jede geschriebene Zeile.

Dem alphabetischen Lernen – man könnte statt dessen natürlich auch prägendem Wortgefüge sagen – wird das eidetische Denken gegenübergestellt (»eidos« ist ein griechisches Wort und bedeutet so viel wie Aussehen oder Gestalt). Eidetisch wird das Denken in der Vorstellungskraft eines Menschen dann, wenn er sich ganzheitlicher Zusammenhänge entsinnt und weiß, wo er dieses oder jenes zuzuordnen hat. Auch hierzu ein kleines Beispiel aus unserer Zeit:

In vielen Unternehmen entstehen heutzutage Probleme mit den älteren Mitarbeitern. Sie sind schon so lange da, daß man sie nicht so einfach hinauswerfen kann, wenn ihre Leistung nachläßt. Außerdem sind sie schlecht motivierbar, sie warten nur noch auf den eintretenden Ruhestand, sitzen ihre Zeit ab und blockieren so Arbeitsplätze für nachrückende jüngere Mitarbeiter.

Dies stimmt alles gar nicht bzw. muß nicht so sein! Man weiß zwar, daß ältere Menschen schwieriger für etwas zu motivieren sind, weil sie mit ihrem Erfahrungsschatz das meiste schon einmal miterlebt haben. Aber sie haben eben diesen Erfahrungsvorsprung vor den Jüngeren, den ihnen keiner nehmen kann und der – richtig genutzt – ein unvergleichlicher Vorteil ist. Wenn man – gerade als Führender – ihnen Vertrauen entgegenbringt und sie hie und da um ihren Rat und ihre Meinung fragt, dann können sie tatsächlich oft Dinge aus ganz anderer Sicht richtiger und besser beurteilen als ein Jüngerer, sei er auch wesentlich höher gestellt als sie.

Die Forschung hat festgestellt, daß im Alter zwar die Lerngeschwindigkeit geringer ist und das Aufnahmevermögen für neue Lerninhalte nicht mehr so leistungsfähig. Dafür aber hat der ältere Mensch einen Schatz an Speicherinhalten und kann viel besser neue Informationen mit alten Inhalten vergleichen, zuordnen und bewerten. Etwas, das ein Jüngerer schon deshalb nicht kann, weil er eben keinen solchen Speicherinhalt – Erfahrungsschatz – besitzt.

Dies genau ist auch auf unserer Übersicht mit der Erinnerung und dem eidetischen Denken gemeint – nur daß eben Menschen mit größerer Erfahrung (eben Älteren) dies meist leichterfällt als einem, der solche Erfahrungsschätze noch nicht besitzt und sich alles – oftmals mühselig – zu Ganzheitlichem zusammenfügen muß.

Unsere Übersicht schließt mit einer Gegenüberstellung der Farbigkeit, die man so verstehen muß, daß Geschriebenes im allgemeinen in Schwarzweißkontrasten sich darbietet, während Erinnerungen, Phantasien und Visionen – dies wird jeder schon am eigenen Leib erlebt haben – sich oft in den buntesten Farben präsentieren. Träume sind ja auch nichts anderes – und jeder wird sich sicherlich der buntesten Träume erinnern können, die ihm schon geschenkt worden sind.

Mit der Darstellung über »Wissen und Bildung« wollte ich einen Einblick geben in die Möglichkeiten, die heute beim Lernen wahrgenommen werden können. Dies betrifft nicht nur den sogenannten Lernbeauftragten im Unternehmen, der sich unbedingt damit befassen muß, sondern auch die Führungsverantwortlichen, die als Gruppenleiter oder als Coacher für den einzelnen Mitarbeiter wirken wollen. Sie müssen sich selbst überprüfen, inwieweit sie es schaffen, auch mit den Fakten der rechten Seite unserer Aufstellung zu arbeiten – wenn ihnen dies gelingt, werden sie selbst staunen, wie sehr viel leichter es ihnen fallen wird, den Mitarbeitern etwas zu vermitteln.

In den letzten Jahren wird sehr viel vom sogenannten »Superlearning« gesprochen, das vor allem für die Führungskräfte angeboten wird. Hier ist Vorsicht am Platze: Oft handelt es sich um relativ unqualifizierte Methoden, Lernen mit meditativer Musik zu verbinden, was aber vielfach wenig effektvoll ist. Wer sich ernsthaft dafür interessiert, sein Lernen effektiver zu machen, der sollte sich an ein anerkanntes Institut für Suggestopädie wenden. Dort werden gerade auch – vielfach spielerisch – die Fakten der rechten Seite unserer Aufstellung mit einbezogen in einen ganzheitlichen Lernvorgang. Der Lernende lernt nicht nur selber besser, sondern kann auch – mit entsprechenden Hilfsmitteln und Techniken – dies an andere Menschen, also z. B. Mitarbeiter, weitergeben. Aber er muß es halt zuerst selber lernen und beherrschen.

Eine zusammenfassende Feststellung sei mir noch gestattet: Wissen oder Bildung – diesen Gegensatz darf es nicht geben. Beide müssen zusammenwirken, das eine ohne das andere kann einem Menschen nicht helfen, seine Persönlichkeit zu entfalten. Auch hier können wir's wieder einmal bei Goethes »Faust« nachlesen, wo der Famulus Wagner, der zwar »viel weiß, doch alles wissen möchte«, von seinem verehrten Lehrer als »trockner Schleicher« bezeichnet wird. Wagner sagt:

Verzeiht, es ist ein groß Ergetzen,
Sich in den Geist der Zeiten zu versetzen,
Zu schauen, wie vor uns ein weiser Mann gedacht,
Und wie wir's dann zuletzt so herrlich weit gebracht.

Fausts Antwort auf diesen Stolz eines Menschen, der sich seines Wissens so bewußt ist, ist blanker Hohn:

O ja, bis an die Sterne weit!
Und später dann:
... wenn Ihr's nicht fühlt, Ihr werdet's nicht erjagen
Wenn es nicht aus der Seele dringt,
Und mit urkräftigem Behagen
die Herzen aller Hörer zwingt ...
Und noch kurz danach:
Das Pergament ... ist das der heil'ge Bronnen
Woraus ein Trunk den Durst auf ewig stillt?
Erquickung hast du nicht gewonnen,
Wenn sie dir nicht aus eig'ner Seele quillt!

Dies ist die kompetente dichterische Darstellung unseres Anliegens! Wissen und Bildung muß es heißen – und dies in unseren Lernbestrebungen zu realisieren, sind wir aufgerufen. Gerade in einer Zeit, in der die Lernstoffe und ihre Masse den Einzelnen zu überrollen scheinen.

Das Bestreben, im Unternehmen möglichst viele Menschen an Plätzen und in Funktionen tätig werden zu lassen, die sie von ihrer Veranlagung und Ausbildung her beherrschen, muß eine Selbstverständlichkeit sein. Vor allem deshalb, weil jedermann der Effekt einleuchten wird, daß hier Quellen der Motivation, des Engagements und der Leistung vorhanden sind, wie sie dem tätigen Menschen nur selten begegnen.

Ein Mensch, der durch seine lebensfreudige Wesensart und seine Kontaktfähigkeit, gepaart mit einer Neigung zu Geselligkeit und Unterhaltungsfreude, im Außendienst Kunden betreut, wird vielfach – wenn dazu Gelegenheit besteht – auch Kundengespräche an der Theke einer Gaststätte führen und damit Erfolg haben. Wenn man diesem Menschen nun eine Aufgabe in der Betriebskontrolle gibt, wo er abgeschlossen in Einzelarbeit Listen und Ergebnisse führen und vergleichen muß, ohne an seinem Arbeitsplatz über haupt Kommunikation mit Menschen zu haben, wird er todunglücklich.

Dieser Mensch kann mit seiner Veranlagung und seinen Fähigkeiten, die deutlich der Wesensgruppe III entsprechen, nicht Aufgaben übernehmen, zu denen ein Mensch der Wesensgruppe V hervorragende Begabung besitzt. Der V-er hingegen ist zufrieden, wenn er ungestört an seinem Arbeitsplatz konzentriert Probleme lösen und als kritischer Denker seine Zahlenbereiche überblicken und in Ordnung halten kann. Wenn man von ihm verlangen wollte, in den Außendienst zu gehen und kommunikativ Gespräche mit Kunden zu führen, dann wäre er fehl am Platze und seinerseits todunglücklich.

Der Mensch, der an einem Arbeitsplatz seine Tätigkeit ausübt – und hier wurde bereits der Begriff »Tätigkeit« gebraucht, wie ihn Dahrendorf versteht –, wird eine ganz andere Einstellung zu dem mitbringen, was er zu tun hat. Er entwickelt Leistungsfreude und auch Engagement in ganz anderer Dimension als ein anderer, der nur dorthin gestellt wird, um zu »jobben« und seine Arbeitszeit »hinter sich zu bringen«. Daß ein positiv zu seiner Tätigkeit eingestellter Mitarbeiter auch eine ganz andere Einstellung zu den Kollegen, der Gruppe und dem Unternehmen haben wird, bedarf keiner besonderen Erwähnung. Er wird in Zusammenhängen mitdenken und – wo notwendig – auch mit Verbesserungsvorschlägen kommen. Und er wird nach der »Stechuhr der Eigenverantwortung« arbeiten mit einer inneren Beteiligung, die noch höher einzuschätzen ist als jede äußere, materielle Teilhaberschaft. Er ist im wahren Sinne des Wortes ein Teil des gesamten Organismus, fühlt und versteht sich auch so und braucht keine Motivationshilfen, um sich für das Ganze einzusetzen. Weil es »sein« Ganzes ist – sein Lebensraum, in dem er sogar auch noch zufrieden wäre, wirken zu können, wenn die materiell-finanziellen Gegebenheiten schlechter wären als anderswo.

Resultierend aus vielen Gesprächen mit Personalleitern und -beratern, schätzt der Verfasser den Prozentsatz derjenigen Menschen, die an »ihrem« Arbeitsplatz tätig sein können, wie wir ihn soeben geschildert haben, auf maximal 20 Prozent in den jeweiligen Unternehmen. Rund 80 Prozent aller Mitarbeiter wirken an Arbeitsplätzen, deren Aufgabe und Tätigkeit ihnen nicht zusagt. Nicht weil sie sie nicht können – lernen kann man schließlich (fast) alles –, sondern weil die Aufgabe nicht ihrer Veranlagung, ihrer Wesensart und ihren Fähigkeiten entspricht. Dies sollte uns zu denken geben.

Es ist hier nicht der Ort und der Platz, sich mit diesem Problem auseinanderzusetzen, das ganze Generationen von Personalleitern, Betriebsräten und Führungskräften beschäftigt hat und noch beschäftigt. Denn dies bedürfte einer eigenen Untersuchung und umfangreichen Abhandlung, über deren Thematik auch bereits einige Literatur vorhanden ist. Das Kernproblem wird allerdings die Bereitschaft in den Herzen aller Betroffenen sein, wirklich dem Menschen eine ihn befriedigende und erfüllende Tätigkeit zu bieten. Daß dies niemals hundertprozentig gehen kann, indem jeder Unternehmensangehörige an dem Platz wirkt, dessen Aufgaben ihm liegen und ihn zufrieden machen, wird jedem einleuchten. Aber wenn es uns in Unternehmensorganismen – durch intensive Beschäftigung mit dieser Problematik als einen wesentlichen Faktor der Existenzerhaltung – gelingen könnte, auf vielleicht 40 oder 50 Prozent (statt bisher 20 Prozent) von Mitarbeitern zu kommen, die sich mit ihrem Arbeitsplatz identifizieren und sich dort wohl fühlen, dann wäre dies schon ein Riesenerfolg. Und für einen Organismus, der sich am Leben erhalten will, eine nicht hoch genug zu veranschlagende Existenzgrundlage. Hier liegt eine wesentliche Aufgabe zur Realisierung Neuen Denkens.

Man mag mir unterstellen, in den nun folgenden Zeilen eine Eigenwerbung zu treiben – sei's drum! Aber mit dem System der »integrierten Menschenkenntnis« (UZ S. 122 bis 259) habe ich ein Handwerkzeug zur Menschenkenntnis geschaffen, das als Generalsystem eine Art Überbau über allen gängigen Lehren der Men-

schenkenntnis steht. Ich habe diese Systeme alle durchforscht und festgestellt, daß sie sich in wesentlichen Aussagen ähneln, ja sogar vielfach deckungsgleich sind. Nur wird natürlich niemals ein Wissenschaftler oder ein Fachmann, der eine eigene Lehre entwickelt und dann publiziert, zugestehen, daß man auch nur einen Deut von seiner Originalität wegnimmt oder gar andere Fachausdrücke als die seinen verwenden kann. Dies aber genau habe ich mit der »integrierten Menschenkenntnis« getan: Ich habe festgestellt, daß sie in ihrer relativ einfachen Struktur die meisten der gängigen Systeme abdeckt und trotzdem noch viel einfacher zu handhaben ist. Daher kann ich nur jedem Personalleiter sowie jedem Führenden empfehlen, sich damit zu befassen: Er kann sich – wenn er sich ernsthaft mit der Menschenkenntnis beschäftigen will, um besser den »richtigen Mann für den richtigen Platz« zu finden – kein einfacher zu handhabendes Hilfsmittel wünschen als dieses: Er möge es in UZ durchlesen, an sich selbst und anderen erproben. Ich habe unter meinen Hörern Zehntausende, die damit umgehen und es vielfach täglich gebrauchen.

Führende, die das Handwerkszeug der Menschenkenntnis beherrschen, werden beim Coaching den von ihnen Betreuten diese Hilfen geben können, um eigene Stärken und Schwächen zu erkennen und Konsequenzen daraus zu ziehen. Dies dürfte zukünftig eine der wichtigsten Aufgaben der Führungskraft als Berater seiner Mitarbeiter werden.

Noch ein letzter wesentlicher Punkt sei im Zusammenhang mit dem Menschen erwähnt, der »am richtigen Platz« steht – also eine Tätigkeit ausübt, die ihm liegt, die er kann, die ihm Freude macht und mit der er etwas leisten kann. Wenn diese Punkte alle zutreffen, dann wird auch die Effizienz der Tätigkeit, das Ergebnis, ein ganz anderes sein. Bei einer von der IG Metall im Frühjahr 1992 durchgeführten Tagung über die Zukunft der Automobilindustrie nannte Walter Riester, Bezirksleiter der Gewerkschaft in Baden-Württemberg, interessante Zahlen aus dem VW-Werk. Dort sei analysiert worden, daß von einer bezahlten

Arbeitsstunde nur 23 Prozent auf wirklich wertschöpfende Arbeit entfallen. Weitere 41 Prozent müssen auf Krankheit, Freizeit und Urlaub verrechnet werden, während 36 Prozent – also mehr als ein Drittel des Lohnes – für die Nachbesserung von Qualitätsmängeln aufgewendet werden müssen. Der Gewerkschaftsfunktionär meinte dazu: Wenn es gelänge, den »Murks« zu halbieren, dann könne allein dadurch eine gewaltige Produktivitätssteigerung erzielt werden. Voraussetzung hierfür seien allerdings motivationserhöhende neue Arbeitsformen. – Dem ist nichts hinzuzufügen!

Neues Verständnis der Personalleitung

Wenn wir im Organismus Unternehmen Vergleiche mit den Funktionen etwa beim Menschen vorgenommen haben, dann war eine bildhafte Parallelität zwischen Organisation und Körperbau, Knochen, Muskeln, Gewebe u. ä. vorhanden, ebenso entsprachen Gehirn, Nerven, Sinnesfunktionen und Rückenmark dem Kommunikationssystem mit den verschiedenen Informationswegen und -abläufen. Schließlich war die Motivation den psychischen Funktionen des Denkens, Fühlens und Wollens (bis hin zum Erleben) vergleichbar – ebenso wie man etwa den Stoffwechsel mit der Geld- und Materialwirtschaft vergleichen könnte. Auch die Homöostase, also die Gesamtheit der Regulierungsvorgänge, die trotz vielfältiger Störungen bewirkt, daß bestimmte Betriebsgrößen wie Körpertemperatur, Blutdruck, Atmung usw. konstant bleiben, ist im Unternehmen den vielfältigen individuellen oder gruppenmäßigen Regelungsvorgängen nach kybernetischen Grundsätzen vergleichbar.

Es wäre eine freundliche Geste, die Geschäftsleitung – Zentrale – dem Gehirn gleichzusetzen. Man kann es tun – obwohl alle Betroffenen in der Geschäftsleitungsebene zugestehen werden, daß ein menschliches Gehirn beispielsweise (von Delphinen gar nicht zu reden) ein Vielfaches an Aufgaben von dem zu bewältigen hat, was auf einen Geschäftsführer zukommen mag. In diesem Zusammenhang wäre auch die Funktion des Personalleiters durchzudenken, der in unserem Modell ebenfalls in der Mitte zu finden ist. Ein Vergleich mit dem Hypothalamus, dem zentralen Steuerungsorgan des autonomen Nervensystems, bietet sich nicht an, da der Personalleiter ja alles andere tut, als Automatismen zu regeln. Bleibt die Erkenntnis, daß wir die in dieser Funktion tätige Führungskraft gesondert definieren sollten.

In der Tat müssen wir die Aufgabe eines Personalleiters im Organismus Unternehmen völlig anders sehen – grundsätzlich bereits so, daß er nicht mehr der verlängerte Arm der Zentrale ist, die über personelle Dinge und die Besetzung von Stellen entscheidet. Diese Funktion wird im wesentlichen schon von den in dieser Hinsicht relativ selbständig vorgehenden Gruppen, Teams oder Zirkeln vorgenommen. Denn sie müssen ja mit dem neuen Kollegen auskommen und versprechen sich eine größere Effektivität ihres Teams durch sein Hinzutreten. Die in Deutschland noch vielfach vorhandene – für beide Seiten grausame – Situation, daß eine Gruppe einen Menschen vor die Nase gesetzt bekommt, bei dem sich niemand zuvor Gedanken gemacht hat, ob dieser auch zu diesem Team paßt, wird es im Unternehmensorganismus nicht mehr geben. Wie die Integration eines Neuen vor sich geht, wurde bereits ausführlich beschrieben.

Mit diesem Grundsatz entfällt bereits – wie oben erwähnt – der Umstand für den Personalleiter, verlängerter Arm der Unternehmensleitung zu sein dergestalt, daß er »umgepolt« werden kann. Er wird – mit Unterstützung der Gruppenleiter – gewissermaßen der Betreuer für Mitarbeiter in Situationen sein, in denen dies über die Möglichkeiten oder Kompetenzen eines Leitenden hinausgehend notwendig wird. Wir können ihn auch als Fürsprecher oder als eine Art Ombudsmann für Fälle oder Situationen sehen, die nicht regelmäßig vorkommen oder in denen sich eine Ungerechtigkeit (von der auch Gruppenleiter nicht immer frei sein können) abzeichnet. Bei der Bundeswehr hat man dafür den

Wehrbeauftragten, an den sich jeder einfache Soldat wenden kann, wenn er seine Interessen als nicht wahrgenommen empfindet. Der Personalleiter ist also in gewisser Weise auch der Vertrauensmann der Mitarbeiter. Man kann ihm noch – dies ist aber nicht zwingend – die technisch-organisatorische Leitung des Personalbüros unterstellen, die sich selbständig mit Urlaubsplänen, Krankheitsvertretungen, Verträgen, Gehalts- und Prämienüberweisung u. ä. zu befassen hat. Wenn der Personalleiter über diese organisatorischen Dinge einen Überblick hat, wird er seine eigentliche Aufgabe der Betreuung Einzelner vielleicht besser und sachgerechter bewältigen können. Ein Betriebsrat für die Anliegen der Mitarbeiter könnte dann entfallen.

Und schon höre ich aus gewissen Ecken einen Aufschrei der Empörung: Wo kommen wir denn da hin? Sollen die Menschen nicht mehr ihren Vertreter gegen die Willkür des Unternehmens haben? Und was ist mit dem Betriebsverfassungsgesetz? – Wer war denn bisher Betriebsrat, so frage ich? Abgesehen von vielen tausend Fällen, in denen sich in den deutschen Unternehmen einer oder mehrere intensiv und aufopfernd für ihre Kollegen und deren Rechte sowie bei menschlichen Problemen eingesetzt haben, wurde in den allermeisten Fällen doch jemand zum Betriebsrat gewählt, weil er die größte Schnauze hatte und/oder sich in seinem Geltungstrieb in den Vordergrund zu schieben wußte. Und die Geschäftsleitung mußte sich oft mit einem unqualifizierten Gesprächspartner abgeben, was eventuelle Verhandlungen zugunsten der Mitarbeiter nicht erleichterte. Und dann kam für den Sprecher des Betriebsrates auch noch die nicht zu unterschätzende Freistellung von der Arbeit hinzu.

Solche Mätzchen brauchen wir in unserem zukünftigen Unternehmen nicht mehr! Abgesehen davon, daß es in kleineren, überschaubaren Betrieben sowieso Selbstverständlichkeit sein muß, daß jeder mit jedem jederzeit sprechen kann, wenn er ein Anliegen hat – wir haben von der Transparenz gesprochen, die auch im menschlichen Bereich vonnöten ist –, also abgesehen davon sind ja alle Mitarbeiter auch »Arbeitgeber«, also Kapitaleigner. Und da werden sich gänzlich andere Beziehungen und Zuständigkeiten entwickeln als in einem hierarchischen Unternehmen mit vorgezeichneten Dienstwegen, auf denen der Einzelne verhungern kann. Hier ist der Personalleiter gefragt, wobei sicherlich jetzt bereits die Frage auftaucht, ob sogar diese Bezeichnung nicht vielleicht schon nunmehr unpassend ist. Ein Verbindungsmann, Betreuungspartner, Fürsprecher oder auch Zentralmoderator und noch einige andere Bezeichnungen könnten für eine solche Persönlichkeit ebenso angemessen sein wie etwa Vertrauensmann oder Kommunikator (schreckliches Wort!). Der Phantasie ist hier freier Lauf zu lassen für einen solchen Menschen, der eines auf jeden Fall sein muß: eine wirklich integre Persönlichkeit, zu der alle Vertrauen haben. Die Prämisse Nummer sechs über Gerechtigkeit wird sein Leitsatz sein.

Um es nochmals ganz deutlich zu sagen: In unserem neuen Organismus Unternehmen brauchen wir keinen Klassenkampfvertreter, der darüber hinaus noch gegebenenfalls von außen durch eine Gewerkschaft gesteuert wird! Da es ja auch keine Klassen mehr gibt im Unternehmen, die sich feindlich als die Besitzenden gegen die Machtlosen gegenüberstehen, sind alle Beteiligte. Und für die dadurch auftauchenden Fragen gibt es eigene Organe, die sich damit zu beschäftigen haben. Wozu also noch einen Betriebsrat? Seien wir glücklich, daß wir diese beiden Fronten des Kapitalismus alter Prägung auf diese Weise überwinden können.

Nervus omnium rerum: das Geld

Hier sind wir zweifellos an dem heikelsten Punkt unserer Überlegungen zum neuen Unternehmen angekommen, ein Punkt, der eigentlich einer eigenen umfassenden Abhandlung bedürfte. Und dazu sind umfangreiche Beiträge aus den verschiedensten Blickpunkten notwendig: Staat und Steuern, Kranken- und Altersversorgung, Finanz- und Bankwesen u. a., über die im nächsten Satz Allgemeines gesagt werden wird. Hier befassen wir uns mit der Situation des Einzelnen im Organismus, der sich voll einbringt zur Existenzerhaltung des Ganzen, dafür aber auch mit seiner gesamten Existenz integriert ist. Oder anders ausgedrückt: Er ist voll abhängig insofern, als es ihm gutgeht, wenn es dem Unternehmen gutgeht – und schlechtgeht, wenn dies auch beim Unternehmen der Fall ist.

Dies ist eine grundsätzlich neue Denkweise, denn hier wird der Mitarbeiter zum Mitbeteiligten – zum Mitinhaber und zum Mitunternehmer in einem partnerschaftlichen Verhältnis, in das alle einbezogen sind. Schon bei den ersten Versuchen zu derartigen Modellen – es gibt in Deutschland zur Zeit mehr als zweitausend davon – haben sich Effekte herausgestellt, die für die Betroffenen erstaunlich waren, die wir aber unter dem Gesichtspunkt eines Organismus Unternehmen eigentlich als selbstverständlich erwarten konnten. Es waren dies insbesonders:

① Eine deutliche Steigerung der *Leistung* des Einzelnen und der Gruppen (Bereiche, Abteilungen, Teams, Zirkel usw.) durch inneres Engagement; die Identifizierung mit der Tätigkeit brachte dabei auch noch sichtbare *Qualitätsverbesserungen.*

② Die *Produktivität* verbesserte sich zusehends, alle Mitarbeiter waren daran interessiert und trugen, jeder an seinem Platz, das Ihre dazu bei, weil sie auch den *Sinnzusammenhang* des Zusammenwirkens besser erkannten.

③ Die *Zufriedenheit* am Arbeitsplatz wuchs, weil die verbesserte Kommunikation auch das *Selbstwertgefühl* eines jeden Einzelnen ansteigen ließ und er sich seiner Bedeutung bewußt wurde.

④ Die *Motivation* der Einzelnen sowie der Gruppen verstärkte sich zusehends, wodurch *Verbesserungsvorschläge* und *Eigeninitiativen* deutlich zunahmen.

⑤ Der lästige Begriff der *Mitbestimmung*, jahrzehntelang Streitthema der Tarifparteien, erhält einen völlig anderen Sinngehalt zum Positiven, denn *Mit-Eigentümer* dürfen selbstverständlich über ihren Mitbesitz – ihr Anteils-Eigentum – auch mitreden und mitverfügen.

Diese Effekte sprechen für sich – sie sind nicht Wunschdenken von blassen Theoretikern, sondern alle Beteiligten in den verschiedenen Unternehmens-Modellen haben sie am eigenen Leibe miterlebt und waren dadurch überzeugt worden, auf dem richtigen Wege zu sein. Zumal auch die einzelnen unterschiedlichen Modelle noch keineswegs vollkommen waren: in vielen Fällen mußten Nachbesserungen vorgenommen werden, die aber durch das volle Engagement der Betroffenen getragen wurden und werden.

Für die einzelnen Unternehmen ergaben sich – selbstverständlich unterschiedlich abhängig von der Ausgangslage, der Marktsituation, der Branche usw. – Verbesserungen der Liquidität sowie eine Verbreiterung der Eigenkapital-Basis. Letztere ist vor allem deshalb bedeutsam, weil es ja die Mitarbeiter als »Mitbeteiligte« waren, die hier ihren Nutzen davon hatten.

Daß für solche Unternehmens-Modelle auch die Politiker gefordert werden müssen, ist selbstverständlich. Hier gibt es dann eine Menge Aufgaben, flexiblere gesetzliche Rahmen bezüglich der Kranken- und Altersversorgung, der Arbeitslosen-Abgaben, der Steuern sowie der Vergünstigung beispielsweise für Sparen und für Vermögenspolitik – um nur einige Gesichtspunkte zu nennen – zu schaffen. Im Grundsatz wird dies einen strukturellen Wandel geben müssen, von dem wir heute noch kaum eine Vorstellung haben.

Elmar Pieroth, schon 1980 Wirtschaftssenator in Westberlin und heute Finanzsenator der wiedervereinigten Hauptstadt, hat bereits 1967 in seinem Rheingauer Weinhandels-Unternehmen die Mitarbeiter-Vermögensbeteiligung eingeführt und ist einer der – bislang noch wenigen – Politiker, die hierzu Kompetenz aufweisen und Initiativen wagen. In einem bemerkenswerten Interview, das er im Februar 1993 der FAZ* gab, machte er Äußerungen, die so grundsätzlich unseren Überlegungen entsprechen, daß einige davon hier auszugsweise zitiert seien:

- *Wir haben ja in den fünfziger Jahren die Fabriken wieder aufgebaut. Und dann in den sechziger Jahren gemerkt, daß sie allein den Unternehmern gehören, obwohl die Arbeitnehmer sie nicht nur mitaufgebaut, sondern auch mitfinanziert hatten, allerdings über die Banken. Es wäre damals viel besser gewesen, die an sich etwas risikoscheuen Arbeitnehmer und die Intellektuellen, die zwar sparen, sich aber für den Kapitalbesitz zu fein vorkommen, direkt am Produktivvermögen der deutschen Wirtschaft zu beteiligen.*
- Auf die Frage, ob dies nicht auch an der Mentalität der Unternehmer liege, die lieber zur Bank gehen als zu ihrer Belegschaft, antwortete Pieroth: *Die wir aber aufklären können, daß Mitarbeiter eines Unternehmens am Wohlergehen desselben noch mehr interessiert sind als die Vorstände von Banken. Banken sind zwar sehr leistungsfähig, aber Mitarbeiter sind in wirtschaftlich schwierigen Zeiten eher zu Zinseinkommens-Einbußen bereit als Banken, zumindest wenn es um kleine Mittelbetriebe geht.*
- Auf die Einstellung der Gewerkschaften angesprochen, meinte Pieroth: *Die IG Metall muß offen zugeben, daß sie die Vermögensbeteiligung der Arbeitnehmer nicht will, wenn sie an Branchen- und Fonds-Lösungen festhält. Das ist ihre bisherige Politik, und das können die Unternehmer nicht machen. Es geht um die Beteiligung und um die Mitfinanzierung des eigenen Unternehmens und nicht etwa von anderen, konkurrierenden. Als ich im Bundestag in den siebziger Jahren Vermögenspolitik machte, war es mir zumindest gelungen, die Unternehmerverbände zur direkten Beteiligung der Arbeitnehmer an (ihrem) arbeitgebenden Unternehmen zu überzeugen. Mit der Ermordung von Hanns Martin Schleyer ging dieser Antrieb verloren.*

* Frankf. Allgemeine Sonntagszeitung Nr. 6 vom 14. Febr. 1993

- Und Pieroth fügte an: *Gewerkschaften wie Bau–Steine–Erden oder auch Chemie ... wollen ... wirklich die Arbeitnehmer beteiligen und nicht die Gewerkschaften und ihre Funktionäre (wie dies die IG Metall vorsieht! Anm. d. Verf.). Die IG Metall soll aufhören, mehr Macht in der deutschen Wirtschaft durch Mißbrauch der Vermögensbeteiligung der Arbeitnehmer erreichen zu wollen. Wir sollten aus dem Betrug des SED-Regimes gelernt haben und nicht, wenn auch eleganter, einen ähnlichen Betrug begehen. Der Arbeitnehmer will persönlich verfügbares Eigentum und kein funktionärsgesteuertes Kollektiv-Eigentum. Der Arbeitnehmer soll auch über Eigentum verfügen können – er soll sagen können, ob er sich beteiligen will am arbeitgebenden Unternehmen oder nicht. Dies ist nicht Aufgabe der Gewerkschaften.*
- Nach Darlegungen über die Sparförderung und andere staatliche Maßnahmen – beispielsweise Bürgschaften für die Investitionsbeteiligungen der Arbeitnehmer – schloß Pieroth: *Wenn in Ostdeutschland neue Fabriken gebaut werden, bezahlt dies zu einem Drittel der Steuerzahler – und das ist in hohem Maße der Arbeitnehmer. Der Eigentümer ist nachher der Unternehmer. Warum sollen wir (gemeint ist: die Regierung! Anm. d. Verf.) nicht auf die Investitionszuschüsse noch einige Prozent auf die 33 drauflegen, aber mit der Maßgabe, daß die Hälfte der Investitionsförderung den Arbeitnehmerkonten im Unternehmen gutgeschrieben wird ...?*

Leider gibt es noch nicht viele Politiker wie Pieroth – oder auch Ministerpräsident Biedenkopf, der ähnlich denkt –, die solche Gedanken verfechten. Denn »fechten« muß man für solch neue Denkweise, ohne die unsere Unternehmenszukunft wenig Chancen haben könnte, bevorstehende Turbulenzen durchzustehen.

Zusammenfassend kann zum Ende dieser Betrachtung über den Einzelnen im Unternehmens-Organismus gesagt werden, daß mit unseren Überlegungen zu diesem Modell der Mensch sich seinen

Strebungen entsprechend besser entwickeln kann. Trotz des Einbringens in das Ganze verliert er nicht seine Individualität, sondern erfährt im Gegenteil eine Steigerung seines Selbstwertgefühls und entwickelt sich auf dem Wege zu einer Lebenserfüllung, mit der er glücklicher werden kann. Und größere Zufriedenheit wird er so ebenfalls erfahren können.

Intermezzo über das baldige Ende des Klassenkampfes

Als ich diese Überschrift seinerzeit meinem Lebenswerk »Die Unternehmens-Zukunft« als Buchtitel geben wollte, hatte man in der Verlagsleitung Bedenken, denen ich schließlich ihre Berechtigung zugestehen mußte. Heute kann ich ohne Einwände darüber schreiben, denn das Thema ist von brennender Aktualität. Unser Weltbild hat sich durch den Bankrott des Marxismus-Kommunismus in einer Weise verwandelt, wie man es noch vor wenigen Jahren nicht für möglich gehalten hätte.

Wenn ich in der Einleitung des vorliegenden Buches schrieb, daß der Übergang in eine neue Epoche der Menschheitsgeschichte – wie jeder grundsätzliche Wandel – von Turbulenzen gekennzeichnet ist, so brauchen wir hierzu nach Beispielen in unserer Gegenwart nicht lange zu suchen. Einige sind auch in meiner Einleitung angeführt – daß sie sich weltweit offenbaren, wird niemand ernsthaft bezweifeln wollen. Auch von Turbulenzen im wirtschaftlichen Bereich habe ich gesprochen – dem Abbau hierarchischer Ordnungen oder patriarchalischen Führungsstils ebenso wie neuen Marketingformen oder verändertem Verständnis der Unternehmen in ihrem Umfeld. Darüber wird im nächsten Satz noch einiges zu sagen sein.

Eines allerdings hatte ich in der Einleitung ausgespart: das Verhältnis zwischen Arbeitgeber und Arbeitnehmer oder – anders ausgedrückt – den Klassenkampf. Innerhalb der überall laufenden Turbulenzen stehen ihm, der vom Gegensatz zwischen zwei Menschengruppen gewissermaßen lebt, dergestalt entscheidende Turbulenzen bevor, daß man kein großer Prophet zu sein braucht, um vorauszusagen: Es wird ihn in absehbarer Zeit nicht mehr geben!

Für uns – einen jeden, der in irgendeiner Form am wirtschaftlichen

Leben teilnimmt – gilt, daß wir nicht als Zuschauer diese Turbulenz ungerührt betrachten können, sondern eindeutig die Pflicht haben, unseren Teil zur Beendigung des Klassenkampfes beizutragen. Wenn wir nur ein wenig darüber nachdenken, welche Fehlleistungen an Produktivität und Menschlichkeit dieser verdammenswerte Krieg der Klassen – denn das war er und ist er noch – allein in den letzten 150 Jahren uns gekostet hat, dann wird es wohl niemandem schwerfallen, sich an seiner Auflösung aktiv zu beteiligen. Die Chance dazu war noch nie so groß und aktuell.

Karl Marx meinte mit seiner »Geschichte der Klassenkämpfe«, die sich durch die gesamte Geschichte der Menschheit hindurch verfolgen lassen, den Gegensatz zwischen den Mächtigen und den Ohnmächtigen, zwischen denjenigen, die Geld und Einfluß und Macht hatten – und jenen, die unterdrückt und machtlos waren. Von den Gracchen im alten Rom bis zur Französischen Revolution, vom Kolonialismus bis zur russischen Oktoberrevolution und bis zur IRA in Nordirland gab und gibt es unendlich viele Beispiele für das Aufbegehren der unterdrückten Menschen; die Gewerkschaften in der industriell-kapitalistischen Entwicklung sind ein weiteres Beispiel in dieser Palette des Sich-zur-Wehr-Setzens gegen Willkür und Ausbeutung durch die Mächtigen. Und noch in UZ habe ich 1985 geschrieben, daß ich die Überzeugung habe, die Gewerkschaften müßten – wenn sie noch nicht existierten – erfunden werden. Das schrieb ich vor sieben Jahren, inzwischen aber haben die Dinge begonnen, sich so grundlegend zu wandeln, daß wir alle – nicht nur ich – unsere Einstellung zu diesem Problem der Gewerkschaften und des Klassenkampfes überprüfen müssen.

Entsprechend unserer Prämisse Nummer eins, nach der die besser informierten Menschen sich ihres Persönlichkeitswertes mehr bewußt werden, haben sich – Beispiel DDR – die Bürger im sozialistischen Staat die Informationen durch Westfernsehen nicht mehr unterbinden lassen und sind in ihrem erwachenden Selbstbewußtsein zu den Leipziger Montagsdemonstrationen auf die Straße gegangen. Dies war genau ein Handeln entsprechend unserer Prämisse, die ich fünf Jahre zuvor niedergeschrieben hatte. Das gleiche hat sich übrigens auch in Südafrika, auf Kuba und vor allem in der Sowjetunion abgespielt, die Ergebnisse sind uns bekannt. Der Machtmißbrauch sozialistischer Prägung hat mit wenigen Ausnahmen, zu denen auch noch China gehört, sein Ende gefunden.

Daß im Kapitalismus und dessen Einflußbereich ebensolcher Machtmißbrauch stattfand und noch -findet, ist nichts Neues. Auch im kapitalistischen System gibt es noch die »kleinen Königreiche«, die Unternehmen – von den weltweit wirkenden Großkonzernen bis hin zum kleinen Selbständigen mit drei Mitarbeitern. Und sie funktionieren meist noch genauso, wie sie dies aus der geschichtlichen Entwicklung und von den Politikern – auch wenn sich diese Demokraten nennen – gelernt haben: autoritär auf der Basis von Einzel- oder Konzernspitzenentscheidungen; und wer da zu widersprechen wagt, fliegt! Ganz einfach!

Seit mehr als einhundert Jahren nun haben sich – örtlich und branchenmäßig sowie in unterschiedlichen Formen – die unterdrückten und ausgebeuteten Menschen in den Wirtschaftsunternehmen zusammenzuschließen begonnen. Was bei uns in Deutschland dabei herausgekommen ist, ist die Gewerkschaftsbewegung mit ihren zahlreichen Untergewerkschaften und vielen Millionen Mitgliedern. Deren Aufgabe war wohlbegründet: Sie hatten sich zum Ziel gesetzt, der Menschlichkeit dergestalt zum Vorteil zu dienen, daß die Menschen besser bezahlt wurden und bessere Lebensumstände erhielten, auch nicht mehr Akten der Willkür ausgesetzt und auch nicht in ihrer Existenz vernichtet werden konnten. Daß hier noch eine ganze Menge zusätzlicher Ziele wie beispielsweise Schutz der Kranken o. ä. hinzukamen, ist bekannt und völlig in Ordnung.

Auch das Betriebsverfassungsgesetz ist in seiner Grundaufgabe noch positiv zu sehen, weil es dazu dienen sollte, die Arbeitnehmer mit Rechtsmitteln gegen unternehmerische Willkür und Ausbeutung sowie gegen Unmenschlichkeit zu versehen. Aber daß daraus vielfach unqualifiziertes Hineinreden in unternehmerische Entscheidungen und Erfordernisse wurden, war schon nicht mehr positiv und unserer Freiheit der Marktwirtschaft gegenläufig.

Von den vielen Negativa, zu denen sich die Gewerkschaftsarbeit entwickelte, sei hier als Beispiel der Anspruch, für alle Arbeitnehmer zu sprechen, angeführt. Dazu ist zu sagen, daß es für mich stets unerhört erschien, wenn die Gewerkschaften sich anmaßten, für alle Arbeitnehmer Repräsentant zu sein. Denn sie hatten ja ihr Mandat eigentlich nur für ihre Mitglieder, also von denjenigen Menschen übertragen bekommen, die sich Gewerkschaftsfunktionäre als Sprecher ihrer Belange wünschten. Ein Auftrag, auch für die sogenannten Nichtorganisierten zu agieren, ist ihnen nie erteilt worden.

Die geschichtliche Entwicklung ergab im Laufe der Jahrzehnte für die Gewerkschaften – ich spreche von deutschen Verhältnissen, da diejenigen in anderen Ländern wie England, Frankreich oder den USA situativ differenziert sind – ein Eigenleben, das sich nur noch bedingt an den ursprünglichen Aufgaben, den Unterdrückten zu helfen, orientiert. Man kann dies überall in der Geschichte der Gewerkschaftsbewegung nachlesen, so daß ich es mir hier ersparen kann. Festzustellen ist lediglich, daß aus der immensen Macht, die die Gewerkschaften durch die riesige Zahl ihrer Mitglieder – auch finanziell – sich schufen, sie sich immer weiter von ihrer ursprünglichen Aufgabe entfernten. Sie vermehrten ihre wirtschaftliche Macht durch Banken und Versicherungen, durch Handelsgesellschaften und wirtschaftliche Tätigkeit derart, daß sie auch zum unübersehbaren Wirtschaftsfaktor bei uns wurden. Wenn man Funktionäre darauf ansprach, erhielt man dann stets die Antwort, dies tue man natürlich auch nur zum Wohle des arbeitenden Menschen – also ein ganz klar klassenkämpferisches Engagement. Man lehnte ganze Wirtschaftsbereiche – etwa Banken und Versicherungen – als zu ausbeuterisch ab und wollte statt dessen eigene Institutionen schaffen, die dem arbeitenden Menschen mehr nützlich sein konnten und die nebenbei auch die eigene Finanzkraft expandieren ließen. Daß in solchen Unternehmen die Mitarbeiter teilweise schlechter behandelt wurden, als sonst gefordert wurde, ist Tatsache.

Wir können es uns ersparen, aufzuzählen, welche Unzahl von Mißbräuchen der entstandenen Macht daraus gewachsen sind, vom Coop-Skandal bis zu dem zu Lasten der gesamten Bevölkerung gehenden

Machtkampf der ÖTV im Mai 1992. Kapitalismus und Klassenkampforganisation haben sich gegenseitig nichts vorzuwerfen in puncto Machtmißbrauch; man könnte meinen, daß sie gewissermaßen in einen Wettbewerb getreten seien, wer es nun weiter treibe. Die seinerzeitige Gründung der Gewerkschaften hat mit ihrem heutigen Dasein keine »Be«-Gründung mehr – durch ihren Machtmißbrauch unterscheiden sie sich in nichts mehr von den zu bekämpfenden Kapitalisten. Das schlimmste aber ist, daß die Funktionäre an den Schalthebeln der Macht auch noch – seit Jahrzehnten – sich anmaßen, in allen anderen Lebensbereichen mitzureden, weit über ihren ursprünglichen Auftrag hinaus.

Die Kapitalisten sind jedoch nicht besser! Wenn ich die Rückfälle mancher deutscher Unternehmer in frühkapitalistische Verhaltensweisen im Zusammenhang mit der wirtschaftlichen Eingliederung der ehemaligen DDR betrachte, dann sind soundso viele wieder die gleichen »Schweinehunde«, als die sie seit einem Jahrhundert von den Gewerkschaften verschrien worden sind. Nicht einen Deut besser! Und weltweit wird es vor allem durch den Hang zur Gigantomanie auch keineswegs besser, sondern schlechter – in bezug auf das Menschliche. Dies kann auf die Dauer nicht gutgehen: Die sich heute noch – händereibend über den Bankrott des Kommunismus – in den Sesseln räkelnden Konzernherren, die sich nur noch überlegen, wie man auch im Osten nunmehr absahnen kann, werden in absehbarer Zeit ein übles Erwachen haben, weil die ihnen »anvertrauten« Menschen ihnen das Vertrauen entziehen werden.

Sicherlich wird der Niedergang des Kapitalismus in seiner derzeit weltweit noch vielfach menschenunwürdigen, weil menschenverachtenden Form nicht so spektakulär vor sich gehen wie der des Kommunismus, der übrigens noch nicht ausgestanden ist, solange die Generation der darin aufgewachsenen Systemträger noch aktiv sein kann. Aber er wird kommen – einfach deshalb, weil die Menschen, die von neuem Bewußtsein erfaßt werden, sich auch dieser Form der Unterdrückung zu entledigen bestrebt sein werden.

Von einem »Triumph des Kapitalismus« im Hinblick auf das marxisti-

sche-kommunistische Konzept zu sprechen, halte ich nicht für richtig. Denn gleichzeitig ist der derzeitige Kapitalismus, in und mit dem wir leben, völlig in Frage zu stellen – wenn er nicht sich zu »mausern« bereit sein wird, dann kann man nur schwarzsehen. Ich halte es da mit den Aussagen des Exbankiers Frhr. von Bethmann, der einleitend in seinem Buch »Der verratene Kapitalismus« schreibt: »... Ich bin Gesinnungskapitalist, überzeugt von der Richtigkeit einer Wirtschaftsordnung, die den Anlagen und Bedürfnissen aller Menschen gerecht wird, weil sie allen Menschen die Chance der heute so laut geforderten Selbstverwirklichung gibt, die Chance der ›persönlichen Bereicherung‹ im weitesten Sinne, und dies in größtmöglicher individueller Freiheit ...« Und Bethmann fährt dann fort, daß der Kapitalismus – als liberale privatkapitalistische Marktwirtschaft – nicht auf dem Reißbrett oder im Kopfe eines selbsternannten Messias entstanden ist, sondern sich evolutionär in den letzten zwei Jahrhunderten des modernen Industriezeitalters entwickelt hat. Dementsprechend sei er gewachsene Realität einer menschlichen Gesellschaft, ... sei er natürlich und auch human.

Das genau ist es! Bethmann bezieht sich auf eine evolutionäre Entwicklung wie wir bei dem Organismus Unternehmen. Und er schrieb sein Buch 1984 – heute, fast ein Jahrzehnt später, sind wir schon wesentlich weiter auf dem Wege einer Entwicklung, die er damals nur andeuten konnte. Was er dann als »Verrat« am Kapitalismus in seinem Werk beschreibt, ist nichts anderes als das, was ich mit menschenunwürdigem und menschenverachtendem Verhalten der Mächtigen im derzeitigen Kapitalismus geißele.

Wir werden also einem Kapitalismus – ohne Fragezeichen – entgegengehen, der sich vom heutigen Erscheinungsbild und der Einstellung seiner Träger wandeln wird zu einer Form, in der alle in Freiheit sich – ohne Unterdrückung durch die Macht des Geldes – entfalten und ihr Leben gestalten können. Unser Modell des Organismus Unternehmen bietet – wie im Finale dargelegt – dazu alle Chancen.

Um es an einem aktuellen Beispiel zu zeigen, wie es nicht sein soll, weise ich auf die im November 1992 beschlossene Übernahme der

ASKO Deutsche Kaufhaus AG durch die Metro hin. Das ist genau ein kapitalistischer Skandal, denn durch solche Konzentration – die neue Gruppe ist mit 70 Milliarden D-Mark Umsatz auch mit in der Weltspitze der Handelsunternehmen – werden Monopole entstehen, die wir heute noch gar nicht erahnen können. Und Monopole – gleich, welcher Art – werden immer zuungunsten des Menschen sich auswirken. Dies hat das Kartellamt, das mit ein paar dünnen Auflagen den Deal steuern wollte, nicht begriffen oder begreifen wollen. Vielleicht reicht auch das Kartellgesetz hierzu nicht mehr aus?

Wenn man mich in der heutigen Situation fragen wollte, wie ich mir mit Blick auf den Klassenkampf die Zukunft vorstelle, so könnte ich nur antworten: Unter dem Gesichtspunkt der positiven Chancen zur Beendigung des Klassenkampfes, wie ich sie durchaus erkennen kann, sehe ich die Zukunft des Kapitalismus nur darin, daß er sich mausert in Richtung Menschlichkeit. Und wenn er das tut, dann haben die Gewerkschaften kaum mehr Chancen, denn dann wäre ihre ursprüngliche Aufgabe erfüllt.

Wir alle also haben es in der Hand, den Kapitalismus zu vermenschlichen – unser Modell des Organismus Unternehmen ist ein Weg dorthin.

VI. Satz: Adagio = gemächlich

Der Unternehmens-Organismus lebt in und mit seinem Umfeld

Jeder lebendige Organismus entwickelt sich in seiner Umwelt. Wenn hier in der Überschrift das »Umfeld« genannt wird, dann aus der einzigen Begründung heraus, daß der Umweltbegriff heute mehr im Zusammenhang mit der Ökologie gebraucht wird; wir wollen aber das Unternehmen nicht nur in dieser Hinsicht sehen, sondern in allen äußeren Beziehungen. Daher ist das Umfeld hier auch in weitestem Sinne zu verstehen als alles, was rundum vorhanden ist; in der Physik spricht man auch von Feldern oder Feldtheorien, beispielsweise von Magnetfeldern.

Jeder Organismus, der in seinem Umfeld lebt, entwickelt gewisse Beziehungen zu diesem, ja wäre ohne seine Einstellung zu ihm und das Wechselspiel mit ihm überhaupt nicht lebensfähig. Nehmen wir den Menschen als Beispiel: Er lebt in Klima, Temperatur und Natur, durch die er sich auch ernähren kann, er lebt mit anderen Menschen, von denen er Zuwendung oder Gewalt erfährt, er sucht sich seinen Raum mit all den Gegebenheiten, von denen er glaubt, daß sie ihm das Leben und Überleben zulassen. Und er hat – nicht immer – die freie Willensentscheidung, sich einen anderen Lebensraum, ein anderes Umfeld zu suchen, wenn er vermeint, im bisherigen nicht mehr leben zu können.

Auch das Unternehmen als selbständiger Organismus hat eine Unzahl von Beziehungen zu seinem Umfeld. Um sich zu erhalten, muß es ständig bemüht sein, mit der, wie man früher sagte, »feindlichen Umwelt« in besterzielbarer Harmonie zu leben. Das beginnt mit dem *Staatswesen*, in dem es lebt, mit der Regierung und der von ihr praktizierten Politik, mit den Gesetzen und Verordnungen sowie den Steuern, die das Unternehmen für das Gemeinwesen aufbringen muß. In diesem Zusammenhang ist wohl interessant, einmal nachzulesen, was der oft geschmähte Niccolò Machiavelli in seinen »Il Principe« 1513 zur wirtschaftlichen Tätigkeit geäußert hat:

Der Herrscher soll seine Untertanen ermuntern, ruhig ihre Arbeit zu tun im Handel, in der Landwirtschaft und in jedem anderen Gewerbe, damit sich der eine nicht scheut, seinen Besitz zu mehren aus Furcht, er könne ihm wieder abgenommen werden, und der andere sich aus Furcht vor Steuern nicht scheut, ein Handelsgeschäft zu eröffnen. Der Herrscher sollte vielmehr Belohnungen aussetzen für jeden, der die Absicht hat, in irgendeiner Weise den Wohlstand seiner Stadt oder seines Landes zu fördern.

Einmal abgesehen von dem Begriff des »Herrschers«, der den damaligen Verhältnissen entsprach, wäre das Grundprinzip der Machiavellischen Erkenntnis durchaus etwas, das sich unsere heutigen Politiker einmal zu Herzen nehmen könnten. Gerade die Flut von Gesetzen und Verordnungen, mit denen sich unsere Politiker vielfach nur profilieren wollen für die nächste Wahl, bewirkt einen ständigen Kampf des Einzelnen und des Unternehmens, um lavierend nicht irgendwo da oder dort mit den Vorschriften in Konflikt zu geraten. Auch bei gutem Willen und großer Loyalität dem Staatswesen gegenüber wird dies manchmal nicht gelingen, nicht aus Böswilligkeit heraus, sondern deshalb, weil sich in dem Dschungel der Gesetze und Vorschriften kaum mehr jemand auskennt. Bestes Beispiel hierzu sind die Vorgänge in der ehemaligen DDR, bei denen auch noch genügend unqualifizierte Staatsdiener für permanent chaotische Verhältnisse sorgen. Wir werden im Schluß mit besonderem Bezug auf die Unternehmensfinanzen darauf noch eigens einzugehen haben und auch Schritte des Staates fordern müssen, um Neues Denken in den Unternehmen tatsächlich realisieren zu können.

Indirekt mit dem Staatswesen hat auch jedes Unternehmen Möglichkeiten für Beziehungen zu *Parteien*, öffentlich-rechtlichen

Einrichtungen, *gesellschaftspolitischen Zusammenschlüssen* bis hin zu Bürgervereinen oder zu – manchmal auch nur temporär oder lokaliter – entstehenden Bürgerinitiativen. Hier ist für die Unternehmen Fingerspitzengefühl am Platze: Zum einen kann es durchaus sein, daß Mitarbeiter sich nicht mit einer politischen Partei identifizieren können, für die eine Zuwendung gedacht ist, zum anderen wünscht vielleicht eine ganze Reihe von Unternehmensangehörigen, daß sich auch die Firma für ein bestimmtes Bürgerbegehren stark macht, das viele von ihnen in ihrem privaten Lebensbereich betrifft, beispielsweise das Für und Wider zu einer Autoumgehungsstraße.

Grundsätzlich wäre es durchaus in Ordnung, wenn der Organismus Unternehmen sein Interesse oder gar immaterielles oder finanzielles Engagement zeigt, um damit zu verdeutlichen, daß sich das Unternehmen nicht auf einer einsamen Insel lebend versteht. Aber gerade bei Objekten, zu denen Für und Wider ausgewogen sind, ist ein Eintreten für eine Seite des Streites fragwürdig. Zum anderen kann auch dadurch, daß sich das Unternehmen mit einer Unterstützung für ein bestimmtes soziales Projekt einsetzt, ein Präzendenzfall geschaffen werden, der einen Rattenschwanz von ähnlichen Erwartungen und Forderungen nach sich ziehen kann.

Es ist daher empfehlenswert, sich einen aus Mitarbeitern zusammengesetzten *Beirat* zu schaffen, der – ständig oder fallweise – die Geschäftsleitung für solche Situationen berät. Eventuelle Mitglieder dieses Beirats, die in einer aktuellen Angelegenheit selbst Beteiligte oder Betroffene sind, hätten sich dann für die Dauer der Problemlösung aus diesem Gremium zurückzuziehen.

Über das *regionale Umfeld* haben wir bereits in Zusammenhang mit den Führungsstilen gesprochen, hier ist besonders die Mentalität der umwohnenden Bevölkerung, aus der sich zum Teil auch Mitarbeiter und »Mitunternehmer« rekrutieren, zu beachten. Wenn schon in Deutschland die Stammesmentalität oft sehr unterschiedlich sich auswirkt, ist dies noch viel deutlicher mit

Gastarbeitern, die außer einer ethnisch anderen Mentalität auch noch andere Lebensgewohnheiten und religiöse Bindungen mitbringen und diese auch aufrechterhalten wollen.

Auch kirchliche Einflüsse sind heute vielfach noch – besonders in ländlichen Gegenden – vorhanden und spürbar; man braucht nur an den Rufmord zu denken, der manchmal noch einer Abtreibung oder der Geburt eines unehelichen Kindes folgt. In städtischer Umgebung ergeben sich andere Konfliktstoffe wie beispielsweise die Verkehrsanbindungen für Pendler, die Gegebenheiten im Schulwesen oder das kulturelle Angebot.

Das regionale Umfeld besteht auch aus den Vereinigungen und Zusammenschlüssen, die den Menschen geboten werden im Bereich des Sports, der kulturellen Träger wie Gesangs- oder Theatervereine und den zahlreichen Bindungen lokaler Natur – in Niedersachsen kann der örtliche Schützenverein genausowenig umgangen werden wie ein Karnevalsverein im Rheinland oder eine Volksmusikgruppe in Oberbayern. Dies ist ja auch nichts Nachteiliges, wir erwähnen diese Beispiele lediglich dafür, daß jede Region ihre speziellen Eigenheiten entwickelt, die das Unternehmen in sein Verhalten einbeziehen muß. Und wenn sich gar – wie im Raume Basel mit Südbadensern, Schweizern und Elsässern – eine eigens auch so genannte »Regio« entwickelt, dann dürfte dies ein Faktor sein, der nicht unbeachtet bleiben kann.

Die klimatischen und Naturverhältnisse sind ein weiterer Faktor, den das Unternehmen hinnehmen muß und sich damit zu beschäftigen hat; auch in Gegenden, die nicht vom Fremdenverkehr besonders frequentiert werden, ist die Bevölkerung heute überall hochsensibilisiert und beobachtet das *Umweltverhalten* eines dort angesiedelten Unternehmens stets mit mißtrauischen Augen. Wenn dann tatsächlich einmal eine Umweltpanne geschieht, dann wird es das Unternehmen schwer haben, das angekratzte Vertrauensverhältnis zur menschlichen Nachbarschaft wiederherzustellen.

Aber nicht nur die Nachbarschaft wird mit Argusaugen auf das Umweltverhalten des Unternehmens achten, auch die Kundschaft und – in verstärktem Maße – die eigenen Mitarbeiter werden zunehmend sensibilisierter in dieser Hinsicht. Was die Erstgenannten, also die Marktpartner, betrifft, so hat Johannes Georg Landolt sich sehr ausgiebig damit befaßt, wie notwendig es ist, auch die Verbraucher sich ihrer Macht bewußt werden zu lassen, die sie einem Unternehmen und seinen Produkten gegenüber besitzen, aber leider noch viel zuwenig wahrnehmen.

Ein Karlsruher Einzelhandelskonzern, der »dm Drogerie-Markt«, hat im Einklang mit seinen 2700 Beschäftigten hier einen idealen Konsens gefunden: In seinen 291 Filialen werden nur die Produkte der Branche verkauft, die die Mitarbeiter glauben, vom Umweltverträglichen her verantworten zu können. Allein diese Einstellung – von verschiedenen anderen Zusammenhängen im Sinne unseres Unternehmensorganismus einmal ganz abgesehen – zeigt, wieviel auf dem Wege der kleinen Schritte ermöglicht werden kann, wenn die Mitarbeiter entsprechend engagiert, sensibilisiert und motiviert sind.

Auch in einem anderen Bezug ist Umweltverhalten im Begriff, zu einem unübersehbaren Faktor zu werden: beim Sponsoring. Während heute vielfach noch das Sponsern eine kaum verhüllte Werbung ist, die sich an die jeweils anzusprechende Konsumentengruppe – Sportplatzbesucher, Rockkonzertbesucher o. ä. – wendet, wird sich mit der zunehmenden Sensibilisierung der Menschen für die Ökologie zwangsläufig ergeben, daß mit guten Taten für die Umwelt genauso Werbung gemacht wird wie für die Produkte direkt. Wer für Umweltprojekte Geld ausgibt und sein Licht dabei nicht unter den Scheffel stellt, wird in der öffentlichen Meinung und im Markt letzten Endes gewinnen.

Und mit der *Infrastruktur* wird das Unternehmen – je nach Zusammensetzung der Belegschaft mit Pendlern und/oder Halbtagskräften – sich mit den Verkehrsverbindungen auseinanderzusetzen haben. Dabei spielen direkte Anbindungen an Nahverkehr und Straßennetz ebenso eine Rolle wie etwa – bei einem größeren Unternehmen ins Gewicht fallend – Zeiten der Schichtwechsel oder überhaupt Arbeitszeitbeginn und -schluß, auch abgestimmt mit anderen, im gleichen Raum angesiedelten Unternehmen. Dies kann bis hin zur Beachtung der Schulanfangszeiten führen; ebenso sind die örtlichen Ferientermine mit in Überlegungen einzubeziehen.

Auch der *Markt* des Unternehmens fällt ins Gewicht: Es ist ein großer Unterschied, ob die Firma den Hauptabsatz ihrer Produkte oder Leistungen in der näheren Umgebung des Standortes hat oder ob die Anlieferung von Rohmaterial ebenso wie die Expedition von Endprodukten zu weitverstreuten Geschäftspartnern per Lkw vor sich gehen muß. In diesem Zusammenhang muß auch der gesamte Verkauf gesehen werden: Im lokal begrenzten Bereich wird sich ein Verkäuferstab ganz anders aktivieren als in einem Vertriebsbereich, der sich über ganz Deutschland oder Europa erstreckt und notfalls sogar über eigene Werksniederlassungen bedient wird. Auch hier stehen alle Unternehmungen vor grundsätzlichen Problemen, nachdem bereits schon einige Politiker erkannt haben sollen, daß der Europaverkehr auf den Straßen nicht ins Uferlose wachsen können wird.

Das Verhältnis zu den *Kunden* bzw. *Abnehmern* ist – gleichgültig, ob es sich um Produkte oder Dienstleistungen handelt, die das Unternehmen vertreibt – im Zusammenhang mit dem Neuen Denken ebenfalls in eine Phase des Wandels getreten, worüber jeder Verkäufer oder Vertreter ausgiebig berichten kann. Nicht mehr die schnelle Mark mit dem einmaligen Geschäft ist gefragt, sondern in zunehmendem Maße entwickeln Verkäufer und Kunden Vertrauensbasen miteinander. In der Zeit der Reizüberflutung des Kunden mit Informationen, Werbung und Angeboten jeglicher Art wird der persönliche Kontakt – trotz des oftmals vorgeschützten Zeitdruckes – immer mehr zur Grundlage der Verkaufskommunikation. Auch der Kunde wird offener sein, wenn er bei dem ihn aufsuchenden Vertreter nicht den Eindruck gewinnt, daß dieser unbedingt etwas mit allen Mitteln verkaufen muß, sondern eher eine Dankbarkeit dafür entwickeln, von einem Fachmann beraten zu werden und nicht unter dem moralischen Druck zu stehen, daß der Verkäufer einen sofortigen Verkaufsabschluß erwartet. Da solche Dinge sich nur auf der menschlich-persönlichen Basis entwickeln können, wird in Zukunft die Schulung der Verkäufer sich weniger auf die Produktpalette beziehen – die natürlich deshalb nicht vernachlässigt werden darf –, sondern sich im wesentlichen auf die Entwicklung der Persönlichkeit des Verkäufers richten. Heute noch halten viele Chefs solche Arbeit für rausgeworfenes Geld, weil sie die Außendienstler generell als »windige Hunde« betrachten. Dies wird sich in Zukunft, da auch die Kunden hinsichtlich der Qualifikation der sie besuchenden Reisenden anspruchsvoller geworden sind, ein selbstmörderisches Verhalten sein: Investition in die Persönlichkeitsentwicklung des Außendienstmitarbeiters wird sich hinsichtlich ihrer Rendite als eine der wertvollsten erweisen. Denn der Verkäufer, der spürt, welch negative Haltung sein Chef ihm gegenüber unterschwellig einnimmt, wird auch selbst nicht in der Lage sein, wirkungsvoll zu verkaufen. Über die Ansteckungskraft der Gefühle, insbesondere des Vertrauens bzw. Mißtrauens, haben wir ja bereits ausführlich gesprochen.

Auch die Beziehungen der Unternehmen zu ihren *Wettbewerbern* sind bereits im Begriff, sich grundlegend zu wandeln: Seit Jahren spricht man hier von »Kooperation statt gnadenloser Konkurrenz«. Dies sind nicht etwa Wunschträume unrealistischer Weltanschauungsgurus, sondern sie realisieren sich in unserer Zeit in zunehmendem Maße – so schnell, daß man nur staunen kann.

Aus eigener Erfahrung kann ich berichten, daß – auf eine Initiative von Erhard Heinold, seines Zeichens Berater im Verlagswesen – sich vor rund acht Jahren ein Netzwerk von neu denkenden Unternehmensberatern gebildet hat, das erstaunliche Ergebnisse brachte.

Nicht nur, daß viele der Einzelberater wertvollen Erfahrungsaustausch betrieben, obwohl die doch eigentlich handfeste Konkurrenten waren, sondern es entwickelte sich ein Synergie-Effekt, der zu mehreren Symposien führte und von dem alle mehr oder weniger beachtlich profitierten. Dies führte in einem Fall sogar zu einer Heirat – aber dies muß ja nicht immer sein!

Teile dieses Netzwerkes existieren heute noch, haben sich zum Teil zu echten Freundschaften entwickelt und bringen den Mitgliedern erstaunliche – auch materielle – Vorteile. Andere Partner sind ausgestiegen und haben andere Wege gesucht, aber auch unter ihnen ist keiner, der die Zeit aktiver Kooperation im Netzwerk missen möchte.

Obwohl wir erst im anschließenden Schlußkapitel auf die Wege zur Realisierung unseres Modells in der Praxis einzugehen haben, kann hier schon gesagt werden: Je früher eine Unternehmensleitung sich entschließt, mit dem Wettbewerb bezüglich möglicher Kooperation in Kontakt zu treten, desto eher werden sich daraus Vorteile entwickeln können. Solches Tun muß so schnell wie möglich Teil der Geschäftspolitik werden; wer es nicht tut, wird das Nachsehen haben – im wahren Sinne des Wortes.

Für unser Modell des Organismus Unternehmen ist eine biologische Erkenntnis von besonderer Bedeutung. In neuerer Zeit haben Wissenschaftler nämlich festgestellt, daß – entgegen den Vorstellungen des Darwinismus über das Prinzip der »natürlichen Auslese« – ganz andere Einsichten gewonnen wurden. Während Charles Darwin (1809–1882) in seiner Abstammungslehre noch den »Kampf ums Dasein« als das Konkurrenzstreben darstellte, mit dem die Lebewesen durch natürliche Zuchtwahl bestrebt seien, das Überleben durch Anpassung zu sichern, haben in den letzten Jahrzehnten die Biologen ganz andere Prinzipien erkannt. Die Kooperation bei vielen Lebewesen – also das Zusammenwirken und die gegenseitige Hilfe – ist wesentlich stärker und viel weiter ausgeprägt, als man bisher angenommen hat. Selbstverständlich findet überall auch ein Konkurrenzkampf statt, insbesondere dort, wo Lebensgrundlagen sich verändern, klimatische und ökologische Voraussetzungen für Ernährung und Fortpflanzung nicht mehr gegeben sind. Aber die Fähigkeit der Einzelindividuen und von Gruppen – Rudel, Herden, Schwärmen usw. –, sich durch Zusammenwirken gegenseitig das Überleben zu sichern, ist bislang völlig unterschätzt worden: Sie ist wesentlich effektiver, als sich Darwin jemals träumen ließ.

Auf den menschlichen Bereich läßt sich diese Erkenntnis ebenfalls übertragen: Es ist eine Binsenweisheit, daß ethnische Gruppen beispielsweise, die in der Diaspora leben oder innerhalb einer sie umgebenden und dominierenden Bevölkerung, einen Zusammenhalt und ein Gemeinschaftsbewußtsein entwickeln können, das ungeahnte Leistungen hervorbringen kann. Wenn man diese Erkenntnis auf unser Modell Organismus Unternehmen übertragen kann, dann entspricht das Verhalten »Kooperation statt gnadenloser Konkurrenz« sogar einem biologischen Gesetz in der Evolution.

Braucht das Unternehmen einen »Außenminister«?

Wenn sich in Unternehmensleitungen die Verantwortlichen mit den eben aufgeführten Möglichkeiten der Beziehungen zum Umfeld und deren vielfältigen Aufgaben konfrontiert sehen, taucht diese Frage manchmal auf: Braucht man dazu nicht einen eigenen Beauftragten, der sich um die Abstimmung der einzelnen Aufgaben kümmert und darum, daß alles eine Linie hat? Die klare Antwort darauf ist: Nein, eine solche Position braucht nicht geschaffen zu werden! Und die Begründung dafür ist ebenfalls ganz einfach und plausibel: So wie eine echte Persönlichkeit durch ihre Ausstrahlung oft Wirkung ausüben kann auf andere Menschen, ohne überhaupt den Mund aufzumachen, so kann auch das Unternehmen, wenn es denn als Organismus ein echtes Selbstverständnis entwickelt, eine Wirkung auf sein Umfeld ausüben, die man eigentlich niemals für möglich gehalten hätte.

Aber dazu gehört einiges! Man kann solche Wirkungen weder mit triumphalen Eingangshallen noch mit Perserteppichen in der Vorstandsetage erreichen, auch die Uniformierung von adretten Stewardessen wird ebensowenig Erfolg haben wie eine einheitliche Kleidung der Kraftfahrer. Und tolle Slogans oder ein ins Auge fallendes Logo können nicht bewirken, daß man das Unternehmen für etwas Außergewöhnliches hält. Auch wenn in vier Jahren hintereinander jeweils Lehrlinge bei den Abschlußprüfungen der IHK als Jahresbeste abschneiden, wird man allenfalls den Lehrlingsausbilder als qualifizierten Mann ansehen, aber noch kaum sagen: Die kommen halt von dieser Firma.

Dazu, daß das Umfeld das Unternehmen positiv wahrnimmt, gehört einiges mehr. Es muß eine von innen leuchtende Kraft oder Energie sein, die auf die Umgebung und die Menschen ausstrahlt und sich nur schlecht mit Begriffen wie Unternehmensethik, Unternehmensphilosophie, Unternehmenskultur, Unternehmensidentität, Corporate Identity, Image, Geist oder Stil oder sonstwie beschreiben läßt. Sicherlich sind dies alles akzeptable und respektable Begriffe, aber das »gewisse Etwas«, das hinter der Ausstrahlung des Unternehmens auf sein Umfeld steht, läßt sich nur sehr schwer in Worte fassen. Denn es ist – und dies ist das einzig Sichere daran – keine berechenbare Größe, in die man soundso viele Kosten investiert, damit soundso viel an Überschuß herauskommen kann. Ganz genau so, wie wir schon erwähnt haben, daß man auch nicht im Kaufhof oder einem Großmarkt zwei Kilo »Persönlichkeit« kaufen kann, um sie sich dann überzuziehen, so ist auch die Wirkung auf das Umfeld ein nicht quantifizierbares Medium und dementsprechend auch weder auf dem Reißbrett zu entwickeln noch mit Maschinen oder Computern erstellbar. Es braucht dazu einzig und allein hochqualifizierter »Handarbeit«, die allein aus dem Rohstoff Motivation mit den Menschen gefertigt werden kann.

Dies ist ein Punkt, der allen Mitarbeitern ständig und immer wieder bewußtgemacht werden muß: daß jeder Einzelne mitverantwortlich ist und mitwirken muß an dem Bild, das draußen im Umfeld über das Unternehmen entsteht.

Wenn ein Weltunternehmen wie EXXON einen Umweltschaden wie seinerzeit vor Alaska verursacht, dann muß es mehr tun, als von einem in dem betreffenden Bilanzjahr erzielten Gewinn von über fünf Milliarden Dollar läppische eineinhalb Milliarden für die Schadensbeseitigung hinzublättern und dann zu glauben, damit sei die Sache erledigt. Sie ist es bestimmt nicht, denn – so hoffe ich – die Umweltschützer und anderen Engagierten werden dafür sorgen, daß dieser Skandal nicht der Vergeßlichkeit der Menschen anheimfällt. Auch hier ist Bewußtseinserweiterung nötig! Und ich wünsche mir, daß die Menschen klar erkennen, welch menschenverachtende Rolle der Kapitalismus zu spielen in der Lage ist. Gerade in diesem Falle trifft es die Menschen im Unternehmen selbst, deren Transformation zuerst ablaufen muß – gemäß unserer Prämisse Nummer zehn –, ehe sie auch in den Köpfen der Oberen stattfindet und gegebenenfalls für die Zukunft eine Verhaltensveränderung aus neuem Bewußtsein heraus vor sich gehen kann.

Sicherlich ist das Bild, das durch dieses Verhalten bei den eigenen Mitarbeitern über ihr Unternehmen entstanden ist, dann ziemlich identisch mit dem, wie man das Unternehmen von draußen sieht; und dies wäre eine Zielvorstellung, wenn auch hier an einem Negativbeispiel demonstriert. Wenn sich im Unternehmen die Mitarbeiter als Mitunternehmer darüber im klaren sind, wie sie wünschen, daß das Unternehmen von draußen gesehen werden sollte, dann ist schon viel erreicht. Denn all die vorgenannten Bezeichnungen über U-Philosophie, U-Kultur, U-Identität und U-Ethik könnten zwar – einschließlich der Begriffe wie Image, Geist und Stil – unter den Oberbegriff »Corporate Identity« gestellt werden. Aber er ist gewissermaßen eine leere Worthülse, die ihre Bewertung in dieser oder jener Richtung offenläßt. Daher wäre eher der Begriff des *Selbstverständnisses* zu verwenden, weil er die ständige Arbeit an sich selbst sowohl für den Einzelnen als für das Ganze beinhaltet. Im Sinne der Persönlichkeitsentwicklung ist das Selbstverständnis etwas Fließendes, das laufend fortschreitender Entfaltung dient und daher als Begriff für das, was angestrebt werden soll, eher geeignet ist.

Wer sich trotzdem mit einem der obengenannten Begriffe zur Unternehmensphilosophie u. a. auseinandersetzen will, hat eine Menge Fachliteratur zur Verfügung, die in den letzten Jahren gewissermaßen ins Kraut geschossen ist. Auch dies kann man positiv sehen in dem Sinne, daß die Menschen die Arbeit eher als Tätigkeit verstehen wollen und zur Sinnfindung bereit sind. Aus der Vielzahl von Büchern seien hier nur einige genannt: *Gerd Gerken*, »Geist – Das Geheimnis der neuen Führung«, deckt eine große Palette der verschiedensten Begriffe ab, wobei – wie wir es vom Future-Denker Gerken gewohnt sind – auch viele neu kreierte Wörter sind, die sich der Leser erst aneignen muß ohne zu wissen, wann der Autor sie wiederum durch andere Neuschöpfungen austauscht. Am Ende des Buches ist ein sehr nützlicher Anhang über das TAO-Management mit Hinweisen auf die TAO-Bücher. Darin fehlt aber eine Erwähnung des Buches von *Manfred Jahrmarkt*, »Das TAO-Management«, das wohl das beste ist, das man sich über diese Thematik aneignen kann. Zitiert sei hier nur: »Das Buch ist ein Plädoyer für mehr Gefühl und mehr Vision im Management sowie für eine menschengerechtere und umweltfreundlichere Kultur im Unternehmen. TAO-Management ist ganzheitliche Führung, bei der der Mensch im Mittelpunkt steht.« – Wenn wir hier sagen können, daß diese Vorstellung auch im vorliegenden Buch erarbeitet worden ist, so trifft dies in noch größerem Maße für das Werk von *Paul Halbe* »Selbstverantwortung und Mitverantwortung im Unternehmen« zu, dessen Kapitelüberschriften teilweise wie aus unserem vorliegenden Manuskript entnommen erscheinen. Ein Beweis dafür, daß – obwohl sich die beiden Verfasser nicht kennen – neue Ideen in der heutigen Zeit geradezu in der Luft liegen und da und dort gleichzeitig auftauchen können. Wer sich mit den philosophischen Grundlagen für den gesamten Komplex befassen will, der findet in den beiden Werken von *Rupert Lay*, »Ethik für Manager« sowie »Über die Kultur des Unternehmens« hervorragende Definitionen und Erklärungen, denen leider oft der Bezug zur täglichen Praxis fehlt. – Dagegen ist das Werk von *Rudolf Mann*, »Das ganzheitliche Unternehmen«, von einem Praktiker geschrieben, der versucht, aus seiner bisherigen Denkweise des kartesianischen Weltbildes den Sprung in Neues Denken zu wagen, was ihm – unter Bezug auf Lebenserhaltung und Sinnfindung im Unternehmen – hervorragend gelungen ist.

Es könnten hier noch zahlreiche Werke der letzten Jahre genannt werden, die die Thematik aufgreifen. Erwähnt sei nur noch *Peter Zürn*, »Vom Geist und Stil des Hauses«. Neben der Darstellung verschiedener Unternehmen in ihrer Führungspraxis (auch mit Negativbeispielen) bringt Zürn aber auch zwei interessante Zusammenstellungen, die wegen ihrer Parallelität zu unseren Überlegungen verblüffend sind. Zürn nennt für seine Vorstellung von »konsensorientierter Unternehmens-Kultur« sieben Wörter mit »K«, die dazu beitragen können: Konzeption, Kommunikation, Koordination, Kooperation, Kontrolle, Konzentration, Konstitution. Eine Parallele zu unseren vorausgegangenen Überlegungen zu ziehen ist wohl ebenso interessant wie Zürns Zusammenstellung über die »sieben Sünden wider den Geist der Führung«. Er nennt: Neid, Geiz, Ehrgeiz, Eitelkeit, Eifersucht, Streitsucht, Parteilichkeit als schlimmste Verstöße gegen modernes Führungsverhalten. Wir können noch einen Schritt weiter gehen und diese sieben »Todsünden« für das ganze Unternehmen und für jeden einzelnen Beteiligten gelten lassen. Denn in jedem Unternehmen ist nach unserer Vorstellung jeder Einzelne für das Ganze mitverantwortlich – also gilt die Bemühung um Abschaffung oder Vermeidung solcher Sünden für jeden als Beitrag zur Gemeinsamkeit.

Zürn schildert am Firmenbeispiel Robert Bosch, wie sehr eine Persönlichkeit wirken kann, auch wenn sie – wie dies der Firmengründer eindeutig tat – autoritär-autokratisch bis zur letzten Konsequenz war. Die Wirkung auf die Mitarbeiter war trotzdem ein

Gefühl des Stolzes der Zugehörigkeit, das sich in dem oft zitierten Ausspruch niederschlug (wenn ein Bosch-Mann im Streit nicht mehr weiterwußte!): »Halt dei Gosch – ich bin bei Bosch!« Corporate Identity vor fast einhundert Jahren!

Das ist es! Was hier überspitzt ausgedrückt worden war im Sinne von recht behalten, war im Kern das Selbstverständnis: Ich bin bei einem hervorragenden Unternehmen, dort sind sie alle gut, also muß ich auch so gut sein! Hier haben wir die Identifizierung des Einzelnen mit »seinem« Unternehmen, das er auch zu repräsentieren bereit ist. Dazu ein Beispiel, das sich vor nunmehr fast zwanzig Jahren vor den Toren Frankfurts abgespielt hat:

Ein neuerrichteter Großmarkt hatte anfänglich sehr darum zu kämpfen, sich einen Kundenstamm heranzuziehen. Man kam bei der Firmenleitung auf die verschiedensten Ideen, die eigene Identität auch bei den Kunden sichtbar zu machen. Aber der Slogan »Ihr freundlicher Partner« schlug völlig fehl, weil sich die Kunden in zunehmendem Maße gerade über die Unfreundlichkeit und die mangelnde Hilfsbereitschaft des Personals beschwerten. Nach Durchführung einer entsprechenden Schulung besserte sich dies schlagartig, so daß nunmehr viele Kunden des Lobes voll waren über die Höflichkeit und Einsatzbereitschaft der Mitarbeiter.

Man hatte auch von Anfang an das Personal im Dienst zweifarbige Kittel tragen lassen, was jedoch die meisten ablehnten, weil sie sich uniformiert vorkamen. Als aber das Kundenecho nach den oben geschilderten Maßnahmen sehr viel positiver wurde, war zu beobachten, daß die Mitarbeiter nicht nur in zunehmendem Maße das Tragen der Kittel akzeptierten, sondern sogar so stolz darauf waren, zu dieser Firma zu gehören, daß sie auch in der Mittagspause in Gaststätten außerhalb des Unternehmens die Kittel nicht ablegten.

Wir können hier die Kittel geradezu als Symbol für ein Selbstverständnis nehmen, in dem die Ganzheit des Unternehmens und seines Geistes – ohne hochtrabende Worte wie Ethik, Kultur, Philosophie u. a. – von den Mitarbeitern getragen wird. So kann das Unternehmen sich in seinem Umfeld »sehen lassen«!

6. Kadenz

Unternehmensethik – gibt's die?

... Die raschen Fortschritte, welche die wahre Wissenschaft jetzt zu verzeichnen hat, lassen mich zuweilen bedauern, daß ich so früh geboren bin. Unmöglich, sich vorzustellen, wie souverän der Mensch in tausend Jahren die Materie beherrschen wird. Vielleicht gelingt es sogar eines Tages, große Gegenstände schwerelos zu machen ... daß die Landwirtschaft mit geringerem Aufwand ihre Erträge verdoppelt ... jede Krankheit durch zuverlässige Mittel bekämpft und das Leben verlängert werden könnte. Oh, wenn doch die Ethik ebenso rasch voranschreiten wollte, damit wir einander nicht länger wie Wölfe zerfleischten und die Menschheit endlich begriffe, was wahres Menschsein heißt ...!

Benjamin Franklin, 8. Februar 1780

In einer Zeit, da sich viele berufen fühlen, sich zu Gedanken der Ethik zu äußern, wird es gut sein, zunächst einmal eine genaue Begriffsdefinition an den Anfang unserer Betrachtung zu stellen. Im Lexikon fand ich dazu folgende (gekürzte) Erklärung:

Ethik (griech.: Sitte) – philosophische Lehre vom Wesen und den Erfordernissen der Sittlichkeit, der Beschaffenheit des im sittlichen Wollen erstrebten höchsten Gutes sowie den Grundsätzen, deren unbedingte Beachtung das menschliche Handeln bestimmen soll.

Und ergänzend stand dann noch (auch gekürzt) etwa zu lesen:

Als Analyse und Begründung der sittlichen Werte und Zielsetzungen dient die Ethik gleichzeitig als kritischer Maßstab gegenüber der geschichtlichen und gesellschaftlichen Wirklichkeit, andererseits aber auch zur theoretischen Rechtfertigung und ideologischen Beschönigung bestehender Herrschaftsverhältnisse.

Damit können wir im Hinblick auf den Organismus Unternehmen zunächst wenig anfangen; auch die – wie erwähnt – inzwischen vielfältige Literatur zur Thematik »Ethik und Unternehmen« wird vor allem den in philosophischer Denkweise und Diktion Ungeübten mehr verwirren als erhellen.

Vielleicht bringt uns dazu die geschichtliche Entwicklung der Ethik ein wenig weiter: Nachdem sich die antiken Philosophen – vor allem Sokrates und Plato, später auch Aristoteles – mit der Ethik befaßt hatten, wurde sie später unterteilt. Bei der Gesinnungsethik *wurde die Frage gestellt, aus welcher Gesinnung heraus eine menschliche Handlung vor sich geht – die* Erfolgsethik* *befaßte sich mit der Frage, welche Wirkungen die Handlungen und Verhaltensweisen zur Folge haben. Bei den* Stoikern *setzte man sich mit dem Gedanken eines »sittlichen Gesetzes« auseinander, das von der Natur vorgegeben sei, im* Christentum *verband man diese Vorstellung dann noch mit dem geoffenbarten Gesetz Gottes. Neben den vielen Denkern, die noch zu nennen wären, wie etwa Thomas von Aquin, der junge Machiavelli oder Jean-Paul Sartre, müssen wir jedoch unbedingt Philipp Immanuel* Kant (1724–1804) *erwähnen, der einen bedeutsamen Schritt zur Entwicklung des Begriffes der Ethik unternommen hat. Alle Begriffe wie Glückseligkeit, Güter, Nutzen, Schönheit u.v.a.*

* Da der Begriff »Erfolg« individuell unterschiedlich gewertet werden konnte, sprach man später statt dessen von einer »Verantwortungsethik«.

schied er aus und begründete das Prinzip der Ethik allein auf der Gesinnung der »von der Vernunft in einem kategorischen Imperativ geforderten Achtung vor dem Gesetz«. *Hier zeigt sich für uns deutlich, daß Kant zumindest mitbestimmt war von dem »kartesianischen Denken« und daß seine klare und nüchterne Definition nicht weit von der trockenen Linearität des linkshirnigen Denkens entfernt ist.*

Dies sollten wir heute nicht mehr so sehen, da wir durch das sogenannte Neue Denken in vielfacher Hinsicht wiederum auf »altes Denken« zurückgreifen – zumindest in bezug auf Ganzheit und ganzheitliches Verständnis. Ohne daß ich mir anmaßen möchte, ein alleingültiges Verständnis und eine optimale Formulierung für den Begriff der Ethik gefunden zu haben, glaube ich doch, daß wir in der heutigen Zeit mit folgender Prämisse leben könnten:

Prämisse: 14

Ethik ist die sittliche Grundlage für das Selbstverständnis, mit dem alle Menschen sich und andere als Teile der Schöpfung betrachten, die zu achten und zu erhalten für lebenswichtig erkannt und zu praktizieren notwendig ist.

Mit einer solchen Sinnfindung in dem Begriff der Ethik stellt sich dann jedoch für uns die Frage, ob es überhaupt einer eigenen Unternehmensethik bedarf. Oder ob nicht bereits durch unsere Definition auch die Verhaltensweisen im Organismus Unternehmen eine praktikable Leitlinie gefunden haben. Denn offen gestanden: Eine eigene Unternehmensethik hat es nie gegeben, einmal abgesehen davon, daß bedeutende Unternehmerpersönlichkeiten jeweils ihrem Unternehmen ihren Stempel aufgedrückt haben. Und dies war in jedem Falle ein persönliches Ethikverständnis, wie wir es beispielsweise von Gottlieb Duttweiler oder Robert Bosch wissen.

Solchen ethischen Individualstil finden wir auch heute noch vielfach – angefangen von dem Schreinermeister, der den Stil seiner Werkstatt und der mit ihm verbundenen Gesellen und Lehrlinge prägt, bis hin zu größeren Unternehmen, in denen die Persönlichkeit des Chefs wirklich eine bestimmende Ausstrahlung ausübt, gegen die – da man diesen Mann hochschätzt – auch kaum einer willkürlich anzugehen wagt.

Aber mit dem Abtreten einer solch prägenden Persönlichkeit ist kein Orientierungspunkt mehr vorhanden – über kurz oder lang verringern sich die an ihm orientierten Einstellungen und Verhaltensweisen bis auf Null.

Eigene Unternehmensethik kann auch in Ausnahmefällen dort entstehen, wo ein Umfeld oder eine bestimmte Situation dies erforderlich machten, doch sind solche Vorgänge recht selten. Im großen und ganzen wollen wir feststellen, daß es für den Organismus Unternehmen in der Zukunft keine andere Ethik geben kann als die, die für alle anderen Menschen auch gegeben ist und die den Grundprinzipien des Lebens miteinander entspricht, wie es in unserer Prämisse zu formulieren versucht worden ist.

Viele Unternehmen haben in den letzten Jahrzehnten ihre eigenen Grundsätze, Leitgedanken, Richtlinien oder andere Generalaussagen entwickelt, die dann jedem Mitarbeiter gegeben und auch neu Hinzukommenden als Muster des Stiles oder als Verhaltenskodex vorgestellt wurden. Diese Direktiven waren oft gut gemeint, manchmal hatten sie nur Alibifunktion, indem die Unternehmensleitung darstellen wollte: »Schaut her – so sind wir!« Und die meisten Mitarbeiter haben sich wenig um die Inhalte gekümmert oder gar danach gehandelt.

Doch dies fällt schon – wenn wir, wie zuvor erwähnt, die Ethik als generelles Verständnis betrachten – eigentlich in den Bereich der Moral, mit dem wir uns in diesem Zusammenhang noch befassen müssen. Denn Moral ist – ein wenig vereinfacht ausgedrückt – nichts anderes als die Handlungs- oder Verhaltensweise, die sich uns aus gelebter oder nichtgelebter Ethik darstellt. Maßnahmen und Tätigkeiten, die auf der Basis ethischen Verständnisses praktiziert werden, sind also moralisch einwandfrei – wenn sie dagegen mit einem ethischen Verständnis nicht in Einklang zu bringen sind, verstehen wir sie als unmoralisch.

Wenn ein Unternehmen – aus seiner ethischen Einstellung zur Umwelt – Geld investiert, um bei seiner Galvanisieranlage einen geschlossenen Wasserkreislauf einzurichten, dann ist dies genau so hoch als moralisches Verhalten anzusehen, wie wenn ein anderer Betrieb sich von Plastikflaschen trennt und seine Produkte wieder in Pfandflaschen aus Glas verkauft. Und was im Bereich der Umweltethik geschieht, kann auch beispielsweise im menschlichen Bereich der Familie bewirkt werden: Ein Unternehmen, das einen Kindergarten einrichtet, trägt mit seiner Moral zur Stützung der Familie ebenso bei wie ein anderes, das – um Familienleben zu fördern – mehr Teilzeitarbeitsplätze schafft und anbietet.

»The Business of Business ist not only Business« war ein Slogan, mit dem 1988 das Weltwirtschaftsforum in Davos sich mit »gesellschaftlicher Ethik und Moral als besonderer Verantwortung der Unternehmen« auseinandersetzte. Damals ging die kontroverse Diskussion darum, ob die Unternehmen in ihrer ökonomischen Logik nicht etwa Geld investieren sollten aus sozialer – also gesellschaftlicher – Verantwortung heraus, da sonst nicht abschätzbare Kosten auf sie zukommen könnten. Dies ist genau die falsche Denkweise! So wie hier gedacht wurde – Gott sei Dank nicht von allen Diskussionsteilnehmern –, liegt den Überlegungen noch das reine Profitdenken zugrunde. Statt daß man begreift, wie sehr sich auch Investitionen, die offensichtlich akut keine Rendite bringen, doch im nachhinein für das Unternehmen ein Goodwillkapital einbringen können, das auf der menschlichen Seite unerwartete Vorteile sich entwickeln lassen kann!

1989 hatte das Bildungswerk der Bayerischen Wirtschaft zu einem Managementforum eingeladen, das als Thema nannte: »Unterneh-

merische Initiativen für ein ethisch motiviertes Management – Leistung durch Identifikation«. Das Ziel war es, den Teilnehmern anhand von praxisorientierten Initiativen zu zeigen, wie sich ethisches Handeln (gemeint war natürlich »Handeln auf ethischer Grundlage«) mit erfolgreichem Wirtschaften vereinbaren läßt. – Solche Veranstaltungen sind absolut notwendig, denn sehr oft – so habe ich die Erfahrung gemacht – antworten Unternehmer oder Manager, wenn man sie auf Ethik anspricht, dem Sinne nach etwa folgendermaßen: »Lassen Sie mich doch mit dem Quatsch in Ruhe! Wir haben genug zu tun, um unseren Jahresabschluß per 31. Dezember positiv zu gestalten; mit allen möglichen neudenkenden Spinnereien kann ich unsere Gesellschafter, die auf eine Ausschüttung warten, auf keinen Fall zufriedenstellen. Für solche Scherze, wie Sie sie fordern, haben wir keine Zeit und kein Geld!«

Die »Arbeitsgemeinschaft Selbständiger Unternehmer ASU« gab 1990 eine bemerkenswerte Broschüre heraus mit dem Titel »Ethik und Marktwirtschaft«. Sie enthält ausgezeichnete Definitionen und gibt sehr gute Ratschläge, wie in den Unternehmen mit Ethik und Moral umgegangen werden sollte. Zwei Zitate, die teilweise das bestätigen, was wir bereits anderweitig festgestellt haben, mögen als anschauliches Beispiel für die Nützlichkeit der Broschüre stehen.

Seite 8: »Moral ist kein Luxus, den man sich erlauben kann, wenn dringendere Bedürfnisse *(gemeint ist ›Geschäftsrendite‹!)* befriedigt sind. Tatsächlich ist sie die Voraussetzung auch des wirtschaftlichen Handelns. Ohne einen gemeinsamen moralischen Kodex kann kein Gemeinwesen *(auch kein Unternehmensorganismus)* überleben, schon weil dann die Arbeitsteilung nicht funktionieren würde. Die Alternative zu gemeinsamen moralischen Grundeinstellungen ist die Anarchie, in der jede Gewalttat und jede Ausnutzung des Schwachen durch den Starken erlaubt ist. Der Pluralismus hat hier seine Grenzen.«

Seite 12 – freie Wirtschaftsordnung und Moral –: »Auch die spontane Ordnung des Marktes, die sich aus freien Tauschakten bildet *(gemeint ist die ›freie Marktwirtschaft‹)*, bedarf gewisser kategorischer Entscheidungen. Diese werden teilweise durch den Staat getroffen, der gewisse unmoralische Handlungen, die die freie Zusammenarbeit und Harmonie stören würden, grundsätzlich verbietet. Das Entscheidende muß aber die Moral tun: etwa die Achtung und Anerkennung der Gesetze, das Ernstnehmen von Verträgen und Verabredungen, die freie Bindung an Regeln des geschäftlichen Verkehrs, an ›Treu und Glauben‹. Nur unter der Voraussetzung der Bindung an ›Gesetz und Moral‹ – und der Bindung des Gesetzes an ethische Grundsätze – können wesentliche Institutionen des Marktes wie Eigeninteresse, Privateigentum, Wettbewerb, wirtschaftliches Prinzip sich zum Besten des Ganzen auswirken.«

Als letztes der Beispiele aus der umfangreichen Diskussion der letzten Jahre zum Thema der Ethik und Moral in den Unternehmen sei ein Leitartikel aus der FAZ vom August 1992 angeführt, der den Titel trägt »Eine Prokura für die Unternehmensethik«. Der Verfasser sieht voraus, daß neben dem Umweltbeauftragten in einem Unternehmen in absehbarer Zeit auch ein Beauftragter für Ethik benannt werden könnte, der sich um Werte und Normen kümmert, einer Ethik allerdings, die auf der allgemeinen Ethik der Gesellschaft – wie wir es erwähnt haben – aufbaut und nicht eine eigens für das Unternehmen entwickelte sein kann.

In den USA allerdings – so wird berichtet – gibt es in verschiedenen Unternehmen bereits betriebliche Ethik, in eigens dafür eingerichteten Ethikzentren. Beispielsweise sind bei Boeing etwa 500 Mitarbeiter in dieser Richtung tätig, auch in den Abteilungen für Aus- und Weiterbildung. Die Gründe, daß man in den Unternehmen in den USA solche eigenständige Ethikaktivität entwickelt, werden damit erklärt, daß sowohl die juristische Situation als auch der Zustand der amerikanischen Gesellschaft dies notwendig mache. Umweltvergehen oder Korruption werden von der amerikanischen Justiz milder behandelt, wenn das Unternehmen sich für eine ethische

Erziehung der Mitarbeiter engagiert hat. Der zweite Grund für innerbetriebliche ethische Erziehung ist die multikulturelle Gesellschaft, die unterschiedliche Wertvorstellungen – je nach Herkunft und ethnischer Zusammensetzung – hat, so daß die Unternehmen den bei ihnen arbeitenden Menschen Orientierungsmöglichkeiten zu moralischem Verhalten bieten wollen. Dies wirkt sich auch auf das Ansehen aus.

Der Verfasser sieht Möglichkeiten in der Bundesrepublik Deutschland darin, daß ein »Ethikbeauftragter« eine Art Schnittstelle zwischen Unternehmen und Öffentlichkeit sein könnte, also das, was wir mit der Titulatur »Außenminister« für nicht notwendig erachteten. Er stellt aber auch fest, daß eine Art soziale Kontrolle – wie wir sie durch die Arbeit in den Gruppen ermöglicht sehen – dafür sorgen könnte, daß die Menschen »gesittet« miteinander umgehen. Insofern glaubt er, daß das Unternehmen auch als moralische Institution von den Mitarbeitern betrachtet werden könne, denn »bei uns tut man so etwas nicht!«

Ich möchte abschließend noch etwas zur Moral sagen, als deren ethische Grundlage Kants berühmter »kategorischer Imperativ« gelten kann. »Handle so, daß die Maxime deines Willens jederzeit zugleich auch als das Prinzip einer allgemeinen Gesetzgebung gelten könnte!« *Wenn wir dies (und meine Freunde bezeichnen mich als einen »Terrible simplificateur« – einen schrecklichen Vereinfacher!) in einer schlichteren Form ausdrücken, so haben wir das Sprichwort: »Was du nicht willst, daß man dir tu', das füg auch keinem andren zu!« Darin steckt eigentlich alles, was man bezüglich moralischen Handelns aufgrund ethischen Selbstverständisses tun kann. Nur daß ich diesen Satz noch gerne in ein Positivum umgewandelt hätte. Denn ich möchte nicht jeden von vornherein als einen präsumptiv schlechten Menschen sehen, sondern als einen guten – so sage ich also: »Wenn du willst, daß andere gut zu dir sind, dann mußt du selbst zuerst gut zu ihnen sein!«*

So einfach ist das!

Intermezzo zu den lebensfördernden Visionen

Auch wenn man mir nachsagen wollte, daß ich nunmehr nicht nur wiederum ein Modewort aufgegabelt habe, sondern auch noch in Grenzwissenschaften oder Unreales abheben wolle – ich habe mich in den letzten Jahren so intensiv mit Visionen beschäftigt, daß ich ein eigenes Buch darüber schreiben könnte. Dies sei meinen Lesern erspart. Aber die Tatsache, daß Visionen heute ein ernstzunehmender Faktor (scheußliches Wort aus der Mathematik!) im Unternehmensorganismus sein werden, muß ich – ehe wir im Schlußkapitel über die Zukunftsentwicklung sprechen – zuvor behandeln.

Es gibt bereits eine Unzahl von Literatur über Visionen, aber viele bringen uns zu unseren Überlegungen im Unternehmen nichts oder sind so auf Gurus, Heilslehren oder Irreales abgestellt, daß sie kaum ernst zu nehmen sind. Einige jedoch, die ich auch im Literaturverzeichnis angebe, sind lesenswert für denjenigen, der sich mit dem Stoff befassen will; ich beziehe mich neben meinen eigenen Ausarbeitungen vor allem auf Manfred Jahrmarkts Buch »Das Tao-Management« *sowie auf eine Veröffentlichung von Matthias zur Bonsen mit dem Titel* »Erfolgsfaktor ›Vision‹ «, *die im* »Marketing Journal« *erschienen ist. Matthias zur Bonsen ist Unternehmensberater; seine Ausführungen treffen genau ins Schwarze der täglichen Praxis im Betrieb.*

Und das ist genau das, was wir brauchen: keine abgehobenen Propheten oder Spinner, die empfehlen, als Boß täglich eine halbe Stunde im Yogasitz meditierend auf seinem Mahagonischreibtisch zu hocken und auf Eingebungen zu warten, während der von der Sekretärin liebevoll bereitete Kaffee kalt wird, sondern klare Aussagen darüber, was Visionen sind, wie man sie bekommt und was sie einem bringen können.

»Visionen sind Bilder eines Neuen Bewußtseins im Unternehmen. Sie signalisieren, daß es da etwas Höheres gibt, was uns alle verbindet.« Dies ist ein Zitat aus dem lesenswerten Werk von Rudolf Mann »Das visionäre Unternehmen«, in dem dargestellt wird, wie man in Gruppenarbeit im Unternehmen zu visionärem Denken gelangen kann. Aber zur Definition des Begriffs der Vision reicht dies nicht aus. – Auch mit der Formulierung von Cuno Pümpin, »Eine gute Vision zeichnet sich dadurch aus, daß sie eine klare und ethisch fundierte Zwecksetzung des Unternehmens definiert...«, können wir nicht viel anfangen. Einfacher begreiflich ist da schon die Erklärung von Jahrmarkt: »Eine Vision (lat. Erscheinung) ist durchaus ein betriebliches Ziel. Die Vision ist aber im Gegensatz zu quantitativen Zielen, die immer weniger motivieren, eine ganz konkrete ›visionäre‹ (bildhafte) Vorstellung, die, entsprechend begreifbar und populär gemacht, Engagement und Motivation erzeugen kann. Sie kann die Basis für Kreativität, Innovation, einen betrieblichen Aufschwung oder einen Aufbruch aus verkrusteten Strukturen bedeuten.«

Das Wort »visio« hatte bei den Römern nicht nur die Bedeutung des – rein optischen – Sehens, also dessen, was man mit dem Sinnesorgan des Auges aufnehmen kann (von der »Aufnahme« spricht man ja auch bei der Fotografie), sondern wurde auch verstanden als der Anblick, die Erscheinung, die Vorstellung und die Idee. Gerade schon das Wort »Erscheinung« gabelt den Weg der Deutung: zum einen die äußerlich wahrnehmbare Erscheinung (im Wahrnehmen steckt ja schon der Sinn, daß man etwas »nimmt, was wahr« ist!), sondern zum anderen auch die »Erscheinung«, wie sie uns aus Halluzinationen, bei Spökenkiekerei, bei Glaubenserleuchtungen, bei prophetischen Weissagungen mit Gesichtern u.v.a.m. bekannt ist. Hier können wir auch ein Verständnis entwickeln: eine andere Sicht zu finden. Und damit sind wir bei einer Definition, die eben nicht nur reine Glaubenssache ist, sondern einfach aus einem anderen Standpunkt heraus – einer anderen Einstellung, einer neuen Sicht und einem erweiterten Bewußtsein – der Vision die Bedeutung gibt, die wir im Unternehmen so notwendig gebrauchen können. Denn niemand wird bestreiten, daß es in jedem Falle in allen

Firmen Möglichkeiten zu suchen gilt, von bisherigen Strukturen, Standpunkten, Verhaltensweisen oder Gewohnheiten wegzukommen und einmal die Dinge aus völlig anderer Sicht zu betrachten. So verstanden, können wir folgende Prämisse formulieren:

Prämisse: 15 **Visionen im Unternehmen sind praktikable Möglichkeiten, in turbulenten Zeiten durch flexiblere Verhaltensweisen zur Existenzerhaltung und Zukunftssicherung realisierbare Wege zu finden.**

In der Zeichnung auf S. 322 ist versucht worden, den gesamten Komplex, der sich um den Begriff der Visionen rankt, darzustellen; ein jeder mag sich die Wörter herauswählen, die ihn ansprechen und mit denen er etwas anfangen kann. Dies muß besonders in bezug auf unsere Ausführungen zu den Gehirnhälften (S. 189) sowie im Zusammenhang mit der Kadenz »Wissen und/oder Bildung« gesehen werden. Bildhaftes Denken ist schon einmal die Grundlage, auf der sich Visionen überhaupt entwickeln können. Ein besonders schönes Bild dazu ist die Redewendung von der »Erweiterung des Horizontes«. Es ergibt sich, wenn man beispielsweise einen Berg besteigt und auf einmal dann viel mehr und besser sieht als aus der begrenzten Sicht in der Niederung, wo man nur einen »beschränkten Horizont« hatte. Was sollte uns also im Unternehmen daran hindern, auch einmal – statt im Tale zu verharren – einen Ausflug auf einen Berg zu machen, der uns völlig andere Perspektiven bieten wird?

Aus diesem Wortbildspiel ergeben sich aber auch andere Vorstellungen, die uns den Begriff der Vision gar nicht mehr als einen für den normalen Menschen kaum nachvollziehbaren übersinnlichen oder spiritistischen Vorgang erscheinen lassen. Sondern als Phantasie von Tagträumen, die jeder Mensch hat und dementsprechend auch nicht als »Spinnerei« ablehnen wird. Es geht lediglich darum, daß der Mensch merkt, wie sehr er durch Erweiterung von Sichtmöglichkeiten, die er bei diesem Beispiel des Blicks vom Berggipfel bekommt, in der Lage ist,

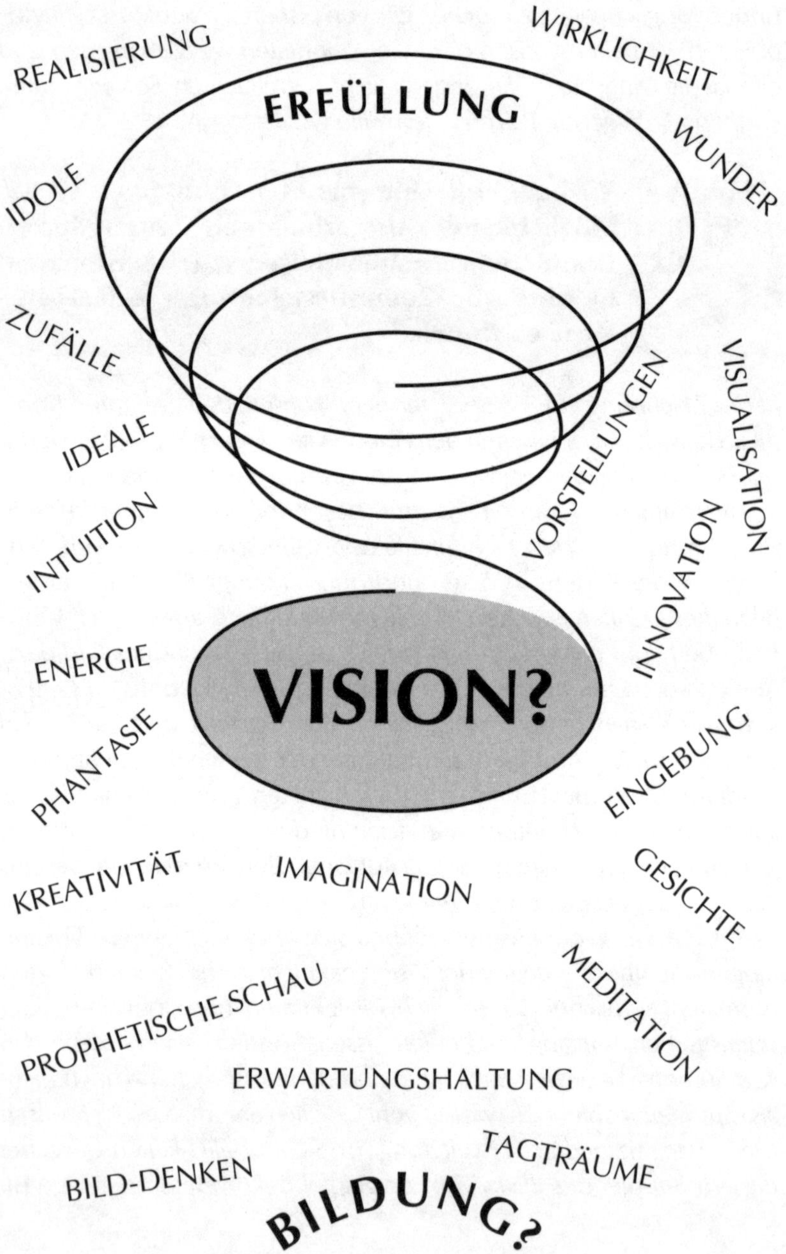
REALISIERUNG
WIRKLICHKEIT
ERFÜLLUNG
WUNDER
IDOLE
ZUFÄLLE
VISUALISATION
VORSTELLUNGEN
IDEALE
INTUITION
INNOVATION
ENERGIE
VISION?
PHANTASIE
EINGEBUNG
KREATIVITÄT
IMAGINATION
GESICHTE
MEDITATION
PROPHETISCHE SCHAU
ERWARTUNGSHALTUNG
TAGTRÄUME
BILD-DENKEN
BILDUNG?

Zusammenhänge zu erkennen, Verbindungen und Beziehungen zu entdecken, bisher Verborgenes wahrzunehmen, neue Einblicke zu gewinnen, in bislang Unbekanntes vorzustoßen und plötzlich etwas ganz Neues vor Augen zu haben!

Dies war jetzt eine Aufzählung alltäglicher Begriffe und Redewendungen, die auch derjenige nicht ableugnen kann zu gebrauchen, der mit linkshirniger Skepsis allem nicht Meßbaren und nicht logisch-linear zu Entwickelnden entgegentritt. Und um dies wahrzunehmen und am eigenen Leibe zu erleben, was Visionen sind und wie wir sie nützen können, braucht dieser Skeptiker nur eines zu tun: Er muß seinen bisherigen Standort – im Talgrund – verlassen und sich die geringe Mühe machen, auf den Berg zu steigen, um einen besseren Überblick zu haben.

Wer es nach dieser einfachen Erklärung noch nicht begriffen haben mag, daß Visionen für jeden praktikabel und erlebbar sind, dem kann ich dann auch nicht mehr helfen. Er muß sich weiterhin in den Niederungen seiner alten Gewohnheiten, Vorurteile, Handlungsweisen und Strukturen bewegen. Bleibt nur die Frage, wie lange er sich dort noch bewegen – im Sinne von leben – können wird. Denn wir haben ja eingangs die Behauptung aufgestellt, Visionen seien lebensfördernd – und das ist das, was wir im Organismus Unternehmen unabdingbar brauchen.

Wir könnten über den soeben auch aufgezählten Begriff der Vorurteile hinweggehen, weil wir ihn ja ausführlich bereits im Zusammenhang mit dem Coaching des Einzelnen unter der Überschrift »Vorurteile sind wie Allergien – nur schlimmer!« behandelt haben. Aber hier kommt noch ein weiteres hinzu. Wer der Meinung ist, daß Visionen unkontrollierbares Geschwätz von nicht ernst zu nehmenden Menschen sind, zu denen er sich nicht zählen möchte, der behindert sich in seiner Persönlichkeitswirkung und in seiner Leistungsfähigkeit ganz entscheidend. Er ist der – wie wir ihn geschildert haben – typische Anwender von Killerphrasen (s. S. 264), der mit seiner Skepsis oder Miesmacherei jeden Ansatz von neuen Erkenntnissen und Wegen im Keime erstickt. Dies ist – wenn ein solcher Mensch auch noch eine

Führungsposition innehat – für ein Unternehmen eine Katastrophe, die in den Ruin führen kann. Denn auch seine Persönlichkeitswirkung ist ja negativ: Er stellt sich als der unbestechliche klare Denker und Kritiker dar, ohne den das Unternehmen in den Abgrund stürzen würde, wenn man den unqualifizierten Spinnereien einiger Schwachköpfe folgen wollte. Aber solches kann man mit den heute ganz anders mitdenkenden Individuen im Organismus Unternehmen nicht mehr machen, sie werden hellhörig werden und erkennen, welchen Schaden dieser Mensch als Führender bringt – katastrophale Folgen sind vorprogrammiert.

Mit seiner eigenen Leistungsfähigkeit, mit der er im Notfall immer noch seinen Mitarbeitern belegen könnte, daß er doch recht hat mit seinem destruktiven Denken, legt er sich aber selbst den größten Hemmschuh an: Er kann einfach nichts leisten, wenn er von vornherein jeden positiven Effekt einer Leistung in Frage stellt. Und damit kommen wir zu einem Begriff, der im Zusammenhang mit Visionen und ihrer Verwirklichung eine ganz entscheidende Rolle spielt.

Ich meine die sogenannte »sich selbst erfüllende Prophezeiung«. Der Begriff wurde in den fünfziger Jahren von dem Amerikaner Robert Rosenthal, Professor an der Harvard-Universität (USA), geprägt, der auch zahlreiche Untersuchungen dazu vorgenommen hat. Diese »self-fulfilling prophecy« ist seit Jahrzehnten ein feststehender Begriff der Psychologie; bedauerlicherweise wird er gerade in der Psychotherapie, wo er sehr nützlich sein könnte, nur selten praktiziert. (Dies mag wohl daher rühren, daß auch Psychologen vielfach in kartesianischem Denken erzogen und ausgebildet wurden und demgemäß die Arbeit mit dieser Erkenntnis empirisch-wissenschaftlich als nicht genügend abgesichert betrachten.)

Als sich selbst erfüllende Prohezeiung bezeichnet man etwas – einen Vorgang, eine Leistung, ein Verhalten –, auf das sich ein Mensch vorher in einer bestimmten Richtung einstellt und gewissermaßen sich selbst »einredet«, es müsse so und nicht anders geschehen. Hierzu ein gängiges Beispiel:

Eine Lehrerin sagt – unterstellt, keineswegs in böser Absicht – zu einem schlechten Schüler während des Aufsatzschreibens: »Na, du überlegst so lange – wird wohl sicher sowieso nicht viel herauskommen!« Und der Schüler schreibt dann auch einen schlechten Aufsatz. Zu einer anderen Schülerin, von der sie weiß, daß sie meist gute Aufsätze schreibt, sagt die Lehrerin: »Nun, ich erwarte von dir, daß du mir wieder eine Spitzenarbeit vorlegst!« Und tatsächlich, der Aufsatz jener Schülerin ist der klassenbeste.

Es genügt, den ersten Fall zu analysieren: Der Schüler hat bereits über sich selbst eine negative Erwartungshaltung, weil er nicht gut ist im Aufsatzschreiben. Diese bekommt er nunmehr noch durch die Äußerung der Lehrerin verstärkt, mit dem Ergebnis, daß er sich völlig resignierend sagt, daß es ja sowieso keinen Zweck haben werde, denn die Lehrerin werde seine Arbeit ja in keinem Falle gut bewerten. Und dementsprechend sich auch keine Mühe gibt, was sich dann in einem tatsächlich schwachen Aufsatz widerspiegelt. Hätte die Lehrerin dem Schüler zu Anfang etwa gesagt, daß er zwar bislang nicht so besonders gut im Aufsatzschreiben gewesen sei, aber diesmal doch die Chance habe, diese Serie zu unterbrechen und nunmehr einmal einen guten Aufsatz zu schreiben, dann hätte vielleicht das Ergebnis ein besseres sein können.

Wie oft geschieht uns solches im täglichen Leben? Und wie oft auch im Unternehmen, wo sich »Vorgesetzte alter Prägung« solcher Wirkungen nicht bewußt sind und mit Meckerei und Herabsetzung selbst daran schuld sind, daß die Leistungen bestimmter Mitarbeiter nicht zufriedenstellend sind. Von solchen Chefs geht dann im Betrieb das Wort um: »Na, wenn der schon nicht meckert, dann ist das das höchste Lob, was man hier bekommen kann!« Ein Armutszeugnis sondergleichen für den Boß!

Solche Wirkung der »sich selbst erfüllenden Prophezeiung« läßt sich aber auch ganz gezielt positiv im Unternehmen einsetzen. Nicht mit billigem Zweckoptimismus, der sehr bald von allen Betroffenen durchschaut wird, sondern mit ehrlichen Bekenntnissen, die aus einem echten Vertrauensverhältnis ausgesprochen werden. Führungsverantwortliche sind sich vielfach dessen gar nicht bewußt, was sie bei ihren

Mitarbeitern an Leistungssteigerung erreichen könnten, wenn diese merken würden, daß man ihnen eine gute oder bessere Leistung auch tatsächlich zutraut. Dazu gehört natürlich auch die anschließende Anerkennung – sprich: das Lob –, die viele Führende sich aus Faulheit oder Dummheit versagen, nicht wissend, wie sehr ihre Mitarbeiter auf dieses Anerkennen warten.

Wenn die Mitarbeiter positive Erwartungshaltungen zu spüren bekommen, dann sind sie selbst auch viel eher bereit, Gleiches in ihrem Inneren zu entwickeln. Und dies ergibt eine ganz andere Identifizierung mit der Aufgabe, so daß tatsächlich dann wesentlich positivere Leistungen entstehen. Dies kann gezielt von einem coachenden Führungsverantwortlichen bei einzelnen Mitarbeitern betrieben werden, aber auch bei Gruppengesprächen und Zirkelsitzungen.

Gerade die Gruppe ist mit ihren Leistungsvorteilen und Synergie-Effekten (s. IV. Satz, ab S. 175) der geeignete Boden für die Entwicklung von Visionen. Sei dies nun eine normale Gruppe, die eine Organfunktion im Unternehmen hat – oder seien dies fallweise oder ständig zusammentretende Zirkel mit unterschiedlicher Zusammensetzung. Wir haben dies im Zusammenhang mit dem Brainstorming (s. S. 191) bereits beschrieben. Aber auch Gruppentreffen, die ausgesprochen als »Spielwiese« praktiziert werden, können erstaunliche Ergebnisse hinsichtlich zu entwickelnder Visionen haben. Dabei dürfen die Beteiligten keinerlei Berührungsängste mit Begriffen wie Idol, Ideal, Eingebung, Schöpferisches, innere Bilder, Innovation, Intuition, Botschaften, Analogien, Tagträume sowie Imagination und Meditation haben. Hier habe ich eine ganze Anzahl von Begriffen genannt, die alle den Bereich der Vision berühren bzw. mit ihm verbunden sind, zwei jedoch wurden am Ende besonders herausgehoben: Imagination und Meditation. Beide lassen sich nicht durch Bücherlesen erlernen, sondern sind nur praktizierbar unter Leitung eines Fachmanns, eines Lehrers. Leider hat die Welle des New Age in den letzten eineinhalb Jahrzehnten bewirkt, daß eine ganze Anzahl von sogenannten Lehrern oder Trainern den Markt bevölkern, deren Qualifikation in umgekehrtem Verhältnis steht zu dem Ernst des Anliegens und der Sache.

Es kann also nur davor gewarnt werden, beispielsweise einem Trainer die Arbeit von Imaginationsübungen zu übertragen, von dessen Fähigkeiten man nicht durch seriöse Empfehlungen oder eigenes Erleben sich zuvor überzeugen konnte. Bei der Meditation ist dies noch um einen Grad schwieriger deshalb, weil erst auch im Unternehmen selbst bestimmte Vorurteile gegen diese Praxis überwunden werden müssen. Denn wenn auch nur ein Teilnehmer in einer zur Meditation zusammengekommenen Gruppe ist, der überzeugt ist, daß ihm und den anderen der »ganze Schwindel nix bringen wird«, dann kann dies – siehe Erwartungshaltung, sich selbst erfüllende Prophezeiung und unterbewußte Ansteckungskraft der Gefühle – bewirken, daß alles mißlingt. Und dann hat natürlich auch die Gruppe, in der dies geschieht, ihr negatives Mißerfolgserlebnis und ist für Meditationsübungen in der Zukunft nicht mehr zu haben. Durch solche Dinge kann, wenn man sie nicht besonders sorgfältig schon in der Vorbereitung angeht, im Unternehmen sehr viel Porzellan zerschlagen werden, das dann nur sehr schwer oder nie mehr zu kitten ist.

Auf der anderen Seite müssen wir wissen, daß durch tatsächliche Erfolgserlebnisse in den Menschen euphorische Kräfte geweckt werden, die sich dann zu erstaunlichen Leistungen auswirken. Für den einzelnen Führungsverantwortlichen, der an sich selbst hinsichtlich Visionen arbeiten will, gibt von Bonsen Ratschläge, die sehr hilfreich sein können. Einleitend empfiehlt der Autor folgendes: Vision muß den Wünschen der Seele und den Möglichkeiten der Umwelt zugleich entspringen. Beides muß man »entdecken«, daher kann man Vision nicht machen. Man kann sie nur in sich »wachsen lassen«, indem man die Umwelt und sich selbst überaus geistesgegenwärtig beobachtet (Präsenz!). Dabei handelt es sich um einen Prozeß, der nie enden darf...

Die Grundüberlegung, daß man die eigene Vision nur durch wachsame Beobachtung entdecken kann, läßt sich in fünf Ratschlägen für die Führungskraft übersetzen:

1. Kommunizieren Sie persönlich, häufig und möglichst unvoreingenommen mit Menschen, die für Ihre Tätigkeit wichtig sind oder sein könnten, z. B. mit Kunden, Mitarbeitern, Lieferanten etc.

Kommunizieren heißt hier beobachten, Eindrücke aufnehmen, die Umgebung auf sich wirken lassen. Die unmittelbare persönliche Begegnung ist wichtig. Denn ein plastischer, stimulierender Traum entsteht nur durch die Aufnahme plastischer, stimulierender Informationen.

2. Kultivieren Sie bewußte Tagträume.

Stellen Sie sich gelegentlich im Geiste bildhaft alternative Zukünfte vor. Lassen Sie Ihrer Phantasie freien Lauf. Dadurch wird automatisch das Gefühl dafür wachsen, welche Art Zukunft Sie wirklich anstreben. Ihre echten Werte, Neigungen und Hoffnungen werden zu klaren Bildern.

3. Lesen Sie – was immer Ihnen Spaß macht.

Es ist kein Geheimnis, daß Menschen durch Lesen »getroffen« und verändert werden können. Durch Lesen kann man Möglichkeiten entdecken, die einem vorher nicht bewußt waren, und man kann besseren Zugang zu den eigenen Werten finden. Das, was man liest, sollte plastisch und stimulierend geschrieben sein – nicht trocken und abstrakt. Und man sollte nur das lesen, worauf man wirklich Lust hat, da sonst die erforderliche Aufnahmebereitschaft nicht gegeben ist.

4. Beschäftigen Sie sich mit Trends.

Die Beschäftigung mit Trends wird inzwischen durch eine Reihe von Publikationen erleichtert – hier kann man auch entsprechende Sensibilität für Zukünftiges entwickeln . . .

5. Steigern Sie Ihre Fähigkeit zu konzentrierter und gelassener Beobachtung.

Dies ist wohl der wichtigste Rat. Denn ausgeprägte Geistesgegenwart (Präsenz) ist die Voraussetzung für jegliche Art der kreativen Informationsaufnahme und Selbstwahrnehmung. Sie stellt die Brücke dar, die zwischen den Wünschen der Seele und den Möglichkeiten der Umwelt geschlagen werden muß.

Ich möchte zu diesen Ratschlägen für Führungskräfte noch einen hinzufügen, der so einfach erscheint, daß man ihn zunächst gar nicht erwägen mag. Das ist der des zu verändernden Standortes. Wir haben bei der Führungspsychologie die Definition des Führens gegeben mit »... heißt, einen oder mehrere Menschen so zu beeinflussen, daß sie ihren Standort bzw. Standpunkt verändern.« Genau dies muß der Führende als Coacher bei den ihm Anvertrauten tun – und bei sich selbst. Dem Mitarbeiter kann er – im Sinne unseres Bildes von der Besteigung des Berges – zu einer anderen Sicht verhelfen. Dafür haben wir im Sprachgebrauch gängige Redewendungen wie beispielsweise »Haben Sie sich schon einmal vorgestellt, daß Sie ...« oder »Wie wäre es, wenn wir (!) die Sache einmal von dessen Standpunkt aus betrachten?« oder vielleicht gar »Was meinen Sie, wie die Gegenseite dies sehen wird?« Im Führungsgespräch tut der coachende Berater dann eigentlich gar nichts anderes als das, was wir oben erwähnten: Er nimmt einen Einfluß auf den Mitarbeiter, um zu erreichen, daß dieser seinen Standpunkt verändert – also gewissermaßen »vom Berggipfel aus« eine andere Sicht gewinnt. Wenn dies vom Führenden geschickt gehandhabt wird, dann kann er auch mit zu entwickelnden Visionen beim Mitarbeiter Kreativitätsreserven aktivieren, worüber der Betroffene selbst dann besonders glücklich sein wird. Weil er an sich selbst erlebt hat, daß er aus der eigenen Entfaltung heraus auch für das Gemeinsame etwas beitragen konnte.

Gleiches Vorgehen kann selbstverständlich auch der Leitende einer Gruppe oder eines Zirkels tun, wenn er sich – beispielsweise zur Praxis der Imagination – nicht etwa eines außenstehenden Fachmannes als Moderator bedient, was allerdings nur selten der Fall sein wird. Aber im innerbetrieblichen Miteinander, in der Praxis der Gruppengespräche, können täglich Situationen eintreten, in denen der Führende der Gruppe – vielleicht sogar manchmal provokativ – bildhafte Analogien im Gespräch einwirft, die die Gruppe nachdenklich werden und eventuell dann »andersherum« denken lassen. Darüber haben wir schon im Zusammenhang mit der Kreativität gesprochen (s. S. 185 ff. und 4. Kadenz).

Wie wichtig solche Gruppeneffekte bei allen Organen des Unternehmensorganismus sind, bestätigt uns der bereits zitierte Manfred Jahrmarkt, der zum Abschluß seiner Beschreibung der Visionen unter der Überschrift »Visionen verstärken das Immunsystem des Unternehmens« *folgende Erkenntnisse zusammenfaßt:*

- Eine klare und richtig gestaltete Vision vermittelt allen Mitarbeitern das Gefühl, daß das Unternehmen eine wertvolle Aufgabe erfüllt.
- Die Vision läßt die Zukunft deutlicher und damit fast immer positiver hervortreten, sie hat damit auch eine stark motivierende Wirkung.
- Dies schafft die Grundlage für den Aufbau einer klaren Unternehmenskultur; daraus läßt sich die *Corporate Identity* entwickeln, d. h. das einheitliche Erscheinungsbild und der Ausdruck der Seele des Unternehmens.
- Durch die Formulierung und Gestaltung der Vision entsteht auch eine ethisch fundierte Zweck- und Zielsetzung des Unternehmens. Daraus läßt sich, sofern gewünscht, auch ein Leitbild formulieren.
- Die Vision kann den gemeinsamen Unternehmensstil schaffen, das sogenannte »Wir-Gefühl«.
- Die Vision macht das Unternehmen widerstandsfähiger gegen Turbulenzen und zunehmende Komplexität.
- Aus der Vision entstehen strategische Stoßrichtungen und bevorzugte Aktivitäten.
- Daraus lassen sich strategische Geschäftsfelder entwickeln bzw. solche Potentiale angeben, die verstärkt bearbeitet werden müssen.
- Die Informationspolitik des Unternehmens richtet sich an der Vision aus; Zweifel und Unsicherheiten können leichter ausgeräumt werden.
- Die Vision hat gewissermaßen einen Lasereffekt oder eine Hohlspiegelwirkung, die zu Werteverschiebungen und nachhaltigen Verhaltensänderungen der Mitarbeiter führen kann.

So weit das Fazit von Jahrmarkt zum Thema Vision. Bis auf einige – meist nebensächliche – Details kann ich seinen Ausführungen vollinhaltlich zustimmen, auch wenn hier und da semantische Differenzen vorhanden sind. Entscheidend ist auch sein Hinweis auf die Auswirkung auf das Immunsystem, ein Begriff, der unmittelbar mit dem Organismus eines Unternehmens zusammenzubringen ist. Um es anders auszudrücken: Die gemeinsame Entwicklung von Visionen im Unternehmen machen dieses und seine ihm verbundenen Menschen weniger anfällig für negative Einflüsse von außen – also genau das, was wir im Zusammenhang mit dem Umfeld als wichtig zu beachten haben.

Mit einem letzten Zitat aus Jahrmarkts Ausführungen seien diese Betrachtungen abgeschlossen. Er sagt: »Die Vision muß im Unternehmen genauso wichtig werden wie die Revision!« Ich gehe noch einen Schritt weiter, indem ich behaupte, sie ist noch viel wichtiger als jene. Denn wenn Visionen den Organismus zusammenwirken lassen, dann wird auch die Revision darin eine selbstverständlich notwendige und von niemandem mehr gefürchtete Rolle spielen. Sie entspricht der Homöostase, unter der man die Gesamtheit der Regulationsvorgänge im Organismus versteht und die beispielsweise für Konstanz von Körpertemperatur, Atmung, Blutdruck, Herztätigkeit usw. mit Hilfe biologischer Regelkreise sorgt.

Zusammenfassend sei gesagt: Visionen sind keine Erfolgs»faktoren«, da sie keine mathematischen Größen sein können. Man könnte sie als Elemente bezeichnen, die sich aus kreativen und innovativen Anstößen entwickeln. Wenn sie entsprechend gepflegt und plastiziert werden, haben sie – durch sich selbst erfüllende Prophezeiungen – die Kraft, eines Tages realisiert zu werden. Martin Luther King hat dies seinerzeit demonstriert mit seinem Wort »I have a dream!«, mit dem er darstellte, wie er eine menschliche Gesellschaft vor seinem geistigen Auge sieht, die nicht mehr von Rassenhaß und Unterdrückung der Farbigen geprägt ist, sondern in der ein friedliches Miteinander möglich ist. Sein Traum wird, daran glaube ich, eines Tages Wirklichkeit werden, wenn wir die Turbulenzen der Zeitenwende überwunden haben werden.

Aus weniger weltumspannender Sicht heraus wird es auch in unserer relativ kleinen Welt – dem Organismus Unternehmen – möglich sein, Visionen zu entwickeln und zur Realisierung zu führen. Der nun folgende Schlußteil unseres harmonischen Konzertes – das »Finale con brio« – wird uns mit beschwingter Herzenswärme viele Wege aufweisen, in deren Verfolgung aus derzeitigen Visionen dann tatsächlich Realitäten werden können.

C) Schluß

Finale con brio
= Schluß
mit Herzenswärme

Der Weg ist das Ziel?

Ein wichtiger Punkt der Lebensweisheit besteht in dem richtigen Verhältnis, in welchem wir unsere Aufmerksamkeit teils der Gegenwart, teils der Zukunft widmen, damit nicht die eine uns die andere verderbe. Viele leben zu sehr in der Gegenwart: die Leichtsinnigen; andere zu sehr in der Zukunft: die Ängstlichen und Besorglichen.
Arthur Schopenhauer

Viele, die bei der Lektüre dieses Buches hier angelangt sind, werden sich berechtigterweise die Fragen stellen: Dies ist in den Grundgedanken wohl alles sehr schön und erstrebenswert, aber wie sollen denn wir – in unserem Unternehmen – dies alles in die tägliche Praxis umsetzen? Ist das nicht alles sehr idealistisch, aber vielleicht kaum realisierbar? Werden bei diesen Ideen und Idealen denn auch Alle mitmachen? Und mit welchen Vorbehalten muß man rechnen?

Diese Fragen und noch viele andere mehr sind durchaus berechtigt. In den folgenden Ausführungen dieses Schlußkapitels sollen keine verbindlichen Antworten gegeben und keine Patentrezepte erstellt werden, weil es diese einfach nicht geben kann. Aber Anregungen und Anstöße gibt es vielfach, die – in jedem einzelnen Falle – nur aufgegriffen zu werden brauchen, um Grundlagen für Visionen zu werden, an deren Realisierung zu arbeiten möglich ist. Denn nicht von ungefähr haben wir uns im vorangegangenen Intermezzo mit den Visionen und ihren Möglichkeiten beschäftigt; nun wird es darauf ankommen, solche zu entwickeln und dann daranzugehen, sie in der Alltagspraxis zu verwirklichen.

Wenn als Überschrift dieser abschließenden Betrachtungen das Wort »Der Weg ist das Ziel« gewählt wurde, dann wiederum einmal nicht, um einen billigen Rückgriff auf östliche Weisheiten vorzunehmen. Aber dieses Wort ist beinahe zu einem Kultbegriff Neuen Denkens geworden, wobei sogar ausgesprochene Gegner des New Age zugestehen, daß mit ihm sehr wertvolle Überlegungen ausgelöst werden können. Wir haben jedoch dieses Wort, das angeblich Konfutse zugeschrieben wird, mit einem Fragezeichen versehen, um auf die Gefahr eines Mißverstehens aufmerksam zu machen. Denn unbedarfte oder ganz raffinierte Menschen könnten zu der Feststellung kommen: Wir befinden uns auf dem Wege – und wenn der doch das Ziel ist, dann brauchen wir uns nicht weiter zu bewegen. Dies ist natürlich nicht gemeint. Der Sinn des Wortes will vielmehr besagen, daß man sich selbstverständlich stets bemühen sollte, sich ein Ziel zu setzen – vorzugeben etwa aus einer Vision heraus –, und dann versuchen muß, den Weg zu diesem Ziel zu finden und zu gehen. Daß dieser Weg ein vielfältiger ist, mit tausend verschiedenen Lernschritten von Erlebnissen, Erfahrungen, Überraschungen und Veränderungen, mit Innehalten und Rückschritten oder Umleitungen, ist ein Lernprozeß, für den jeder dankbar sein muß, weil sich an ihm seine Persönlichkeit entwickeln und entfalten kann.

Und dabei kann einem selbstverständlich die Erkenntnis wachsen, daß es vielleicht ursprünglich für unseren Lebensweg nicht um ein festumrissenes Ziel hätte gehen können, sondern daß die Erlebnisse und Erfahrungen des Weges, deren wir teilhaftig wurden, tatsächlich das Wertvolle und eigentlich Erstrebenswerte hätten sein können. Wer also – wie man auch in neuem Sprachgebrauch sagt – es fertigbringt, einmal »loszulassen«, der wird vielleicht erkennen, daß er anstelle eines unbeirrbaren Strebens auf ein vermeintliches Ziel eine ganze Anzahl von anderen Erkenntnissen gewinnen kann, die ebenfalls wert wären, als wichtige Ziele angesteuert und erstrebt zu werden. Insofern bietet der Weg ohne Ziel vielleicht noch mehr Einsichten, als man durch ein »unbeirrbares« Zielstreben hätte erfahren können.

Dieses Grundverständnis des Wortes vom Weg, der das Ziel ist, läßt sich auch auf unsere Überlegungen zum Organismus Unternehmen übertragen: Wir wissen alle nicht – kein einziger in seiner derzeitigen Situation –, wie sich die Dinge entwickeln werden und wie die Zukunft der Unternehmen aussehen wird. Daß wir aber mit den Gedanken dazu auf dem richtigen Wege sind, ist wohl sicherlich bislang ausreichend dargestellt worden. Und daher bleibt jedem nur die Möglichkeit, in seinem speziellen Falle – sei es bezüglich seiner eigenen Persönlichkeit oder in bezug auf sein Unternehmen – den Weg zu gehen, den ihm seine Vision einzuschlagen vorgibt.

Da es – wie erwähnt – keine Patentrezepte und keine Generallinie geben kann, weil jeder Mensch und jedes Unternehmen aus unterschiedlichen Ausgangspositionen den Weg zur Selbstverwirklichung antritt, kann es nur ein Weg der kleinen Schritte sein. Man kann in keinem Unternehmen eines Tages einen Hebel herumlegen oder einen Schalter betätigen mit dem Zweck: Ab morgen ist alles anders. Dies kann – nein: muß zur Katastrophe führen.

Ich habe dies selbst einmal miterlebt: Eine Gruppe von leitenden Menschen eines Großmarktes war über ein verlängertes Wochenende in einem Intensivseminar gewesen, bei dem wir gemeinsam Visionen entwickelten für die Zukunft des Unternehmens. Die Teilnehmer waren so begeistert und hoch motiviert, daß sie – ohne mein Wissen – am Montagmorgen im Unternehmen nun begannen, alles, was bisher gewesen war, umzukrempeln und zu verändern. Das Ergebnis war wirklich die reinste Katastrophe: Niemand von den Mitarbeitern wußte überhaupt mehr, was nun sein sollte und was richtig sei. Die Firma benötigte fast sechs Wochen, um wieder einigermaßen funktionell – eben wie zuvor – zu werden.

Der Weg zu einem neuen Selbstverständnis und zur Selbstverwirklichung des Unternehmens und seiner beteiligten Mitarbeiter ist ein mühevoller und steiniger, mit vielen Schwierigkeiten gepflasterter. Und man ist auch nicht sicher, daß es manchmal unüberwindlich erscheinende Hindernisse geben wird, die zum zeitweiligen Innehalten oder zu Umwegen Anlaß geben, so daß der Fortschritt – im wahren Sinne des Wortes »das Fortschreiten« – behindert ist. Es wird auch ein langwieriger Weg sein, denn vielfach kann man nur in kleinen Schritten vorankommen; entscheidend ist aber stets die Motivation, der feste Wille, nicht stehenzubleiben, sondern weiter nach vorne zu drängen.

Diese Feststellungen hören sich, man mag es dem Verfasser vergeben, wie eine Sonntagspredigt an, bei der der Pfarrer von der Kanzel herunter seine Empfehlungen gibt, von denen aber kaum ein Gemeindemitglied weiß, wie das denn realisiert werden sollte, was da »von oben herunter« empfohlen oder verlangt wird. Dies liegt jedoch meist daran, daß sich die Betroffenen nicht so genau über ihre eigene Situation und ihren seelischen Zustand im klaren sind. Dem kann man – um wieder auf den Unternehmensorganismus zu kommen – als Zugehöriger des Betriebes, gleich, in welcher inneren oder äußeren Funktion, entgegenwirken, indem zunächst eine Feststellung des Ist-Zustandes vorgenommen wird. Eine solche hat unabdingbar am Anfang aller Entwicklung zu Neuem und allen Strebens nach Veränderung zu stehen; wenn nicht, dann trifft einen die volle Wahrheit des Sprichwortes »Blinder Eifer schadet nur!«

An dieser Stelle sei mir erlaubt, auch einmal ein Wort »pro domo« zu sagen – nämlich über Unternehmensberater. Ich bin als solcher seit mehr als drei Jahrzehnten tätig und kann – rückblikkend – sagen, daß ich diese Bezeichnung vielleicht erst seit etwa zwölf Jahren wirklich verdiene, zumindest nach meinem Selbstverständnis. Denn heute haben wir tatsächlich eine Schwemme von Unternehmensberatern – die Bezeichnung ist nicht geschützt, und jeder, der irgendwo einmal einen Lichtschalter repariert hat, dürfte sich so nennen.

Im Zusammenhang mit dem Organismus Unternehmen verstehe ich den generellen Berater, der sich um die Ganzheit des Unternehmens, sowie dessen Image und Corporate Identity kümmert, als eine Art von Arzt für Allgemeinmedizin, auch etwa wie ein Hausarzt. Er sollte dann für die Bereiche und Organe, bei denen Schwächen oder Störungen auftreten, den »Facharzt«, nämlich den Spezialberater als Fachmann für bestimmte Aufgaben, empfehlen oder einsetzen. Denn es gibt heute bei der Differenzierung der Aufgaben in einem Unternehmen keinen noch so bedeutenden Allroundkönner als Berater, der sich tatsächlich in allen Fällen für zuständig erklären kann. Beratung ist – wie dies auch bei einer ärztlichen Beratung der Fall sein muß – absolute Vertrauenssache; daher muß die Unternehmensleitung bei der Auswahl eines oder mehrerer Berater strengste fachliche und menschliche Maßstäbe ansetzen. Ratschläge hierzu hat Ottmar Rechenauer gegeben – auch das Buch von Otto Ziehm ist äußerst nützlich.

Berater können und sollen in jeder Phase der Unternehmensentwicklung zum Organismus eingesetzt werden, sofern dies notwendig erscheint. Aber niemals als Heilsbringer, deren Verkündigungen gläubig befolgt werden, sondern als Helfer für Denkanstöße, aus denen dann die Unternehmensgemeinschaft ihr Verständnis entwickelt.

Unabhängig davon, in welchem Zustand der Entwicklung sich das Unternehmen im Hinblick auf eine Zukunft als Organismus befindet, muß eine Selbstbetrachtung die Ausgangsposition erkennbar machen, aus der heraus dann der Weg beschritten werden kann. Dies ist genau der gleiche Vorgang wie bei der schon beschriebenen Persönlichkeitsbildung (s. S. 126 ff.), bei der wir feststellten, daß zunächst die Selbsterkenntnis am Anfang aller Bemühungen stehen muß. Im Unternehmen kann dies nicht durch ein Komitee oder eine Stabsstelle, auch nicht von einem außenstehenden Berater praktiziert werden. Dritte können notfalls als Moderatoren in entsprechend zusammenberufenen Zirkeln funktionieren, aber am meisten zu empfehlen ist eine Vorgehensweise, die durch ihre Struktur unbewußt bereits auf das Funktionieren eines Organismus hinführt.

Wenn also beispielsweise, nach entsprechender Grundinformation der Führungskräfte, diese angehalten werden, mit ihren Gruppen bestimmte Fragen zu erörtern und dann in ein Plenum aller Führenden einzubringen, dann werden erste Ansätze der Möglichkeiten des Zusammenwirkens, auch des Auseinanderklaffens von Meinungen, deutlich werden. Beispielsweise könnte man folgende Fragen – um nur die Vielfalt der Möglichkeiten anzudeuten – in den einzelnen Gruppen hinsichtlich des »Ist-Zustandes« besprechen und dann im Führungsplenum diskutieren:

① Wie – glauben wir – ist das Bild unseres Unternehmens draußen bei unseren Kunden, Lieferanten und in der Bevölkerung?
② Wie empfinden wir unser Betriebsklima – welcher Stil prägt die Zusammenarbeit zwischen den Führenden und den Mitarbeitern?
③ Wie ist die innerbetriebliche Kommunikation und – daraus folgernd – das Zusammenwirken der einzelnen Bereiche?
④ Haben wir bestimmte Werte oder Grundauffassungen über unser Unternehmen, die wir als Ausgangspunkt für unser Verhalten in allen Situationen erkennen und wahrnehmen?
⑤ Haben wir Gemeinsamkeiten, die alle Mitglieder des Unternehmens – gleich, welcher Ebene – als solche anerkennen und praktizieren?

Es wird zugestanden werden müssen, daß solche und ähnliche Fragen reichlich Diskussionsstoff und eine Fülle von Meinungsäußerungen bringen werden. Dabei ist von besonderer Bedeutung, daß die einzelnen Gruppenleiter eine freimütige Diskussion ihrer Mitarbeiter zulassen und auf keinen Fall versuchen, auf die Meinungsbildung Einfluß zu nehmen. Und genauso wichtig ist, daß dann – bei der Plenumsdiskussion aller Führungskräfte – keiner versucht, die zu berichtende Meinung der Gruppe – die am besten schriftlich beigereicht wird – zu beschönigen oder mit seinem eigenen Verständnis zu verwässern oder gar zu verfälschen.

Das Führungsplenum – dies ist der nächste Schritt – wird nun alle vorgebrachten Meinungen der Gruppen verarbeiten und Formulierungen suchen, die gemeinsames Verständnis entwickeln, aber auch dort, wo dies nicht möglich ist, die Differenzen der Auffassungen klar herausstellen. Diese Erkenntnisse aus einer gewissen Übersicht heraus sollten dann, als nächster Schritt, wiederum in den Gruppen diskutiert werden – so lange, bis im gesamten Unternehmen einigermaßen ein Konsens erzielt werden kann.

Nun aber kommt das Wichtigste: Diese gemeinsam erarbeitete Selbsterkenntnis muß nun – in den Gruppen – zu Visionen führen, also zu Vorschlägen, wie man dieses oder jenes in Zukunft anders und besser machen könnte. Auch hier wird dann wieder das gleiche Procedere vorgenommen: Im Führungsplenum nimmt man die Gedanken und Vorschläge der Gruppen auf, vergleicht sie miteinander und überlegt, wie die Realisierung angegangen werden kann. Das Ganze ist, dies wird jeder zugestehen, ein mühsamer und langwieriger Prozeß, der aber gleichzeitig als Lernerlebnis die Menschen direkt in die Praxis des Unternehmensorganismus – mit allen Vorteilen und Rückschlägen – hineinführt.

Ergänzend muß noch festgestellt werden, daß selbstverständlich die eben dargelegten Möglichkeiten nur einen groben Anhalt geben können. Die Vorgehensweisen werden in den einzelnen Unternehmen jeweils situativ völlig anders sein – abhängig von der betrieblichen Aufgabenstellung, der Größe, dem Entwicklungszustand sowie auch der geistigen Einstellung der Führungskräfte und Mitarbeiter. Hinzu kommen dann noch betriebliche und Marktsituationen, gesellschaftliche und politische Entwicklungen sowie menschliche Einflüsse und anderes mehr.

Der Wandel zum neuen Bewußtsein in der Unternehmensführung	
Altes Bild	Neues Bild
Unternehmen sind wie Maschinen steuerbar.	Unternehmen sind lebende Organismen.
Ökonomie, Ethik und Ökologie sind Gegensätze.	Ökonomie, Ethik und Ökologie sind vereinbar.
Unternehmen sind Objekte, getrennt von uns selbst.	Wir selbst sind ein Teil des Unternehmens, es lebt aus uns.
Menschen sind Kostenfaktoren, das Ziel ist Einsparung.	Menschen sind Träger der Unternehmenspotentiale, das Ziel ist Entfaltung.
Gewinn ist das Ergebnis eines richtigen Ertrags- und Kostenmanagements.	Gewinn ist die Belohnung der Marktwirtschaft für akzeptierte Einzigartigkeiten.
Kunden gehören zu Zielgruppen, die man systematisch akquirieren muß.	Kunden sind Menschen, die – wie wir selbst – lieben und geliebt werden wollen.
Klare Entscheidungen und konsequente Durchsetzung, notfalls mit Druck, bringen den Erfolg.	Die Lebensenergie des Unternehmens fließt nur durch Sog über die Mitarbeiter aus der universellen Quelle.
Führung heißt: Ziele vorgeben, entscheiden und kontrollieren.	Führen heißt, Konsens suchen durch Einbeziehen aller.
Unternehmen sind das Ergebnis von Markt, Umfeld und Management.	Unternehmen sind so, wie unsere Visionen sie erschaffen.
Groß, zentral und straff ist das Erfolgsbild eines zukunftsorientierten Unternehmens.	Klein, überschaubar und dezentral autonom sein sichert das Überleben bei Turbulenzen.

Diese beiden Übersichten bieten interessante Gegenüberstellungen zwischen altem und neuem Denken in der Wirtschaft. Die obenstehende Zusammenstellung stammt von Wolfgang Jeserich (nach einer Quelle von Rudolf Mann) und befaßt sich speziell mit den Problemen des Unternehmens. Hierbei ist interessant, daß der Autor zu fast den gleichen Formulierungen kommt wie wir. Die Übersicht auf der rechten Seite stammt von Johann G. Landolt und befaßt sich mehr mit einem globalen Überblick, der natürlich auch das Wirtschaftliche beinhaltet.

Kriterien	Alte Wirtschaft	Transformative Wirtschaft
Zweck und Ziele	Maximierung von Wachstum, Ausdehnung Kapitalrendite, Gelderwerb und -Anhäufung, Unternehmens-Wachstum	Optimierung von Lebensqualität, Wohlergehen, menschliche Entwicklung und Entfaltung, Verantwortung gegenüber ganzer Schöpfung
Kenngröße	Bruttosozialprodukt, Zuwachsraten, Handels- und Zahlungsbilanz, Unternehmensbilanzen	neue Meßwerte für Lebensqualität und Wohlergehen, angepaßtes Sozialprodukt, Sozialbilanz
Struktur	Wirtschaft und Staat durchdringen sich, Anonymität, Großunternehmen, Konzentration, unklare Verhältnisse	klare, langfristige Rahmenbedingungen, überschaubare Dimensionen durch assoziativ-solidarische, menschliche Organisation
Arbeitsweise	segmentiert, zersplittert, analytisch, fallweise, Tendenz zu Manipulation, Management	ganzheitlich, alle Interessen sind vertreten, müssen sich ausgleichen, beweglich und lebendig
Inhalte	unerbittliches Konkurrenzprinzip, Markteroberung, Konsumenten als Objekte, Rationalisierung, Effizienz, Automatisierung, aufwendige Großtechnik	fairer Wettbewerb, Solidarität, an tatsächlichem Bedarf der Konsumenten orientierte Wirtschaft, Ausgewogenheit, preiswerte angepaßte und langlebige, echt innovative Produkte
Organisation	zentralistisch, hierarchisch, autoritär starr: Linie, Stab	dezentralisiert, kreative Gruppen, Konsens (Japan), flexibel, offen
Zeithorizont	Geschäftsjahr, mittelfristig (2 bis 5 Jahre), langfristig (ca. 10 Jahre)	kommende Generationen, menschliche Evolution
Mittel	alle Rohstoffe, auch nicht erneuerbare, Boden, jede Energie, Mensch	erneuerbare Ressourcen, angepaßte Technik, erneuerbare Energie
Auswirkungen	Raubbau, Zerstörung, Verbrauch, Vergiftung, gelähmte Lebensenergie	Schonung, Pflege, Erhaltung, Kreislauf, Gesundheit, Hege und mehr Lebensenergie
Verantwortung	gegen Eigentümer, Aktionäre etc.	gesamte Schöpfung und gegen Nachwelt
Motivation	eher nur bei Chefs	allgemeine Arbeitsfreude
Ausrichtung	kalte Sachwelt	lebendige Wesenswelt

Mit der Zusammenstellung auf S. 340 bezieht sich Jeserich auf die Arbeiten von Rudolf Mann, die in anderem Zusammenhang bereits erwähnt wurden. Hier sei aber nochmals besonders darauf hingewiesen, daß die beiden Werke Manns tatsächlich ebenfalls eine Menge technischer und organisatorischer Hilfsmittel zur Vorgehensweise bei der Transformation von Unternehmen geben. Es ist empfehlenswert, für Veränderungsmaßnahmen auf jeden Fall den speziell damit Befaßten diese Bücher zur Durcharbeitung zu geben, weil sie eine große Anzahl von Anregungen für praktisches Vorgehen enthalten.

In den folgenden Abschnitten sollen nun einige der unzähligen Möglichkeiten angedeutet werden, mit denen Unternehmen ansetzen können, sich in Neuem Denken hin zu einem Organismus zu entwickeln. Dies sind nur Anregungen; in jedem Falle kann man im Unternehmen durch die Ausnutzung der Kreativität von Gruppen (s. IV. Satz) eine Vielzahl von Ideen verwirklichen, die dann als Mosaiksteine gebraucht werden können, um hier oder dort eingefügt zu werden in den geistigen Überbau, den das Unternehmen mit seinem Werden zum Organismus entwickelt. Und um noch die Ordnung der folgenden Überlegungen zu erklären: Sie sind in umgekehrter Reihenfolge angegangen worden, als sie bislang abgehandelt wurden. Wir befassen uns also mit den Gedanken des letzten, des VI. Satzes – dem *Adagio* zum Umfeld des Unternehmens – zuerst.

Die Beziehungen zum Umfeld – *Adagio*

Wie wir erkannt haben, sind die Beziehungen des Unternehmens zu seinem Umfeld außerordentlich weit gespannt. Sie reichen von der Nachbarin, die sich über den Lärm eines frühmorgens das Werkstor verlassenden Lastzuges beschwert, bis hin zur politischen Partei, die ein bestimmtes Unternehmensprodukt als umweltschädlich angreift und alle Medien mit dieser – noch dazu Fehlinformation – beliefert. Es gilt auch sicherlich das alte Sprichwort: »Es kann der Beste nicht in Frieden leben, wenn es dem bösen Nachbarn nicht gefällt!« Gleichwohl - das Umfeld des Unternehmens beginnt direkt neben dem Betriebsgelände am Gartenzaun des Nachbarn. Denn die meisten Nachbarn unterliegen gängigen Vorurteilen über diese Firma bezüglich Lärm, Schmutz, Rücksichtslosigkeit und kapitalistischer Arroganz; sie haben die Erwartungshaltung, daß bestimmte Dinge immer so sind und sie als Nachbarn dadurch belästigt werden. Man kann als Unternehmen dagegen auch nicht viel unternehmen: Vorurteile sind nun einmal - wie wir festgestellt haben (s. S. 247) - oft so in den Hirnen der Menschen festgefressen, daß auch die großzügigsten Verhaltensweisen daran nichts ändern können.

Mit einer ganz wesentlichen Ausnahme: wenn die außenstehenden Menschen - Nachbarn, Dorfbewohner, Anlieger oder sonstwie »Übelwollende«, die dem Unternehmen ständig auflauern, um wieder etwas Negatives festzustellen und dann zu verbreiten - lernen, daß dieses Unternehmen keine anonyme Masse oder ein feindlicher Fremdkörper ist, sondern sich aus Menschen zusammensetzt, die genau so sind wie sie selber. Dies zu erreichen, haben die Mitarbeiter des Unternehmens selbst in der Hand, indem sie es zu ihrem eigenen Selbstverständnis zählen, jederzeit auch repräsentativ für das Ganze betrachtet werden zu können. Dies ist nicht immer leicht - zugegebenermaßen -, aber wenn die Mitarbeiter immer wieder von ihren Leitenden bei jeder Gelegenheit und aus akuten Anlässen heraus darauf aufmerksam gemacht werden, kann sich schon so etwas wie eine Corporate Identity entwickeln, die den »social relations« nützlich ist.

Es geht nicht darum, nun aus jedem Rüpel (von denen es einige in jedem Unternehmen geben mag) einen höflichen und hilfsbereiten Menschen zu machen. Aber jeder Mitarbeiter und damit Mitteilhaber sollte doch als erstes begreifen lernen, daß er, wenn er das Ansehen der Firma schädigt, im Endeffekt auch sich selbst schadet. Denn es ist ja »sein« Unternehmen mit - und wenn dieses ein negatives Bild in der Öffentlichkeit, in der Nachbarschaft, beim Kunden oder sonstwo im Umfeld hat, dann haben alle den Schaden – und er mit. Dies muß sich in den Hirnen der Miteigner einprägen und mit ständiger Wiederholung durch die Führungskräfte tief bewußtgemacht werden – nur so wird es eine nach außen wirkende Kraft werden können.

Wir haben im VI. Satz die Frage gestellt, ob das Unternehmen einen »Außenminister« braucht, und sie verneint. Mit der Begründung, daß das Unternehmen als Organismus eine Ausstrahlung haben müsse wie jede reale Persönlichkeit. Und in diesem Sinne muß sich jeder Mitarbeiter in seinem Verhalten als ein solcher Träger der Ausstrahlung, des Images, verstehen. Es bedarf also keines Außenministers, aber es bedarf in dieser Hinsicht der Abstimmung der Mitarbeiter untereinander hinsichtlich ihrer Reaktion auf irgendwelche Vorgänge im Zusammenhang mit dem Umfeld – der Nachbarschaft.

Einen Umweltbeauftragten dagegen zu haben ist selbstverständlich. Denn die sich noch stets steigernde Sensibilisierung der Menschen innerhalb und außerhalb des Unternehmens braucht in dieser Hinsicht einen verantwortlichen Ansprechpartner, der auch entsprechende Kompetenz haben muß. Er ist nicht nur die Bezugsperson für die Nachbarschaft, falls diese ein entsprechendes Anliegen haben sollte, sondern auch für Behörden und Dienststellen. Dieser Umweltbeauftragte ist keine Alibiposition, die nur stets mit Ausreden tatsächliche Umweltfehler des Unternehmens beschönigt, sondern muß dafür sorgen, daß er glaubwürdig ist.

Mit dem sogenannten Sponsoring ist das so eine Sache: Die Unternehmen, die es praktizieren, betrachten die Aufwendungen dafür noch viel zu sehr unter betriebswirtschaftlichen Gesichtspunkten der Produktwerbung. Selbstverständlich kann ein Unternehmen, das sich augenblicklich in einer Talsohle bewegt, kein Geld für sponsorische Aktivitäten aufwenden. Aber sobald dies wieder möglich ist, müssen diese vordringlich dem Ansehen des Hauses dienen, das sich für etwas einsetzt, von dem ihm kein direkter Nutzen entspringt. Wenn dies deutlich wird für den Außenstehenden, dann kann daraus auch – in zweiter Linie – ein Werbeeffekt für Produkte des Hauses entstehen, der viel größer sein kann, als von der Investition normalerweise zu erwarten war. Falls sich ein Unternehmen dazu eines Fachmannes für PR-Beratung bedient, dann kann ein solcher Effekt jedoch nur entstehen, wenn dieser Berater seinen Klienten und dessen Umfeld die Mentalität, die lokalen Verhältnisse, die Marktsituation sowie viele andere Einzelheiten der Menschen und der Region genau studiert hat und entsprechend in seine Überlegungen mit einbezieht.

Mit besonderen Aktivitäten, auch gegebenenfalls in entstehenden Notsituationen, kann das Unternehmen sich sogar einen entsprechenden Namen machen – weit über das nachbarschaftliche Umfeld hinaus. Dabei sei an Spenden bei Unglücksfällen oder in entstehenden, lokal bedingten Nöten gedacht. Beispielsweise bei einer behördlich verfügten Anweisung zur Schließung eines Kindergartens einzugreifen und die Substanz zu retten, kann ein solcher Fall sein. Die Mitarbeiter, darauf eingestellt, in solchen Fällen hellhörig zu sein, können viel dazu beitragen, daß das Unternehmen sich bei solchen Gelegenheiten ein entsprechendes Ansehen verschafft.

Ein Letztes sei in diesem Zusammenhang noch erwähnt: das Verhalten der Unternehmenszugehörigen im Umfeld – als Privatpersonen. Denn ein Mensch, der in seinem Lebenswandel Anlaß zu Kritik für andere Menschen gibt, wird auch Schlußfolgerungen der Nachbarn – etwa in dem Sinne: »Dort sind sie alle so« – hervorrufen. Hier sind die Kollegen aufgerufen, sich zwar nicht in das Privatleben des Anderen einzumischen, aber doch zu versuchen, daß der Ansehensschaden, der entstehen kann, ganz klar begrenzt wird. Im schlimmsten Falle ist ein solcher Mitarbeiter nicht mehr für die Gemeinschaft des Unternehmens tragbar.

Der Mensch im Organismus – *Vivace*

Gerade das soeben erwähnte Beispiel macht deutlich, daß der Unternehmensorganismus keine Wohltätigkeitsinstitution zu sein hat, in dem alle nur Nutzen und Gutes von der Gemeinschaft haben. Auch ein Organismus in der Natur stößt kranke oder störende Zellen ab, wenn sie nichts zu seiner Erhaltung beitragen, sondern nur Kräfte kosten und das Ganze dadurch stören oder schädigen. Darüber brauchen wir nicht zu sprechen, jedermann kennt dies aus der Humanmedizin und hat es wohl am eigenen Leibe schon erfahren. Ein Unternehmensorganismus soll und kann nicht anders verfahren. Hier muß es ganz deutlich ausgesprochen werden: Wer durch sein Verhalten die Gemeinschaft und deren Existenz stört oder schädigt, muß entfernt werden – darüber darf es keinen Zweifel geben.

Daß die Gemeinschaft in solchen ja immer wieder auftretenden Fällen natürlich auch Abstriche machen muß, ist aber ebenso selbstverständlich. Wenn beispielsweise ein Kollege unverschuldet in Not geraten ist und dadurch fehlerhaft gehandelt hat, muß dies genauso berücksichtigt werden, wie wenn jemand Fehler macht aus mangelnder Information heraus oder in gutem Glauben, richtig zu handeln.

Entscheidend sollte in solchen Fällen jeweils die Gruppe sein, das Team oder der Zirkel, dem der Betreffende angehört und in dem er bekannt ist. Und der Leitende der Gruppe hat dafür zu sorgen, daß nicht durch persönliche Animositäten Fehleinschätzungen entstehen, die dem Betreffenden zum Schaden gereichen.

Im *Vivace* des V. Satzes sind bereits eine Menge Ansatzpunkte genannt, durch die neues Selbstverständnis des Einzelnen als »Zelle« im Organismus Unternehmen entwickelt werden kann und muß.

Es wurde vom Privatleben in Beziehung zum Unternehmen gesprochen, vom Vertrauen, das die Grundlage der Kommunikation bilden muß, vom ständigen Lernen, um nicht zurückzufallen, und davon, daß der Mensch am richtigen Platz stehen sollte. In all diesen Fragen kann bei der allmählichen Umstellung eines Unternehmens auf einen funktionierenden Organismus unendlich viel unternommen werden; die Anregungen dazu haben wir schon erwähnt.

Insbesondere aber bei der materiellen Frage der Entlohnung der Beteiligten wird es ganz ausführlicher Überlegungen bedürfen, wie dies praktiziert werden soll. Hier kann nicht einfach angeordnet oder abgestimmt werden, daß »ab morgen« die Besitzverhältnisse so oder so neu geregelt sein werden, sondern dies ist situativ vom Unternehmen und seinem Zustand abhängig. Wir werden später noch darauf einzugehen haben. Denn nur ein einziger Faktor ist für solche Überlegungen entscheidend: die Praxis der Gerechtigkeit, über die wir auch schon (s. S. 114) gesprochen haben. Sie ist die Grundlage für die Atmosphäre des Vertrauens, ohne die keine einzige zu ergreifende Maßnahme für Veränderungen auch nur die geringste Chance auf Erfolg haben kann.

Die tägliche Tätigkeit eines jeden Einzelnen bietet vielfältige Gelegenheiten, sich mit dem Unternehmen und seiner Existenzerhaltung – und zur eigenen! – zu identifizieren. Daraus bei den – im wahren Sinne des Wortes – »aufgeweckten« Menschen neue Möglichkeiten und Wege zu suchen ist nur ein kleiner Schritt, wenn sie entsprechend motiviert dazu sind. Und diese Motivation wird nicht zuletzt auch durch ein gerechtes finanzielles System der Anteile und ihrer Nutzung gewährleistet werden können. Wenn dies alles erst einmal so läuft, wird auch bei den einzelnen das Bewußtsein entstehen, daß Geld nicht alles sein kann.

Wer einmal richtig Gemeinschaft erlebt, wird deshalb zwar die finanziellen Seiten der Existenz keineswegs ablehnen oder gar ignorieren, aber er wird – individuell unterschiedlich – irgendwann an einen Punkt gelangen, an dem er merkt, wie wenig bedeutsam das Geld ist im Vergleich zu anderen Dingen des Lebens, derer man bedarf. Meister Eckehart hat dies einmal wunderbar formuliert, indem er schrieb:

Nicht als ob man seinem Inneren entfliehen oder entfallen oder untreu werden sollte, sondern gerade in ihm und mit ihm und aus ihm soll man wirken lernen, so zwar, daß man seine Innigkeit ausbrechen lasse in die Werktätigkeit und die Werktätigkeit hineinziehe in die Innigkeit, daß man also sich gewöhne, unbeschwert zu wirken. Man soll sein Auge auf dieses inwendige Wirken kehren und von da heraus tätig sein ... Will aber das äußere Werk das innere zerstreuen, so folge man dem inneren. Und könnten sie vollends beide in einem geschehen, so wäre das beste, denn so wäre es ein Mitwirken mit Gott.

Treffender kann eigentlich nicht gesagt werden, was wir unter der Identifizierung des Einzelnen mit seiner Tätigkeit in der Ganzheit des Unternehmensorganismus verstehen. Nun mag sich vielleicht auch die zuvor etwas kühn erscheinende Behauptung erklären, daß Geld nicht alles sei. Selbstverständlich soll hier keineswegs einer andersgearteten Form einer Ausbeutung das Wort geredet werden. Aber es gibt bereits heute in Deutschland alternative Unternehmen, bei denen die materielle Seite, die keineswegs verleugnet wird, doch nur eine sekundäre Rolle spielt gegenüber den Faktoren, daß die Tätigkeit Freude macht, das Wesen des Menschen (Eckehart: das Innere) erfüllt und befriedigt und schließlich auch die Gemeinschaft dem Betreffenden einen Raum gibt, in dem er zufrieden sein und sich wohl fühlen kann. Einer der heikelsten Punkte in der Beziehung des Einzelnen zum Ganzen ist sicherlich das in vielen Jahrzehnten des Klassenkampfes zu Tode gerittene Thema des Krankseins und – wie es die Arbeitgeberseite sieht – des »Krankfeierns«. An zwei Fakten ist bislang nichts zu ändern gewesen: zum einen, daß der »Arbeitnehmer« in vielen Fällen die Gelegenheit nutzt, durch mehr oder weniger demonstriertes Kranksein für einen gewissen Zeitraum nicht arbeiten zu müssen. Das kann vom berühmten »blauen Montag« bis zu »rheumatischen Schmerzen« gehen, vom plötzlichen »Migräneanfall« exakt zum Zeitpunkt eines Fußballpokalspieles bis zur vorgeschützten Ansteckungsverhinderung – der

Phantasie sind da keine Grenzen gesetzt. Zum anderen haben es aber auch die Ärzte nicht leicht: Sind sie zu großzügig mit den Krankschreibungen, dann hält man ihnen dies – nicht nur von seiten der Krankenkassen – vor, sind sie kleinlich und nicht bereit, wegen jeder auftretenden Blähung einen Patienten krankzuschreiben, dann verlieren sie diesen und eventuell noch andere Patienten. Denn so etwas spricht sich schnell herum – etwa mit der Äußerung »Zu dem Doktor brauchst du gar nicht zu gehen, der schreibt nicht so leicht krank!«

Das Problem wird, da es in der menschlichen Psyche bedingt ist, für unseren Organismus Unternehmen dann keines mehr sein oder zumindest sich bis auf geringe Reste reduzieren, wenn sich der Geist des Miteinanders, des Gegenseitig-aufeinander-angewiesen-Seins sowie der echten Vertrauensbeziehung erst einmal entwickelt. Zwar wird es immer noch einige schwarze Schafe geben, die hier und da einmal versuchen »blauzumachen«, aber sie werden an der Reaktion der Gruppe sehr bald merken, daß sie damit nicht weit kommen. Die Gruppenkollegen haben nämlich ein sehr feines Gespür dafür, wie ehrlich es einer meint oder nicht. Bei einer solchen Identifizierung des einzelnen »Miteigners« mit seinem Unternehmen fallen auch eine ganze Menge Mätzchen weg, die wir teilweise gewerkschaftlichen Bemühungen verdanken. Das Wort »Überstunden« und alles, was damit aufgrund gewerkschaftlicher Einmischung zusammenhängt, gibt es in unserem Unternehmensorganismus nicht mehr. Weil es keine festgelegte Wochenstundenzahl mehr geben kann, die abgesessen werden muß. Selbstverständlich wird man sich im Unternehmen generell auf eine Zeit der Tätigkeit einigen; allgemeiner Konsens gemäß den Erfordernissen ist dazu notwendig. Dies gilt auch für die sogenannte »gleitende Arbeitszeit«. Aber die alljährlichen Tänze mit den Gewerkschaften über die Wochenstundenzahl entfallen, weil selbstregulierende Kräfte im Unternehmen die dazu notwendigen Praktiken betriebsindividueller und damit angepaßter entscheiden als außenstehende Funktionäre. So wie beispielsweise auch die Fa. Wolfcraft (UZ, S. 446) sogar ein Modell für die zeitweilige Arbeitslosigkeit eines Mitarbeiters entwickelt hat, bei dem das Team für den finanziellen Ausgleich bei einem temporär vorübergehend freigestellten Kollegen sorgt. Es gibt unzählige Möglichkeiten in unserem Unternehmensorganismus, für die individuellen Bedürfnisse des Einzelnen zu sorgen und im Konsens Allen gerecht zu werden.

Dies ist, wie die Trendforscher allgemein feststellen, eine überall zu erkennende Entwicklung: Familie, Freizeit, gleitende Arbeitszeit, Job-Rotation, Halbtagsarbeit, Heimarbeit u. v. a. m. sind auf dem Weg, ernsthaft für die Zukunft einkalkuliert zu werden – weg von den starren tayloristischen Regelungen. Gerd Gerken hat in seinem Buch »Management by Love« zahlreiche Beispiele für solche aus Neuem Denken heraus entstandene Flexibilität gegeben.

Man muß deshalb nun nicht gleich in das andere Extrem verfallen, das in Japan praktiziert wird, wo sich der tatsächlich Erkrankte seiner dem Unternehmen verlorengehenden Leistung derart schämt, daß er für die versäumten Tage Teile seines Urlaubs opfert und somit seine Fehlzeiten durch Krankheit nacharbeitet. Wir brauchen uns mit solchem Denken nicht auseinanderzusetzen, weil – wie bereits erwähnt – dort eine andere Mentalität herrscht, deren Verständnis nicht auf unsere Situation übertragbar sein kann. Aber eines ist sicherlich für uns in Neuem Denken klar und auch ein Ansatz dafür, darzulegen, wie ernst und ehrlich es der Mensch als Teil des Organismus meint: Krank»feiern« zu Lasten der Kollegen und zum Schaden des Unternehmens gibt es nicht mehr. Dies ist Vertrauensbruch! Und die Gruppe, die einen Kollegen bei einem solchen Versuch erwischt, wird ihre ganze erzieherische Potenz dazu einsetzen, daß der Betreffende dies nicht noch einmal versucht. Es muß aber auch im Verständnis der Gruppe liegen, daß man einen Kollegen, der sich offensichtlich mit einer Erkrankung herumplagt und nur aus Furcht vor der Reaktion seiner Kollegen nicht zum Arzt gehen will, deutlich macht: »Wir haben Vertrauen in dich und wollen nicht, daß deine tatsächliche Krankheit schlimmer wird – bitte geh zum Arzt! Wir werden solange schon ohne dich zurechtkommen, Hauptsache ist, daß du bald wieder gesund wirst!«

In diesem Zusammenhang ist noch einmal die Psychosomatik zu erwähnen, über die sich zumindest der Leitende der Gruppe Gedanken machen muß. Wir wissen: Die psychosomatische Lehre besagt, daß (griech. »psyche« = das geistig-Seelische; »soma« = der Körper) jede körperliche Erkrankung ihre psychische Parallele hat und umgekehrt. Darum hat sich der Führende einer Gruppe darüber Gedanken zu machen, ob bei der Erkrankung eines Kollegen bestimmte Arbeitssituationen eine Rolle spielen.

Seit nunmehr drei Jahrzehnten erwähne ich die Psychosomatik und ihre Grundgedanken in meinen Seminaren, nicht um den Ärzten ins Handwerk zu pfuschen, sondern im Zusammenhang mit ganzheitlichem Selbstverständnis. Denn die Grundlage psychosomatischen Denkens ist einfach die, daß der Mensch eine Ganzheit ist und daher sich logischerweise psychische Schwierigkeiten oder innere Konflikte auch in körperlichen Störungen ausdrücken können und sichtbar werden. So wie wir umgekehrt wissen, daß körperliche Erkrankungen sich auch in psychischen Spannungen, Depressionen oder sonstigen Fehlverhaltensweisen niederschlagen. Ich selbst habe dies an mir seit Jahren beobachtet und fand – auch wenn ich nicht immer die Störungsquellen beseitigen konnte – doch stets die Begründungen für bestimmte Erscheinungen offensichtlich. Nur mein Hausarzt – Schulmediziner vom alten Schlage –, mit dem ich herzlich befreundet bin, hält das, was ich ihm oft über meine Erkrankungen als Hintergründe schildere, für nicht ernst zu nehmend und belächelt meine Erklärungen. Trotz dieser Skepsis des Arztes ist es mir aber in einem Falle, da es um Leben und Tod ging, allein durch meine positive Einstellung – mit einer gewissen Hilfe medizinischer Möglichkeiten – gelungen, alles durchzustehen und nun ein neues Leben geschenkt erhalten zu haben. Wer Näheres wissen möchte, kann mich gerne um Einzelheiten fragen.

Es kann nicht verlangt werden, daß der Leitende einer Gruppe nun sein Coaching für den Einzelnen dadurch intensiviert, daß er zum Experten für Psychosomatik wird und alles an Krankheiten bei den Mitarbeitern damit aufzuklären sucht. Aber er muß zumindest im Umgang mit der Führungspsychologie (s. S. 110 ff.) wissen, daß bei Erkrankungen von Mitarbeitern auch psychische Fakten eine Rolle spielen können. Wenn ihm ein solcher Grund offensichtlich wird, dann kann er vielleicht bestimmte Verhaltensweisen oder Situationen zu verändern versuchen.

Organe – Gruppen und Zirkel in der Ganzheit – *Andante*

Die Organe, mit denen wir die Gruppen im Unternehmen gleichsetzen, haben eine Mittlerfunktion zwischen dem Einzelindividuum und dem »großen Ganzen«. Hier findet der Einzelne seine engere Heimstätte, gewissermaßen eine Familienzugehörigkeit, die ihm das größere Unternehmensganze nicht bieten kann. Und in dieser Gruppenbindung ist auch das Vertrauen verankert – hier spricht man sich über alles aus, hier kann man Kritik üben und Vorschläge machen, hier kann man nach Sinnzusammenhängen fragen und sich Ratschläge holen, wenn man nicht mehr weiterweiß. Da jeder jeden gut kennt, können sich auch Grundlagen für persönliche Beziehungen oder Freundschaften entwickeln und kann jeder auch am anderen teilnehmen, so wie man Freud und Leid teilt und auch Erfolge und Mißerfolge gemeinsam trägt.

Es ist daher folgerichtig, wenn wir uns dessen bewußt werden, daß bei der Entwicklung eines Unternehmen zum ganzheitlichen Organismus die Schaffung und Entwicklung von Gruppen und Zirkeln eine – wenn nicht gar die beste – Starthilfe für das Wachsen zum Ganzen darstellt. Hier muß, wenn man die Vision einmal entwickelt hat, angesetzt werden: Die Führungsverantwortlichen für die Gruppen werden, nachdem sie selbst die Gedanken im inneren Kreis schon entwickelt haben, nun mit ihren Gruppen die Ideen und Visionen besprechen, um dann wieder »nach oben« zu berichten, wie alles aufgenommen und diskutiert worden ist. Manchmal kann es auch, wenn erst einmal die Grundkonzeption vorliegt, natürlich sein, wenn eigene Zirkel für bestimmte Fragen gebildet werden, die sich aus Angehörigen der verschiedensten Gruppen zusammenfinden und die Gedanken diskutieren – ohne den Eindruck, daß Führende dabei eine Art der Beeinflussung vornehmen wollen.

Dabei wird in allen Gesprächen – unabhängig von den verschiedensten Problemen der unterschiedlichsten Art bezüglich Organisation und Kommunikation – die finanzielle Seite des Ganzen, also die Form der Beteiligung und der Leistungsvergütung, immer wieder auftauchen. Sie bewegt die Menschen ja besonders, weil jeder Einzelne wissen will, wie sich eine solche »kommunistische« Regelung (wie manche sie allsogleich bezeichnen werden) dann auf den Geldbeutel auswirken wird. Es ist zu empfehlen, die Diskussionen darüber in jedem Falle zurückzustellen bis zu jenem Zeitpunkt, da bei einzelnen, bei Gruppen und im ganzen Unternehmen generelle Einigung über die Möglichkeiten einer neuen Struktur und einer wirkungsvolleren Zusammenarbeit entstanden ist. In Gesprächen sollte immer wieder darauf verwiesen werden, daß erst die grundsätzliche Motivation für das Neue sich entwickelt haben muß – dann wird man auch über die Möglichkeiten unterschiedlicher Modelle der Mitarbeiterbeteiligung sowie über die Loslösung von der bisherigen Kapitalform sprechen können. Denn es wird jedem verständlich sein, daß ein Kapitalgeber sich erst dann mit Veränderungen auseinandersetzen will, wenn er die Sicherheit hat, daß das Ganze kein Fehlschlag werden dürfte.

Kehren wir wieder zu den Gesprächen in den Gruppen zurück, nachdem die finanzielle Entwicklung noch dahingestellt bleibt. Die Gruppen müssen auch bezüglich ihrer Leistungsvorteile und der möglichen Synergie-Effekte darüber intensiv informiert werden. Es ist daher zu empfehlen, daß dazu spezielle Übungen in den Gruppen durchgeführt werden, in denen die Teilnehmer am erlebten eigenen Beispiel erkennen können, wie solche Dinge funktionieren. Und daß dies keine neue Form einer Ausbeutung ist, sondern einfach dazu praktiziert wird, damit die Einzelnen mehr Spaß an der Tätigkeit und am Zusammenwirken finden. Und an der Entwicklung des Nutzeffektes für alle.

Das ist das Wesentlichste: Wenn die Gruppenarbeit nicht nur interessant ist und Spaß macht, sondern allmählich zur Selbstverständlichkeit der Kommunikation im Unternehmen wird, dann ist der Einstieg in die Umstrukturierung und für das neue Selbstverständnis der Mitarbeiter und des Unternehmens gelungen. Daraus folgert, daß vor Inangriffnahme der gesamten Aktivitäten die Führungsverantwortlichen in der Leitung von Gruppengesprächen intensiv geschult werden – ihnen muß klar erkenntlich werden, daß in der Zukunft ohne die allseits praktizierte Gruppenarbeit nichts mehr laufen wird und auch Visionen über ein neues Unternehmen in den Rauchfang geschrieben werden können.

Koordination durch die Führungsverantwortlichen – *Maiestoso sostenuto*

Aus dem zuvor Gesagten ergibt sich zwangsläufig, wie entscheidend diejenigen Menschen im Unternehmen sind, die in Führungsfunktionen stehen – gleich, welcher bisherigen Ebene, welcher Titel und Ränge sie teilhaftig waren. »Nieten in Nadelstreifen« lautet der Titel eines aktuellen Buches von Günter Ogger, in dem der ehemalige Redakteur von »*Capital*« erbarmungslos über die Qualifikationen und Verhaltensweisen der deutschen Manager herzieht. Von Details abgesehen, kann man seinen Thesen durchaus zustimmen, wenn er beispielsweise ausspricht, daß Machtanhäufung zur Ineffizienz führt und Dezentralisierung demgemäß erfolgreicher sein kann. Das entspricht der

Grundidee unseres Unternehmensmodells. Und wenn er behauptet, daß die üblichen Karrieremechanismen Duckmäuser oder Opportunisten fördern, dann ist es auch gerade dies, was wir mit unserem Modell verhindern wollen. Eine kleine Textprobe mag aller Zustimmung finden:

(S. 121) . . . Obwohl die Amerikaner wie die sicheren Verlierer im weltweiten Wettbewerb der Industrienationen aussehen, finden ihre meist griffig formulierten . . . Managementrezepte noch immer Anklang bei den leitenden Angestellten in Old Germany.

Ob sie in der Abgeschiedenheit des Klosters Maria Laach sich vom Jesuitenpater Rupert Lay moralisch die Leviten lesen lassen, ob sie mit dem Zehnkämpfer Kurt Bendlin in der Holsteinischen Schweiz das Überleben . . . trainieren oder ob sie sich vom ehemaligen Fernsehmoderator Claus Hinrich Casdorff das Lampenfieber vor Fernsehkameras nehmen lassen – stets werden die deutschen Führungskräfte von der Angst geplagt, irgendwo und immer wieder zu versagen. Ihre Ausbildung, ihr Denken und ihre Art zu handeln, all das dient nämlich nicht in erster Linie dem Ziel, möglichst viele brillante Ideen zu entwickeln, sondern Fehlentscheidungen zu vermeiden. Und in seinem krampfhaften Bemühen, nur ja keine Fehler zu begehen, macht der deutsche Durchschnittsmanager so ziemlich alles falsch.

Dies wird man unserem Manager im Unternehmensmodell nicht nachsagen können. Denn die Voraussetzungen sind, wie wir im III. Satz dazu erläutert haben, ganz anders. Er braucht auch kein Karrierestreben, er braucht keinen Neid und keine Eifersucht auf den Kollegen zu hegen, er braucht auch sich selbst nicht bei jeder Gelegenheit in den Vordergrund zu spielen, denn er hat es gar nicht mehr nötig. Er hat eine Funktion im Organismus – zugestandenermaßen eine sehr wichtige, nämlich die des Koordinators und Moderators –, und da braucht es äußeren Glanzes oder der Statussymbole überhaupt nicht. In einem Punkt aber bedarf er bestimmt auch des von außen herangetragenen Trainings: in der Entfaltung der Persönlichkeit. Diese kann man nicht im stillen Kämmerlein praktizieren – mit Ausnahme etwa von Meditationsübungen –, sondern der Führende muß an sich selbst in der Kommunikation mit anderen und gegebenenfalls auch in einem Seminar lernen und erkennen, wessen er bedarf, um besser zu wirken. Wirken nicht im Sinne von »Eindruck schinden«, sondern von »bewirken«!

Zur Persönlichkeit hatten wir erwähnt (s. S. 126 ff.), daß sie durch ihre Ausstrahlung wirken wird. Ausstrahlen kann aber nur das, was im Innern des Menschen vorhanden ist; nur derjenige wird überzeugend auf andere wirken, der von seiner Sache selbst im Innersten überzeugt ist. Und hier zeigt sich, welche Schlüsselfunktion die Führungsverantwortlichen im Unternehmen innehaben: Ohne sie und ihr echtes Engagement wird jeder Versuch, ein Unternehmen neuzeitlich zu entwickeln, von vornherein scheitern.

Das »Handelsblatt« berichtete kürzlich über ein Fachseminar, das der amerikanische Bestsellerautor Tom Peters in Stockholm abhielt und aus dem einige Schlagworte zitiert werden. »Die Führungskräfte der Zukunft müssen Veränderungsleiter sein«, sagte Peters seinem Publikum, nachdem er dargelegt hatte, daß aus der Hitliste der 500 größten amerikanischen Unternehmen des Jahres 1980 nunmehr in 1991 nur noch 54 Prozent existieren; 46 Prozent seien also nach zehn Jahren nicht mehr vorhanden, aufgekauft oder in Konkurs.

Umgekehrt legte Peters dar, daß in und um die kalifornische Metropole Los Angeles 90 Prozent der Menschen in Betrieben arbeiten mit weniger als fünfzig Beschäftigten – »Small is beautiful«, schlagwortete er. Er bekannte sich zur Lebensmaxime seines Vaters: »Don't stand around, do something!« Und dann hatte er noch weitere Formulierungen für seine Zuhörer bereit, etwa »Netzwerke statt Hierarchien« oder »Lieferanten zu Teilhabern machen« sowie »die Banken als ›Joint-venture-Beschaffer‹ einspannen!« Bei den »Veränderungsleitern«, wie er die Führenden der Zukunft betitelte, müsse das »Wollen« durch den »Glauben« ersetzt werden.

»Sei nicht rational, aber glaube!« war ebenso seine Formulierung wie »Laß aus Projekten keine Ausschüsse werden!« Und als ein Zwischenfrager sich mit einem Einwand meldete, beschied er ihn: »Glaubst du, Ingvar Kamprat von Ikea habe auch nur eine einzige Priorität von einem Ausschuß entscheiden lassen?«

Man kann sicherlich unterschiedlicher Meinung sein über solche vielfach recht publikumswirksamen Sprüche. Tatsache ist, daß hier Dinge ausgesprochen wurden, die sicherlich überlegenswert sind, und daß die Führungskräfte gerade dieser Aufgabe, das Unternehmen auf neue Wege zu bringen, ihre ganze Kraft widmen müssen, wenn überhaupt etwas sich bewegen soll.

Aus der Bezeichnung »Veränderungsleiter«, die Peters gebraucht, ist klar erkennbar, daß die Dinge überall in Bewegung geraten sind. Daher nennt Gerd Gerken das neue Management auch kinetisch – abgeleitet von der Lehre der Bewegung, der Kinematik oder Kinetik. Seine Gegenüberstellung auf der folgenden Seite ist interessant.

Auch wenn für viele Begriffe ausführliche Erläuterungen notwendig wären, was im einzelnen darunter zu verstehen ist und wie sie praktiziert werden sollten, so ist doch eines aus dieser Aufstellung ersichtlich: Hier zeigt sich ein echter Paradigmenwechsel, indem Grundvoraussetzungen und Grundelemente bisherigen Denkens sich vielfach geradezu ins Gegenteil wandeln. Hieraus mag jeder Führende erkennen, was unter der Bezeichnung Neues Denken auf ihn zukommen wird, dem er sich nicht wird verschließen können.

Dabei müssen sich die Führenden als Mittler verstehen. Nicht wie im früheren Sinne, in dem man von oben herunter ihnen befahl: »Nun vermitteln Sie das mal Ihren Leuten!« Oder noch autoritärer: »Das müssen Sie Ihren Leuten beibringen!« Sondern als die Vermittler ihrer Mitarbeiter und deren Anliegen an die Geschäftsleitung. Nicht in der Art eines Betriebsrates, sondern breit gefächert in Ideen, Erkenntnissen, Vorschlägen und Kritiken, die in den Gruppen gewachsen sind und die nicht auf sich

Alt	Neu
Strategisches Management	Kinetisches Management
Physikalisches Weltbild Maschinen-Metapher Logik Rationalität Stabilität Strukturen Ziele Festigung fertiges Sein Wahrheiten lineare Zeit Optimierung	Biologisches Weltbild Fluß-Metapher/Fließen Paradoxa soziale Energie Instabilität Fluktuationen Prozesse Auflösung offenes Werden (Autopoiese) Wegwerf-Geist springende Zeit Transformation
Man managt den Kampf um Markt-Anteile.	Man managt seine Evolution innerhalb der globalen Evolution.
Ziel-Erreichung	Driften

Anmerkung des Verfassers: Ziel und Weg sind die beiden Begriffe, von denen wir auch in der Überschrift dieses Schlußsatzes ausgegangen sind und die sich hier wiederfinden!

beruhen bleiben sollten. Voll Stolz kann also ein Leitender berichten, daß seine Gruppe zu diesem Problem folgenden Vorschlag entwickelte oder zu einer anderen Sache eine ganz andere Meinung hat, die doch auch bei der Geschäftsleitung einmal durchdacht werden sollte. Der Führende hat in diesem Fall die Funktion des Sprechers seiner Mitarbeiter.

Und umgekehrt wird er auch in vielen Fällen Sprecher der

Geschäftsleitung sein – dann nämlich, wenn er Gedanken oder auch Reaktionen von dort wiederum der Gruppe übermittelt. Vielleicht ist es dann auch seine Aufgabe, einmal der Gruppe eine Ablehnung zu begründen, da die Geschäftsleitung noch andere Gesichtspunkte berücksichtigen mußte, die der Gruppe nicht in diesem Maße bewußt waren, als sie ihren Vorschlag einbrachte.

Wenn die musikalische Bezeichnung zu unserem III. Satz *Maiestoso sostenuto* lautet, so ist dies ironisch gemeint. Denn sie läßt sich etwa mit »lang anhaltender Herrlichkeit« übersetzen und trifft damit genau das hohe Roß, von dem unsere Führungskräfte in der deutschen Wirtschaft endlich herunterkommen müssen. In einem neu denkenden Unternehmen ist für solches Machtverständnis kein Platz mehr – wenn sich die Führenden in Abwandlung des berühmten Ausspruches von Friedrich dem Großen als »erste Diener ihres Unternehmens« verstehen wollten, dann wären wir schon viel weiter. Und das folgende Goethe-Zitat – einmal abgesehen von altmodischen Wortprägungen – ist wohl das, mit dem jeder in der Zukunft des Unternehmens sich befassen sollte:

Unglaublich ist, was ein gebildeter Mensch für sich und andere tun kann, wenn er – ohne herrschen zu wollen – das Gemüt hat, Vormund von vielen zu sein, sie leitet, dasjenige zur rechten Zeit zu tun, was sie doch alle gern tun möchten, und sie zu ihrem Wesen führt.

Dem ist – hinsichtlich des Selbstverständnisses – für Führungskräfte im neu denkenden Unternehmen nichts hinzuzufügen!

Der lebendige Organismus – ein Unternehmen – *Allegro*

Die musikalische Satzbezeichnung *Allegro vivace* (= *fröhlich lebend*) ist nicht von ungefähr. Denn das Grundprinzip der Tätigkeit im zukunftsorientierten Unternehmen soll das sein, daß die Arbeit Spaß macht, natürlich nicht in dem Sinne, daß alle ständig mit lachender Miene herumlaufen und dumme Witzchen reißen. Aber aus einer positiven Grundeinstellung heraus die täglichen Probleme anzugehen ist – da kann wohl niemand widersprechen – etwas ganz anderes, als mit miesem Gesicht in den Tag hineinzubrummen. Auch wenn der Einzelne einmal schlecht gestimmt ist oder ihn irgendwelche Probleme bedrücken, so muß er doch sich bewußt werden, daß die Kollegen am Arbeitsplatz nicht als Blitzableiter für seine schlechte Laune herzuhalten brauchen. Dies ist ein Grundsatz, den zu vermitteln jeder Führende bei jeder sich bietenden Gelegenheit die Aufgabe hat.

Wenn bereits – anhand eines Beispiels – erwähnt wurde, daß man in einem Unternehmen grundsätzlich nicht einen Schalter betätigen oder einen Hebel umlegen kann, um damit Neues Denken und neue Strukturen einzuführen, dann taucht natürlich die Frage auf, wie und wo man ansetzen kann, um einen entsprechenden Prozeß einzuleiten. Ein Prozeß, der sich mit Sicherheit über einen längeren Zeitraum hinziehen und auch von vielen Rückschlägen und Schwierigkeiten begleitet sein wird.

Dies ist zunächst abhängig von der Größe des Unternehmens: Bei einer Mitarbeiterzahl von fünf ist das kaum problematisch, bei fünfzig Mitarbeitern dagegen schon wesentlich komplizierter und langwieriger, weil die unterschiedlichsten Interessen berücksichtigt werden müssen. Und bei 500 Mitarbeitern ist dies ein Prozeß, der sich über Jahre hinweg entwickeln muß und bei dem man auch nicht ohne Fachberatung von außen auskommen wird.

Zur Größenordnung von Unternehmen habe ich eine grundsätzliche Einstellung: Ich möchte in keinem Falle in einem Unternehmen sein, das mehr als dreihundert Mitarbeiter zählt. Ich möchte noch jeden Einzelnen mit Namen kennen und jedem – wenn ich ihn treffe – die Hand geben können. Wenn Henry Ford I. einmal gesagt hat, ein Großunternehmen sei zu groß, um menschlich zu sein, dann kann ich dem nur voll zustimmen. Und wenn wir verlangen, daß der »Mensch im Mittelpunkt« stehen soll, dann ist eben auch dies gemeint – eine Masse anonymer Beschäftigter kann dies ein-

fach nicht bringen. Daher auch meine Empfehlung, die zahlreiche größere Unternehmen bereits in Ansätzen versuchen zu realisieren: Aufgliederung in selbständige Einheiten in überschaubaren Größen. So – und nur so allein – werden sich die Organismen Unternehmen entwickeln können zu natürlicher Lebensfähigkeit mit echter »Anteilnahme« im wahren Sinne des Wortes für die beteiligten Menschen!

Obwohl es verständlich erscheint, daß es ein Patentrezept zur Umstrukturierung eines Unternehmens zum Modell Organismus nicht geben kann, haben die bisherigen Erfahrungen eines gezeigt: Ansatzpunkt ist jeweils die *innerbetriebliche Information.* Wir haben dies schon ausführlich behandelt bei den Führungsfunktionen (s. II. Satz, S. 77 ff.), aber der Informationsfluß und die damit entstehende »selbstverständliche« Kommunikation sind ausschlaggebend für alle weiteren Entwicklungsschritte des Unternehmens. Denn dies ist entscheidend: Sie dienen vornehmlich dem Zweck, den Sinnzusammenhang aller Aktivitäten innerhalb des Unternehmens allen Mitarbeitern bewußtzumachen. Wenn, wie wir sagten, jeder an jeder Stelle weiß, warum er dies oder jenes tun muß, weil er erkennt, wieso andere Aktivitäten und Kollegen davon abhängig sind, dann wird er es auch ganz anders in Angriff nehmen, als wenn er diesen Zusammenhang nicht kennt. Und er wird darüber hinaus auch selbst, wenn er da oder dort eine Stokkung oder Störung erkennt, mit eigenem Einsatz, Vorschlägen, direkter Kommunikation oder Notlösungen dafür sorgen, daß die Aktivität, der Ablauf, der Vorgang oder das Zusammenwirken nicht mehr behindert sind. Dieses Prinzip ist im Grunde so einfach zu begreifen, daß es auch jeder Führende in jeder Position den ihm verbundenen Mitarbeitern vermitteln kann – und dies ständig, weil die gesamte Unternehmensenergie davon abhängig ist.

Wenn dieses Informationssystem funktioniert, dann sind mit ihm die besten Voraussetzungen dafür gegeben, daß auch *organisatorische Entwicklungen* in Angriff genommen werden können und daß dann auch – im Zusammenhang mit Visionen – die Zielsetzungen durch die *Motivation* eines jeden Einzelnen getragen werden. Das ist dann das echte Zusammenwirken der Führungsfunktionen.

Zwei entscheidende Bereiche des Unternehmensorganismus können aber nur – unter der Voraussetzung funktionierender Kommunikation – mit Organisation und Motivation in Angriff genommen und zu einer allseits befriedigenden Lösung geführt werden: die Arbeitszeit sowie die finanzielle Struktur der Beteiligung und der Leistungsvergütung.

Zur *Arbeitszeit* in einem Organismus Unternehmen ist zu verlangen, daß diese in internen Absprachen geregelt werden muß und situativ völlig unterschiedlich sein kann – ja sogar zukünftig zwangsläufig sein wird. Denn jedes Unternehmen hat seine eigenen Faktoren des Marktes, der Produktion bzw. Dienstleistung, der Konjunktur- und Auftragslage, der eigenen Leistungsmöglichkeiten sowie seiner Planungen und Zielsetzungen, daß es von daher allein bereits offensichtlich wird, welch ein Schwachsinn das Hineinreden Fremder in die Zeit- und Leistungseinteilung an sich schon ist. Die Regelungen der Soundsoviel-Stunden-Wochen sind in einer Zeit entstanden, in der sie – und das gilt teilweise noch bis heute – notwendig waren, um die Mitarbeiter nicht in ihrer Abhängigkeit auszubeuten. Diese Gefahr besteht in dem Unternehmen, in dem alle Mitarbeiter Anteilseigner sind, nicht mehr. Auch wenn die Gewerkschaften vor Wut aufheulen werden, die Mitarbeiter regeln ihre Anliegen in dieser Hinsicht selbst, zumal niemand anderer, am wenigsten betriebsfremde Außenstehende, in der Lage sein können, alle Erfordernisse zur Existenzerhaltung des Unternehmens so treffend zu beurteilen wie die »Betroffenen« selbst – hier trifft dieses Wort den Nagel auf den Kopf! Und sie werden, weil sie auch entsprechend informiert sind, selbst am besten beurteilen können, wann was zu tun sein muß oder wann man es, vielleicht entsprechend der Auftragssituation, etwas langsamer angehen kann und nicht gezwungen sein wird, die vorgeschriebenen Wochenstunden untätig abzusitzen.

Noch größere Proteste können von den Gewerkschaften erwartet werden, wenn sie vor die Tatsache gestellt werden, daß in immer mehr Unternehmen auch ihr Mitwirken bei den Tarifabschlüssen nicht mehr erforderlich sein wird, weil die *Beteiligung* und die *Leistungsvergütung* von den nunmehrigen Miteigentümern selbst in die Hand genommen werden. Man braucht über diese Abkehr von der sogenannten Tarifautonomie nicht böse zu sein in weltanschaulicher Hinsicht, denn die Betroffenen regeln ja die Dinge intern selbst – eigentlich die höchste Form der Tarifautonomie, die es geben kann. Und in finanzieller Hinsicht könnte man auch über eine solche Entwicklung glücklich sein. Aber leider hat noch niemals jemand eine Rechnung aufgemacht darüber, welche Milliarden D-Mark die deutsche Volkswirtschaft einsparen könnte, wenn die mit schöner Regelmäßigkeit alljährlich stattfindenden Tarif-Schaukämpfe nicht mehr wären. Was durch diese völlig unnötigen Selbstdarstellungen und Muskelspielereien auf beiden Seiten (einschließlich der dazwischen eingeschobenen Arbeitskämpfe mit Streiks und Aussperrungen) an Energie und Kapital vergeudet wird, ist unvorstellbar. Gerade im Jahre 1992 haben einige Gewerkschaftsfunktionäre anscheinend Einsicht im Zusammenhang mit dem Aufbau Ost zeigen wollen, indem sie von Entgegenkommen bis hin zu Nullrunden sprachen. Aber dies war – in Hinblick auf das Gesamtverhalten der DGB-Funktionäre – nur eine Taktik zur Selbsterhaltung, weil die Öffentlichkeit sonst überhaupt kein Verständnis mehr hätte aufbringen können.

Die Daseinsberechtigung von Gewerkschaften und Funktionären, die von außen in den Betrieb hineinreden, wird mit unserem Modell des Unternehmens als selbstverantwortlicher Organismus sowieso zukünftig ernsthaft in Frage gestellt werden.

Bei Neugründungen von Unternehmen – was relativ viel seltener der Fall sein wird – sind die Dinge einfach: Die Beteiligungen sowie die Leistungsvergütungen können von vornherein festgelegt werden und bedürfen dann jeweils nur noch der entsprechenden Flexibilität, um im Unternehmen gelebt werden zu können. Bei den meisten Unternehmen jedoch, die bereits existieren und die sich verändern wollen, gibt es eine große Anzahl von Hemmnissen, auch durch bestehende Gesetze und Verordnungen. Hier kann vor allem die »Arbeitsgemeinschaft zur Förderung der Partnerschaft in der Wirtschaft e. V.« (AGP), Sitz in Kassel, raten und helfen. Allein unter ihrer Mitwirkung wurden in den letzten Jahrzehnten mehr als 2000 Modelle der verschiedensten Art entwikkelt, die in deutschen Unternehmen mit Erfolg praktiziert werden. Und fast täglich kommen neue hinzu. Man kann dort alles finden, von der betrieblichen Altersversorgung bis hin zur Übergabe des gesamten Unternehmens, wenn etwa der Firmengründer und Alleininhaber im Alter dieses den Mitarbeitern schenkte. Die größten Schwierigkeiten bereiten nach wie vor die gesetzlichen Bestimmungen wie z. B. die durch das BVG (Betriebsverfassungsgesetz), von denen man aber hoffen kann, daß zu einem nicht mehr entfernten Zeitpunkt manche Politiker – Musterbeispiel Ministerpräsident Kurt Biedenkopf in Sachsen – endlich die Zeichen der Zeit erkennen und hier mehr Spielraum gegeben werden kann.

Wenn mit Zustimmung aller beteiligten Mitarbeiter diese nunmehr dann Mitunternehmer und -eigentümer geworden sind, dann wird es auch gelingen, aus der Vision Realität werden zu lassen. Ein dergestalt entwickeltes Unternehmen wird seinen Beitrag nicht nur für das Glück seiner Menschen bringen, sondern auch in der Gesellschaft einen Baustein zu neuem Leben bilden.

Überleben in der Evolution – *Largo*

Die zuvor erwähnten Vokabeln wie Tariferhöhungen oder Arbeitszeitverkürzungen klingen lächerlich, wenn wir uns bewußt machen, in welcher Zeit wir leben. Wir sind mit den derzeitigen Turbulenzen in allen Bereichen des menschlichen Lebens und überall auf der Erde mitten in dem schon erwähnten Evolutionssprung. Ken Wilber beschreibt dies eindringlich in seinem lesenswerten Werk »Halbzeit der Evolution«, indem er interdisziplinär darstellt, was sich zur Zeit in der Schöpfung und auf unserer Mutter Erde abspielt. Und verschiedene andere Denker unserer Zeit, wie etwa der Nobelpreisträger Ilja Prigogine, der Biologe Rupert Sheldrake, die Neurobiologen Maturana und Varela sowie der Psychologe Paul Watzlawick – um nur einige zu nennen – bestätigen uns dies eindringlich und unwiderlegbar.

Am augenfälligsten demonstrierte sich dies dem Verfasser dadurch, daß – es gibt ja keine Zufälle (!) – wenige Wochen vor der Drucklegung dieses Werkes das Buch von Ervin Laszlo »Evolutionäres Management« auf seinen Schreibtisch gelangte, dessen Inhalte und Grundgedanken nahezu deckungsgleich mit unseren bislang erarbeiteten Erkenntnissen sind. Daher sollen einige Vergleiche der Grundideen im folgenden angestellt werden. Laszlo, in seiner Jugend erfolgreicher Konzertpianist, hat sich später dem Zeitgeschehen und der Philosophie zugewandt – er ist Gründungsmitglied des »Club of Rome«, hat über 50 Bücher verfaßt und ist Herausgeber mehrerer Zeitschriften und Buchreihen. Neben verschiedenen europäischen Lehrstühlen vertritt er auch zahlreiche internationale wissenschaftliche Institutionen und ist wissenschaftlicher Berater des Generalsekretärs der UNESCO.

Für das 1992 erschienene Werk »Evolutionäres Management« schrieb Daniel Goeudevert im Vorwort unter anderem: ». . . Führungskräfte standen zu Recht vielen akademischen Herangehensweisen an die pragmatische Komplexität des Marktes skeptisch gegenüber. Die zeitgenössische Evolutionstheorie kehrt das ganze Verhältnis zwischen Unternehmen und der akademischen Welt um: Die Theorie ist unglaublich einfach, und je häufiger man sie anwendet, desto größer wird der Bereich der Komplexität, für den sie gilt.« Dieser Satz hätte auch als Geleitwort zu unserem Buch geschrieben sein können.

In Laszlos Buchtext wird die Parallelität der Grundgedanken zu unseren erarbeiteten Erkenntnissen besonders deutlich, wenn er

(S. 191 ff.) »Grundwerte und Wandlungsprozesse in folgenden Bereichen und Beziehungen . . .« darstellt:

- Die Beziehung zwischen Mensch und Natur: . . . *neolithischer Irrtum betrachtet den Menschen als Beherrscher der Natur . . . Das neue Bewußtsein sieht die Menschheit als einen organischen Bestandteil des sich selbst erhaltenden und sich selbst entwikkelnden Systems der Natur im planetaren Zusammenhang der Biosphäre. Die Geisteshaltung des klassischen Industriezeitalters war atomistisch und fragmentiert . . . Das neue Bewußtsein nimmt Verbindungen sowie die Kommunikation zwischen den Menschen und der Natur wahr und betont die Einheit . . .* Nichts Anderes besagen auch unsere Feststellungen zur »Ganzheitlichkeit« sowie zum »homo integrans«. (S. 47 ff.) (Prämisse 0)
- Besitz und Tragbarkeit: . . . *(bislang) in der industriellen Kultur wurde die Häufung materieller Güter als der Gipfel des Erfolgs betrachtet . . . Das neue Bewußtsein stellt die Tragbarkeit der wertschöpferischen Prozesse in den Vordergrund . . .* Dies haben wir im Zusammenhang mit den Finanzen (s. S. 284 ff.) und mit der Corporate Identity mehrfach erwähnt.
- Männerherrschaft und Partnerschaft – Komplementäre Geschlechterrollen: . . . *das neue Bewußtsein richtet sich an der Partnerschaft von Männern und Frauen aus, und es ist eher mitbestimmend als hierarchisch orientiert . . . Es bewertet das Teilen und die gegenseitige Ergänzung und stellt sich gegen Kommandostrukturen und blinde Gehorsamkeit. – . . . (bislang) wurden Frauen typischerweise als ungelernte oder angelernte Arbeitskräfte behandelt . . . Die neue Kultur des Unternehmens bringt die Frau auf alle Ebenen der Entscheidungsfindung – sie erkennt die gegenseitige Ergänzung der Fertigkeiten, Belange und Persönlichkeiten von Männern und Frauen . . .* Diese Aussagen haben wir als Grundsätzlichkeit so verstanden (s. S. 11).
- Hierarchische oder verteilte Entscheidungsfindung: . . . *(bislang) disziplinierte Hierarchie, in der das Topmanagement über*

alle entscheidenden Parameter der Unternehmenstätigkeit entschied. Die neue Unternehmenskultur bewegt sich hin zur dezentralisierten Entscheidungsfindung durch netzähnliche Strukturen, in welchen die Menschen, die einem Problem am nächsten sind, die Aufgabe lösen und die Verantwortung für die alltäglichen Entscheidungen tragen. Genau dies ist das Hauptanliegen unseres Unternehmens-Modells »Zirkel 2000« und entsprechend vielfach behandelt.

- Mensch oder Maschine: ... *Das klassische Management betrachtete den Menschen als den verlängerten Arm der Maschine und ersetzte »unzuverlässige« Menschen durch »zuverlässige« Maschinen, wo immer dies möglich war. Die neue Unternehmenskultur ist der Ansicht, daß der Mensch in allen Phasen der Unternehmenstätigkeit lebenswichtig ist und nicht durch die Automatisierung ersetzt werden kann.* Dies entspricht nicht nur unseren Prämissen 3 und 5, sondern ist auch der Grundgedanke für unseren gesamten V. Satz, nach dem der Organismus Unternehmen sich am Menschen orientiert.
- Mechanische Aufgaben oder verantwortungsvolle Tätigkeiten: *Die Unternehmen alter Art teilten die Aufgaben nach der Taylorschen Methode in ... Fertigkeiten auf ... und mechanisierten den Arbeitsprozeß ... Das neue Unternehmen nutzt halbautonome Arbeitsgruppen und optimiert ihren Beitrag durch die Übertragung eines umfassenden Verantwortungsbereichs, der ihren vielfältigen Fähigkeiten und ihrer vielseitigen Leistungsfähigkeit entspricht.* Dies haben wir im IV. Satz ausführlich erkannt und auch zum Synergie-Effekt im entsprechenden Intermezzo dargestellt.
- Kontrolle oder Selbstbestimmung: *Das Management der alten Art setzte in allen Arbeitsphasen rigorose Kontrollen ein – es benutzte dabei Aufsichtspersonal, Spezialisten und automatisierte Kontrollverfahren. Der neue Stil verläßt sich auf Selbstbestimmung durch halbautonome Arbeitsgruppen und umfassend vernetzte Unterabteilungen.* Nicht nur in unserem IV. Satz, son-

dern auch bei der Individualität (S. 215 ff.) ist die Entwicklung des Verantwortungsbewußtseins ausführlich behandelt worden.

- Konkurrenz und Kooperation: *Die klassische Industriegesellschaft förderte ein machthungriges, um den Gewinn konkurrierendes Arbeitsethos. Sie nahm die Wirtschaft als Arena für den Kampf ums Überleben und den Gewinn wahr ... Das neue Bewußtsein betont den Wert der Zusammenarbeit stärker als die Konkurrenz und mäßigt die Konkurrenzlust des (bisherigen) Arbeitsethos durch die Toleranz und die Wertschätzung der Vielfalt sowie den Mut, mit Institutionen und Praktiken zu experimentieren, welche die Harmonie zwischen den Menschen und der Natur befördern.* Diese Harmonie ist auch der Grundgedanke zur Gliederung unseres Buches als Musikdarbietung. Und die These »Kooperation statt gnadenloser Konkurrenz« ist ein Leitsatz, den wir bezüglich des Umgangs mit dem Markt als entscheidend bezeichnet haben.

Laszlos Werk, das leider die Schwäche hat, in vielen Passagen allzu wissenschaftlich und dadurch für den Normalbürger schwer verständlich ausgedrückt zu sein, ist eine hervorragende Darstellung, die unseren Gedanken zum lebendigen Organismus Unternehmen vollauf bestätigt – die Dinge liegen einfach in der Luft!

Was also sollte uns daran hindern, mit unserem Modell des Unternehmens als Organismus zu versuchen, diese Turbulenzen des Paradigmenwechsels durchzustehen, indem wir den erkennbaren Trends der Entwicklung folgen, um zu überleben? Zur Ganzheit und zu ganzheitlichem Verständnis, das die geistige Grundlage für unser Überleben bilden wird, gibt es keine treffendere Erklärung als die von Hermann Hesse:

Ich glaube an nichts in der Welt so tief, keine andere Vorstellung ist mir so heilig wie die der Einheit, die Vorstellung, daß das Ganze der Welt eine göttliche Einheit ist und daß alles Leiden, alles Böse darin besteht, daß wir einzelne uns nicht mehr als unlösbare Teile des Ganzen empfinden. . . . Die Einheit, die ich hinter der Vielheit verehre, ist keine langweilige, keine graue, gedankliche theoretische Einheit. Sie ist ja das Leben selbst, voll Spiel, voll Schmerz, voll Gelächter . . .

Und in dieser ganzheitlichen Welt finden wir auch den Organismus des Unternehmens als einen lebendigen Teil des Ganzen. Jeder ihr verbundene Mensch kann also an dieser Ganzheit teilhaben.

Ausklang *Coda*

Coda = Schlußteil eines Instrumentalwerkes – kann einem Werk jedoch nicht willkürlich angehängt werden, sondern ist vielmehr eine künstlerische Notwendigkeit zur Vollendung der Architektonik einer Komposition.

(Zitat Musiklexikon)

Es könnte beinahe paradox klingen, wenn gerade ein Lexikon der Musik sich in dieser vorstehenden Definition eines Bildes aus der Baumeisterei bedient, um die Funktion einer Coda zu beschreiben. Wenn wir jedoch die Architektonik ebenfalls als eine Kunst sehen und nicht als schnöde linkshirnige Zusammenfügung von Formeln und Kräften, dann wird erkennbar, daß etwa der Schlußstein eines harmonischen Bauwerkes eben den gleichen vollendenden Wert hat wie wohl die Schlußtakte eines harmonischen Konzertes. Und jeder mag schon beim Erlebnis eines solchen Endes die in ihm nachhallende Wirkung eines *Ausklanges* verspürt haben, die ihm vielleicht nur langsam gestattete, wieder aus dem Reich der Klangharmonien in die Realität des Daseins zurückzufinden. So, wie es beim Betrachten des gotischen Meisterwerkes einer Kathedrale eben auch seine Zeit braucht, bis man sich wieder in die Wirklichkeit des Alltags zurückfinden kann.

Gestatten Sie mir, liebe Leserin und lieber Leser, daß ich Sie nunmehr ebenfalls aus dem Reich der Visionen, die ich versucht habe in einem harmonischen Zusammenklang in Form eines Konzertes darzubieten, wieder zurückholen möchte in die Wirklichkeit, die – wie wir alle wissen – sehr oft von der gewünschten Harmonie noch sehr weit entfernt ist – ja: sie vielfach gar nicht zuzulassen scheint. Daß dies aber wirklich nur so scheint, möchte ich im folgenden darlegen.

Ich bin wahrlich kein so hoffnungsloser Phantast zu glauben, daß alles, was ich in meinem vorstehenden Werk dargestellt habe, sich – nach einigen zugestandenen Turbulenzen – schließlich in absehbarer Zeit in den Alltag des Unternehmensdaseins umsetzen lassen wird. Wobei das Eigenschaftswort »hoffnungslos« sich lediglich darauf beziehen mag, daß dem Phantasten wohl kaum mehr zu helfen sein mag, weil er in höhere und unreale Sphären abhebt. Aber ich bin in meinen Phantasien und Visionen in Wirklichkeit voller Hoffnung, daß sie sich in absehbarer Zeit realisieren werden – nicht weil ich dies etwa wünsche, sondern weil ich in unserem derzeitigen Entwicklungsprozeß es beinahe tagtäglich erlebe. Auch während ich an diesem Buch gearbeitet habe, sind mir soundso viele Informationen und Erkenntnisse »zugefallen«, daß ich – der ich, wie in der 3. Kadenz geschildert, sowieso an keine »Zufälle« glaube – in zunehmendem Maße von der Richtigkeit des eingeschlagenen Weges überzeugt wurde. Einiges davon habe ich im Text angedeutet.

Sicherlich stimmen wohl alle Leser mit mir überein, daß die vielen Möglichkeiten zur Veränderung und damit zur Realisierung eines Unternehmensorganismus keineswegs sich alle von heute auf morgen in die Praxis umsetzen lassen können – wer dies glaubt, ist wirklich ein hoffnungsloser Phantast, auch wenn er noch so viele Hoffnungen haben möge. Aber eine so hundertprozentige Realisierung der angedeuteten Visionen ist ja auch gar nicht notwendig. In Umkehrung unserer Überschrift des Finales »Der Weg ist das Ziel« könnten wir hier auch sagen, daß das Ziel der Weg ist. Und dieser Weg ist für jeden Einzelnen und für jedes Unternehmen unterschiedlich – allein schon deshalb, weil Jeder aus einer anderen Startposition handelt. Nicht nur dies – auch die Schritte eines jeden Einzelnen sind unterschiedlich, groß oder klein und schnell oder langsam – ganz der jeweiligen Fähigkeit angemessen. Und schließlich wird darüber hinaus auch noch Jeder unterschiedliche Hindernisse und Schwierigkeiten auf dem Wege antreffen, die zu individueller Verhaltensweise, zu Umwegen oder gar zu Umleitungen der Anlaß sein können. – Aber die Bewältigung dieses Weges kann auch ein Ziel sein, nämlich das des Wachsens und Sichentwickelns, das stets ein Gutteil unseres Daseins ausmacht.

Nunmehr haben Sie, meine verehrten Leser, die weitere Verantwortung für den ferneren Lebensweg Ihrer selbst und Ihres Unternehmens allein in der Hand. Was ich dazu tun konnte, habe ich getan, indem ich Ihnen gedankliche Anregungen gegeben habe, deren Umsetzung fallweise möglich sein wird. Manche meiner Freunde sagen mir – oft scherzhaft, aber durchaus mit ernstem Hintergrund – ein gewisses Sendungsbewußtsein nach. Sei's drum: was wäre daran negativ? Ich möchte vielen Menschen und vielen Unternehmen gedankliche Hilfen geben, um einen Übergang in die uns bevorstehende Neue Zeit möglichst schmerzfrei zu schaffen. Und ich möchte dazu beitragen, daß in dieser Zukunft ein wenig mehr Menschlichkeit – auch in den Unternehmen – praktiziert wird, deren wir alle bedürfen. Wenn mir dies auch vielleicht nur in wenigen Fällen der Realisierung meiner Gedanken gelingen könnte, dann wäre ich – jetzt im Herbste meines Lebens stehend – sehr glücklich. Ich wünsche mir eine solche Erfüllung – und Ihnen, meine verehrten Leserinnen und Leser, einigen Nutzen aus diesem Werk. – Ich vertraue auf eine bessere Zukunft!

Die Prämissen (Übersicht)

Schöpfung betrachten, die zu achten und zu erhalten für lebenswichtig erkannt und zu praktizieren notwendig ist.

15 Visionen im Unternehmen sind praktikable Möglichkei- 321
ten, in turbulenten Zeiten durch flexiblere Verhaltensweisen zur Existenzerhaltung und Zukunftssicherung realisierbare Wege zu finden.

Literaturverzeichnis

Ammelburg, Gerd: Die Unternehmens-Zukunft – Strukturen und Führungsstil im Wandel zum 3. Jahrtausend, Rudolf-Haufe-Verlag, Freiburg 4. aktualisierte Auflage 1993

Ammelburg, Gerd: Handbuch der Gesprächsführung, Verlag Herder & Herder, Frankfurt/New York 1974

Ammelburg, Gerd: Konferenztechnik – Gruppengespräche – Teamarbeit – Workshops – Kreativsitzungen, VDI Verlag, Düsseldorf, III. Aufl. 1992

AGP – Arbeitsgemeinschaft zur Förderung der Partnerschaft in der Wirtschaft e. V.: Wilhelmshöher Allee 283 a, 3500 Kassel

ASU – Arbeitsgemeinschaft Selbständiger Unternehmer e. V.: Ethik und Marktwirtschaft – Positionen und Argumente, Selbstverlag, Bonn 1990

Augras, Robert/Stamciu, George: Die neue Biologie – der Umbruch in der Wissenschaft vom Leben, Scherz Verlag, München 1988

Beer, Ulrich: Praktisches Selbstmanagement – Die Grundlagen des persönlichen Erfolges, Herderbücherei Nr. 1040, Freiburg 1983

Bethmann, Joh. Phil. Frhr von: Die Zinskatastrophe, Athenäum-Verlag, Königstein VI. Aufl. 1985

Bethmann, Joh. Phil. Frhr von: Der verratene Kapitalismus – Die Ursachen der Krise, Athenäum-Verlag, Königstein 1984

Birkenbihl, Michael: Karriere und innere Harmonie sind möglich, mgv-Verlag, München 1991

Bonsen, Matthias zur–: Erfolgsfaktor »Vision« in: »Marketing-Journal«, 6/1987

Briam, Karl-Heinz: Arbeiten ohne Angst – Arbeitsmanagement im technischen Wandel, ECON Verlag, Düsseldorf 2. Aufl. 1986

Bruckmann, Gerhart/Swoboda, Helmut: Auswege in die Zukunft – Was kommt nach der Konsumgesellschaft?, Molden, Wien, München, Zürich 1974

Bruppacher, Peter R.: Neues Denken, neue Chancen – Unternehmertum, Verlag Neue Züricher Zeitung, Zürich 1989

Capra, Fritjof: Wendezeit – Bausteine für ein neues Weltbild, Scherz Verlag, München–Wien–Bern 1982

Club of Rome: Die Herausforderung des Wachstums – Globale Industrialisierung: Hoffnung oder Gefahr?, Scherz Verlag, Bern, München, Wien 1990

Dahrendorf, Ralf: Die Chancen der Krise, Deutsche Verlags-Anstalt, Stuttgart 2. Aufl. 1983

Floßdorf, Bernhard: Das wilde Denken kehrt zurück – Betrachtungen zur postliteralen Gesellschaft, Radar für Trends, Worpswede 1986

FAZ – Frankfurter Allgemeine Zeitung: Leitartikel von Michael Hafemann: Eine Prokura für die Unternehmensethik, Ausg. v. 29. 08. 1992

Fromm, Erich: Haben oder Sein – die seelischen Grundlagen einer neuen Gesellschaft, DVA Stuttgart 1976

Gerken, Gerd: Geist – Das Geheimnis der neuen Führung, ECON Verlag, Düsseldorf 2. Aufl. 1991

Gerken, Gerd: Management by Love – Mehr Erfolg durch Menschlichkeit, ECON Verlag, Düsseldorf 1990

Gerken, Gerd: Radar für Trends – Info System der MUDITAS GmbH, Worpswede

Haken, Hermann: Erfolgsgeheimnisse der Natur – Synergetik: Die Lehre vom Zusammenwirken, Deutsche Verlags-Anstalt, Stuttgart 1981

Halbe, Paul: Die neuen Unternehmen: Wie aus Mitarbeitern Mitunternehmer werden, Haufe Verlag, Freiburg 1986

Halbe, Paul: Selbstverantwortung und Mitverantwortung im Unternehmen – Neue Horizonte unternehmerischer Arbeit, Rudolf Haufe Verlag, Freiburg 1992

Handelsblatt: v. 26./27. April 1991

Hansen, Knut: Die Führungspersönlichkeit, Band 2: Das innere Potential, Consulting und Training GmbH, Taunusstein 1989

Harman, Willis W.: Gangbare Wege in die Zukunft, Verlag Darmstädter Blätter, Darmstadt 1978

Heinold, Ehrhardt: Erfolgreich durch strategisches Denken und Handeln – Ein Trainingssystem, ECON Verlag, Düsseldorf 1989

Herrmann, Ned: Kreativität und Kompetenz: Das einmalige Gehirn, PAIDIA Verlag in der TAM Buchhandlung, Fulda 1991

Hesse, Hermann: Das Glasperlenspiel, Suhrkamp-Verlag, Frankfurt/Main VI. Aufl. 1975

Höhler, Getrud: Spielregeln für Sieger, ECON Verlag, Düsseldorf 6. Aufl. 1992

Hub, Hanns: Unternehmensführung, Gabler Verlag, Wiesbaden 2. Aufl. 1988

Illies, Joachim: Der Jahrhundert-Irrtum – Würdigung und Kritik des Darwinismus, Umschau Verlag, Frankfurt/Main 1983

Jahrmarkt, Manfred: Das TAO-Management – Erfolgsschritte zur ganzheitlichen Führungspraxis, Rudolf Haufe Verlag, Freiburg 3. Aufl. 1991

Jastrow, Robert: God and the Astronomers, Norton, New York/London 1978

Jenni, Markus J.: Mein persönliches Lebenskonzept, Selbstverlag bei MOTINOVA, Merligen 1992

Jeserich, Wolfgang: Der Wandel zum neuen Bewußtsein in der Unternehmensführung, erschienen in: »management & seminar« 2/92, Verlag Neuer Merkur, München

John, Erich/Rechenauer, Ottmar: Zusammenarbeit mit Unternehmensberatern, RKW, Eschborn, Nr. 1132, 1992

Jonas, Hans: Das Prinzip Verantwortung – Versuch einer Ethik für die technologische Zivilisation, Suhrkamp Verlag, Frankfurt 1. Aufl. 1984

Landolt, Johannes Georg: Ende oder Wende – in Politik, Wirtschaft und Kultur – Wege in eine menschenwürdigere Gesellschaft, New Age Editions SA, Bôle/Neuchatel 1987

Laszlo, Ervin u. a.: Evolutionäres Management – Globale Handlungskonzepte, PAIDIA Verlag in der TAM Buchhandlung, Fulda 1992

Lauterburg, Christoph: Vor dem Ende der Hierarchie – Modelle für eine bessere Arbeitswelt, ECON Verlag, Düsseldorf 1978

Lay, Rupert: Über die Kultur des Unternehmens, ECON Verlag, Düsseldorf 1992

Lay, Rupert: Ethik für Manager, ECON Verlag, Düsseldorf 1989

manager magazin: 11/92, Verlagsgesellschaft mbH, Hamburg

Mann, Rudolf: Der ganzheitliche Mensch – Lebenssinn und Erfüllung im Beruf, ECON Verlag, Düsseldorf 1991

Mann, Rudolf: Das ganzheitliche Unternehmen – Die Umsetzung des Neuen Denkens in der Praxis zur Sicherung von Gewinn und Lebensfähigkeit, Scherz Verlag, Bern–München–Wien 1988

Mann, Rudolf: Das visionäre Unternehmen - Der Weg zur Vision in 12 Stufen, Gabler, Wiesbaden 1990

Maslow, Abraham H.: Psychologie des Seins, Fischer Taschenbuch Nr. 42195, Frankfurt/Main 1978

Maturana, Humberto R./Varela, Francisco J.: Der Baum der Erkenntnis, Scherz Verlag, München–Wien–Bern 1987

Mohn, Reinhard: Erfolg durch Partnerschaft - Eine Unternehmensstrategie für den Menschen, Siedler Verlag, Berlin 1986

Molzberger, Peter: Synergetische Zusammenarbeit - ein Schwimmkurs für Führungskräfte, München 1989

Molzberger, Peter/Niegel, Wolfgang (Hrsg.): Aspekte der Selbstorganisation (i. d. Reihe: Informatik-Fachberichte 304), Springer-Verlag, Berlin–Heidelberg 1992

Müller, Rüdiger: Wandlung zur Ganzheit, Herder Verlag, Freiburg 1981

Naisbitt, John: Megatrends - 10 Perspektiven, die unsere Welt verändern werden, Hestia Verlag, Bayreuth 1984

Ogger, Günter: Nieten im Nadelstreifen - Deutschlands Manager im Zwielicht, Droemer-Knaur Verlag, München 1992

Peters, Thomas A./Waterman jun., Robert H.: Auf der Suche nach Spitzenleistungen - Was man von den bestgeführten US-Unternehmen lernen kann, verlag moderne industrie, Landsberg/Lech 6. Aufl. 1986

Popper, Karl R./Eccles, John C.: Das Ich und sein Gehirn, Piper, München 1982

Prigogine, Ilya/Stengers, Isabelle: Dialog mit der Natur - Neue Wege naturwissenschaftlichen Denkens, Piper Verlag, München 1981

Rosenstiel, Lutz von/Friedemann W. Nerdinger/Spieß, Erika: Was morgen alles anders läuft - Die neuen Spielregeln für Manager, ECON Verlag, Düsseldorf 1991

Russell, Peter: Die erwachende Erde - Unser nächster Evolutionssprung - aus dem Engl.; The Awakening Earth - The Global Grain, 1982 - Deutsch: Heyne, München 1984

Sander, Reinhard (Hrsg.)/Roth, Karin u. a.: Ökologische Reform der Wirtschaft - Programmatik und Rezepte, Bund-Verlag, Köln 1992

Schleip, Walter: Nordhoff - Leitbild des Unternehmers von heute und morgen - als Manuskript gedruckt 1968

Schnappauf, Rudolf A.: Bewußtseins-Entwicklung - Herausforderung für uns alle, Gabal, Speyer 2. Aufl. 1992

Sheldrake, Rupert: Die Wiedergeburt der Natur - Wissenschaftliche

Grundlagen eines neuen Verständnisses der Lebendigkeit und Heiligkeit der Natur, Scherz Verlag, Bern, München, Wien 1991

Sprenger, Reinhard K.: Mythos Motivation - Wege aus einer Sackgasse, Campus Verlag, Frankfurt-New York 1992

Sprüngli, Rudolf Konrad: Evolution und Management - Ansätze zu einer evolutionistischen Betrachtung sozialer Systeme, Verlag Paul Haupt, Bern/Stuttgart 1981

Tengelmann, Curt: Antiautoritäre Unternehmensführung, Sauer-Verlag, Heidelberg 1972

Unternehmenskultur - ein Weg zum Markterfolg, Bachinger, Richard (Hrsg.), Frankfurter Allgemeine Zeitung, 1990

Weizsäcker, Carl Friedrich v.: Bewußtseinswandel, Carl Hanser Verlag, München 1988

Wilber, Ken: Halbzeit der Evolution - Der Mensch auf dem Weg vom animalischen zum kosmischen Bewußtsein, Scherz Verlag, Bern, München, Wien 1981

Zaleznik, Abraham: Führen ist besser als Managen, Haufe, Freiburg 1989

Ziegler, Armin: Deutschland 2000 - Die Zukunft von Wirtschaft, Management, Marketing, Technik und Gesellschaft, ECON Verlag, Düsseldorf 1992

Zürn, Peter: Vom Geist und Stil des Hauses - Unternehmenskultur in Deutschland, verlag moderne industrie, München 1985

Personen- und Sachregister

Redaktioneller Hinweis des Verfassers:

Gestatten Sie mir, meine verehrten Leserinnen und Leser, Sie auf eine Besonderheit aufmerksam zu machen, die zwar im Text bereits erwähnt worden ist, jedoch viel zur Abrundung des Inhaltes beitragen kann:
Gleichzeitig mit dem vorliegenden Buch erscheint die 4. aktualisierte Auflage meines 1985 erstmals herausgekommenen Erfolgsbuches

Die Unternehmens-Zukunft
Strukturen und Führungsstil im Wandel zum 3. Jahrtausend

Dieses Werk, das Klaus-Gerd Kaltenbrunner als ein »Kultbuch für die neue Generation der Unternehmer« bezeichnete, ist mein Lebenswerk, in dem ich all das vermittelt habe, was ich in vier Jahrzehnten als Unternehmer und Berater von Unternehmen gelehrt und gelernt habe. Eine Vielzahl von positiven Urteilen bestätigt die außerordentliche Bedeutung dieses Buches in einer Zeit tiefgreifender wirtschaftlicher Veränderungen.
Das Ihnen hier vorliegende Buch »Organismus Unternehmen« ist gewissermaßen die vertiefende Fortführung der in »Unternehmens-Zukunft« dargestellten Gedanken unter Berücksichtigung dessen, daß in den vergangenen sieben Jahren bereits einiges von dem sich zu verwirklichen andeutete, was damals noch Visionen und Wunschträume waren. Die beiden Bücher, von Inhalt und Gestaltung her sehr verschieden, lassen sich jedoch nicht trennen: Sie beziehen sich vielfach gegenseitig aufeinander und bilden gemeinsam eine komplexe Sicht, auf der unternehmerische Zukunftsentwicklungen aufgebaut und realisiert werden können. Für denjenigen Leser, der sich ernsthaft mit der Umsetzung der Darstellungen in seine tägliche Unternehmenspraxis beschäftigen will, ist es daher empfehlenswert, auch das andere Werk zur Kenntnis zu nehmen und in seine Überlegungen mit einzubeziehen.

Gerd Ammelburg: DIE UNTERNEHMENS-ZUKUNFT – *Strukturen und Führungsstil im Wandel zum 3. Jahrtausend*
ISBN 3-448-01542-3, Rudolf Haufe Verlag, Freiburg, 4. aktualisierte Auflage 1993, Ln. geb. mit Schutzumschlag – 520 Seiten –, mit Farbteil, zahlreichen Illustrationen sowie Übungsbogen – DM 68,–

John Naisbitt und Patricia Aburdene

Megatrends 2000

Zehn Perspektiven für einen Weg ins nächste Jahrtausend

408 Seiten, gebunden, mit Schutzumschlag

Wir stehen am Beginn einer neuen Ära. Vor uns liegt das wichtigste Jahrzehnt in der Geschichte der Zivilisation, eine Periode überwältigender technischer Innovationen, beispielloser ökonomischer Chancen, nie für möglich gehaltener politischer Reformen und einer gewaltigen kulturellen Renaissance. Es ist ein Jahrzehnt, das sich mit keinem vorher vergleichen läßt, denn an seinem Ende steht das Jahr 2000.
Bestsellerautor John Naisbitt, der Welt renommiertester Trendforscher, legt sein neues Buch vor. In der Tradition seines Supersellers »Megatrends« hat er ein weiteres Werk von außergewöhnlich argumentativer Stärke geschrieben. Er filtert aus den unzähligen Informationen, die uns täglich überfluten, die Trends unserer Zeit heraus. Durch seine Schärfe in der Analyse, seine Sachkenntnis, seinen klaren und einprägsamen Stil führt er dem Leser die Erfordernisse von morgen anhand von Beispielen vor Augen.
John Naisbitt verrät zum Beispiel:
Wie durch das Zusammenwachsen der Märkte eine blühende Weltwirtschaft entsteht.
Inwieweit ein weltweiter gleicher Lebensstil und die Rückbesinnung auf nationale Traditionen zu den trendbestimmenden Strömungen werden.
Warum der Wohlfahrtsstaat am Ende ist.
Weshalb die Zukunft dem pazifischen Raum gehört.
Wieso das Zeitalter der Biologie anbricht.
Warum das Individuum wieder in den Mittelpunkt rückt.

Wenn Sie Fragen, Anregungen oder Beschwerden haben, rufen Sie uns bitte an: Wolfgang Drescher. ECON Verlagsgruppe, Telefon 02 11/43 90 60, Fax 02 11/4 39 06 68.

Die Deutsche Bibliothek – CIP-Einheitsaufnahme

Ammelburg, Gerd: Organismus Unternehmen / Gerd Ammelburg. – Düsseldorf; Wien; New York; Moskau: ECON Verl., 1993. ISBN 3-430-11018-1.

 Lektorat: Wolfgang Drescher. Gesetzt aus der Century und Optima, Berthold. Satz: Dörlemann-Satz, Lemförde. Grafiken: KOMBO, Köln. Druck und Bindearbeiten: Franz Spiegel Buch GmbH, Ulm. Printed in Germany. ISBN 3-430-11018-1.